中國史學基本典籍叢刊

丁未録輯考

〔南宋〕李丙撰
尹承輯考

中華書局

圖書在版編目(CIP)數據

丁未録輯考/(南宋)李丙撰;尹承輯考. —北京:中華書局,2023.10
(中國史學基本典籍叢刊)
ISBN 978-7-101-16352-0

Ⅰ.丁… Ⅱ.①李…②尹… Ⅲ.中國歷史-宋代-編年體-1067~1126 Ⅳ.K244.043

中國國家版本館CIP數據核字(2023)第178452號

責任編輯:胡 珂 王志濤
責任印製:管 斌

中國史學基本典籍叢刊
丁未録輯考
〔南宋〕李 丙 撰
尹 承 輯考
*
中 華 書 局 出 版 發 行
(北京市豐臺區太平橋西里38號 100073)
http://www.zhbc.com.cn
E-mail:zhbc@zhbc.com.cn
北京新華印刷有限公司印刷
*
850×1168毫米 1/32 · 20⅜印張 · 2插頁 · 400千字
2023年10月第1版 2023年10月第1次印刷
印數:1-3000冊 定價:85.00元

ISBN 978-7-101-16352-0

整理弁言

自宋神宗朝直至北宋亡國的幾十年間，君臣嚮往三代而鄙薄漢唐，科舉考試亦崇重經術而輕忽史學。史學甚至被視爲「元祐學術」的一部分，爲紹聖以降的政治局面所不容。南宋炎興兵火之餘，簡編散逸，士大夫重又奮力史學。至孝宗朝，涌現出來的本朝史著作數量頗豐，對北宋後期的史學低潮形成了一場强勁的反撥。在這股潮流中，出現了一部獨特的大型編年體史書——丁未録。丁未録二百卷，記録了北宋後期自神宗治平四年（一〇六七）至欽宗靖康元年（一一二六）的政治史，作者是南宋初邵武軍光澤縣人李丙。

一、李丙生平

李丙，字仲南。史書關於他的生平事迹記載不多，據趙希弁郡齋讀書附志，李丙以父蔭任監臨安府都鹽倉一職，官階爲右修職郎〔一〕。

李丙交游廣泛，友人衆多。以今見史料觀之，慈溪（今浙江慈溪市）人劉應時有次韻李仲南木犀一詩與之相唱和〔二〕。乾道五年（一一六九）五月，吕祖謙偕戚友八九人游德清（今浙江德清縣）靈洞山，李丙亦與衆人同游〔三〕。

另外，李丙還究心於收藏，且藏品豐富。周必大稱其「樂於收書，勤於考古」〔四〕，絶非虚詞。李丙歷時二十餘年將藏品編爲集古録一千卷。吕祖謙爲這部金石學巨製撰序，言此書是李丙踵武歐陽脩集古録之作，「吾友昭武李丙仲南父，講肄論述之餘，采擷裒積，越二十年而天下聞碑名蹟，畢集其門。起夏后氏，竟五季，著録千卷」〔五〕，足見李丙金石貯藏該贍。南宋金石學家洪适在所撰隸續中就曾兩次提及李丙的藏品，如卷一八記「荆州刺史李剛石室殘畫象一軸」，洪适稱「聞閩人李丙仲南得此碑於西州」〔六〕。與李丙同時的陳巖肖，在孝宗淳熙年間撰成的庚溪詩話中亦記述了李丙的收藏活動：

宣政間，修西京洛陽大内，掘地得一碑，隸書小詞一闋，名後庭宴，……余見此碑墨本於李丙仲南家，仲南云得之張魏公侄椿處也。〔七〕

可見李丙從不同人手中收藏了大量的金石碑刻拓本，地域範圍極廣。周必大稱李丙「樂於收書」，也於史可徵。晁公武郡齋讀書志載程顥撰明道中庸解一書，云「陳瓘得之江濤，濤得之曾天隱，天隱得之傅才孺，云李丙所藏」〔八〕。可知李丙家應是庋閣充盈，積有鄴架之藏。

豐富的藏品，爲李丙的撰述活動提供了便利。除丁未録和集古録外，李丙還著有丙申録一書，已佚，亦不見有他書稱引其文。據晚宋陳均皇朝編年綱目備要書前的「引用諸書」載列丙申録之名，推測丙申録與丁未録一樣，應該也是關於北宋歷史的編年體史書。

二、丁未録的編纂與流傳

以干支命名的丁未録，書名就表現出了作者的撰述傾向。在當時，「丁未」被認爲具有神秘内涵，洪邁容齋隨筆云：

丙午、丁未之歲，中國遇此輒有變故。非禍生於内，則夷狄外侮。三代遠矣，姑摭漢以來言之：……石晉開運，遺禍至今。皇朝景德，方脱契丹之擾，而明年祥符，神仙宫觀之役崇熾，海内虚耗。治平丁未，王安石入朝，慣亂宗社。靖康丙午，都城受圍。逮于丁未，汴失守矣。淳熙丁未，高宗上仙。總而言之，大抵丁未之災，又慘於丙午，昭昭天象，見於運行，非人力之所能爲也。〔九〕

洪邁之説表明南宋流行着一種逢丁未年輒有災難的論調，這種觀念認爲王安石亂政、汴京淪喪、宋高宗崩逝等事都發生在丁未年，内禍外侮皆源於天運。宋末元初人方回向我們證明了丁未録一書確具洪邁所論「丁未」之内涵：

宋人有丁未録，謂治平四年丁未王安石用事變法，至靖康二年、建炎元年丁未徽欽北狩、康王南渡之難，王安石亦一商鞅也，引其徒群小人傳法護法，元祐司馬公「天若祚宋」之言不售，甲子一周而宇宙分裂，生靈死者億億萬。〔一〇〕

方回在原書中提出亡秦之責在於商鞅，並引述李丙丁未録撰述的主旨，認爲王安石如同另一個商鞅，是葬送宋朝國祚的禍首。

據諸家著録，丁未録記事起於宋神宗治平丁未，終於欽宗靖康丙午，始末凡六十年，恰滿一甲子。全書按照政局的發展分爲上中下三帙。上帙起於治平四年王安石進京被任命爲翰林學士，終於元豐八年神宗逝世，變法中止。中帙起於哲宗元豐八年宣仁后召吕公著爲侍讀，政治風向轉變，終於元祐九年宣仁高太后神主袝廟，「更化」的主持人徹底進入歷史。下帙起於紹聖元年李清臣出進士策題，「國是」爲之一變，終於欽宗靖康元年童貫被處死。童貫是招引金人海上訂盟的謀主，被看作導致亡國的罪魁。丁未録的分帙情况，説明其傾向性是相當明顯的，反映了南宋廣爲流行的反王安石情緒。

在各家書志中，丁未録被著録於史部編年類。從目前輯到的佚文來看，丁未録在體例上呈現出以下特點。其一，丁未録每記一事，多以「先是」「初」「始」等詞領起，詳述史事首尾因由。其二，即陳振孫直齋書録解題所謂「每事皆全載制詔章疏甚詳」〔二〕，丁未録收載了大量詔書和疏奏，穿插在叙事之中。其三，丁未録以重要人物的去世爲事目，後附碑傳狀表等介紹此人生平的文字。本書從續資治通鑑長編輯得宣和六年二月辛丑「陳瓘卒」一條，續資治通鑑長編注云「據丁未録陳瓘傳增入」，可知丁未録爲人物立有傳記，這種安排有可能是對實録「編年附傳」的模仿。丁未録體例自成一格，保存的詔書、疏奏以及傳記資料十分宏富，與李丙廣泛的取材是分不開的。

就目前輯出的佚文來看，丁未録所載的事件本末，往往是將各書原文稍加變易，裒綴貫串而成。如國朝册府畫一元龜甲集卷八六朋黨門川黨洛黨朔黨引丁未録載元祐四年三月丁亥「蘇軾知杭州」條：

哲宗元祐四年三月丁亥，翰林學士蘇軾爲龍圖閣學士、知杭州。先是，上即位，宣仁后垂簾同聽政，召用司馬光、吕公著，群賢畢集于朝。然雖賢者不免以類相從，故當時有川黨、洛黨之語。川黨者，以軾爲領袖，吕陶等爲羽翼；洛黨者，以程頤爲領袖，朱光庭、賈易等爲羽翼。頤用古禮，軾謂其不近人情類王安石，深疾之，或加戲侮。故光庭等不平。會軾草召試館職策題。其文曰：「……」光庭時爲左司諫，因摘軾語，以爲謗。光庭之奏曰：「……」軾乃上章自辨。是時，吕陶爲右司諫，不平光庭攻軾，乃亦上疏攻光庭。而御史中丞傅堯俞、侍御史王巖叟則相與助光庭，乞正軾罪。右司諫王覿獨爲上分别言之。其奏曰：「……」知樞密院范純仁亦勸上宜兩置之不問。上以其言俱是而聽焉，遂一再下詔，兩平之，且令軾、堯俞、巖叟、光庭各視事。軾既視事，乃復奏疏自言。軾之奏曰：「……」明年，召試廖正一，而策題亦軾之文也。其文曰：「……」監察御史楊康國、趙挺之復疏之。挺之之奏曰：「……」王覿亦相繼論奏，請出之。軾復丐去。上曰：「豈以臺諫有言故耶？自來進用，皆是皇帝與太皇太后主張，不因他人。今來但安心，勿恤人言，不用更入文字。」軾感拜而退。久之，諫官、御史復有言，軾亦再申前請。軾之奏曰：「……」軾請外不已，遂有是命。給事中趙君錫請留之，不許。已而軾請以言者所論，付外庭辨治，不報。〔一二〕

其中，「先是」之前叙述蘇軾出知杭州之語，有可能參考了官書的記載。丁未録編年附傳的體例，或許正是李丙資鑒引用實録的反映。南宋私修史書多有徵引實録之例，如李燾所撰續資治通鑑長編、陳均的皇朝編年綱目備要及王稱的東都事略，都取用了實録作爲史料來源。且嘉泰元年（一二〇一），起居舍人章良能奏陳「國朝正史與實録等書，人間私藏，具有法禁，惟公卿子弟，或因父兄得以竊窺」〔一三〕，説明當時公卿子弟確有機會私下觀覽官書實録。

其他佚文亦可證明李丙參考了實録的内容。本書宣和三年十一月壬午「張商英卒」

條，與宋人杜大珪名臣碑傳琬琰集下卷引實録張少保商英傳相比對，發現丁未録叙述順序及文字内容與實録基本相同。再如哲宗元符二年，鄒浩因論立后之事被貶新州，此前諫哲宗立劉后疏不存，蔡京使其黨人另作一篇僞疏，鄒浩因此再遭貶謫。李燾續資治通鑑長編從徽宗實録引録了鄒浩等人疏表，並作考證：

（徽宗實録）但於鄒浩傳載浩本章及詔耳。舊録於此年閏九月二十六日乙未，越王葚，因載崇寧元年閏六月十八日手詔，并元符皇后謝表。……今去全文一千三十七字，然舊録初不載鄒浩僞疏。又今所修徽宗實録既删去崇寧詔書及劉后謝表，但於鄒浩傳略載浩本疏及詔書耳。〔一四〕

李燾是宋孝宗乾道年間改修徽宗實録的提議者，他對比新録、舊録記鄒浩事差異的結論應當可信。據此知徽宗實録初修本原於元符二年閏九月二十六日乙未越王葚事下載哲宗手詔、元符皇后謝表，於鄒浩傳載鄒浩原疏和貶謫詔書，而重修本只保留了鄒浩節疏和貶永州詔。鄒浩文集從丁未録中抄附原疏，本書已輯出並繫於崇寧元年閏六月辛未「鄒浩永州安置」條。經與續資治通鑑長編引文比對，發現丁未録此條的史源正是徽宗實録初修本，可證李丙確曾參考了實録。略有不同的是，李丙還附載了蔡京黨人僞造的奏疏，這説明李丙記事取材廣泛，其對實録的取用，也絶不是照抄文字，而是根據叙事的邏輯，擇取所需加以編寫。

前引段落中，「上即位……光庭等不平」的文字，通過對比考察，應是采録了邵氏聞見録卷一三的内容。其後載列的七條章疏，當從各家文集中輯來。如此繁複的一條記事，時間跨度從元祐之初直到四年，詳細闡明了事件發生的始末，經李丙考索鈎串後，首尾完備。宋人奏議文字多自載年月，集中於相關事目之下，而傳狀、筆記之文記事則多缺載年月，特别是筆記著作，往往一條所叙不專主一人一事，因而李丙裁剪去取需要一番功夫。宋孝宗乾道七年（一一七一），國史院修神宗、哲宗、徽宗、欽宗四朝國史，周必大奏云「歲月深遠，文字散逸，首尾衡決，考證甚艱」，李丙所纂丁未録，「議論更革，往往編年，該載殆備」〔一五〕。所謂「議論更革」，應當是指朝臣就某事争論的奏疏，李丙悉加載録，如前揭丁未録附載了七篇文字，基本還原了蘇軾出知杭州的原委。丁未録所載資料還具有獨家性質，如朱熹曾看過此書，云「東坡薦秦少游，後爲人所論，他書不載，只丁未録上有」〔一六〕，足見此書所存資料彌足珍貴。這些優點讓丁未録受到了官方的重視，周必大提議抄録一份，以助國史修撰。次年夏，李丙獻丁未録二百卷。六月二日，朝廷「詔特改京官」〔一七〕，擢李丙爲右承事郎。

丁未録開始修撰的具體時間已不可考，據上文引周必大奏，至遲在乾道七年，其書已經編撰完成，並且在士大夫群體中流傳。南宋比較重要的幾部北宋史，無論是續資治通鑑長編、東都事略，還是熊克所撰九朝通略，成書皆晚於丁未録。丁未録的出現，爲後來編寫神宗至欽宗朝史事的著作提供了參考，如續資治通鑑長編就抄録了丁未録的記載。

據宋會要輯稿，宋寧宗嘉泰二年（一二〇二）二月二十八日，權知隨州趙彦衛奏禁私史，不許刊行，其中就包括丁未録，説明當時丁未録已「鏤板盛行於世」〔一八〕。寧宗朝，福州寧德（今福建寧德市）人林駉取宋太祖至宋光宗朝事迹，分門别類，於嘉定九年（一二一六）編成新編分門標題皇鑑箋要一書，引用了丁未録的文字〔一九〕。這説明丁未録雖然被官方禁行，但在李丙的家鄉福建地區仍可見到原書。

入元後，延祐七年（一三二〇），兼國史院編修官袁桷欲修宋、遼、金史，預先搜訪宋代史籍，丁未録亦在采擇範圍之内：

元符至元祐事，趙鼎雖於紹興改正，亦有隱諱。今可考證增入者，今具于後：邵氏辨誣、元祐黨籍傳、尊堯集、丁未録、符祐本末。〔二〇〕

一方面，丁未録所記宋哲宗元祐至元符年間的史料價值得到了元代史家的認可。另一方面，在元代中期，丁未録蹤影已經少見，官方甚至需要購求徵訪。袁桷提到，「凡所具遺書，散在東南，日就湮落，或得搜訪，或得給筆札傳録」，正説明在元代丁未録的存本日漸稀少，主要保存於東南地區。

至明代，其書已頗散佚，文淵閣書目著録了丁未録有二十九册、三十册兩種殘本，可以反映明初官藏丁未録已非完帙。到了清代，丁未録還存有殘帙並被人利用。康熙年間查慎行編撰補注東坡先生編年詩，徵引古書六百餘種，丁未録也出現在采輯書目中，可見丁未録尚爲清人所關注〔二一〕。清後期，丁未録殘佚更爲嚴重。道光年間，閩縣（今福建閩侯縣）陳徵芝藏書衆多，其帶經堂書目著録史部「有明抄李丙丁未録四册」〔二二〕，可見丁未録在清代尚傳片羽，惜存卷無多。

三、輯考工作簡述

在此之前，已有學者嘗試輯録丁未録。一九八八年，阮廷焯以宋宰輔編年録所引丁未録爲主，在大陸雜誌第七十六卷第五期、第六期先後發表了李丙丁未録輯上下兩篇。二〇一二年河北大學郝伶伶碩士學位論文已佚兩種宋代歷史文獻輯佚與研究附録了丁未録今存佚文整理，所據文獻稍多於阮輯。我們今注意到稀見晚宋類書國朝册府畫一元龜引丁未録内容頗多，結合宋宰輔編年録、續資治通鑑長編等書所引，輯得十餘萬字，依原書分帙編排，釐爲二百四十餘條，以供學林使用。下面對諸書引丁未録的情況和本次輯考工作簡作介紹。

丁未録記述神宗至欽宗朝史事，該載詳備，自成書以後，甚被官私修史倚賴。但嘉泰禁行私史以後，丁未録的傳播受到了影響，引用丁未録的文獻以宋代爲主，因此國朝册府畫一元龜和宋宰輔編年録是本次輯考的主要依據。元及後世類書也有引用，因襲相抄，且多爲零句，輯佚價值不如此兩書顯著。

國朝册府畫一元龜，是南宋人編纂的一部大型類書，主要記述北宋九朝君臣事迹。原書至少有二百數十卷的規模，今僅存明抄本七册二十餘卷，現藏於臺北「故宫」博物院〔三〕。該書此前未獲充分關注，其引丁未録約有七萬字，不見於他書，多數文字徑録丁未録原文，價值極高。但此書也有問題需要注意，一是抄本有不少誤字，應當資取他書校勘。二是該書引用時也有删落部分章疏的情況，如元符三年五月乙酉「蔡卞知江寧府」條，國朝册府畫一元龜所引與宋宰輔編年録重合，其中陳瓘的兩則奏疏，見於宋宰輔編年録，而該書却未抄入，需要據以補入。

宋宰輔編年録，南宋徐自明撰，二十卷，載宋太祖至宋寧宗朝二百五十餘年間宰輔拜罷及其政治活動。該書引丁未録約有三萬字，與國朝册府畫一元龜所引丁未録有若干重合的條文，可以互作校勘。此書從各種史籍中摘抄節録甚至改寫有關文字，這就導致所引史書多非原文。最明顯的就是該書引續資治通鑑長編，多將分屬不同日期的文字摘編成一篇詳具始末的篇章。宋宰輔編年録所引丁未録，同樣存在節抄、删省、拼接改寫乃至漏注出處等諸種複雜的情況，此書有多條丁未録零句與引自他書的段落重編爲一段，這就需要離析其文，考證各條的原始出處。經與國朝册府畫一元龜所引丁未録比對，宋宰輔編年録確有一些實引丁未録而漏注出處者，經考證後也一併輯出。

另有經進東坡文集事略一書，是南宋郎曄選集蘇軾文章四百餘篇所作注本。郎氏注文主要依據史傳取材，「鈎稽事實，考核歲月，元元本本，具有條理」〔二四〕。儘管郎書並未注明出處，但察考本書元祐四年三月丁亥「蘇軾知杭州」條的部分内容，與經進東坡文集事略卷三五乞郡劄子并卷三一辯試館職策問劄子其二的各一條注釋内容完全吻合，其中誤處亦同。又本書元祐六年八月辛卯「蘇軾知潁州」條的部分内容，與經進東坡文集事略卷二六潁州謝表題注文相合。進而檢核該書注文涉及北宋後期史事者，多與丁未録體例相同，只不過引用時删落章疏，因而推知郎氏作注時參考了丁未録的記載。兹將此書與丁未録體例相似、時間範圍相同、事目完整者輯入正文，其餘諸條附置正文後存疑，以嗣來考。

其餘如宋代謝維新古今合璧事類備要諸類書，所引多是片言隻句，且不繫年。這些引文輾轉因襲，亦往往見於宋新編翰苑新書等類書。輯考時若遇佚文有多種文獻收載，本書主要選用文獻較早、内容較全者輯入，並用其他文獻校勘。

丁未録是一部編年史，各書所引丁未録文字宜按年代先後爲序。國朝册府畫一元龜引録的丁未録文字，大部分都已繫至月日，但也有一部分内容僅僅繫月，更有如宋宰輔編年録等書中不少零句，不記日期，甚至丁未録原書也有繫日不確之例。比如元祐二年五月辛未「鮮于侁卒」條記「哲宗元祐二年五月，鮮于侁除利州路轉運判官」，鮮于侁除官事應在神宗熙寧時，該條佚文其實是因鮮于氏卒而附載其行狀中的事迹，可知「哲宗元祐二年五月」下有脱文。本次輯考逐條考證各條事目及時間，編年排序，時間有誤之條仍依原記時間編排，並於校識中説明，另擬事目一覽表置於書後，以便讀者查用。

此外，還有一些複雜情況，如前揭朱熹云「東坡薦秦少游，後爲人所論，他書不載，只丁未録上有」，知其事而不詳原文，今亦考證史事時間，擬其事目立爲一條。還有得其文而難推原事目的情況，如宋宰輔編年録卷七治平四年九月辛丑條引「初，上議還光翰林，而御史中丞闕，曾公亮請用安石，方平論安石不可用，乃用滕甫代光爲中丞，安石用是憎方平也」，此條佚文已不能確定原叙事目，本書仍依宋宰輔編年録置於「張方平參知政事」條。

佚文有訛誤之處，本書儘量擇取史源相同的他書相關記載加以改正，並加説明。但還有相當多的音混形訛問題，大抵爲手民之誤，如「河北已至常平廣惠倉」應爲「河北已置常平廣惠倉」，無他本可據，則依文意改正。

關於宋宰輔編年録的校勘，王瑞來先生在一九八〇年代出版了宋宰輔編年録校補，已經做了相當出色的整理工作。文津閣四庫全書本宋宰輔編年録，斷爛處雖較他本爲少，文從字順，王先生據以校改，但仍於校勘記中言該本所補「未必是」，洵爲卓識。今將國朝册府畫一元龜引丁未録文字與宋宰輔編年録比對，乃知文津閣本多係清人妄補，且傳世本宋宰輔編年録所引丁未録中的不少闕文，其實際空缺的字數，與書版上顯示的空缺不一定完全對應。今輯自宋宰輔編年録佚文，以敬鄉樓叢書本爲底本，參校王瑞來校補本、明刻本和文淵閣四庫全書本，而文津閣四庫全書本所改補者，率皆不取。

丁未録以其載録文獻之備甚得稱贊，除宋人陳振孫云此書「每事皆全載制詔章疏甚詳」，李心傳也稱「丁未録中載元祐諸公謫詞甚備」[二五]。從輯出的佚文來看，所謂全，應當指它所叙一事始末之中，有關的制詔章疏罕有漏略，而不是備録全文無遺。細察發現，多數詔書首尾無缺，而臣僚章疏則多節引實文，鋪墊文字概不載録。本次輯考仿原書體例，載録制詔，節録章疏及卒逝人物的傳狀碑誌，附載於各條正文之後，儘可能恢復丁未録原貌。

尹承

二〇二三年八月十五日識於歴下

注　釋

〔一〕宋趙希弁撰，孫猛校證郡齋讀書附志卷上，郡齋讀書志校證，上海古籍出版社，一九九〇年。

〔二〕宋劉應時頤菴居士集卷上，叢書集成初編，中華書局，一九八五年。
〔三〕宋吕祖謙撰，黄靈庚點校東萊吕太史文集卷六戴衍字序、附録卷一東萊吕太史年譜，吕祖謙全集，浙江古籍出版社，二〇〇八年。
〔四〕宋周必大撰，王瑞來校證周必大集校證卷一四五乞給札就李丙抄丁未録狀，上海古籍出版社，二〇二〇年。
〔五〕宋吕祖謙撰，黄靈庚點校東萊吕太史文集卷六李仲南集古録序，吕祖謙全集。
〔六〕宋洪适隸續卷一八，中華書局，一九八六年。
〔七〕宋陳巖肖庚溪詩話卷下，叢書集成初編，中華書局，一九八五年。
〔八〕宋晁公武撰，孫猛校證郡齋讀書志校證卷二。
〔九〕宋洪邁撰，孔凡禮點校容齋隨筆五筆卷一〇「丙午丁未」條，中華書局，二〇〇五年。
〔一〇〕宋魏了翁撰、元方回續古今考卷三八，原國立北平圖書館甲庫善本叢書影印明刻本，國家圖書館出版社，二〇一三年。
〔一一〕宋陳振孫撰，徐小蠻、顧美華點校直齋書録解題卷四編年類，上海古籍出版社，二〇一五年。
〔一二〕國朝冊府畫一元龜甲集卷八六朋黨門川黨洛黨朔黨，原國立北平圖書館甲庫善本叢書影印明烏絲欄鈔本，國家圖書館出版社，二〇一三年。

〔一三〕元馬端臨文獻通考卷三二選舉考五，中華書局，二〇一一年。

〔一四〕宋李燾續資治通鑑長編卷五一五哲宗元符二年九月甲子條，中華書局，二〇〇四年。

〔一五〕宋周必大撰，王瑞來校證周必大集校證卷一四五乞給札就李丙抄丁未録狀。

〔一六〕宋黎靖德編，王星賢點校朱子語類卷一三〇本朝四，中華書局，一九八六年。

〔一七〕宋李心傳撰，徐規點校建炎以來朝野雜記甲集卷六「嘉泰禁私史」條，中華書局，二〇〇〇年。

〔一八〕清徐松輯宋會要輯稿刑法二之一三二禁約三，中華書局，一九五七年。

〔一九〕清張金吾撰，馮惠民整理愛日精廬藏書志卷二六類書類，中華書局，二〇一二年。

〔二〇〕元袁桷清容居士集卷四一修遼金宋史搜訪遺書條列事狀，中華再造善本影印元刻本，北京圖書館出版社，二〇〇四年。

〔二一〕清查慎行撰，范道濟點校蘇詩補注注東坡編年詩補注采輯書目，查慎行全集，中華書局，二〇一七年。

〔二二〕清陸心源撰，馮惠民整理儀顧堂書目題跋彙編卷五帶經堂陳氏書目書後，中華書局，二〇〇九年。

〔二三〕詳參尹承國圖藏國朝册府畫一元龜考，文獻二〇一五年第二期；吴同明抄孤本國朝册府畫一元龜新考，文獻二〇二二年第三期。

〔二四〕清張金吾撰，馮惠民整理愛日精廬藏書志卷三〇別集類。
〔二五〕宋李心傳撰，崔文印點校舊聞證誤卷三，中華書局，一九八一年。

輯考凡例

一、分帙依趙希弁郡齋讀書附志所載丁未録上、中、下三帙起迄。各條按所載事目的時間先後排列，若輯録文字記載的時間有誤，則加以考證説明。

二、佚文有多種文獻收載，選用文獻較早、内容較全者輯録，並參校其他文獻；多種文獻記載互有詳略，但本自同條，則據而合併爲一條。各條末皆注明出處。

三、丁未録載有某事但原文已佚者，悉以事目作爲正文，並在行首加※。

四、佚文有不能確定事目者，輯入「未知事目部分」，按文獻來源排列。經進東坡文集事略注文，收入「存疑部分」者，按引書卷次排列。

五、各條正文後附載相關制詔、章疏及碑傳，制詔載録全文，章疏、碑傳節録其主要内容。附載文字與正文重合者，於附載中削去，並加按語説明。

六、凡引諸書，首次徵引時注明撰者姓名，後即省去。附載引文若有訛脱衍倒等情況，據他書校正，不另出校。

七、各條加標序號，並擬事目標題，列入事目一覽表，附於書後，以便讀者檢照。

目録

上帙 起治平四年九月戊戌，盡元豐八年三月戊戌。

神宗治平四年（丁未，一〇六七）

1 神宗語吴奎曰：「已召王安石，誠好翰林學士也。」〔一〕古今合璧事類備要後集卷二二翰苑門「誠好翰林」條。

治平四年，除王安石翰林學士制：「文王有四友。孔子曰：『自吾得回，門人益親。』亦有四友焉。維予之翰林先生，文章議論，以輔不逮者，蓋爲先後左右之臣矣。」㊀新編翰苑新書前集卷一〇翰苑「爲先後左右之臣」條。

「先後左右，以道義輔予，豈將專文墨視草而已。」〔二〕古今合璧事類備要後集卷二二翰苑門「先後左右之臣」條。

校識

〔一〕趙希弁郡齋讀書附志卷上「丁未録二百卷」條云上帙起於召王安石爲翰林學士，是爲全書之始。

據楊仲良皇宋通鑑長編紀事本末卷五九王安石事迹上，治平四年九月戊戌，工部郎中、知制誥、知江寧府王安石爲翰林學士。此零句當原綴該事目下。

〔二〕豈將專文墨視草而已　「視」字原作「特」，據鄭獬鄖溪集卷一工部郎中知制誥王安石可翰林學士制改。

附　載

㈠鄖溪集卷一工部郎中知制誥王安石可翰林學士制：「文王有四友。孔子曰：『自吾得回，門人益親。』亦有四友焉。維予之翰林先生，文章議論，以輔不逮者，蓋爲先後左右之臣矣。具官某學爲世師，行爲人表，廉於自進，優處於東藩。玆有僉言，宜還中禁。俾夫左右先後，以道義輔於予，豈特專文墨視草而已哉。可。」

2 先是，琦於嘉祐、治平年間已累章請罷。上即位，又請，至三上表謝，此有脱誤。「……太陷人矣。」〔一〕琦即連表家居待罪，㈠詔起視事。王陶又言：「琦雖上表待罪，而卒不肯赴文德殿立班。臣豈可更處風憲！」遂歸卧。明日，上諭翰林學士司馬光曰：「已除卿御史中丞。」光曰：「王陶言宰相不押班，宰相竟不押班而罷陶憲職，此則言職不可復爲。臣請俟宰相押班，然後受詔。」是時，韓琦猶在告，參政吳奎聞詔除陶翰林學士，與光對易，乃上疏論陶。㊁陶復疏奎阿附宰相。㊂於是上批付中書，除陶樞密直學士、知陳州，而奎亦出知青州。㊃會曾公亮言奎不可出，仍使復位。上既出王陶，而韓琦、曾公亮乃請下禮官詳定押班典故。㊄司馬光以爲宰臣當押班，不須詳定。㊅上遂令自今宰臣春分、秋分後，並以辰正爲垂拱殿視事未退，更不赴文德殿，令御史臺一放班；餘日並依祥符敕命，永爲定制。至是，山陵復土，韓琦使事已，因稱疾，乞上相印，避賢者路。上以詔書慰撫不許。琦又自疏有四當去，㊆復不許。琦更不入中書，請甚堅。於是上夜召張方平議，且曰：「琦志不可奪矣。」方平遂建議宜寵以兩鎮節鉞，且虛府以示復用。乃授琦鎮安、武勝等軍節度使、守司徒、檢校太師、兼侍中、判相州。㊇是時，河北數地震，知梓州何郯因是上書，以爲陰盛臣彊，譏切韓琦，乞召還王陶，以中上意。上薄之。後陶入爲三司使，遷翰林學士，御史中丞呂公著復論陶「賦性傾邪，當韓琦秉政，諂事無所不至。自以嘗預宮僚，欲立至公輔。及爲中丞，挾私懷忿，乃誣琦以不臣之迹，陷琦以滅族之禍。反復如此，豈可信任」！乃出陶知蔡州。㊈宋宰輔編年録卷七治平四年九月辛丑條。

王陶彈宰相韓琦不押班，琦乞出，詔琦起視事，曰：「覽臺簡之忽陳，規邦彝之浸略。」〔二〕⑩古今合璧事類備要後集卷二五臺官門「忽陳臺簡」條。

「無安帥節之樂，猶待衮衣之歸。」古今合璧事類備要後集卷六九監司門「無安帥節之樂」條。

校識

〔一〕太陷人矣　「太」字疑當作「天」。按皇宋通鑑長編紀事本末卷五七宰相不押班：「上封陶疏以示琦，……問知制誥、知諫院滕甫，甫曰：『宰相不押班誠可罪，若以爲跋扈，則爲欺天陷人矣。』」

〔二〕據宋宰輔編年録卷七，治平四年九月辛丑，守司空、兼侍中、魏國公韓琦爲守司徒、兼侍中、檢校太師、鎮安武勝軍節度使、判相州。是爲本條事目。

附載

㈠韓琦安陽集卷二九丁未因中丞彈不赴文德殿常朝待罪第一表：「伏念臣久玷弼諧，素慚椎鈍。每俟延英之對，動或踰時；故趨宣政之班，居常曠禮。自罹彈擊，交切兢惶。伏望皇帝陛下斷在至公，懲其不恪，特正慢官之罪，以清著位之聯。臣無任。」又第二表：「臣某言：近以久廢朝儀，遂招臺劾。雖拜章而引咎，顧充位以何顏？臣某中謝。竊以舉按不避權豪，憲臣之風采；刑罰弗私貴近，治國之紀綱。豈容非才，而得幸免？伏望皇帝陛下主茲直道，斷以大公，早議正於常科，以聳聞於庶位。臣無任。」

(二) 皇宋通鑑長編紀事本末卷五七宰相不押班載吴奎奏：「臣雖至愚，豈不知廢格詔旨，獲罪至重？然陛下初即位，聖德日新，上天助順，風雨時若。乃者閏月以來，寒暄不節，暴風屢作。今茲時雨愆亢，螟蝗孳生，險説紛紜，震駭群聽。原其所以如此者，過不在他，止一王陶而已。按陶天資薄險，勢利是視，巧詐翻覆，情態萬狀。索其深蘊，真市井小人之不若也。陛下念其東宮之舊，首加任使，擢爲中丞。今乃挾恃舊恩，專爲險惡，輕肆狷憤，織羅交構，摧辱大臣，排抑端良，意欲天下權勢，一歸于己。且郭逵、蔡挺遷改，臣等以謂陛下處置皆當，故即奉行，亦累具開陳，陛下必盡記憶。至如韓琦、曾公亮不押班事，蓋以久來相承，寖成廢禮，非是始於二臣。陶以臺制彈劾，舉職便可，何至引背負芒刺，目爲跋扈，肆意深詆？以此見陶處心積慮，在于排陷大臣，呼吸群衆，以爲己用，自圖威柄，竊弄國權者也。臣等早來屢陳欲王陶補外，令其思過。陛下重難其事。今除舊職并差遣，臣等不得守義固争，已負大罪；今若又行内批指揮，除陶翰林學士，乃是由其過惡，更獲美遷。不惟臣等取輕群衆，無以自立，且使天下待陛下爲何如主哉？唐德宗猜疑大臣，信任群小，陸贄以直道昌言，反見斥逐。裴延齡、韋渠牟、李齊運以纖屑狡獪，倚爲腹心，天下至今稱德宗爲至闇之主。臣誠望陛下上法堯舜及三代之君，不願陛下爲唐德宗貽譏萬世也。王陶不黜，陛下無以責内外大臣，展布四體，興輯正統。願陛下無溺私，斷之不疑。邵亢亦緣攀附，職爲諫長，不能自持正論，輕爲王陶驅迫妄言，當顯黜以厲群臣。臣輒違制旨，罪固深重，亦乞必行典刑。」

㈢皇宋通鑑長編紀事本末卷五七宰相不押班載王陶奏：「臣竊見奎以死黨之節而濟以沉雄，有大姦之才而飾以記誦。少緣文彦博，以非才得科名。及爲諫官，附會彦博，欺罔仁宗，陰爲培植維持之計，爲唐介彈擊被黜。是時搢紳朝士醜其爲人，目爲諫賊。奎爲小官時，亦嘗爲富弼所知。及弼當國，屬翰林學士員闕，弼以奎朋黨，又爲仁宗所疎薄，久之不補。奎大懷怨懟，輒令韓絳奏弼，以快私忿。臣與奎有舊，亦嘗規其背人主而附權臣。及爲諫官，又言其黨人韓絳、陳升之等，連文彦博，自是與臣匿怨爲仇。後韓琦引用爲樞密大使，諫官楊畋憤其姦邪，論奏。會畋病死，遂盜厥位。及昨服除，當復樞府。見韓琦方立黨以傾彦博，又見琦名位事勢愈盛於前，彦博之力不復能引重陞薦，乃自陳頃爲唐介彈奏彦博而言其附會，恐同居樞府不便，意要發揚彦博前事。及欲結媚韓琦，又以自防言事官將此押彈，欲先事奏陳，使不能復發。陛下觀奎此數節，『天資險薄，惟勢利是視，巧詐翻覆，情態萬狀。索其深藴，真市井小人之不若』者，是奎言臣耶？奎自謂耶？」又曰：「『仁宗自至和服藥之後，臨朝簡默，政事不復厲精，選任差除，盡歸宰執。然能以腹心耳目寄之於臺諫，大臣猶懷恐懼，不敢泰然作姦。先朝繼統以來，深居九重，久之方親國政，危疑自處，惟恐凌奪，欲爲則不得，欲言則不敢，窘束牽制，詰屈不暇。琦等自知其非，思所以固寵保位之術，遂乃悦媚先帝，尊崇濮王，盈廷正議，忽而不顧。思人主與臺諫官自立仇敵，忠讜之士，譴逐外郡，人心不平，物論洶洶。先帝後雖追悔掣肘，不敢改爲，以至憂悒成疾，奄終一代。琦等方以兩朝顧命傲然自居，顧視朝廷，惟己所欲。且琦執政一年，上自兩府大臣、中外要職，莫非親舊，根盤節錯。異己者必逐，附己者必陞。中常之人，各顧身計，言必不用，適助禍殃。如臣是陛下東宫舊臣，復爲憲府之長，琦等親被彈擊，不敢自言，奎乃爲琦主謀，擊臣報怨。自兹以往，人誰敢言？臣處執憲之位，未滿兩月，而遽自愬退，豈臣有欲自圖國政、竊弄威權之迹也哉？」又曰：「陛下欲除臣翰林學士之職，臣豈敢當之。願從奎言，投於散地。必退之志，陛下固已察之。伏惟哀矜，使臣得脱彊臣怨仇之手，他日全名節以死，歸骨九泉，臣之幸也。」

㊃徐松輯宋會要輯稿職官七八之二一罷免上載其詔：「比者論斥臺憲之臣，頗失執政之重。親被手詔，目爲内批，稽留成命，至淹三日，非所以恭於奉上而俾民不迷者也。爰從免罷，以申薄責。」

㊄宋會要輯稿儀制四之五正衙載韓琦、曾公亮奏：「近以御史中丞王陶彈奏不過文德殿押班，尋上表待罪，蒙降手詔不允。臣等先曾面奏，自來以前殿退晚及中書聚廳見客日有急速公事商量，故不及輪往押班，已是積有歲年，即非自臣等始。今檢詳有唐及五代會要，每月凡九開延英，對宰臣日，未御内殿前，便令閤門使傳宣不坐，令放班，朝退則可見，宰臣更不赴正衙押班。國朝自祖宗以來，繼日臨朝，宰臣奏事。祥符初降敕，令宰臣依故事赴文德殿常朝立班，當日似未曾子細

討論，故後來行之不久，漸復隳廢。若今後每遇前殿退晚，須輪宰臣赴文德殿押班，緣中書朝退後見客及商議公事，動踰時刻，必于常朝事務大有妨滯。欲乞下太常禮院檢閲典故詳定，議立常制，貴得永遠遵行。」

㊅司馬光温國文正司馬公文集卷三六乞罷詳定押班劄子：「臣竊聞宰臣復有文字，乞下禮官詳定合與不合押班。臣聞王者設官分職，譬猶一體，以宰相爲股肱，以臺諫爲耳目，固當同心協力，以佐元首。若各分彼我，互争勝負，欲求其身之安，何由可得？近者御史中丞王陶請宰相依舊制赴文德殿押班。宰相若從其所請，豈有後來紛紜？乃堅執不行，迭相激發，遂致王陶語言過差。今王陶既補外官，宰相已赴押班，臣謂朝廷可以無事矣。而宰臣復有此奏。萬一禮官有希旨迎合者，以爲宰相不合押班，臺司欲默而不言，則朝廷之儀，遂成隳廢。欲辨論是非，則與前日之事有何所異？是鬬訟之端，則無時休息也。陛下新即大位，四方之人，舉首傾耳，以觀大化。而朝廷不聞肅雍濟濟之風，數有變色分争之醜，臣竊爲陛下惜之。况今災異屢降，飢饉荐臻，官多而用寡，兵衆而不精，冗費日滋，公私困竭，戎狄桀傲，邊鄙無備，百姓流亡，盜賊將起。朝廷夙夜所憂，宜以此數者爲先，而以餘事爲後。伏望陛下特降聖旨，令宰臣依國朝舊制押班。所有下禮院文字，乞更不令詳定。取進止。」

㊆安陽集卷三四丁未秋乞罷相劄子：「臣近以先帝山陵事畢，回次鞏縣，即附遞上表乞解相任。至

京，伏蒙聖慈差降中使賜以批答不允。尋再具表，赴通進司投下。本司稱有聖旨，不許收接。此陛下眷臣之意，可謂厚矣。然臣待罪二府，于兹一紀，徒任孤直，殊無經濟之略，而復胸脇有疾，積成衰痼。萬微之務，非病力之所克堪。又自有唐至于五代，首相之爲山陵使者，事已求罷，例皆得請。昨仁宗皇帝昭陵復土，而先帝尚進藥劑。其時臣上體國家，不敢援此故事，遽然引去。今先帝已安陵域，祔廟禮成，乃陛下發明新政，以恢大祖宗先烈之盛，固當升進賢傑，共熙聖治。而臣二府一紀，禄位盈極，自近朝已來，凡任首相，未有如臣歲月之久者。妨賢之甚，夙夕不能自安。此臣當去之一也。中書事無不總，文字繁委。而臣故疾嬰纏，日難牽强。此臣當去之二也。宰政不舉，謗議日興。事業不著于時，問望益衰于前。此臣當去之三也。前世爲山陵使者，事訖而罷，載籍具存。今臣兩爲山陵使，若恬然不能避位，則是爲輔臣而不知典故，何以勝天下之責？此臣當去之四也。臣負此四當去，自知甚明，而陛下欲以私恩留臣，顧中外公議，且謂臣何？伏惟陛下聰明睿知，海内方瞻仰盛德，不可私一不才老病之臣，致犯公議而失海内之望。臣所以不避鈇鉞，昧萬死固請一郡，少安愚者之分，且使病軀稍諧休息，則陛下天地之造，何以爲報。臣無任祈恩俟命激切之至。」

㈧呂祖謙編皇朝文鑑卷三四張方平除韓琦守司徒兼侍中鎮安武勝等軍節度使制：「朕光宅萬邦，肇新駿命，正權綱之遠御，慎名器之大方。眷予宗臣，特崇異數，以表圖勳之重，用昭報禮之隆。

爰揆剛辰，誕揚贊册。具官韓琦，宣昭賢業，熙亮天工，光翊三朝，咸有一德。材周五則之用，體備四時之和。社稷是經，文武惟憲。在成功而弗處，實有大以能謙。薦上奏封，懇辭政柄。顧倚毗之厚，詔諭數頒；而精懇之堅，辭誠難奪。增寵上階之峻，特開兩鎮之崇。蔽自朕心，事非舊典。當盛辰而均逸，望故里以榮歸。大業甚明，休靈殊渥。於戲！臣行其志，兹爲自得之全；君篤於恩，深惜老成之去。無安帥節之樂，猶待衮衣之還。乃情本朝，遐不謂矣。」

⑨蘇頌蘇魏公文集卷三〇翰林學士右諫議大夫知制誥王陶可依前官充侍讀學士知蔡州：「敕：左右之臣，內則參毗於國論；屏翰之任，外則綜輯於民經。矧予禁複之賢，屢啓偃藩之請，特推寵數，使遂宴安。以爾具官某，風節峻凝，謀猷敏濟。預兩朝之言責，陪望苑之雋僚。肆朕纂承，間咨忠益。典領臺閣，嘉言日聞於前；宣布中和，惠問風傳於下。入總大計，再登內庭。方竚有爲之圖，俄聞移疾之告。懇辭事柄，祈析州符。既重違於至誠，姑爲擇於便郡。陪京而近，莫如淮右之優；進職而行，遂易金華之秘。爾其敷施寬政，迎導粹和。神明泰寧，則何恙而不已；邦國順否，當乃心而不忘。深體眷懷，尚期來譽。可。」

⑩王珪華陽集卷一八賜宰臣韓琦不赴文德殿立班待罪不允手詔：「天子之御正朝，久而未講；宰相之班百辟，後亦從隳。攬臺簡之忽陳，規邦彝之浸略。蓋延英賜對，每逾中昃之咨；故宣政留班，不及大昕之謁。矧在職之匪懈，奚引愆而靡寧？宜斥細嫌，用綏素矚。所待罪宜不允，仍斷

來章。」

3初，中丞王陶劾宰臣韓琦、曾公亮不赴文德殿押班，琦即連表家居待罪。詔起視事，而王陶以言不行辭職，遂歸。上乃除陶翰林學士，而以司馬光爲御史中丞。是時韓琦猶在告，曾公亮侍祠，獨吴奎同參政趙槩具定王陶爲密直、群牧使。翌日進呈，已得旨，退續奉手詔，除陶翰林學士，與光對易。奎乃歸上疏論陶，上封奎疏以示陶，陶復疏奎數千言，言奎阿附宰相。于是上批付中書，除王陶樞密直學士、知陳州，吴奎户部侍郎、資政殿學士、知青州。㊀上又面語張方平曰：「奎罷，當以卿代。」方平辭以「韓琦久在告，意保全奎。奎免，必不復起」。琦勳在王室，願陛下復奎位，手詔諭琦，以全始終之分」。方平既退，上尋出小紙，曰：「奎位執政而擊中司，謂朕爲内批，持之三日不下，不去可乎？」方平復論如初。司馬光亦上奏，言奎名重，不宜爲陶罷。㊁奏入，上不悦。及曾公亮祠事已，入言於上，亦以吴奎不可出。上乃詔奎對延和殿，慰勞，使復位，曰：「成王豈不疑周公耶？」及韓琦山陵使事已，因稱疾，數求去，更不入中書。於是，上夜召張方平議韓琦判相州制，復召知制誥鄭獬草吴奎知青州及張方平參知政事制。時夜，二府無有知者。明旦，獬進草，遂降付中書。其日，司馬光適對延和殿，上問曰：「奎附宰相乎？」光曰：「不知也。」上曰：「奎有罪乎？」光曰：「奎言王陶過實，安得無罪？但士論與奎不與陶。」上曰：「今出，外議何如？」光曰：「不聞也。但陛下以張方平代之，恐不厭物論耳。」及奎卒後，陶始入爲三司使。〔一〕宋宰輔編年録卷七治平四年九月辛丑條。

夕時，上神宗召知制誥鄭毅夫獬對内東門小殿，命草吴奎知青州、張方平參知政事制，賜雙燭，送歸舍人院，二府無知者。明旦且進草，遂付中書出誥。古今合璧事類備要後集卷二一給舍門「賜燭歸院」條引國史。

校　識

〔一〕據宋宰輔編年録卷七，治平四年九月辛丑，參知政事吴奎爲資政殿學士、户部侍郎、知青州。是爲本條事目。

附　載

㈠鄖溪集卷四參知政事吴奎可資政殿學士知青州制：「舜咨十有二牧，柔遠以安近，此則治外之臣也。九官濟濟，共熙帝載，此則治内之臣也。在舜之世，都俞俾乂，疇賢德而進之，豈重内而輕外哉？具官某，天資渾厚，善建嘉謀，游刃所投，衆理必解。初發策於大廷，遂摶風而遠列。薦登二府，國所倚毗。頃以親憂，執喪草次，以哀致毁，羸疾癯然，尚何攖之以庶政，不遂其安養者乎？麟符虎節，陞華祕殿，俾偃藩於青社，以輔相天下之業，去而奠一方，顧不易爲力哉？汲黯雖病，可以卧治爾。其專精神，近醫藥，補完靈氣，期於壽康，則朕之眷懷，豈忘汝於外？可。」

㈡温國文正司馬公文集卷三六留吴奎劄子：「臣竊聞王陶除樞密直學士、知陳州，吴奎除資政殿學士、知青州，外議籍籍，皆以爲奎不當去。所以然者，蓋由奎之名望素重於陶，雖今者封還詔書，徑歸私第，舉動語言，頗有過差，然外庭之人，不知本末，但見陛下爲陶之故，罷奎政事，其罰太重，能不怪駭如此？臣恐其餘大臣，皆不自安，各求引去。陛下新登大寶，先帝梓宫在殯，若舉朝大臣紛紛盡去，則於四方觀聽，殊似非宜。臣愚欲望陛下收還奎青州敕告，且留奎在政府，以慰士大夫之望，安大臣之意。陛下以奎違詔而黜之，威令已行；嘉奎質直而留之，用意尤美。奎始負大譴，懾服陛下之英斷；終蒙開釋，銜戴陛下之深恩。上下驩悦，誠無所損。」

4 方平少穎悟絶人，宋綬、蔡齊見之，以爲天下奇才也，共以茂材異等薦之，中選。復舉賢良方正能直言極諫，又中選。方平上平戎十策，宰相吕夷簡見之，謂宋綬曰：「君爲國得人矣。」初，上議罷參知政事吴奎，時方平爲翰林學士承旨，上謂方平曰：「奎罷，當以卿代。」方平力辭。上曰：「卿歷事三朝，無所阿附，左右莫爲先容，可謂獨立傑出矣。先帝已欲用卿，今又何辭！」方平乞復奎位，仍乞手詔諭琦，以全始終之分。上嗟嘆良久，訖從之。方平在翰林，上所草詔，上手劄褒之，曰：「卿文章典雅，焕然有三代之風。」及韓琦求去甚堅，上夜召方平議之，因面命方平爲參知政事。方平以親疾辭，上曰：「受命以慰親意，庶有瘳也。」〔一〕宋宰輔編年録卷七治平四年九月辛丑條。

初，上議還光翰林，而御史中丞闕，曾公亮請用安石，方平論安石不可用，乃用滕甫代光爲中丞，安石用是憎方平也。宋宰輔編年録卷七治平四年九月辛丑條。

「參議大政，雖下丞相一等，至於坐斷廟堂之論，上則斡元化以調四時，下則啚至仁以澤萬類。近則群元仰首以承德，遠則殊俗交臂以待命，蓋與宰相之職業均。」㊀古今合璧事類備要後集卷一五執政門「與相職均」條。

校識

〔一〕據宋宰輔編年録卷七，治平四年九月辛丑，翰林學士承旨、兼龍圖閣學士、端明殿學士、户部尚書張方平爲參知政事。是爲本條事目。

附載

㊀ 鄖溪集卷一户部尚書張方平可參知政事制：「參議大政，雖下丞相一等，至于坐斷廟堂之論，上

則斡元化以調四時，下則⿱罒巴至仁以澤萬類，近則群元仰首以承德，遠則殊俗交臂以待命，蓋與丞相之職業均焉。具官某，德性沖深，撓之不濁，高風秀氣，灑落乎塵外。在仁祖時，發明大册，竦動天下，結紳禁闥，擁節藩垣，出入三朝，最爲先進。游談之助，不至於前。斷自朕心，擢陪宰席。書曰：『寧王遺我大寶龜，紹天明即命。』夫龜以兆吉凶，猶足以爲寶，況仁祖遺予以雋老哉？往踐厥位，汝其勿辭。可。」

5 諭司馬光詔曰：「今將開延英之席。」〔一〕㊀古今合璧事類備要後集卷二三經筵門「開延英席」條。

校識

〔一〕此零句原僅繫於治平四年，彭百川太平治迹統類卷二七祖宗聖學：「治平四年正月，上即位。九月壬寅，御史中丞司馬光爲翰林學士、兼侍讀學士。先是，光言張方平不當參知政事，至是又言『臣言果是，則方平當罷；若其非是，則臣當遠貶。』」則九月壬寅，御史中丞司馬光爲翰林學士、兼侍讀學士，是爲本條事目。又按彭書卷一二神宗聖政、皇宋通鑑長編紀事本末卷五三講筵并同書卷五八司馬光彈劾記司馬光授翰林學士繫於癸卯，與此不同。

附載

㊀太平治迹統類卷二七祖宗聖學載宋神宗手詔：「得卿奏，反謂因前日論方平不當，故有是命。此

乃卿思之誤，非朕本意也。朕以卿經術行義爲世所推，今將開邇英之席，欲得卿朝夕討論，敷陳治道，以箴遺闕，故命進讀資治通鑑，此朕之意皎然易見也。況命卿之旨在二十六日登對前，苟朕以言事罪卿，豈復遷卿美職？必諒朕誠，更勿横。俟對日，朕亦當諭旨。」

6 治平四年冬十月癸酉，知青澗城种諤率兵取綏州。先是，七月，諤奏：「諒祚累年用兵，人情離貳，嘗欲發横山族帳盡過興州。人有懷土重遷之意，以故首領嵬名山者結綏、銀州人數萬，共謀歸順，乞朝廷因天時、人心，早許令嚮化。」詔陸詵、薛向與諤經畫。後諤用牙頭吏史屈子計，徑發兵趨綏州，直抵嵬名山帳。嵬名山驚降。自此，夏國挾怨，連年寇邊。經進東坡文集事略卷二二擬進士廷試策注。

熙寧元年（戊申，一〇六八）

7 始，王安石之論奏謀殺爲從者自首奏裁，參政唐介力争以爲不可。唐介之與安石争論於上前也，介曰：「此法天下俱以爲不可首，獨曾公亮、王安石以爲可首。」安石曰：「以爲不可首者，懼朋黨爾。」安石强辯，上主其語。介不勝憤懣，疽發背而死。安石又方鋭意新美天下之政，自宰執同列無一人議論稍合，而臺諫章疏攻擊者無虚日，天下之人俱目爲生事。曾公亮屢請老，富弼稱疾不出，尋俱引去。趙抃力不勝，但終日嘆息，遇一事更改，稱苦者數十。故當時謂中書有「生、老、病、死、苦」，蓋言安石生、公亮老、富弼病、唐介死、趙抃苦也。〔一〕宋宰輔編年録卷七熙寧元年正月丙申條。

校識

〔一〕據宋宰輔編年録卷七，熙寧元年正月丙申，龍圖閣學士、給事中、權三司使唐介爲參知政事。是爲本條事目。

8 神宗熙寧元年七月，㊀王安石與呂惠卿論新法。安國吹笛于内，安石遣人諭曰：「請學士放鄭聲。」安國立應曰：「願相公遠佞人。」惠卿深銜之，後竟爲惠卿所陷，放歸田里，卒以窮死。〔一〕國朝冊府畫一元龜甲集卷七一因革門新法。

校識

〔一〕按此時王安石尚未執政。據皇宋通鑑長編紀事本末卷五九王安石事迹上，熙寧元年七月丁丑，詔賜布衣王安國進士及第並注官。疑爲本條原事目。

附　載

㈠ 宋會要輯稿選舉三一之一七召試載宋神宗手詔：「安國，翰林學士安石之弟，久聞其行義學術爲士人推尚。近閲所著序言十卷，文辭優贍，理道該明，可令舍人院召試。」

熙寧二年（己酉，一〇六九）

9 先是，治平中弼以病足，以使相判河陽。上即位，歲餘，請移汝海以避濕鹵，許之。俄召入覲，且詔肩輿至殿門。賜坐，從容博訪當世之務，弼以誠對，上甚鄉納之。又問邊事，對曰：「陛下臨御未久，當布德行惠，願且二十年口不言兵，亦不宜重賞邊功。」又問爲治所先，弼曰：「阜安宇内爲先。」上留弼爲集禧觀使，弼力辭，赴郡。至是，復以觀使召。既對，上宣諭曰：「君臣須上下相照，盡忠盡節，不得有隱。」弼因言：「陛下好用人伺察中外之事，人君御下，猶當明白賞善罰惡，令人心服。」又言：「内外之事，多出陛下親批，恐喜怒任情，善惡無準，此乃致亂之道。」又言：「中外之事，漸有更張，此必有人獻説于陛下。願深賜省察，無致後悔。」上改容聽納。又曰：「今日得卿至論，乃沃朕心，可謂金石之言！朕不忘也。」遂除守司空、兼侍中、昭文館大學士，加賜第一區。弼固辭，上不許，至章十一上，始貼麻命行尚書左僕射、兼門下侍郎、同中書門下平章事、鄭國公。〔一〕㊀宋宰輔編年録卷七熙寧二年二月己亥條。

校識

〔一〕據宋宰輔編年録卷七，熙寧二年二月己亥，觀文殿大學士、行尚書左僕射、鄭國公富弼爲昭文館大學士、監修國史、尚書左僕射、兼門下侍郎、同中書門下平章事、鄭國公。是爲本條事目。

附載

㊀鄖溪集卷一觀文殿大學士富弼除依前尚書左僕射兼門下侍郎同中書門下平章事昭文館大學士兼譯經潤文使鄭國公制（參宋大詔令集卷五六富弼拜昭文相制）：「門下：秉籙膺圖，將繼配天之大業；銓時論道，必資名世之元臣。以言乎體貌，則舊德之英；以言乎望實，則群材之表。爰立作相，宜莫如公。丕昭寵數之殊，孚告治朝之聽。推誠保德崇仁亮忠佐運翊戴功臣、觀文殿大學士、開府儀同三司、行尚書左僕射、上柱國、鄭國公、食邑一萬户、食實封三千八百户富弼，智資大雅，德懋碩膚。學足以造聖人之微，幾足以通天下之變。繇賢科之得雋，攄遠業以奏功。在仁祖時，則首冠廟堂，有弼諧九德之美；在英考世，則再登樞府，有折衝萬里之謀。庶績已熙，太平將洽。屬留侯之多病，容裴度以爲藩。愷悌所宜，神明自復。方王家之不造，固賢者之有爲。昔居畎畝，而志猶在於愛君；今處朝廷，而義豈忘於憂國？是用召從方守，進拜元台，仍左揆之舊

班，兼東臺之茂秩。爰田衍賦，盟府易勳。兹實異恩，庸昭注意。於戲！上理乎天工，則日月星辰以之順；下遂乎物宜，則山川草木以之蕃。近則諸夏仰德以承流，遠則四夷傾風以待命。凡予欲治，維爾責成，可特授依前行尚書左僕射、兼門下侍郎、同中書門下平章事、昭文館大學士、監修國史、兼譯經潤文使、鄭國公，加食邑一千户、食實封四百户，仍改賜推忠協謀同德守正亮節佐理功臣。勉盡嘉猷，用光丕訓。可。」

10 安石字介甫，撫州臨川人。韓琦爲相，請立英宗爲皇嗣，□□□□□石糾察在京刑獄，争刑名□□□□□□□憂□。服除，英宗異召□□□□□，時琦猶在相位，又不起。〔一〕於□□□□□□頗爲不恭。宰臣曾公亮□□□□□□□令德宜膺大用，真輔相之才。□□□□□□臣嘗與安石同領群牧，備□□□□□□所爲迂闊，萬一用之，必紊亂□□□□安石□再詔召知江寧府。其□□□□□林□學士。安石聞琦既罷相，□□□□欲用王安石爲參知政事，曾公亮因□之。□□唐介曰：「安石恐難大任。」上曰：「卿謂文學不可任耶？經術吏事不可任耶？」介曰：「非謂此也。安石好學而泥古，議論迂闊，若使爲政，多所變更，必擾天下。」退詣中書，謂公亮等曰：「異日安石之言果用，天下困擾，諸公當自知之耳。」韓琦罷相，出守相州，陛辭，神宗曰：「卿去，誰可屬國者？王安石何如？」琦曰：「安石爲翰林學士則有餘，處輔弼之地則不可。」神宗頷之。上嘗與司馬光論諸大臣，上曰：「王安石何如？」光曰：「人言安石姦邪，則毁之太過，但不曉事，執拗，此其實也。」是歲二月，安石除右諫議大夫、參知政事，知制誥李大臨草制，有曰：「與其明察爲公，莫若嚴重而有制；與其將順爲美，莫若規正而有守。循紀綱，本教化，□寧之久，其在兹乎？」無甚褒異優借之辭，安石乃□。先是，安石見上，論天下事，上曰：「此非卿不可爲朕推行，朕須以政事煩卿。」安石對曰：「臣固願助陛下有所爲，然天下風俗法度一切頽壞，庸人則安于習故而無所知，姦人則惡直醜正而有所忌，恐未及功效而爲異論所勝爾。」上曰：「朕知卿久，非今日也。人皆不能知卿，以爲卿但知經術，不可以經世務。」對曰：「經術者，所以經世務也。非知經術，無可以經世務者。」上曰：「宜有以助朕。」至是，遂除參知政事。安石入謝，上復問：「今設施以何爲先？」對曰：「變風俗、立法度，最方今所急也。凡欲美風俗，在長君子、消小人。」上納其言。自此，安石取祖宗法度變更之，天下騷然不安，咸指安石矣。初，治平中，邵雍與客偕行，聞杜鵑而慘然不樂，客問其故，雍曰：「不二三年，上用南士爲相，多引南人，專務變更，天下自此多事矣。」〔二〕宋宰輔編年録卷七熙寧二年二月庚子條。

安石既用事，日變更祖宗法度，行新法，輔弼異議不能回，臺諫、侍從力争不能得。於是，富弼罷相，判亳州；曾公亮罷相，爲集禧觀使；司馬光極辭樞密副使不拜，知永興軍；吕公著罷御史中丞，知潁州；程顥罷監察御史，爲澶州簽判；韓維罷開封府，知河陽。初，安石與韓、吕二家兄弟韓絳、韓維與吕公著友，三人皆游揚之，名始盛。安石又結一時名德之士□□□□皆厚善。富弼、曾公亮咸喜之。至□□□揚之人俱退斥不用。（宋宰輔編年録卷七熙寧二年二月庚子條。

上□□□之人議論不可聽，如王安石□□□□□□□當流俗毀謗，亦何由能安職□□相□□□與協心施爲。公亮曰：王安石□□□□□□□聖知如此，雖殺身報陛下，自其□□□□相與，各欲致其義而已。上曰：伊□□□□天□□□重，自以爲天民之先覺，其志蓋如此。宋宰輔編年録卷七熙寧二年二月庚子條。

上諭王安石曰：「聞有三不足之説否？」王安石曰：「不聞。」上曰：「陳薦言外人云今朝廷以爲天變不足懼、人言不足恤、祖宗法令不足守，作□□□□□指此三事，此是何理？」□□□□□下氣事唯恐傷民，此即□□□□□□言何足恤；至於祖宗之法，□□

□□□□仁宗在位四十年，凡數次□□□□世守之，則祖宗何故屢□變□□□□閣學士司馬光所草也。初，眉山蘇洵來游京師，歐陽脩一見之，大稱嘆，由是名動天下。時王安石名亦盛，脩亦善之。脩勸洵與安石游，安石亦願交於洵。洵曰：「吾知其人矣，是不近人情者，鮮不爲天下患。」作辯姦論以刺之。此論既出，安石始銜洵。安石既得政，每贊上以獨斷，上專信任之。洵子直史館蘇軾發策云：「晉武平吳，以獨斷而克；苻堅伐晉，以獨斷而亡。齊威專任管仲而霸，燕噲專任子之而滅，事同功異，何也？」安石見之，不悦。上數欲用軾，安石必沮毁之。劉攽、劉恕皆與安石有舊，安石既得政，恨攽、恕不肯同己，乃交惡。安石嘗欲引恕爲條例司屬官，恕固辭，因言：「天子方屬公政事，不應以利爲先。」呂誨罷中丞，恕見安石，條陳所更法令□者，宜復其舊，則議論自息。安石遂與之□廣坐，恕對安石之黨公言安石過失，無所避，聞者或掩耳。攽尋通判蔡州，恕監南康軍酒，皆不得留京師。宋宰輔編年録卷七熙寧二年二月庚子條。

初，安石立制置三司條例司，上命樞密院陳升之同安石制置三司條例。及升之拜相，遂言制置三司條例難以簽書，欲與安石白上，併歸中書，而安石以爲恐不須併之，□爲併之無□。御史中丞呂公著奏言罷條例司□書爲是，已而□亦無條例司之不當特□安石□

文彦博曰：「俟群言稍息，□□□□歸中書。」於是條例司言常□新□□□命呂惠卿同判司農寺。後五年冬，詔：「中書有置局取文字，煩擾官司，無補事實者，悉罷之。」於是司農條例司始罷。時熙寧三年五月也。宋宰輔編年録卷七熙寧二年二月庚子條。

校識

〔一〕杜大珪輯名臣碑傳琬琰集下卷一四王荊公安石傳：「嘉祐末，韓琦作相，安石糾察在京刑獄，争刑名不當，有旨釋罪。安石堅不入謝，意琦抑之。會以憂去職。服除，三召，終琦在相位，不至。」可參。

〔二〕據宋宰輔編年録卷七，熙寧二年二月庚子，翰林學士、工部侍郎、兼侍講學士王安石爲右諫議大夫、參知政事。是爲本條事目。

11 二年二月，〔一〕上亦悟條例司之不當特置，欲罷之，難傷安石意，嘗謂文彦博曰：「俟群臣稍息，當罷之。」明年夏，乃下詔曰：「近設制置三司條例司，本以均通天下財利。今大端已舉，惟在悉力應接，以趣成功。其罷歸中書。」於是條例司言常平新法宜付司農寺，乞選官主判。乃命惠卿同判司農寺。後五年冬之詔：「中書有置局取索文字，煩擾官司，無補事實者，其罷之。」於是，司農條例司始罷去。國朝册府畫一元龜甲集卷七一因革門新法。

校識

〔一〕據皇宋通鑑長編紀事本末卷六六三司條例司，熙寧二年二月甲子，設制置三司條例司。疑爲本條原事目。

12 五月，王安石請出鄭獬杭州。〔一〕獬至杭，值青苗法下，獬即榜諸邑，召其所願請者。居數月，無一人願請。頃之，提舉官且將至杭，而獬適有移守青州之命。獬嘆曰：「我去此，即杭民將有無辜而陷刑網者矣。」上奏言之。獬既去杭，次姑蘇，即謝病去。國朝册府畫一元龜甲集卷七一因革門新法。

校識

〔一〕據皇宋通鑑長編紀事本末卷五八呂誨劾王安石，鄭獬知杭州事在熙寧二年五月癸未。

13 六月，呂誨出知鄧州。〔一〕初，王安石以學行負時望。上方勵精求治，引參大政。一日紫宸早朝，二府奏事頗久，日刻既晏，例隔登對官於後殿，須上更衣復坐，以次贊引。誨待對於崇政殿，而司馬光爲翰林學士，侍讀邇英，亦將趨資善堂，以俟宣召。相遇於朝路，並行而北，光密問誨曰：「今日請對何言？」誨舉袖中彈文，乃新參也。光愕然，曰：「以介甫之文學行義，命下之日，衆俱喜於得人，奈何論之？」誨正色曰：「君實亦爲此言邪？安石雖有時名，上意所向，然好執偏見，不通物情，輕信姦回，喜人佞己，聽其言則美，施於用則疎。若在侍從，猶或可容；置於宰輔，天下必受其弊矣。」光又諭之曰：「與公爲心交，苟有所懷，不敢不盡。今日之論，未見其不善之迹，似傷忽遽。或別有章疏，願先進呈，姑留是事，更加籌慮，可乎？」誨曰：「上新嗣位，富於春秋，所與朝夕謀議者，二三執政而已，苟非其人，將敗國事。此乃心腹之疾，治之惟恐不及，顧可緩耶？」語未竟，閤門吏抗聲追班，乃各趨以去。誨疏安石十事。㊀是日，司馬光退自經筵，默坐玉堂，以誨之所以遽論安石者，終日思之，不得其説。既而，搢紳間浸有傳誨疏者，往往亦偶語竊議，疑其太過。上使中使諭解誨，誨執愈堅。於是，王安石不視事，上奏求去位。上立出手詔諭安石視事，還其奏，㊁安石乃具謝，起視事。安石既視事，益自信，日以經綸天下爲己任，盡變祖宗法，專務聚斂，造出條目，頒於四方。州縣吏奉行，微忤其意，則譴黜隨之。所用俱險薄少年，天下騷然。于是昔之疑誨爲太過者，始愧仰嘆服，以誨爲不可及。而誨亦由此力求外補，遂得罪。㊂初，安石與劉恕有舊，深愛其才，欲引修三司條例。恕固辭，以不習金穀之事，因言：「天子方屬公以政事，宜恢張堯舜之道，以佐明主，不應以財利爲先。」安石雖不能用，亦未之罪也。恕每見安石，輒盡誠規益。及誨得罪，恕往見安石，曰：「公所以致人言，蓋亦有所未思。」因爲條陳所更法令不合衆心者，宜復其舊，則議論自息。於是安石大怒，與恕絶。其後，司馬光退居于洛，每論當世人物，輒慨然曰：「吕獻可之先見，余所不及，心誠服之。」劉安世論之曰：「嗚呼！行僞而堅，言僞而辯，學非而博，順非而澤，唯孔子乃能識之，雖子貢之賢，有所不知也。方介甫自小官以至禁從，其學行、聲名，暴於天下久矣。士大夫識與不識，咸想聞其風采。且曰『朝廷不用則已，用之則必能以其所學，以致太平』。及參大政，中外相賀，而獻可以爲不然，衆莫不怪之。已而考其事業，卒如所料。非明智不惑出於視聽之表，何以及此？易曰：『知幾其神乎！』又曰：『幾者，動之微，吉之先見也。』獻可有焉。」國朝册府畫一元龜甲集卷七一因革門新法。

校　識

〔一〕據皇宋通鑑長編紀事本末卷五八吕誨劾王安石，熙寧二年六月丁巳，右諫議大夫、御史中丞吕誨爲右諫議大夫、知鄧州。是爲本條事目。

附載

㊀皇朝文鑑卷五〇呂誨論王安石：「臣伏覩參知政事王安石外示樸野，中藏巧詐，驕蹇慢上，陰賊害物，斯衆所共知者。臣略疏十事，皆目覩之實迹，冀上寤於宸監。一言近誣，萬死無避！安石向在嘉祐中判糾察刑獄司，因開封府争鵪鶉公事舉駁不當，御史臺累移文催促謝恩，倨傲不恭。相次仁宗皇帝上仙，未幾，安石丁憂，其事遂已。安石服滿，託疾堅卧，累詔不起，終英宗朝不臣。就如有疾，陛下即位，亦合赴闕一見，稍有人臣之禮。及就除江寧府，於私安便，然後從命。慢上無禮，其事一也。安石任小官，每一遷轉，遜避不已，自知江寧府除翰林學士，不聞固辭。先帝臨朝，則有山林獨往之思；陛下即位，乃有金鑾侍從之樂。何慢於前而恭於後？見利忘義，豈其心乎。好名欲進，其事二也。人主延對經術之士，講解先王之道，設侍講、侍讀常員，執經在前，乃進説，非傳道也。安石居是職，遂請坐而講説，將屈萬乘之重，自取師氏之尊，真不識上下之儀、君臣之分，况明道德以輔益聰明者乎？但要君取名而已，其事三也。安石自居政府，事無大小，與同列異議，或因奏對留身進説，多乞御批自中而下，以塞同列沮論。是則掠美於己，非則斂怨於君。用情罔公，其事四也。安石自糾察司舉駁多不中理，與法官争論刑名不一，常懷忿隙，昨許遵誤斷謀殺公事，力爲主張，妻謀殺夫，用按問欲舉減等科罪，挾情壞法，以報私怨。兩制定奪，但聞朋附；二府看詳，亦皆畏避。徇私報怨，其事五也。安石初入翰林，未聞進一士之善，首

率同列，稱弟安國之才，朝廷與狀元恩例，猶謂之薄。主試者定文卷，不優其人，遂罹中傷，小惠必報，纖仇必復。及居政府，纔及半年，賣弄威福，無所不至。自是畏之者勉意俯從，附之者自鬻希進，奔走門下，唯恐其後。背公死黨，今已盛矣。怙勢招權，其事六也。宰相不視事旬日，差除自專；逐近臣補外，皆不附己者，安言盡出聖衷。若然，不應是安石報怨之人。丞相不書敕，本朝故事未之聞也。意示作威，聳動朝著，然今政府同列依違，宰臣避忌，遂專恣而行，何施不可？專威害政，其事七也。凡奏對黼座之前，唯肆強辯。向與唐介爭論謀殺刑名，遂致諠譁，衆非安石而是介。介忠勁之人，務守大體，不能以口舌勝，不幸憤懣發疽而死。自是同列尤甚畏憚，雖丞相亦退縮，不敢較。其是非任性陵轢同列，其事八也。陛下方稽法唐堯，敦睦九族，奉親愛弟，以風天下，而小人章辟光獻言，俾岐王遷居于外。離間之罪，固不容誅。上尋有旨送中書，欲正其罪，安石堅拒不從，仍進危言，以惑聖聽，意在離間，遂成其事。朋姦之迹甚明，其事九也。今邦國經費，要會在於三司，安石居政府，與知樞密者同制置三司條例，兵與財兼領之，其掌握重輕可知矣。又舉三人者勾當、八人者巡行諸路，雖名之曰商榷財利，其實動搖天下也。臣未見其利，先見其害，其事十也。」

(二)皇宋通鑑長編紀事本末卷五八呂誨劾王安石載宋神宗手詔：「昨日已曾面諭朕意，謂悉諒也。今得來奏，甚駭朕懷。今還卿來奏。天下之事當變更者，非止二三，而事事如此，奚政之爲也？

卿其反思職分之當然，無恤非禮之横議，視事宜如故。」

㊂蘇魏公文集卷三一右諫議大夫權御史中丞吕誨可落御史中丞依前官知鄧州：「敕：御史之職，所以表正朝位，分判忠邪，舉錯或違，綱領疇寄。以爾具官某，公卿華胄，文學清流，踐履閨臺，休有風力。伏蒲抗論，稔聞獻替之嘉；冠豸在庭，方竚猷爲之補。而屢陳奏牘，呰毁輔臣，黨小人交構之言，肆罔上無根之説。比令辨析，遽服過差。四句係中添。朕雖務於含容，爾奚安於要近？姑仍正諫之秩，出擁南陽之麾。噫！正色立朝，固忠賢之所守；言事失實，在典憲之當行。既觀過之則然，亦原情而非甚。尚從薄責，俾就外遷。勉勵省循，究理自訟。可。」

14 七月乙丑朔己巳，廢義倉。義倉，舊法也。使歲穰，輸其餘；歲凶，受而食之，此立法之義也。長孫平修之於隋，隋以富彊。唐用戴胄之言定著令，高宗漸開雜用之禁。神龍之後，綱理疎闊，而義倉遂廢殆盡。至開元，自土公以下，至于商人，悉有入。故義倉之實，至六千萬以上。自是以後而衰。宋興，乾德之初，復義倉，每税一石，別輸一斗。後三年，又病吏之煩擾，而民罹轉輸之困，又罷之。上即位，始欲修明舊制。於是知齊州王廣淵條其措書來上，上批以問中書，會知陳留縣蘇涓亦條上其法。㈠上曰：「陳留，輔邑，耳目不遠，可聽而施行，徐訪利害。」時王廣淵已除京東轉運使，而京東轉運使陳汝義徙河東。其明年夏，上手詔中書問民間有無訴其不便。〔一〕當是時，人實不便之。他日，上乃論其所施行未得其方，王安石曰：「隋文帝時，風俗法度及所任官吏，豈能勝今日？則倉輸送出給，安能無乞取騷擾之弊？但當時穀賤，百姓雖稍見科率，不以爲大苦耳。」至是，御史錢顗言陳汝義、王廣淵聚斂掊克，民不堪命。㊁於是上詔廢義倉，其已納者給還之。知諫院范純仁以爲，興義倉本意救民，以所任非人，故掊取而民受其弊致煩，詔旨中罷。望深以用人爲戒。其後，有知考城縣事鄭民瞻者，復措置義倉，坐衝替。國朝冊府畫一元龜甲集卷七一因革門新法。

校識

〔一〕上手詔中書問民間有無訴其不便　「問」字原作「間」，據文意改。

附載

㊀王應麟玉海卷一八四食貨「熙寧修復社倉」條引通略載蘇洵言：「臣領畿邑，謹爲天下倡，勸百姓置義倉，以備水旱。户口第一等出粟二石，二等一石，三等五斗，四等二斗，五等一斗，麥亦如之。村有社，社有倉。倉置守者，耆爲輸納，縣爲籍記。歲豐則量數以輸，歲凶則出。停藏既久，則又爲借貸之法，使新陳相登。多寡不一，又爲通融之法，使彼相補。」

㈡宋會要輯稿食貨六二之二一京諸倉載御史錢顗言：「陳汝羲任京東轉運使日，以羨餘貢奉爲名，官吏希望風旨，尚行暴斂。如去年勸誘糧斛入官，以備河北流民，而多不支散；齊州科配義倉，取數太多；曹、濟州諸縣，又令耆長代納，民何以堪？乞下京東路，除二税外，權倚閣諸逋欠，以候豐年。」

15 范純仁故與安石善。〔一〕安石得政，多所更張，人心不寧。范純仁召自陝西，即言於上曰：「願陛下圖不見之怨。」上曰：「何謂也？」純仁曰：「杜牧所謂『天下之人，不敢言而敢怒』者，即不見之怨也。」及居諫職，數言事，大抵皆忤安石意。劉琦等罷御史，純仁又力爭請速解安石機務，以慰天下之望。并言曾公亮、趙抃等不能救正。詞氣甚厲。遂罷同知諫院爲起居舍人、同修起居注。純仁固辭，遂録所上章，申中書。其略曰：王參政以文學自負，議論得君，專任己能，不曉時事，而又性頗率易，輕信姦回，欲求近功，忘其舊學。尚法令則稱商鞅，言財利則背孟軻。鄙老成爲因循之人，棄公論爲流俗之語。加以曾相公一切依隨，□參□□能□□見之怒，〔二〕以白上，純仁遂出。〔三〕宋宰輔編年録卷七熙寧二年二月庚子條。

校　識

〔一〕范純仁故與安石善　「范純仁」三字原闕，據趙汝愚編宋朝諸臣奏議卷一〇九范純仁上神宗論劉琦等不當責降文末注文補。按本條起始數句與宋朝諸臣奏議該篇文末注文係同源文獻。

〔二〕□參□□能□□見之怒　據陳均撰皇朝編年綱目備要卷一八熙寧元年八月范純仁罷條及太平治迹統類卷一四神宗朝臣議論新法，「參□」前闕字當作「趙」。

〔三〕據宋會要輯稿職官六五之三四黜降官二，熙寧二年八月己酉，兵部員外郎、兼起居舍人、直集賢院、同修起居注、同知諫院范純仁罷起居舍人、同修起居注，知河中府。是爲本條事目。

16 八月，蘇轍爲條例司檢詳文字。〔一〕既而召劉彝等八人，欲遣之四方。轍因求見，升之逆問：「君獨求見，何也？」對曰：「有疑，欲問耳。近日召八人者，欲遣往諸路。不審公既知利害所在，事有名件，而使往按實之邪？其亦未知其實，謾遣出外網羅諸事也？」升之曰：「君意謂如何？」對曰：「昔嘉祐末遣使寬恤諸路，而事無所指名，故行者各務生事。既還奏，例多難行，爲天下笑。今何以異此？」升之曰：「吾昔奉詔看詳寬恤事，如范堯夫輩所言，多中理。」轍曰：「今所遣如堯夫者有幾？」升之曰：「所遣果賢，將不肯行。君無過憂。」轍曰：「公誠知遣使之不便，而恃遣者之不行，若之何？」升之曰：「君姑退，徐思之。」後數日，卒奏遣之。轍他日又爲安石言青苗、均輸非良法，議不合。轍自度議終不合，乃以狀抵升之、安石，又奏請補外。〔一〕於是安石怒，欲加以罪，升之止之。國朝册府畫一元龜甲集卷七一因革門新法。

校　識

〔一〕據孫汝聽蘇潁濱年表，熙寧二年三月癸未，以蘇轍爲制置三司條例司檢詳文字。八月庚戌，蘇轍乞除合入差遣，除河南府留守推官，罷條例司檢詳文字，當爲本條事目。

附　載

㊀蘇轍欒城集卷三五制置三司條例司論事狀：「竊見本司近日奏遣使者八人分行天下，按求農田水利與徭役利害，以爲方今職司守令無可信用，欲有興作，當别遣使。愚陋不達，竊以爲國家養材如林，治民之官棋布海内，興利除害，豈待他人？今始有事，輒特遣使。使者一出，人人不安。能者嫌使者之侵其官，不能者畏使者之議其短。客主相忌，情有不通；利害相加，事多失實。使者既知朝廷方欲造事，必謂功效可以立成。人懷此心，誰肯徒返？爲國生事，漸不可知。徒使官有送迎供饋之煩，民受更張勞擾之弊，得不補失，將安用之？朝廷必欲興事以利民，轍以爲職司守令足矣。蓋勢有所便，衆有所安。今以職司治民，雖其賢不肖不可知，而衆所素服，於勢爲順，

稍加選擇，足以有爲。是以古之賢君，聞選用職司以責成功，未聞遣使以代職司治事者也。蓋自近世，政失其舊，均稅、寬恤，每事遣使，冠蓋相望，而卒無絲毫之益，謗者至今未息。不知今日之使，何以異此。至於遣使條目，亦所未安。何者？勸課農桑，墾闢田野，人存則舉，非有成法。誠使職司得人，守令各舉其事，罷非時無益之役，去猝暴不急之賦，不奪其力，不傷其財，使人知農之可樂，則將不勸而自勵。今不治其本，而遂遣使，將使使者何從施之？議者皆謂方今農事不修，故經界可興，農官可置。轍觀職司以下勸農之號，何異於農官？嘉祐以來方田之令，何異於經界？行之歷年，未聞有益。此農田之說，轍所以未諭也。天下水利，雖有未興，然而民之勞佚不同，國之貧富不等。因民之佚而用國之富以興水利，則其利可待；因民之勞而乘國之貧以興水利，則其害先見。苟誠知生民之勞佚與國用之貧富，則水利之廢興，可以一言定矣。而況事起無漸，人不素講，未知水利之所在而先遣使。使者所至，必將求之官吏，官吏有不知者，有知而不告者，有實無可告者。不得於官吏，必求於民；不得於民，其勢將求於中野。興事至此，蓋已甚勞。此水利之説，轍所以未諭也。徭役之事，議者甚多：或欲使鄉户助錢而官自雇人，或欲使城郭等第之民與鄉户均役，或欲使品官之家與齊民並事。此三者皆見其利不見其害者也。役人之不可不用鄉户，猶官吏之不可不用士人也。有田以爲生，故無逃亡之憂；樸魯而少詐，故無欺謾之患。今乃捨此不用，而用浮浪不根之人，轍恐掌財者必有盜用之姦，捕盜者必有竄逸之弊。今國家設捕盗之吏，有巡檢，有縣尉。然較其所獲，縣尉常密，巡檢常疎。非巡檢則愚，縣尉則智，蓋弓手、鄉户之人與屯駐客軍異耳。今將使雇人捕盗，則與獨任巡檢不殊，盗賊縱横，必自此始。轍觀近歲雖使鄉户頗得雇人，然至於所雇逃亡，鄉户猶任其責。今遂欲於兩税之外别立一科，謂之庸錢，以備官雇。鄉户舊法，革去無餘；雇人之責，官所自任。且自唐楊炎廢租庸調以爲兩税，取大曆十四年應干賦斂之數以定兩税之額，則是租調與庸兩税既兼之矣。今兩税如舊，奈何復欲取庸？蓋天下郡縣，上户常少，下户常多，少者徭役頻，多者徭役簡，是以中下之户每得休閑。今不問户之高低，例使出錢助役，上户則便，下户實難。顛倒失宜，未見其可。然議者皆謂助役之法，要使農夫專力於耕。轍觀三代之間，務農最切，而戰陣田獵皆出於農，苟以徭役較之，則輕重可見矣。城郭人户雖號兼并，然而緩急之際，郡縣所賴；饑饉之歲，將勸之分以助民；盗賊之歲，將借其力以捍敵。故財之在城郭者與在官府無異也。方今雖天下無事，而三路芻粟之費多取京師銀絹之餘配賣之。民皆在城郭，苟復充役，將何以濟？故不如稍加寬假，使得休息。此誠國家之利，非民之利也。品官之家，復役已久，議者不究本末，徒聞漢世宰相之子不免戍邊，遂欲使衣冠之人與編户齊役。夫一歲之更不過三日，三日之雇不過三百。今世三大户之役，自公卿以下無得免者。以三大户之役而較之三日之更，則今世既已重矣，安可復加哉？蓋自古太平之世，國子俊造，將用其才者皆復其身；胥史賤吏，既用其力者皆復其家。聖人舊法，良有深意：以爲責之以學而奪其力，用之於公而病其私，人所難兼，是以不取。奈何至於官户則又將役之？且州縣差役之法皆以丁口爲之高下，今即已去鄉從宦，則丁口登降，其勢難詳，將使差役之際以何爲據？必用丁，則州縣有不能知；必不用丁，則官户之役比民爲重。今朝廷所以條約官户，如租佃田宅、斷賣坊場、廢舉貨財、與衆争利，比於平民，皆有常禁。苟使之與民皆役，則昔之所禁皆當廢罷。罷之則其弊必甚，不罷則不如爲民。此傜役之説，轍所以未諭也。轍又聞發運之職今將改爲均輸，常平之法今將變爲青苗。愚鄙之人亦所未達。昔漢武外事四夷，内興宫室，財用匱竭，力不能支，用賈人桑羊之説，買賤賣貴，謂之均輸，雖曰民不加賦，而國用饒足。然而法術不正，吏緣爲姦，掊克日深，民受其病。孝昭既立，學者争排其説。霍光順民所欲，從而與之，天下歸心，遂以無事。不意今世，此論復興，衆口紛然，皆謂其患必甚於漢。何者？方今聚斂之臣，才智方略，未見桑羊之比，而朝廷破壞規矩，解縱繩墨，使得馳騁自由，惟利是嗜。以轍觀之，其害必有不可勝言者矣。今立法之初，其説甚美，徒言徙貴就賤、用近易遠。苟誠止於此，則似亦可爲。然而假以財貨，許置官吏，事體既大，人皆疑之。以爲雖不明言販賣，然既許之以變易矣，變易既行，而不與商賈争利者，未之聞也。夫商賈之事，曲折難行。其買也，先期而與錢；其賣也，後期而取直。多方相濟，委曲相通，倍稱之息，由此而得。然至往往敗折，亦不可期。今官買是物，必先設官置吏，簿書禄廪，爲費已厚。然後使民各輸其所有，非良不售，非賄不行，是以官買之價，比民必貴。及其賣也，弊復如前。然則商賈之利，何緣可得？徒使謗議騰沸，商旅不行。議者不知慮此，至欲捐數百萬緡，以爲均輸之法。但恐此錢一出，不可復還。且今欲用忠實之人，則患其拘滯不通，欲用巧智之士，則患其出没難考。委任之際，尤難得人。此均輸之説，轍所以未諭也。常平條敕，纖悉具存，患在不行，非法之弊。必欲修明舊制，不過以時斂之以利農，以時散之以利末。斂散既得，物價自平。貴賤之間，官亦有利。今乃改其成法，雜以青苗，逐路置官，號爲提舉，别立賞罰，以督增虧。法度紛紜，何至如此！而況錢布於外，凶荒水旱有不可知，斂之則結怨於民，捨之則官將何賴？此青苗之説，轍所以未諭也。凡此數事，皆議者之所詳論，明公之所深究。而轍以才性樸拙，學問空疎，用意不同，動成違忤。雖欲勉勵自效，其勢無由。苟明公見寬，諒其不逮，特賜敷奏，使轍得外任一官，苟免罪戾。而明公選賢舉能，以備僚佐。兩獲所欲，幸孰厚焉！」又條例司乞外任奏狀：「右臣近蒙聖恩，召對便殿，面賜差使，仍奉德音，不許辭避。伏自受命，於今五月，雖日夜勉强，而才性朴拙，議論迂疎，每于本司商量公事，動皆不合。伏惟陛下創置此局，將以講求財利，循致太平，宜得同心協力之人，以備官屬。而臣獨以愚鄙，固執偏見，雖欲自效，其勢無由。臣已有狀申本司，具述所論不同事件。苟陛下閔臣孤危，未賜誅譴。伏乞除臣一合入差遣，使得展力州郡，敢不策勵駑鈍，以酬恩私。」

17 九月，初行青苗之法。〔一〕㊀先是，安石既執政，首取三司條例別爲一局，聚文章之士數人，與相謀議。一日，出書一卷，曰：「此青苗法也，諸君熟議之，有不便，以告，勿疑。」蘇轍時爲條例司檢詳文字，他日因告之曰：「以錢貸民，使出息二分，卒以救民之困，非爲利也。然出納之際，吏隨爲姦，雖有法不能禁；〔二〕錢入民手，雖良民不免非理費用；及其納錢，雖富民不免違限。如此則鞭箠必用，州縣事不勝煩矣。唐劉晏掌國計，未嘗有所假貸。有尤之者，晏曰：『使民僥倖得錢，非國之福；使吏倚法督責，非民之便。吾雖未嘗假貸，而四方豐凶貴賤，知之未嘗逾時，有賤必糴，有貴必糶，是以四方無甚貴甚賤之病，安用貸爲？』晏之所言，則漢常平法耳。今此法見在而患不修，誠能有意於民，舉而行之，劉晏之功，可立竢也。」安石曰：「君言有理，當徐議之。」自此逾月不言青苗。已而王廣廉者奏乞度僧牒數千爲本錢，行陝西漕司前所私行青苗法，春散秋斂，與安石意合。至是，安石遂請先行於河北、京東、淮南三路，詔從之。安石乃復言，河北已置常平、廣惠倉，〔三〕及陝西亦賜常平糴本，欲遣官提舉。太常博士王廣廉、尚書屯田郎皮公弼，河北路；尚書駕部員外郎蘇涓、太子中舍人劉琯，陝西路。又從之。於是安石又言，河北、陝西已差官，則其餘諸路，亦欲差官提舉。自此，青苗法遂行於天下。使者冠蓋相望，遇事風生。於是，知通進銀臺司范鎮、御史中丞吕公著、右正言李常俱奏，以爲青苗法當罷，所遣使者當追還。而安石傳經義，出己意，辨論輒數百言，牢不可解。〔四〕宰相曾公亮、陳升之皆争以爲不便。廷論方洶洶，而判大名府韓琦亦自外數條青苗害天下之狀來上。㊁於是上感悟，始欲罷之。安石惶遽自失，家居，累表乞分司。吕惠卿懼失勢，亟上表請對。既對，自往傳宣起安石。安石既起，□以琦疏送條例司疏駁之。於是，上欲稍修改其以合衆論。安石曰：「陛下方欲以道勝流俗，無以□方戰自却，即坐爲敵所勝矣。」以故范鎮、吕公著□□相繼罷逐，而翰林學士司馬光亦辭樞密使。而安石意猶未快，又以判亳州富弼諫新法，落使相，判汝州。〔五〕久之，吏有不奉新法者，〔六〕安石益欲深罪之，上不可，安石因争之，曰：「不然，法不行矣。」上曰：「聞民間亦頗苦新法。」安石曰：「祁寒暑雨，取民猶怨咨者，豈足顧也。」上曰：「豈若并祁寒暑雨之怨亦無耶？」安石不悦，退而屬疾，居家數日。上遣使慰勞之，乃出。其黨爲之謀，曰：「今不取門下士上所素不喜者暴進用之，則權輕，將有人窺間隙者矣。」安石從之。既出，即奏擢秘書丞、集賢校理章惇爲起居舍人、知制誥。上不喜，勉彊從之，由是權益重。是歲熙寧七年。初，常平錢穀之在天下者一千四百萬貫石，自新法行，散之略盡。已而旱災日廣，流民無以周給之。上大悔，乃諭輔臣曰：「天下常平倉，若以一半散錢取息，一半減價糶，使二者如權衡之相依，不得偏重，如此民必受賜。今有司務行新法，惟欲散錢。至於常平舊規，無督責者。大凡前世法度有可行者，宜謹守之。今不問利害如何，一一變更，豈近理耶？」居數日，乃批諭中書，令錢穀常留一半，見倚閣户毋更給。後司農寺請兩經倚閣者，乃始罷支。於是，上親批詰責之，曰：「今天下常平錢穀，十常七八散在民間。又連歲災傷，倚閣迨半。若止務多給，不計督索艱難，豈唯官物失陷，兼百姓被鞭撻必衆。可依後詔行之。」已而又有詔：「常平錢穀若給外有餘，又誘致人賒請，是不容倉庫稍有存積，必使盡散在民間。如此，徒有蓄息虛名，甚不副元法國之財用取具本意。自今倉庫留一半，餘方給散。如有餘，即遇民間非時闕乏，許以物産爲抵支借，依常平限納。」安石雖甚不樂，然上意不可回矣。國朝册府畫一元龜甲集卷七一因革門新法。

校識

〔一〕據宋會要輯稿食貨四之一七青苗上，行青苗法事在熙寧二年九月四日（丁卯）。

〔二〕雖有法不能禁　「有」字原作「首」，據蘇轍欒城後集卷一二潁濱遺老傳上改。

〔三〕河北已置常平廣惠倉　「置」字原作「至」，據文意改。

〔四〕牢不可解　「牢」字原脱，據宋宰輔編年録卷七熙寧二年二月庚子條引丁未録補。

〔五〕「宰相曾公亮」至「判汝州」　數句原無，據宋宰輔編年録卷七熙寧二年二月庚子條引丁未録補。

〔六〕吏有不奉新法者　「吏」字原作「夷」，據宋宰輔編年録卷七熙寧二年二月庚子條引丁未録改。

附　載

㈠宋會要輯稿食貨四之一七青苗上載其詔：「常平廣惠倉等見錢依陝西出俵青苗錢例，取當年以前十年内逐色斛斗、一年豐熟時最低實直價例，立定預支，召人户情願請領。五户以上爲一保，約錢數多少，量人户物力，令佐躬親勒耆户長識認，每户須俵及一貫以上。不願請者，不得抑配。其願請斛斗者，即以時價估作錢數支給，即不得虧損官本，却依見錢例紐斛斗送納。客户願請者，即與主户合保，量所保主户物力多少支借。如支與鄉村人户有剩，即亦准上法支俵與坊郭有抵當人户。」

㈡宋朝諸臣奏議卷一一一韓琦上神宗乞罷青苗及諸路提舉官：「伏詳熙寧二年詔書，務在優民，不使兼并乘其急以邀倍息。凡此皆以爲民，而公家無所利其入，謂合先王散惠興利，抑民兼并之意也。今乃鄉村自第一等而下皆立借錢貫陌，三等以上更許增添，坊郭户有物業抵當者依青苗例支借。且鄉村上三等并坊郭有物業户，乃從來兼并之家也，今皆多得借錢。每借一千令納一千三百，則是官放息錢，與初抑兼并、濟困乏之意絶相違戾。欲民信服，不可得也。又鄉村每保須有物力人爲甲頭，雖云不得抑勒，而上户既有物力，必不願請；官吏防保内下户不能送納，豈免差充甲頭以備代陪？復峻責諸縣，人不願請，即令結罪申報。若選官曉諭，却有願請者，則干繫人別作行遣，或具申奏。官吏懼提舉司勢可升黜，又防選官曉諭之時，豈無貧下浮浪願請之人，苟免捃拾，須行散配。且下户見官中散錢，誰不願請？然本户夏、秋各有税賦，又有預買及轉運司和買兩色紬絹，積年倚閣，借貸麥種錢之類，名目甚多。今更增納此一重出利青苗錢，愚民一時借請則甚易，至納時則甚難。故自制下以來，一路官吏上下惶惑，皆謂若不抑散，則上户必不願請；近下等第與無業客户雖或願請，必難催納，將來必有行刑督索，及勒干繫書手、典押、耆户長同保人等均陪之患。大凡兼并者所放息錢，雖取利稍厚，緣有逋欠，官中不許受理，往往舊債未償其半，早已續得貸錢。兼并者既有資本，故能使相因歲月，漸而取之。今官貸青苗錢則不然，須夏、秋隨税送納，災傷及五分以上，方許次科催還。若連兩科災傷，則必官無本錢接續支給，官本因而寖有失陷。其害明白如此。更有緣此煩費虚擾之事，不敢具述。去歲河朔豐熟，常平倉糴米，斗錢不過七十五至八十五以來。若乘時收斂，遇貴出糶，不惟合於古制而無失陷之弊，兼民被實惠，亦足收其羡贏。今諸倉方有糴入，而提舉司亟令住止，蓋盡要散充青苗錢，指望三分之利收爲己功。縣邑小官敢不奉行，豈暇更恤貽民久遠之患哉？諸路所行，必料大率如此。朝廷若謂陝西嘗放青苗錢，官有所得而民以爲便，此乃轉運司因軍儲有闕，遇自冬涉春，雨雪及時，麥苗滋盛，決見成熟，行於一時則可也。今乃差官置司，爲每歲春夏常行之法，而取利三分，豈陝西權宜之比哉？兼初詔且於京東、淮南、河北三路先行此法，候成次第，即令諸路施行。今此三路方憂不能奉行，而遽於諸路遍差提舉官，以至西川、廣南亦皆置使。伏惟陛下自臨御以來，夙夜憂勞，勵精求治，況承祖宗百年仁政之後，民浸德澤，惟知寬恤，未嘗過擾。但躬行節儉以先天下，常節浮費，漸汰冗食，自然國用不乏，何必使興利之臣紛紛四出，以致遠邇之疑哉？欲望聖明更賜博訪，若臣言不妄，乞盡罷諸路提舉官，只委提點刑獄官依常平舊法施行。」據王稱東都事略卷六九韓琦傳，此奏即係送條例司疏駁者。

18 故事，兩制差除必宰相當筆。是時，富弼在告，曾公亮出使，獨王安石參政事，心惡錢公輔等，遽除出之。公輔遂自知制誥知鎮江府，鄭獬亦自翰林學士知杭州。弼由此不平，多稱疾臥家。及御史劉琦、錢顗等奏劾安石及其他大臣，並落御史被貶。范純仁亦露章顯奏，琦、顗指安石及在位大臣，又盡録前奏申中書。於是，執政大臣俱列名露章求罷。上以優詔答之。富弼自是不復出視事。〔一一〕〔一〕宋宰輔編年録卷七熙寧二年十月丙申條。

校識

〔一〕據宋宰輔編年録卷七，熙寧二年十月丙申，行尚書左僕射、兼門下侍郎、同中書門下平章事、鄭國公富弼爲檢校太師、行尚書左僕射、同中書門下平章事、武寧軍節度使、判亳州。是爲本條事目。

附載

㊀宋大詔令集卷六七富弼罷相除武寧軍節度判亳州制（參皇朝文鑑卷三五除富弼依前同中書門下平章事充武寧軍節度使判河南府兼西京留守司事仍賜功臣制）：「三台處中，以裁萬物之化；四嶽總外，以牧黎民之蕃。如山河之經九州，如股肱之衛一體。出處之際，朕無間然。推忠協謀同德守正亮節佐理功臣、開府儀同三司、行尚書左僕射、兼門下侍郎、同中書門下平章事、昭文館大學士、監修國史、兼譯經潤文使、上柱國、鄭國公、食邑一萬一千户、食實封四千二百户富弼，復貫有元。蹈中弗勉。學幾聖而獨至，識造物之未形。貴名起於三朝，盛德儀于百辟。繇召從於列屏，俾進相於冢司。爲日尚新，何恙靡已。未及經邦之務，遽陳避位之辭。詔雖屢而莫回，章甫却而復至。朕憮然自念，嗟莫能勝，既閔勞於政機，其聽遂於私佚。建武寧之節，以殿東郊；守景亳之符，以長南社。仍位鴻鈞之貴，尚優黄髪之行。於戲！不處成功，專老氏榮名之畏；其旋元吉，要羲經履道之終。雖弗從於吾游，可自保於爾福。可特授檢校太師、依前行尚書左僕射、同中書門下平章事、鄭國公、行徐州大都督府長史、武寧軍節度、徐州管内觀察處置等使、判

亳州，仍改賜推誠保德崇仁忠亮佐運翊戴功臣。」

19 上既相升之㊀，問司馬光外議云何。光徐對曰：「閩人狡險，楚人輕易。今二相俱閩人，二參政俱楚人，必將援引鄉黨之士，充塞朝廷，天下風俗何以得更淳厚？」上曰：「然今中外大臣，更無可用者，獨升之有才智，曉民政、邊事，他人莫及。」光曰：「升之才智，誠如聖旨，但恐不能臨大節而不可奪耳。昔漢高祖論相，以爲王陵少戇，陳平可以助之；陳平智有餘，然難獨任。真宗用丁謂、王欽若，亦以馬知節參之。凡才智之人，必得忠直之人從傍制之，此明主用人之大法也。」上曰：「然。升之朕固已戒之矣。」〔一〕宋宰輔編年録卷七熙寧二年十月丙申條。

校識

〔一〕據宋宰輔編年録卷七，熙寧二年十月丙申，尚書左丞、知樞密院事陳升之爲集賢殿大學士、行禮部尚書、同中書門下平章事。是爲本條事目。

附載

㊀宋大詔令集卷五六陳升之拜集賢相制：「色齊三階，則風雨不失其序；聖如二帝，然股肱亦繫其

人。朕上撫乾緯之明，下慎國鈞之寄。方審求於賢輔，俾參穆於政途。若時登庸，蓋出定命。推忠協謀佐理功臣、光禄大夫、尚書左丞、知樞密院事、上柱國、潁川郡開國公、食邑二千八百户、食實封一千户陳升之，識幾聖藴，謀合皇猷。學積于原而心彌充，智酬于變而力彌裕。早膺仁祖之擢，以遺文考之知。肆予沖人，克即大任。問甲兵則有鎮撫四夷之略，問衣食則有運理群物之心。朕方稽百王之謨，經一世之績。宜進躐於賢序，以延登於宰廷。夫知歷選之既艱，體委用之既重，則義莫得以憂己，道維專於澤民。豈特無疆之休，亦有無窮之問。於戲！論金穀之計，其歸内史之司；作霖雨之滋，是應高宗之命。往熙帝載，庸代天工。可特授行禮部尚書、同中書門下平章事、集賢殿大學士、加食邑一千户、食實封四百户。」

20 十一月，初頒農田水利之法。先是，條例司奏遣都官員外郎劉彝、比部員外郎謝卿材、太常博士王廣廉、祕書丞侯叔獻、著作佐郎程顥、大理寺丞盧秉、國子監直講王汝翼、權興化軍判官曾伉等八人使行天下，相度農田水利。又請下諸路轉運司，令各條利害聞奏。又請諸路各置相度農田水利官二員，以朝官爲之；分管當官一員，以京官爲之；小路共置二員；開封府凡四十一員。並從之。具以條約頒諸路。於是，其後言水利者紛然矣。一日，安石召都水監丞李立之，問曰：「有建議欲决白馬河隄以淤東方之田者，何如？」立之不敢直言其不可，對曰：「此策雖善，但恐河決，所傷至多。」昔天聖初，河決白馬東南，泛濫十餘州，與淮水相通，徐州城上垂手可掬水，且横貫韋城，斷北使往還之路，無乃不可。」安石沉吟良久，曰：「聽使一泛，又亦何傷？但恐妨北使路耳。」乃止。又一日，集賢校理劉攽詣安石，值一客在坐，獻議曰：「梁山泊八百里，決而涸之，可得良田萬頃，但未擇得利便之地瀦其水耳。」安石傾首沉思，曰：「然安得處所貯許多水乎？」攽性滑稽，即抗聲曰：「此甚不難。」安石欣然，以爲有策，遽問之，攽曰：「别穿一八百里梁山泊，則定以貯之。」安石亦大笑而罷。國朝册府畫一元龜甲集卷七一因革門新法。

21 初，方平代吴奎爲參知政事，御史中丞司馬光因進言：「方平姦邪，仁宗知之，故不用。不然則方平兩登制，〔一〕入二府久矣。」上作色曰：「朝廷每有除拜，衆言輒紛紛，何也？」既退，復上奏言方平。㊀奏入，於是光有復歸翰林之命。未幾，方平以父喪免。後方平服將闋，當還故官，而中丞吕公著復論方平貪邪，而王安石亦憎方平，遂除觀文殿學士、知河南。〔二〕㊁宋宰輔編年録卷七治平四年九月辛丑條。

校識

〔一〕不然則方平兩登制　「制」字下，朱熹輯三朝名臣言行録卷七丞相温國司馬文正公引日録，有「科」字，是。按此神宗與司馬光奏對語史源爲司馬光日録。

〔二〕據王智勇張方平年譜，方平父卒於治平四年十月，宋人行服二十七月，至熙寧二年十二月服除。十二月，張方平爲觀文殿學士、知河南府。是爲本條事目。

附載

㊀温國文正司馬公文集卷三八張方平第一劄子：「臣伏見陛下用翰林學士承旨張方平參知政事。方平文章之外，更無所長，姦邪貪猥，衆所共知。兩府大臣，繫國安危，苟非其人，爲害不細。臣職在繩糾，不敢塞嘿。伏望聖慈追寢方平新命，以協輿論。」

㊁蘇魏公文集卷三〇前户部尚書參知政事張方平可依前官充觀文殿學士知河南府兼西京留守司：「三年之喪，聖賢不可逾禮；六職之任，朝廷所以仰成。粤予鼎飪之良，近闋苴麻之制。甫更中月，當復通規。就委居留之權，固無中外之間。具官某，藴天人相與之學，挺金石不移之心。被遇累朝，極清崇於禁褑；逮予初政，遂擢贊於鈞衡。適告訏謨，俄嬰鉅創。服衰去位，久深欒棘之情；鑽燧變時，已畢縞纖之祭。矧任崇於體貌，方渴佇於猷爲。姑還革履之朝，仍錫玉符之寄。殿塗秘職，蓋優異於老成；洛宅中圻，俾尹釐於王會。是惟付畀之重，式示眷毗之隆。宜諒

至懷，往欽成命。寀務同寅之守，副茲注意之勤。可。」

熙寧三年（庚戌，一〇七〇）

22 光字君實，陝州夏縣人，舉進士甲科。王安石既變更祖宗法度，行新法，退故老大臣，用新進少年。光時爲翰林學士，力争之，因屢請去。上曰：「君子小人盡知卿方正。呂公著使契丹，亦問有司馬光者，其人甚方正，今爲何官。卿名爲夷狄所知，奈何出外？」光固求補外，不許。頃之，上用安石爲參知政事，用光爲樞密副使。光以言不從，辭不拜，上章力辭，至六七，曰：「陛下誠能罷制置條例司，追還提舉官，不行青苗、助役等法，雖不用臣，臣受賜多矣。不然，終不敢受命。」神宗遣人謂光：「樞密，兵事也。官各有職，不當以他事爲辭。」光言：「臣未受命，則猶侍從也，於事無不可言者。」遂復上疏極諫。疏奏，上優容之。光愈益請，乃收還告敕，詔依所乞。〔一〕時韓琦上疏論青苗之害，神宗感悟，欲罷其法。安石稱疾求去，不許。既起視事，青苗卒不罷。光亦卒不受命，卒以書喻安石，三往返，開喻苦至，猶幸安石之改也。安石卒不聽，光由是與安石怨矣。神宗猶欲用光，光不可，以端明殿學士出知永興軍。〔二〕宋宰輔編年録卷七熙寧三年二月壬申條。〔三〕

校識

〔一〕按此下原接一段文字，出自續資治通鑑長編。此削去。

〔二〕據宋宰輔編年録卷七，熙寧三年二月壬申，翰林學士、兼侍讀學士、右諫議大夫、史館修撰司馬光爲樞密副使，辭不拜。是爲本條事目。

〔三〕宋宰輔編年録該條所綴史事頗多，原注：「以長編與丁未録參修。」其中有兩則不見於續資治通鑑長編及皇宋通鑑長編紀事本末，當出丁未録，一爲此條，一見本書熙寧七年三月乙丑條。

23 三年三月，時陝西轉運使陳繹亦坐住散青苗，條例司言之。㊀除司馬光樞密院副使，深辭弗能得，因乞罷制置三司條例司，及追還諸路常平使者。乃以詔言付光。初，上有旨用光，安石曰：「光雖好異論，然其才豈能害政？但如光者異論之人，倚光爲重耳。今擢光高位，則異論之人，氣勢且倍。鄉陛下所欲者，豈能不疑惑沮解？韓信拔趙幟而趙士卒俱走，赤幟豈能殺人？但標以示人，則趙自敗，漢自勝。今陛下置光於人上，是爲異論之人立赤幟也。」上以爲然。安石因論光所爲，曰：「光雖不能合黨，然朝夕所以切磋琢磨者，乃劉恕之徒而已。觀近臣以其所主，所主者如此，則其人可知也。」方光之力辭也，韓琦在魏，亟走書文彥博，請勉之，云：「主上倚重之厚，庶幾行道。道不行，然後去之可也。」〔一〕彥博以琦書示光。光正色曰：「古今爲此名位所誘，虧喪名節者不少矣。」於是彥博復琦書曰：「君實作事，今人所不可及，直當求之古人中也。」當此之時，光既連章極諫青苗之病民，又移書安石，言甚苦，冀安石之或聽而改也。〔二〕國朝册府畫一元龜甲集卷七一因革門新法。

校識

〔一〕然後去之可也　「去」字原作「法」，據太平治迹統類卷一四神宗朝臣議論新法及文意改。

〔二〕冀安石之或聽而改也　「聽」字原作「斤」，據文意改。

附載

㊀ 續資治通鑑長編卷二一一熙寧三年五月，條例司言：「權陝西轉運副使陳繹不依條案治部内違法抑配青苗錢官吏，乃擅止環、慶等六州給散青苗錢，且欲留常平倉物，準備緩急支用，壞常平久行之法。」

24 初，李定從學於王安石，故安石使右正言孫覺薦之。定至京師，因謁李常，常問南方之民以青苗爲何如，定曰：「民俱便之，無不喜色者。」常謂曰：「今朝廷方爭此，君見人，勿爲此言也。」定即詣安石白其事，曰：「定惟知據實而言，不知京師不得言青苗之便也。」安石喜，謂曰：「君今被旨上殿，當具爲上道之。」因密薦。召對稱旨，遂除太子中允、權監察御史裏行。〔一〕宋宰輔編年録卷七熙寧二年二月庚子條。

校識

〔一〕據續資治通鑑長編卷二一〇，熙寧三年四月己卯，前秀州軍事判官李定爲太子中允、權監察御史裏行。是爲本條事目。

25 李常與呂惠卿同檢詳三司條例，常本安石所引用者，後除諫官，言常平取息非便。呂惠卿謂常曰：「君何得負介甫？」上嘗謂司馬光曰：「李常非佳士。屬者安石家居，常求對，極稱其賢，以爲『朝廷不可一日無也』。以臣異議青苗之故，寧可逐臣，不可罷安石也』。既退，使人具以此言告安石以賣恩。」光曰：「若爾，誠罪人也。」安石之求分司也，常雖言安石不當去，又言青苗不當取息二分，且乞罷之。安石既出，面責常曰：「君本出條例司，未嘗預青苗議。今又見攻，何以異於蔣之奇也？」〔一〕宋宰輔編年録卷七熙寧二年二月庚子條。

校識

〔一〕據續資治通鑑長編卷二一〇，熙寧三年四月壬午，右正言、祕閣校理李常爲太常博士、通判滑州。是爲本條事目。

26 四月，監察御史程顥簽書鎮寧軍節度判官廳公事。〔一〕顥與王安石素親厚，條例司奏遣八使，顥在遣中。一日盛暑，安石與對語，而安石之子雱因首跣足以出，問安石今日所言何事。安石以新法數爲人沮，與程君議。雱箕踞以坐，大言曰：「梟韓琦、富弼之頭于市，則新法行矣。」安石遽曰：「兒誤矣！」顥正色曰：「方與參政論國事，子弟不可預，姑退。」雱不樂，去。顥自此與安石不合。國朝册府畫一元龜甲集卷七一因革門新法。

校識

〔一〕據宋史卷一五神宗紀二，熙寧三年四月己卯，監察御史裏行程顥罷爲京西路同提點刑獄。癸未，程顥簽書鎮寧軍節度判官公事。是爲本條事目。

27 初，脩在兵府，與曾公亮考天下兵數，及三路屯戍多少、地里遠近，更爲圖籍。凡邊防久闕屯戍者，必加蒐補。其在政府，與韓琦同心輔政，凡兵官吏財之要，中書所當知者，集爲總目，遇事不復求之有司。初，朝廷議加濮王典禮，臺臣以脩主此事，專以詆脩，脩著濮議四卷。脩在亳，已六請致仕。比至蔡，逾六年，〔一〕復請，乃以觀文殿學士、太子少師致仕。居潁一年而卒，時五年八月也，年六十六。贈太子太師，謚文忠。脩以論政不合，固求去位。年未及即告老，天下高之。時楊繪言：「今舊臣告歸，或屏於外者，悉未老，范鎮年六十三，呂誨年五十八，歐陽脩年六十五而致仕，富弼六十八被劾引疾，司馬光、王陶皆五十而求閑散。陛下可不思其故耶？」脩善薦士，一時名卿賢士出脩門下者甚衆，而薦常秩與連庶尤力。秩晚仕於朝，君子非之，脩自以爲失；庶終不出，脩自以爲得也。由是益辭宣徽之命，語頗侵安石。其略曰：「大抵時多喜於新奇，則獨思守拙；衆方興於功利，則苟欲循常。」安石見之，滋不悦，奏從其請，遂有知蔡州之命。司馬光嘗以脩表中「戒小人之遂非，希君子之改過」二語手書之，知其意有在矣。〔二〕宋宰輔編年録卷七治平四年三月壬申條。

校　識

〔一〕逾六年　據胡柯廬陵歐陽文忠公年譜，歐陽脩以熙寧四年六月致仕，「六」字當衍。

〔二〕據廬陵歐陽文忠公年譜，熙寧三年七月辛卯，檢校太保、宣徽南院使、判太原府歐陽脩爲觀文殿學士、兵部尚書、知蔡州。是爲本條事目。

28 舊制，執政除罷皆宣麻，呂惠穆公弼因爭新法求去，〔一〕王安石陰沮之，乃使舍人院命詞。蔡齊掌外制，繳詞頭，舉典故論之。安石勸上内批，今後樞密罷，更不宣麻。〔二〕古今合璧事類備要後集卷二一給舍門「蔡齊繳詞頭」條。

校識

〔一〕呂惠穆公弼因爭新法求去　「穆」字原脱，據宋宰輔編年録卷七熙寧三年七月壬辰條引蔡元道官制舊典補。

〔二〕據宋宰輔編年録卷七，熙寧三年七月壬辰，樞密使呂公弼爲吏部侍郎、觀文殿學士、知太原府。是爲本條事目。

29 侯叔獻、楊汲爲都水監丞。〔一〕初，王安石奏請諸路各置提舉農田水利官，以叔獻提舉兩浙，汲提舉廣東，而叔獻上決汴爲田之策。㈠疏奏，遂詔叔獻與提舉開封府界林英兩易其任。安石又請以汲同叔獻典領其事，從之。叔獻、汲既決汴水淤田，而祥符、中牟之民大被水患，無以自解，乃曰：「此衆不協心所致。」命叔獻、汲爲都水監丞，專提舉沿汴淤溉民田。於是賜叔獻、汲府界淤田各十頃。久之，事頗聞，上乃詔曰：「聞開封府界雍丘等縣淤田清水頗害民田，其令提舉常平官視民耕地，蠲税一料。」未幾，叔獻卒。有伶人下仙現者，設爲入定僧，目見叔獻持一物，問之，曰：「以汴河淺，誠此圖欲别開爾。」上爲之解顏一笑。國朝冊府畫一元龜甲集卷七一因革門新法。

校識

〔一〕續資治通鑑長編卷二一四熙寧三年八月己未條載：「京西同巡轄斗門、太常博士侯叔獻，著作佐郎楊汲，並權都水監丞，專提舉沿汴淤溉民田。」本條事目當近之。

附載

㊀宋會要輯稿食貨六一之九七水利雜録載侯叔獻奏：「汴河歲漕東南六百萬斛，浮江溯淮，更數千里，計其所費，率數石而致一碩。雖中都之粟用饒，而六路之民實受其弊。夫千里餽糧，軍志所忌，矧京師帝居，天下輻湊，人物之衆，車甲之饒，不知幾百萬數。夫以數百萬之衆，而仰給於東南千里之外，此未爲策之得也。臣伏思之，沿河兩岸沃壤千里，而夾河之間多牧馬地，及公私廢

田，略計二萬餘頃。計馬而牧，不過用地之半，則是萬有餘頃常爲不耕之地，此遺利之最大者也。觀其地勢，利於行水，最宜稻田。欲望於汴河南岸稍置斗門，泄其餘水，分爲支渠，及引京、索河并三十六陂以溉灌之。則環畿甸間，歲可以得穀數百萬碩，以給兵食，此減漕省卒、富國强兵之術也。」

30 中書上議刑名五條。〔一〕㊀先是，王安石議論造律非中材一人所能，且於理亦有未盡。上因問：「漢文帝廢肉刑，是否？」宰臣富弼曰：「極是。」安石曰：「當時雖廢肉刑，而人多笞死。先王制刑，輕重各有差別，施於罪人，能當其事情。今不死即入流、入笞，故制刑重輕，名與事情不能相當。即如折人兩肢，或瞎人兩目，今乃流三千里，以此何足以報其罪？又彊盜五貫文即死，若有肉刑，此但可刖而已。今以無肉刑，若不殺，則恐其復爲人患，故不得不殺。然則不得不殺者，以無肉刑故也。除肉刑者，以不忍也，然不免使可生者被殺，非所以爲仁術。」弼曰：「此非通論。刑者不可復完，雖欲自新，其路無由。故不肉刑，乃所以以開人自新爾。」他日，樞密副使韓絳對，亦言肉刑不當廢。樞密副使呂公弼以爲廢之是。絳曰：「假如斬一支、一指，有何不可？堯舜尚用此。」公弼終以爲不可。

退，又上言奏之。㈡至是，中書乃復上當議刑名五條，詔付編敕所詳議立法。是時編敕刪定官，曾布也。頃之，上問執政曰：「曾布所言肉刑可行否？」安石曰：「理誠如此，即行亦無害。但務斟酌所當施肉刑者，如禁軍逃走，未曾結連，又非在征戰處，諸合斬者止刖足可矣。」參知政事馮京曰：「如此則壞軍法。」安石曰：「前代軍法但行於征伐時。若罷兵，即解約束。律在軍所，與平時法自不同。」上曰：「斬趾亦是近世廢爾。」京曰：「唐太宗亦終不用。」安石曰：「太宗雖用加役流代斬趾，然流法不可獨行，故已有決配流之法。蓋當時自有別敕施行，不專用律。若專用律，即死罪外，即用流法，無以禁姦，決不可行也。」其後，上意終難於肉刑，不肯行。國朝冊府畫一元龜甲集卷七一因革門新法。

校　識

〔二〕據續資治通鑑長編卷二一四，熙寧三年八月戊寅，中書上刑名未安者五條，當即本條事目。

附　載

㈠續資治通鑑長編卷二一四熙寧三年八月戊寅條載中書上刑名未安者五條：「其一曰，歲斷死刑幾二千人，比前代殊多。自古殺人者死，以殺止殺也，不當曲減定法，以啓凶人僥倖之心。自來奏請貸死之例，頗有未盡理者，致失天下之平。至如强劫盜，並有死法，其間情狀輕重有絶相遠者，使一例抵死，良亦可哀。若據爲從情輕之人，特議貸命，别立刑等，如前代斬右趾之比，足以止惡而除害。自餘凶盜，殺之無赦。禁軍非在邊防屯戍而逃者，亦可更寬首限，以活壯夫之命，收其勇力之效。二，徒、流折杖之法，禁網加密。良民偶有抵冒，便致杖脊，衆所醜棄，爲終身之辱；愚頑之民雖坐此刑，其創不過累旬而平，則已忘其痛楚，又且無愧耻之心，是不足以懲其惡也。若令徒、流罪情理非巨蠹者，復古居作之法，如遇赦降，止可第減月日，使良民則免毁傷肌膚，但苦使之，歲滿得爲全人，則可以回心自新；頑民則囚之徒官，經歷年歲，不能侵擾善良。如此則俗有耻格之期，官有給使之利。三，刺配之法，大抵二百餘件，愚民罕能知畏。使其骨肉離散，而道路死亡者甚多，防送之卒勞費尤若。其間情理輕者，亦可復古徒流之坐移鄉之法，俟其再犯，然後决刺充軍。諸配軍並減就本處，或與近地。凶頑之徒，自從舊法。編管之人亦迭送他所，量立役作時限，不得髠鉗。四，令州縣考察士民，有能孝悌力田爲衆所知者，委鄉里耆老與令佐保明，州給付身帖，如遇有過犯杖已下情輕可恕者，特議贖罰，如再犯，復行科决。五，奏聽敕裁，條目繁多，致淹留刑禁，亦合删定。」

㈡宋朝諸臣奏議卷九九呂公弼上神宗論肉刑：「臣伏見韓絳嘗奏乞用肉刑，今日陛下亦以爲然。絳又言：『假如折一支、去一指，有何不可？況堯舜尚用之』此徒信古之論，不適時變。自漢文感一婦人之言罷肉刑，而天下歸仁，逮今千餘年，一旦暴行之，駭四海觀聽。況古雖有肉刑之法，在堯舜之世亦未嘗行之。書曰：『象以典刑，流宥五刑。』堯舜之世，用流以寬五刑也。若四凶者，止於流，則五刑無所施焉。臣願陛下上法堯舜，下體漢文，無取迂儒好古之論。陛下病今之犯刑者衆，臣願審擇守臣，宣布惠愛，使民各得其所，則民不犯上矣。今不究其本，而徒更其刑辟，臣恐民心一駭而動，後雖欲全撫之，未易安也。」

31 九月己卯，翰林學士范鎮以本官致仕。〔一〕先是嘉祐初，眉山蘇洵來游京師，歐陽脩一見大稱嘆，獻其書於朝。由是名動天下，士争傳誦其文，號爲老蘇。時王安石名亦盛，黨與傾一時，脩亦善之。脩勸洵與安石游，安石亦願交洵。〔二〕洵曰：「吾知其人矣，是不近人情者，鮮不爲天下患。」作辯姦論以刺之。㊀此論既出，安石始銜洵。洵之子軾中制科，安石問吕公著見蘇軾制策否，公著稱之，安石曰：「全類戰國文章，若安石爲考官，必黜之。」故安石後修英宗實録，亦書「洵有戰國縱横之學」云。上即位，欲用軾爲同修起居注，曰：「軾有文學，司馬光等俱稱之。」安石曰：「此險邪人。臣非空言，咸有事狀：作賈誼論，令誼優游浸漬，〔三〕深交絳、灌，以收天下之權。欲附歐陽脩，作正統論，章望之非之，乃作論排望之。其論議都無理。其人論議正，則心術亦正；其論議不正，則心術未有不邪者。陛下用人，當思正風俗。奬用此人，豈所以正風俗？如光稱軾，此極爲誣天下正論。」陳升之曰：「蘇軾應制科，欲爲人宗，非肯宗人者。」安石正色曰：「孟子排楊朱、墨翟，非於陵仲子，是豈苟欲楊、墨及仲子宗己？以正人心、息邪説、詎詖行、放淫辭者，學士大夫之職也！」上從安石言而止。頃之，上復欲命軾修注，安石争之曰：「陛下欲息邪説，驟用軾輩，則士何由知陛下好惡所在？」升之亦曰：「此人好異論。」命遂格。他日，安石又白上曰：「陛下曾熟思蘇軾當去否？」上意難之，安石曰：「巧言令色孔壬，堯舜畏而遠之，陛下乃留之自近，而涵容其邪説，天下何由可静？唐太宗用房玄齡、〔四〕杜如晦，委以政事，則權萬紀之徒，自不可容。天下無君子小人兩存而可以治者。此事陛下不宜黽勉從臣。陛下更熟思，至於見此理不疑，然後斷之。陛下天縱才德甚高，但少剛斷爾。乾剛坤柔，剛者君道，陛下以一身斷制天下，若不剛，何由濟？事物相與爲剛柔者也，陛下剛則天下俱柔，陛下柔則天下俱剛。天下俱剛，則陛下何由斷制天下？陛下當窮理，明見是非，而濟以剛斷，則天下可爲也。」安石意軾文士，不閑吏事，乃白以爲開封府推官困之，而軾方從容。策問國子生，以譏安石，安石愈益恨。

策問曰：所貴乎學士大夫者，以其通古今而考成敗也。昔之人常有以是成者，我必襲之；嘗有以是敗者，我必反之。如是其可乎？昔之爲人君者，患不能勤。然而或勤以治，亦或以亂。文王之日昃、漢宣之厲精、始皇之程書、隋文之傳餐，其爲勤一也。昔之爲人君，患不能斷。然而或斷以興，亦或以衰。晉武之平吴、憲宗之征蔡、苻堅之南伐、宋文之北侵，其爲斷一也。昔之爲人君者，患不信其臣。然而或信以安，亦或以危。秦穆之於孟明、漢昭之於霍光、燕噲之於子之、德宗之於盧杞，其爲信一也。此三人者，君之所難，其志之所常咨嗟慕望，曠世而不獲者也。然考此數君者，治亂興衰安危之效，相反如此，豈可不求其故歟？夫貪暴其成功而爲之，與懲其敗而不爲，此二者皆過也，學者將何取焉。按其已然之迹而詆之也易，推其未然之理而辯之也難。是以未及見其成功，則文王之勤，無以異於始皇；而方其未敗也，苻堅之斷，與晉武何辨？請舉此數君者得失之源、所以相反之故，將詳觀焉。

軾有外弟，於軾雅不叶。於是，安石召見之，問軾過失。其人以軾向丁母憂販私鹽、蘇木對。安石得之喜，然事未有以發也。及廷策進士，吕惠卿初考，阿時者置高等，訐直者居下列。宋敏求、劉攽覆考，反之。葉祖洽策言「祖宗多因循苟簡之政，陛下革而新之」，初考爲二等上，覆考爲五等中。吴申奏之，從初考。軾與李大臨編排，上官均第一，祖洽第二，上親擢祖洽爲第一云。軾退擬對策，進之。〔二〕上覽其對，亦不悦，謂安石曰：「軾言『田疇闢，溝洫治，草木暢茂，禽獸無不得其性，〔五〕此有司之事，陛下不須問』，因何學問全如此？」安石曰：「軾高才，但學不正，又有否廷之心。其言跌蕩，故至於如此。」會詔兩制舉諫官，衆論俱以當今宜爲諫官者，無若蘇軾。於是鎮以軾應詔。御史知雜事謝景温，安石弟安國姻家也。景温意軾爲諫官，必攻安石短，遂以謗語力排之，云：范鎮舉蘇軾充諫官，軾前丁母憂，多占人船，販私鹽、蘇木。安石下淮南、江南東西、荆湖北、夔州、成都六路，體量其狀。鎮又舉台州司户參軍孔文仲賢良對策極陳新法之害。初考，宋敏求第爲三等上，覆考，王珪書爲第四等，詳定韓維從初考。安石見而大惡之，密啓於上，以御批黜文仲，令再進呈。及進呈，乃下詔罷歸故官。孫固屢封還制書，〔三〕不許。鎮於是曰：「吾前舉蘇軾充諫官，後舉孔文仲賢良方正，可謂無負朝廷矣。」即日上章乞致仕，仍請不遷官，以贖軾販鹽厚誣之罪，及文仲對策切直之過。不報，又上。奏章五上，語侵安石。〔四〕安石讀之，至「陛下有納諫之資，大臣進拒諫之計；陛下有愛民之性，大臣用殘民之術」，怒甚，持其疏至手戰。馮京解之曰：「參政何必？」遂落鎮翰林學士，以本官户部侍郎致仕。

命舍人蔡延慶爲告詞，有「詆欺要君」之語。安石猶不快，自加改定，極其醜詆。㊄明日，延慶因賀鎮，具以制詞出於安石爲解。鎮笑誦其詞，曰：「『材無任職之能』，鎮披襟當之；『内有懷利之實』，則夫子自道也。」即上表稱謝，天下聞而壯之。㊅初，至和中，趙抃爲侍御史，與鎮爭劾宰臣陳執中家决殺婢子事，與鎮有隙。至是，安石恨鎮，數訐之於上，且曰：「陛下問趙抃，即知其爲人。」他日，上以問抃，抃對曰：「忠臣。」上曰：「卿何以知其忠？」對曰：「嘉祐初，仁宗違豫，鎮首請立皇嗣，以安社稷，豈非忠乎？」既退，安石悵然，謂抃曰：「公不與景仁有隙乎？」抃曰：「不敢以私害公。」國朝册府畫一元龜甲集卷七一因革門新法。

校識

〔一〕按熙寧三年九月無己卯。據續資治通鑑長編卷二一六，范鎮致仕事在熙寧三年十月己卯。

〔二〕安石亦願交洵　「洵」字原作「詢」，據宋宰輔編年録卷七熙寧二年二月庚子條引丁未録改。

〔三〕優游浸漬　「游」字原脱，據皇宋通鑑長編紀事本末卷六二蘇軾詩獄補。

〔四〕唐太宗用房玄齡　「玄齡」二字原脱，據文意補。

〔五〕無不得其性　「不」字原脱，據蘇軾文集卷九擬進士對御試策補。

附　載

㈠蘇洵嘉祐集卷九辯姦論：「事有必至，理有固然。惟天下之静者，乃能見微而知著。月暈而風，礎潤而雨，人人知之。人事之推移，理勢之相因，其疎闊而難知，變化而不可測者，孰與天地陰陽之事。而賢者有不知，其故何也？好惡亂其中，而利害奪其外也。昔者山巨源見王衍，曰：『誤天下蒼生者，必此人也！』郭汾陽見盧杞，曰：『此人得志，吾子孫無遺類矣！』自今而言之，其理固有可見者。以吾觀之，王衍之爲人，容貌言語，固有以欺世而盜名者。然不忮不求，與物浮沉。使晉無惠帝，僅得中主，雖衍百千，何從而亂天下乎？盧杞之姦，固足以敗國。然而不學無文，容貌不足以動人，言語不足以眩世，非德宗之鄙暗，亦何從而用之？由是言之，二公之料二子，亦容有未必然也。今有人，口誦孔、老之言，身履夷、齊之行，收召好名之士、不得志之人，相與造作言語，私立名字，以爲顔淵、孟軻復出，而陰賊險狠，與人異趣：是王衍、盧杞合而爲一人也，其禍豈可勝言哉！夫面垢不忘洗，衣垢不忘澣，此人之至情也。今也不然，衣臣虜之衣，食犬彘之食，囚首喪面而談詩書，此豈其情也哉？凡事之不近人情者，鮮不爲大姦慝，豎刁、易牙、開方是也。以蓋世之名而濟其未形之患，雖有願治之主、好賢之相，猶將舉而用之，則其爲天下患，必然而無疑者，非特二子之比也。孫子曰：『善用兵者，無赫赫之功。』使斯人而不用也，則吾言爲過，而斯人有不遇之嘆，孰知禍之至於此哉？不然，天下將被其禍，而吾獲知言之名，悲夫！」

㈡經進東坡文集事略卷二一廷試策問：「朕德不類，託於士民之上，所與待天下之治者，惟萬方黎獻之求，詳延于廷，諏以世務，豈特考子大夫之所學，且以博朕之所聞。蓋聖王之御天下也，百官得其職，萬事得其序。有所不爲，爲之而無不成；有所不革，革之而無不服。田疇闢，溝洫治，草木暢茂，鳥獸魚鱉無不得其性。其富足以備禮，其和足以廣樂，其治足以致刑。子大夫以謂何施而可以臻此？方今之弊，可謂衆矣。救之之術，必有本末；所施之宜，必有先後。子大夫之所宜知也。生民以來，所謂至治，必曰唐虞成周之時，詩書所稱，其迹可見。以至後世賢明之君，忠智之臣，相與憂勤，以營一代之業。雖未盡善，要其所以成就，亦必有可言者。其詳著之，朕將親覽焉。」又擬進士廷試策：「聖策曰『田疇辟，溝洫治，草木暢茂，鳥獸魚鱉莫不得其性』者，此百工有司之事也，曾何足以累陛下。陛下操其要，治其本，恭己無爲，而物莫不盡其天理，以生以死。若夫百工有司之事，自宰相不屑爲之，又況於陛下乎！」

㈢王闢之澠水燕談録卷六貢舉載孫固奏：「科舉徒取一日之長，言之虚華不足校。矧制舉本以求直言，豈以忤而黜之耶！今朝廷以文仲之言足以惑天下，臣恐天下不惑文仲之言，而以文仲之黜爲惑。」

㈣宋朝諸臣奏議卷七四范鎮上神宗乞致仕：「臣請致仕，已四上章，歷日彌旬，未聞報可。緣臣所懷有可去者二，不敢不陳：臣言青苗不見聽，一可去；薦蘇軾、孔文仲不見用，二可去。負二可去，重之以多病早衰，其可以已乎！今有人言，獻忠與獻佞孰是？必曰獻忠是；納諫與拒諫孰是？必曰納諫是。蘇軾、孔文仲可謂獻忠矣，陛下拒而不納，必有獻佞以誤陛下者，不可不察也。若李定避持服，遂不認母，是壞人倫、逆天理者，而欲以爲御史；御史臺爲之罷陳薦，舍人院爲之罷宋敏求、罷李大臨、罷蘇頌，諫院罷胡宗愈。王韶上書，肆意欺罔，以興造邊事，敗則置而不問，反爲之罪帥臣李師中。及御史一言蘇軾，則下七路捃摭其過；孔文仲則遣之歸任。以此二人況彼二人，以彼事理觀此事理，孰是孰非，孰得孰失，陛下聰明之主，其可以逃聖鑒乎？惟審思而熟計之。朝廷所恃者賞罰，而賞罰如此，如天下何！如宗廟社稷何！至於言青苗，則曰有效矣。夫所謂見效者，豈非歲得緡錢數十百萬乎？數十百萬者，非出於天，非出於地，非出於建議者之家，一出於民。民出之而不已，則數歲之後，將如之何？民猶魚也，財猶水也，水深則魚活，財裕則民有生意。養民而盡其財，譬猶養魚而欲竭其水也。今之官但能多散青苗、急其期會者，則有自知縣擢爲轉運判官、擢爲提點刑獄。急進僥幸之人，豈復顧陛下百姓乎？但知趨賞爾。臣恐陛下百姓相濡於涸轍中矣。陛下有納諫之資，大臣進拒諫之計；陛下有愛民之性，大臣用殘民之術。臣職獻替，此時而無一言，則負陛下多矣。臣知言入必觸大臣怒，則罪在不測。雖然，臣嘗以忠事仁皇帝，仁皇帝不賜之死，才聽解言職而已；以禮事英皇帝，英皇帝不加之罪，才令補畿郡而已。不以所事二帝之心而事陛下，是臣自棄於世也。臣爲此章，欲上而中止者數矣，既而自謂曰：『今而後歸伏田間，雖有忠言嘉謀，不復得聞朝廷矣。』所以上之決然不疑，惟陛下裁赦。乞早賜除臣一致仕。」

㊄宋大詔令集卷二〇五范鎮户部侍郎致仕制：「敕：舉直錯枉，古之善政；服讒蒐慝，義所當誅。翰林學士、户部侍郎、知制誥范鎮，材無任職之能，行有懷姦之實。頃居諫省，以朋比見攻；晚寘翰林，以阿諛受斥。朕惟用舊，不汝疵瑕。而每託論議之公，欲濟傾邪之惡。乃至厚誣先帝，以蓋其附下罔上之醜；力引小人，而狃于敗常亂俗之姦。稽用典刑，誠宜竄殛。宥之田里，姑示矜容。往服寵私，勿忘修省。可。」

㊅皇朝文鑑卷六七范鎮謝致仕表：「早衰多病，得謝歸休，有命自天，所容如地，仰銜恩紀，伏竊兢榮。伏念臣本出孤生，歷塵膴仕，曾無報效，虚積歲月。仕宦之年，已更一世；遭逢之幸，實事三朝。徒有愚忠，以自信處，雖曰乞身而去，敢忘憂國之心？因敘人言，上干天聽。曲蒙寬貸，未賜誅夷。得於盛明之時，以遂閑適之性。伏惟皇帝陛下，審持賞罰，而一諉於公；總秉權綱，而不移於下。集群議爲耳目，以除壅蔽之姦；任老成爲腹心，以養和平之福。躋民富壽，措國康寧。臣之至情，實在於此。」

32 神宗熙寧三年九月，賜梓州路轉運使韓璹敕書獎諭。〔一〕初，余靖罷中丞，復歸翰林，有成都進士李戒投書於靖，且獻役法，大要以謂：「民苦重役，不苦重税，但聞有因役破産者，不聞有因税破産也。請增天下田税錢穀各十分之一，募人充役，仍命役重輕爲三等，上等月給錢一貫五百、穀二斛，中下等以是爲差，計雇役，猶有羨餘，可助經費。明公儻爲言之朝，幸而施行，公私不日俱富矣。」靖謝遣之，曰：「靖已去言職，君宜詣當官者獻之。」時韓絳知成都，戒亦嘗以此策獻，絳大以爲然。及入爲三司使，欲奏行之，未果。上即位，絳乃言之。㊀上感其言，御批韓絳草詔，如官吏有知差役利害者，寔封以聞。㊁是歲治平四年五月也。且命龍圖閣直學士趙抃、天章待制陳薦同詳定中外臣庶所上差役利害。於是翰林學士司馬光應詔言差衙前誠不便，㊂同知諫院吴充亦言之。㊃詔送中書。及韓絳與王安石同制置三司條例，絳復爲安石言，安石亦以爲善。雇役之議，自此決矣。璹時爲梓州路轉運使，首奉行之。於是安石請特加獎諭；其所條上事，乞悉從所奏。詔從之，遂賜璹敕書獎諭。

敕韓璹：朕患今力役之不平，數下諸道監司，推其利害之原，將更制以便民，而久莫有應吾詔者。〔二〕汝獨盡心帥職，凡蠲去積弊，蓋十七八。執政爲朕言，其法可推行天下。朕維爾忠幹之實，不有褒賞，曷爲勸吏事之勸虖！〔三〕故茲獎諭，想宜知悉。

璹自此入爲三司鹽鐵副使。國朝册府畫一元龜甲集卷七二因革門新法五。

校識

〔一〕據續資治通鑑長編卷二一七及宋會要輯稿食貨六五之四免役一，賜韓璹敕書獎諭事在熙寧三年十一月乙卯。

〔二〕而久莫有應吾詔者 「有」字原作「不」，據華陽集卷二五賜梓州路轉運使韓璹等減罷重難差役獎諭敕書改。

〔三〕曷爲勤吏事之勸虖 「吏事」二字原誤倒，據華陽集卷二五賜梓州路轉運使韓璹等減罷重難差役獎諭敕書乙正。

附載

㈠宋會要輯稿食貨六五之一至二免役一載韓絳奏：「臣歷官京西，奉使江南、河北，守藩于陝西、劍南，周訪害農之弊，無甚于差役之法。重者衙前多致破産，次則州役，亦須厚費。夫田産，人恃以爲生，今竭力營爲，稍致豐足，而役已及之，欲望農人之加多，曠土之加闢，豈可得乎？向聞京東民有父子二丁將爲衙前役者，其父告其子云：『吾當求死，使汝曹免凍餒也。』遂自經死。又聞江南有嫁其祖母及老母，析居以避役者。此大逆人理，所不忍聞。又鬻田産於官户者，田歸不役之家，而役併增于本等户。其餘戕賊農民，未易遽數。望以臣所陳，下哀痛之詔，令中外臣庶悉具差役利害以聞。委侍從、臺省官集議，考驗古制，裁定其當。使力役無偏重之害，則農民知爲生之利，有樂業之心矣。」

㈡宋會要輯稿食貨六五之一免役一載其詔：「農，天下之本也。祖宗以來，務加惠養，每勤勞勉，屢下寬恤之令，數頒蠲復之恩。然而歷年于兹，未及富盛，閒因水旱，頗致流離。深惟其故，殆州郡差徭之法甚煩，使吾民無敢力田積穀，求致厚産，以别其擾。至有遺親背義，自謀安全者多矣。不幸逢其異政，骨肉或不相保，愁怨亡聊之聲，豈不悖人理、動天道歟！害農若此，爲弊最深。上下偷安，苟務因循，重於改作，故農者益以匱乏，而末游者安其富逸焉。生生之路，至繆戾也，朕甚悼焉。永惟出令之謹，故訪中外群議，宜有嘉謀宏策，貢于予聞，朕將親覽，擇善而從。順天興益，誠安敢怠？命非徒下，欽哉無忽！其令中外臣庶，限詔下一月，並許條陳差役利害，實封以聞，無有所隱。」又據宋大詔令集卷一八三令官吏條析寬減差役利害詔，該詔行於治平四年六月辛未，與本書異。

㈢温國文正司馬公文集卷三八衙前劄子：「里正止管催税，人所願爲；衙前主管官物，乃有破壞家産者。然則民之所苦在於衙前，不在里正。今廢里正而存衙前，是廢其所樂而存其所苦也。又鄉者每鄉止有里正一人，借使有上等十户，一户應役則九户休息，可以晏然無事，專意營生。其所以勞逸不均，蓋由衙前一概差遣，不以家業所直爲準。若使直千貫者應副十分重難，直百貫者應副一分重難，則自然均平。今乃將一縣諸鄉混同爲一，選物力最高者差充衙前，如此則有物力人户常充重役，自非家計淪落，則永無休息之期矣。有司但知選差富户，爲抑强扶弱，寬假貧民。殊不知富者既盡，賦役不歸於貧者，將安適矣？借使今日家産直十萬者充衙前，數年之後，十萬者盡則九萬者必當之矣，九萬者盡則八萬者必當之矣。自非磨滅消耗至於窮困，而爲盜賊，無所止矣。故置鄉户衙前已來，民益困乏，不敢營生。富者返不如貧，貧者不敢求富。日削月朘，有減無增，以此爲富民之術，不亦疎乎？」

㊃宋會要輯稿食貨六五之二免役一載吴充奏：「當今鄉役之中，衙前爲重。上等民户被差之日，官吏臨門籍記，凡杯杅匙筯，皆計貲産，定爲分數，以應須求，勢同漏卮，不盡不止。至有家貲已竭而逋負未除，子孫既没而鄰保猶逮。是以民間規避重役，土地不敢多耕而避户等，骨肉不敢義聚而懼人丁。甚者嫁母離親，以求兄弟異籍。風俗日壞，殊可憫傷。昨聞講求鄉役利害，許中外臣庶上言，仍差近臣詳定。逮今一年，未見有所蠲除，而東南弓手復增數倍。聞點差之際，人心甚不安，皆云西邊用兵，五路入界，待此起發，更相動揺，閭里皇皇，道路相目。良由州縣官吏不能明白曉諭，亦以朝廷命令多所改更，使民疑惑。又近年以來，上户寖少，中、下户寖多，役使頻仍，農人不得不困，地力不得不遺。養生之資有所不足，則不得已而爲工商，又不得已而爲盜賊。國

家之患，常兆于此。今陛下留意劭農，望敕中書，擇臣庶所言鄉役利害，以時施行。」

33 三年十二月，〔一〕初行保甲之法，用五百家爲一大保〔二〕，人極勞弊。未幾，慶卒因之爲亂。其後，上亦浸知保甲之策爲民患，至有質衫襖而買弓箭者，又有自□殘而避團結者。□□□□□□□□□上深念之，以責執政。久之，河平，安石因詫以爲功，又自謂青苗之令已行，獨保甲、市□、免役者在得其人而行之，乃復□□陳又□年，上詔中書曰：「京城門外草市保甲□□居民逐利求之，排之亦無所用，可速罷。」㊀既而以自冬及春旱暵爲災，欲悉保甲□□□□以爲水旱常，不足貽聖憂。上曰：「此豈□事。」卒□罷□司農言，今歲秋成，請復編排保甲，□□□□矣。宋宰輔編年録卷七熙寧二年二月庚子條。

校識

〔一〕據續資治通鑑長編卷二一八，中書奏上司農寺定畿縣保甲條制在熙寧三年十二月乙丑。

〔二〕用五百家爲一大保　據續資治通鑑長編卷二一八熙寧三年十二月乙丑條中書奏上畿縣保甲條制，五十家爲一大保，丁未録「百」字誤。

附載

㊀續資治通鑑長編卷二五一熙寧七年三月庚申條載其詔：「京城門外草市百姓亦排保甲，聞多是城裏居民逐利去來，今爲保伍，人情非所便安，況又不習武藝，排之亦無所用，可速罷之。」

34 安石自參知政事爲史館相，辭，不許，又辭，又不許，乃受。〔一〕㊀宋宰輔編年録卷七熙寧三年十二月丁卯條。

校識

〔一〕據宋宰輔編年録卷七，熙寧三年十二月丁卯，右諫議大夫、參知政事王安石爲禮部侍郎、同平章事、監修國史。是爲本條事目。

附載

㊀宋大詔令集卷五六王安石宰相制：「夫天地至神也，非通氣運物，則功不足見於時；聖賢一道也，非經世裕民，則名不足見於後。故士莫不待辰而欲奮，志莫如得位而遂行。矧夫居三公之官，而有臨四海之勢，豈不能究利澤，躬義榮，以事施于一時，而譽動于後世者哉。朝散大夫、右諫議大夫、參知政事、上護軍、太原郡開國侯、食邑一千一百户、賜紫金魚袋王安石，良心不外，德

性攸尊；至學窮於聖人，貴名薄於天下；不以榮辱是非易其介，不以安危利害辭其難。方予訪落之初，勞乎用賢之務。昭發猷念，與裁政機。衆訾所傷，曾靡損身之憚；孤忠自許，唯知報國之圖。朕取其知道者深，倚以爲相者久。兹合至公之首，肆揚大命之休。若作室，用汝爲垣墉；若濟川，用汝爲舟楫。予有違而汝弼，汝有爲而予從。於是大亨，蓋出絶會。於戲！自成湯至于帝乙，靡不懷畏相之心；若孟子學於仲尼，其唯達事君之道。尚祈交敕，卒俾蒙成。可特授金紫光禄大夫、行尚書禮部侍郎、同中書門下平章事、監修國史、上柱國、進封開國公、食邑一千户、食實封四百户，仍賜推忠協謀佐理功臣。」

熙寧四年（辛亥，一〇七一）

35 二月丁巳朔，頒學校貢舉新制。先是，安石奏請更學校貢舉之法，㊀詔兩制三館議之。上得翰林學士司馬光與直史館蘇軾議，㊁雖釋其疑，然至是卒除聲律，專意經義，罷明經及諸科，更新制如安石請。其後，又命呂惠卿修撰經義，以安石提舉，而以安石子雱兼同修撰。八年，訓釋詩書周官成，乃拜安石左僕射、門下侍郎。宋宰輔編年録卷七熙寧三年十二月丁卯條。

附　載

〔一〕續資治通鑑長編卷二二〇熙寧四年二月丁巳條載中書奏："古之取士皆本於學校，故道德一於上，習俗成於下，其人材皆足以有爲於世。自先王之澤竭，教養之法無所本，士雖有美材而無學校師友以成就之，此議者之所患也。今欲追復古制以革其弊，則患於無漸。宜先除去聲病偶對之文，使學者得以專意經義，以俟朝廷興建學校，然後講求三代所以教育選舉之法，施於天下，則庶幾可復古矣。明經及諸科欲行廢罷，取元解明經人數增解進士，及更俟一次科場，不許諸科新人應舉，漸令改習進士。仍於京東、陝西、河東、河北、京西五路先置學官，使之教導。其禮部所增進士奏名，止取五路進士充數，所貴合格者多，可以誘諸科嚮習進士。今定貢舉新制：進士罷詩賦、帖經、墨義，各占治詩、書、易、周禮、禮記一經，兼以論語、孟子。每試四場，初本經，次兼經並大義十道，務通義理，不須盡用注疏。次論一首，次時務策三道，禮部五道。中書撰大義式頒行。量取諸科解名增解進士，以熙寧二年解明經數爲率。如舉人數多於熙寧二年，即每十人更取諸科額一人，諸科額不及三人者聽依舊。不解明經處，每增二十人，如十人法。禮部奏名，於諸科解額取十分之三增進士額。京東、陝西、河北、河東、京西進士，開封府、國子監、諸路嘗應諸科改應進士者，別作一項考校。其諸科内取到分數，並充進士奏名，將來科場，諸科宜令依舊應舉，候經一次科場，除舊人外不得應諸科舉。五路先置學官，中書選擇逐路各三五人，雖未仕，有經術行誼者，亦許權教授，給下縣主薄、尉俸。願應舉者亦聽，候滿三年，有五人奏舉，堂除本州判、司、主薄、尉，仍再兼教授。即經術行誼卓然，爲士人所推服者，除官充教授。其餘州軍並令兩制、兩省、館閣、臺諫臣僚薦舉見任京朝官、選人有學行可爲人師者，中書體量，堂除逐路官，令兼本州教授。諸州進士不及二百人處，令轉運司併鄰近三兩州考試，仍各用本州解額。殿試策一道，限千字以上。分五等：第一等、二等賜及第，第三等出身，第四等同出身，第五等同學究出身。」

㈡經進東坡文集事略卷二九議學校貢舉狀：「臣伏以得人之道，在於知人；知人之法，在於責實。使君相有知人之才，朝廷有責實之政，則胥史皂隸，未嘗無人，而況於學校貢舉乎？雖因今之法，臣以爲有餘。使君相無知人之才，朝廷無責實之政，則公卿侍從，常患無人，況學校貢舉乎？雖復古之制，臣以爲不足矣。夫時有可否，物有廢興。方其所安，雖暴君不能廢；及其既厭，雖聖人不能復。故風俗之變，法制隨之。譬如江河之徙移，順其所欲行而治之，則易爲功；强其所不欲行而復之，則難爲力。使三代聖人復生於今，其選舉養才，亦必有道矣，何必由學？且天下固嘗立學矣。慶曆之間，以爲太平可待，至於今日，惟有空名僅存。今陛下必欲求德行道藝之士，責九年大成之業，則將變今之禮，易今之俗，又當發民力以治宫室，斂民財以食游士，百里之内，置官立師，獄訟聽于是，軍旅謀於是。又當以時簡不率教者，屏之遠方，終身不齒，則無乃徒爲紛亂，以患苦天下耶？若乃無大變改，而望有益于時，則與慶曆之際何異？故臣以謂今之學校，特可因循舊制，使先王之舊物不廢於吾世，足矣。至於貢舉之法，行之百年，治亂盛衰，初不由此。陛下視祖宗之世貢舉之法，與今爲孰精？言語文章，與今爲孰優？所得文武長才，與今爲孰多？天下之事，與今爲孰辦？較此數者，而短長之議決矣。今議者所欲變改，不過數端：或曰鄉舉德行而略文章，或曰專取策論而罷詩賦，或欲舉唐室故事，兼采譽望而去封彌，或欲罷經生樸學，不用貼墨而考大義。此數者皆知其一不知其二者也。臣請歷言之：夫欲興德行，在於君人者修身以格物，審好惡以表俗，孟子所謂『君仁莫不仁，君義莫不義』，君之所向，天下趨焉。若欲設科立名以取之，則是教天下相率而爲僞也。上以孝取人，則勇者割股，怯者廬墓；上以廉取人，則弊車羸馬，惡衣菲食：凡可以中上意，無所不至矣。德行之弊，一至於此。自文章而言之，則策論爲有用，詩賦爲無益；自政事言之，則詩賦、策論均爲無用矣。雖知其無用，然自祖宗以來莫之廢者，以爲設法取士不過如此也。豈獨吾祖宗，自古堯舜亦然。書曰：『敷奏以言，明試以功。』自古堯舜以來，進人何嘗不以言，試人何嘗不以功乎？議者必欲以策論定賢愚、決能否，臣請有以質之：近世士大夫文章華靡者，莫如楊億。使楊億尚在，則忠清鯁亮之士也，豈得以華靡少之？通經學古者，莫如孫復、石介，使孫復、石介尚在，則迂闊矯誕之士也，又可施之於政事之間乎？自唐至今，以詩賦爲名臣者，不可勝數，何負於天下，而必欲廢之！近歲士人纂類經史，綴緝時務，謂之策括。待問條目，搜抉略盡，臨時剽竊，竄易首尾，以眩有司，有司莫能辨也。且其爲文也，無規矩準繩，故學之易成；無聲病對偶，故考之難精。以易學之士，付難考之吏，其弊有甚於詩賦者矣。唐之通牓，故是弊法。雖有以名取人，厭伏衆論之美，亦有賄賂公行，權要請托之害。一使恩去王室，權歸私門，降及中葉，結爲朋黨之論。通牓取人，又豈足尚哉！設科舉人，多出三路。能文者既已變而爲進士矣，曉義者又皆去以爲明經矣，其餘皆樸魯不能化也。至於人才，則有定分，施之有政，能否自彰。今進士日夜治經傳，附之以子史，貫穿馳騖，可謂博矣。至於臨政，曷嘗用其一二？顧視舊學，已爲虛器，而欲使此等分別注疏，粗識大義，而望其才能增長，亦已疎矣。臣故曰：此數者皆知其一而不知其二也。特願陛下留意其遠者大者。必欲登俊良，黜庸回，總攬衆才，經略世務，則在陛下與二三大臣，下至諸路職司與良二千石耳，區區之法何預焉！」

36 初，常秩不肯仕宦，世以爲必退者。安石更定法令，士大夫沸騰，以爲不便。秩見所下令，獨以爲是，被召，遂起。對垂拱殿□□□□〔二〕「臣才不適用，願得復歸」。上曰：「卿來安得不少留？異日不能用卿，然後有去就可爾。」遂除右正言、直集賢院、管勾國子監。〔二〕宋宰輔編年録卷七熙寧二年二月庚子條。

校識

〔一〕此處闕文，續資治通鑑長編卷二二二熙寧四年四月甲戌條載：「上問秩：『先朝累有除命，何以不起？』秩言：『先帝容臣辭免，故臣得久安里巷。今陛下迫臣，不許稽違詔旨，是以不敢不來，非敢有所辭擇去就也。』上嘉之，徐問當今何以免民凍餒。秩言：『法制不立，庶民食侯食，服侯服，此今之大患也。』」可參。

〔二〕據續資治通鑑長編卷二二二，熙寧四年四月甲戌，試將作監主薄常秩爲右正言、直集賢院、管勾國子監。是爲本條事目。

37 熙寧四年五月壬辰，司農寺以免役法頒天下。〔一〕初，舊法應三等以上税户差役充衙前胥吏等，而州郡以衙前掌賓厨驛傳之類，多破家，故役法弊。至是，五等户皆輸錢入官以募役，又以其贏入常平司。自是衙前抵當輕，主挽重，多失陷官物，而民間輸錢，頗苦其擾。故公與楊繪、劉摯等皆論列之，㊀然王安石、曾布主之甚力，故法卒行。經進東坡文集事略卷二四上神宗皇帝萬言書注。

校識

〔一〕據漆俠王安石變法王安石新法校正，頒行免役法在熙寧四年十月壬子。

附載

（一）經進東坡文集事略卷二四萬言書上神宗皇帝：「自古役人必用鄉户，猶食之必用五穀、衣之必用桑麻、濟川之必用舟楫、行地之必用牛馬。雖其間或有以他物充代，然終非天下所可常行。今者徒聞江浙之間數郡雇役，而欲措之天下，是猶見燕晉之棗栗、岷蜀之蹲鴟，而欲以廢五穀，豈不難哉？又欲官賣所在坊場，以充衙前雇直。雖有長役，更無酬勞。長役所得既微，自此必漸衰散，則州郡事體憔悴可知。士大夫捐親戚，棄墳墓，以從宦於四方者，宣力之餘，亦欲取樂，此人之至情也。若凋弊太甚，厨傳蕭然，則似危邦之漏風，恐非太平之盛觀。且今法令莫嚴於御軍，軍法莫嚴於逃竄。禁軍三犯，厢軍五犯，大率處死。然逃軍常半天下。不知雇人爲役，與厢軍何異？其勢必輕於逃軍，則其逃必甚於今日。爲其官長，不亦難乎？近雖使鄉户頗得雇人，然至於所雇逃亡，鄉户猶任其責。今遂兩税之外，别立一科，謂之庸錢，以備官雇，則雇人之責，官所自任矣。自唐楊炎廢租庸調以爲兩税，取大曆十四年應干賦斂之數以立兩税之額，則是租調與庸，兩税既兼之矣。今兩税如故，奈何復欲取庸？聖人之立法，必慮萬世，豈可於常税之外，生出科名哉？萬一不幸後世有多欲之君，輔之以聚斂之臣，庸錢不除，差役仍舊，使天下怨毒，推所從來，則必有任其咎者矣。又欲使坊郭等第之民與鄉户均役，品官形勢之家與齊民並事。其説曰：『周禮田不耕者出屋粟，宅不毛者有里布，而漢世宰相之子不免戍邊。』此其所以藉口也。

古者官養民，今者民養官。給之以田而不耕，勸之以農而不力，於是乎有里布、屋粟、夫家之征，而民無以爲生，去爲商賈，事勢當耳，何名役之？且一歲之戍，不過三日，三日之雇，其直三百。今世三大户之役，自公卿以降，無得免者，其費豈特三百而已。大抵事若可行，不必皆有故事。若民所不悦，俗所不安，縱有經典明文，無補於怨。若行此二者，必怨無疑。女户、單丁，蓋天民之窮者也。古之王者，首務恤此，而今陛下首欲役之，此等苟非户將絶而未亡，則是家有丁而尚幼，若假之數歲，則必成丁而就役，老死而没官。富有四海，忍不加恤？」

續資治通鑑長編卷二二四熙寧四年六月庚申條載楊繪奏：「助役之法，朝廷之意甚善，其法亦甚均，但亦有難行之説，臣願獻其否以成其可，去其害以成其利。假如民田有多至百頃者、少至三頃者，皆爲第一等，百頃之與三頃，已三十倍矣，而役則同焉。今若均出錢以雇役，則百頃者其出錢必三十倍於三頃者矣，况永無影射之訟乎！此其利也。然難行之説亦有五：民難得錢，一也；近邊州軍姦細難防，二也；逐處田税多少不同，三也；耆長雇人則盜賊難止，四也；專典雇人則失陷官物，五也。且農民惟知種田爾，而錢非出於田者也，民寧出力而憚出錢者，錢所無也。今乃歲限其出錢之數，苟遇豐歲，雖穫多而賤賣猶未足輸官也；凶年穀雖貴，而所收者少，食尚不足，若之何得錢以輸官？又况天下州郡，患錢少者衆矣，而必責民納錢，可乎？行之三數年，此弊愈見矣。其説一也。唐李元平守汝州，始至，募人築郛浚隍，李希烈陰使亡命應募，凡内數百人，元平不悟，賊將李克誠以精騎薄城，募者内應，縛元平馳見希烈，此乃覆轍也。今若緣邊州軍不問土著，惟雇一切浮浪之人，萬一有間諜應募，或爲外夷所使，焚燒倉庫或守把城門，潛爲内應，此豈得不慮哉？其説二也。天下之田，有一畝而税錢數十者，有一畝而税數錢者，有善田而税輕者，有惡田而税重者，今若盡以税錢爲等第，得無優者轉優而苦者彌苦乎？其説三也。人所以畏爲耆長者，爲有不獲賊之刑也，誰肯冒刑而就雇乎？若未有賊限則爲之，或有賊限則逃，又招之則又然，事若何而輯乎？其説四也。且如倉庫多至數萬石，軍資多至百千萬緡，而使受雇浮浪之人爲之，官司無由察實，有侵盜事急則逃闕，誤支給，隱匿文帳，然後没納抵當，捕繫保任，則罪人已去而平民被害。其説五也。乞先議防此五害，然後著爲定制。仍乞誡勵司農寺，無欲速就以祈恩賞；提舉司毋得多取於民以自爲功，如此則誰復妄議。」

38 熙寧四年七月庚戌，〔一〕遣檢正中書户房公事章惇察訪荆湖北路，〔二〕經制南江事。

先是，辰州布衣張翹與流人李資詣闕獻書，言辰州之南江乃古銀州，〔三〕爲蠻人向氏、舒氏、田氏所據，良田數千萬頃。若朝廷出偏師壓境上，臣二人説之，可使納土。書奏，朝廷以委廣西鈐轄劉策。會策死，改命惇。惇至辰州，遂遣李資等入南江諭意。資等褊宕無謀，反爲所害。惇乃即三路進兵，誅蕩平之，遂置沅州。又以潭之梅山、邵之飛山爲蘇方、楊光潛所據，遂乘兵勢進克梅山，建安化縣。經進東坡文集事略卷四〇代張方平諫用兵書注。

校識

〔一〕據續資治通鑑長編卷二三六，熙寧五年閏七月庚戌，章惇察訪荆湖北路。是爲本條事目。

〔二〕遣檢正中書户房公事章惇察訪荆湖北路　「正」字原作「證」，據太平治迹統類卷一七神宗開南江及皇朝編年綱目備要卷一九熙寧五年閏月命章惇察訪湖北議開梅山條改。二書與本條爲同源文獻。「惇」字原作「淳」，係避宋光宗名諱，今回改。「湖」字原脱，據太平治迹統類補。

〔三〕言辰州之南江乃古銀州　「銀」字，皇朝編年綱目備要卷一九熙寧五年閏月章惇察訪湖北議開梅山條作「錦」。

39 時率錢助役，官自雇人。監察御史劉摯陳其十害，㊀安石使張琥爲十難以詰之。琥辭不爲，曾布自請爲之。㊁有旨令摯分析。摯復上疏，歷數時政之失。

其疏曰：安石自以太平爲己任，得君專政。二三年間，開闔動摇，舉天地之内，無一民一物安其所者。蓋自青苗之議起，而天下始有聚斂之議，青苗之議未允而均輸之法行，均輸之法方擾而邊鄙之謀動，邊鄙之禍未艾而漳河之役作，漳河之害未平而助役之事興。其間又求水利也，則民勞而無功；又開淤田也，則費大而不力；又省併州縣也，則諸路莫不强民以應令；又起東、西府也，則大困民力，禁門之側，斧斤不絶者，將一年而未已。其議財也，商估市井屠販之人，皆召而登政事堂；其征利也，則下至於歷日而官自鬻之。數十百事，交舉並作，欲以歲月變化天下，使者旁午牽合於州縣，小人挾勢附佐於中外。至於輕用名器，混淆賢否，忠厚老成者擯之爲無能，俠少儇辨者取之爲可用。守道憂國者謂之流俗，敗常蠹民者謂之通變。除用進退，獨任一屬掾曾布。祖宗累朝之舊臣，則鐫刻鄙棄，去者殆盡；國家百年之成法，則劃除廢亂，存者無幾云云。

摯遂被貶。〔一〕宋宰輔編年録卷七熙寧三年十二月丁卯條。

校識

〔一〕據續資治通鑑長編卷二二五及宋會要輯稿職官六五之三六黜降官二，熙寧四年七月丁酉，太子中允、館閣校勘、兼監察御史裏行劉摯爲太子中允、監衡州在城鹽倉。是爲本條事目。

附　載

(一) 劉摯忠肅集卷三論助役十害疏：「天下户籍，均爲五等，然十七路、三百餘州軍、千二百餘縣，凡户之虚實，役之重輕，類皆不同。今斂錢用等以爲率，則所謂不同者，非一法之所能齊。若隨其田業腴瘠，因其所宜，一州一縣、一鄉一家各自立法，則紛錯散殊，何所總統，非所謂畫一者。其害一也。新法患舊籍之不得其實，故令品量物力，别立等第，以定錢數。然舊籍既不可信，則今之品量何以得其無失？不獨騷擾生弊，亦使富者或輸少，貧者或輸多。其害二也。上户常少，中下之户常多。上户之役數而重，故或以今之助錢爲幸；中户之役簡而輕，下户役所不及，故皆以今之助錢爲不幸。優富苦貧，非法之意。其害三也。新法所以令品量立等，不取舊簿者，意欲多得雇錢。而患上户之寡，故臨時登降，升補高等，以充足配錢之數。疲匱之人，何以堪命！近日府界其事已驗。其害四也。歲有豐凶而役人有定數，助不可闕，則是助錢非若賦税有倚閣、減放之期。其害五也。夏秋二熟，農人惟有絲絹、麥粟之類，而助法欲用現錢，故須隨時貨易。逼于期會，價必大賤。借使許令以物代錢，亦復有退揀乖塞及夤緣乞索之患。其害六也。兩税及科買貸債，色目已多。使常無凶災，猶病不能給，又起庸錢，竭其所有，恐斯人無悦而願爲農者。天下户口，日當耗失，則去爲商賈、爲客户、爲惰游，或父母兄弟不相保，抵冒法禁，折而入下户；大則聚而爲賊盗。其害七也。僥幸之人又能夤緣法意，虚收大計，如近日兩浙起一倍錢數，欲自以爲功，而使國家受聚斂之謗。其害八也。夫既爲之民，而服役于公家，迺所謂『治于人者事人』，天下之通義也。況鄉縣定差，循環相代，上等大役，至速者猶須十餘年而一及之。至于下役，則動須一二十年乃復一差。今使概出緡錢，官自召雇，蓋雇之之直，不重則不足以募，不輕則不足以給。輕之則法或不行，重之則民不堪命。其害九也。夫役人必用鄉户，蓋以其有常産則必知于自重，性愚實則罕至于欺公。舊法雖有替名，鄉人自任其責。今既雇募，恐止得輕猾浮浪奸僞之人，則所謂帑庾、場務、綱運，凡所以生財者，不惟不盡心于幹守，亦恐縣官之物不勝其盜用，而抵冒法令，罪獄日報。至于弓手、耆壯、承符、散從、手力、胥吏之類，職在捕察賊盜、發行文書、追督公事者，則恐遇寇有畏逸之患，因事有騷擾之奸，而舞文鬻事，無有虛日。其害十也。夫民可安而不可動，財可通而不可竭，以臣之淺聞寡見而所列如此，其沸于民口有大于此而臣未敢有言者，其又何窮！」

（二）續資治通鑑長編卷二二五熙寧四年七月戊子條載曾布奏：「臣觀言者之言，皆臣所未喻，豈蔽於理而未之思乎？抑其中有所徇而其言不能無偏乎？臣請一二陳之：畿内上等人户盡罷昔日衙前之役，故今之所輸錢，其費十減四五；中等人户舊充弓手、手力、承符、户長之類，今使上等及坊郭、寺觀、單丁、官户皆出錢以助之，故其費十減六七；下等人户盡除前日冗役，而專充壯丁，且不輸一錢，故其費十減八九。言者則或以謂朝廷受聚斂之謗，或以謂淩虐赤子，此臣所未喻也。田里之人，困於徭役，使子弟習於游惰，罹於刑罰，至於追呼勞擾，賄賂誅求，無有紀極。今輸錢免役，使之安生樂業，乃所以勸其趨南畝也。言者則以謂起庸錢則人無悦爲農者，小則去爲客户、商賈，大則去爲盜賊，此臣所未喻也。上户所減之費少，中、下户所減之費多。言者則以謂上户以爲幸，下户以爲不幸，此臣所未喻也。天下州縣，户口多少，徭役疏數，所在各異，雖一鄉村，差役輕重亦有不同者。然昔日第一等則概充中等之役，雖貧富相遼，不能易也。今量其物力，使等第輸錢，逐等之中，又別爲三等或五等，其爲均平齊一，無以過此。言者則以謂斂錢用等，則非法所能齊；所在各自爲法，二三紛錯，無所總統，此臣所未喻也。昔之簿書等第不均，不足憑用，故欲分命使者察諸縣，使加刊正，庶品量升降皆得其平。言者則以謂舊等不可信，今之品量，何以得其無失？如此則是天下之政無可爲者。此臣所未喻也。提舉司昨以諸縣等第不實，故首立品量升降之法，方司農、開封集議之時，蓋不知已嘗增減舊數，然編敕三年一造簿書，所以升降等第，今之品量增減亦未爲過。又況方曉示人户，事有未便，皆與改正，則今之增減亦未施行。言者則以謂品量立等者，蓋欲多斂雇錢，升補上等以足配錢之數。至於祥符等縣，以上等人户數多減充下等，乃獨掩而不言，此臣所未喻也。凡州縣之役，無不可募人之理。今投名衙前半天下，未嘗不主管倉庫、場務、綱運官物，而承符、手力之類，舊法皆許雇人，行之久矣。惟耆長、壯丁，以今所措置最爲輕役，故但輪差鄉户，不復募人。言者則以謂專副雇人則失陷官物，耆長雇人則盜賊難止。又以謂近邊姦細之人應募則焚燒倉庫，或把守城門，此臣所未喻也。役錢之輸見錢與納斛斗，皆取民便，爲法如此，亦已周矣。言者則以爲納見錢則絲綿粟麥必賤，以物代錢則有退揀乞索之害。如此則當如何而可？此臣所未喻也。昔之徭役，皆百姓所爲，雖凶荒饑饉，未嘗罷役。今役錢必欲稍有羨餘，迺所以備凶年爲朝廷推恩蠲減之計，其餘又專以興田利，增吏禄。言者則以謂助錢非如賦税有倚閣、減放之期，臣不知衙前、弓手、手力、承符之類亦嘗倚閣減放否？此臣所未喻也。朝廷詔令與司農奏請，未嘗不戒天下官吏以躬親詢訪田里之人，務使人户今日輸錢輕於昔時應役，則爲良法，固無毫髮掊斂之意。如兩浙一路，户一百四十餘萬，率錢七十萬緡而已；畿内十六萬，而率錢亦十六萬緡，是兩浙所輸蓋半於畿内。言者則以謂吏緣法意，廣收大計，然畿内募役之餘，亦無幾矣。兩浙欲以羨餘徼幸，司農欲以出剩爲功，此臣所未喻也。」

40 熙寧四年，以王雱爲崇政殿説書。[一]雱，宰相安石之子，上聞其能，故召而擢用之。〈古今合璧事類備要後集卷二三經筵門「上聞擢用」條。〉

校識

[一] 據續資治通鑑長編卷二二六，王雱爲崇政殿説書事在熙寧四年八月己卯。

熙寧五年（壬子，一〇七二）

41 初，淮南轉運判官蔣之奇嘗與安石書，言百姓列狀乞蚤行助役新法，曰：「上推不費之惠，下受罔極之恩。」安石具以白上，曰：「百姓如此，或稱人情不安者，妄也。」之奇遂除副使。後之奇乃反攻安石。〔一〕宋宰輔編年録卷七熙寧二年二月庚子條。

校識

〔一〕據續資治通鑑長編卷二三六，熙寧五年閏七月戊申朔，權淮南轉運判官、金部員外郎蔣之奇權發遣轉運副使。是爲本條事目。

熙寧七年（甲寅，一〇七四）

42 七年三月乙丑，以久旱，詔求直言。㊀ 初，光自許州乞判西京留司御史臺以歸，即絶口不論事。至是，讀詔泣下。光乃復陳六事，一青苗，二免役，三市易，四邊事，五保甲，六水利，此尤病民者，宜先罷。且言執政之臣，在於好人同己，而惡人異己。㊁宋宰輔編年録卷七熙寧三年二月壬申條。

附載

㈠宋大詔令集卷一五四旱災求言詔：「朕涉道日淺，晦于致治，政失厥中，以干陰陽之和，乃自冬迄春，旱暵爲虐，四海之内，被災者廣。間詔有司，損常膳，避正殿，冀以塞變。歷日滋久，未蒙休應。嗷嗷下民，大命失恃。中夜以興，震悸靡寧。永惟其咎，未知攸出。意者朕之聽納不得於理歟？獄訟非其情歟？賦斂失其節歟？忠謀讜言鬱於上聞，而阿諛壅蔽以成其私者衆歟？何嘉氣之久不效也。應中外文武臣僚，並許實封直言朝政闕失，朕將親覽，考求其當，以輔政理。三事大夫，其務悉心交儆，成朕志焉。」

㈡温國文正司馬公文集卷四五應詔言朝政闕失：「竊觀陛下英睿之性，希世少倫，即位以來，鋭精求治，耻爲繼體守文之常主，高欲慕堯舜之隆，下不失漢唐之盛。擢俊傑之才，使之執政，言無不聽，計無不從，所譽者超遷，所毁者斥退。垂衣拱手，聽其所爲；推心置腹，人莫能間。雖齊桓公之任管仲、蜀先主之任諸葛亮，殆不及也。執政者亦悉心竭力，以副陛下之欲，耻爲碌碌守法循故事之臣，每以周公自任。是宜百度交正，四民豐樂，頌聲旁洽，嘉瑞沓至，乃其效也。然六年之間，百度紛擾，四民失業，怨憤之聲，所不忍聞；災異之大，古今罕比。其故何哉？豈非執政之臣所以輔陛下者，未得其道歟？所謂未得其道者，在於好人同己，而惡人異己是也。陛下既全以威福之柄授之，使之制作新法以利天下，是宜與衆共之，捨短取長，以求盡善。而獨任己意，惡人攻難。群臣有與之同者，則擢用不次；與之異者，則禍辱隨之。人之情，誰肯棄福而取禍、去榮而就辱？於是天下之士躁於富貴者，翕然附之，争勸陛下益加委信，順從其言，嚴斷刑罰以絶異議。如是者往往立取美官。比年以來，中外執事權者皆此屬矣。其懷忠直、守廉耻者，皆擯斥廢棄，或罹罪譴，無所容立。至於臺諫之官，天子耳目，所以規朝政之闕失，糾大臣之專恣，此陛下所當自擇，而亦使執政擇之。彼專用其所親愛之人，或小有違忤，即加貶逐，以懲後來。必得佞諛之尤者，然後爲之。如是則政事之愆謬，群臣之姦詐，下民之疾苦，遠方之冤抑，陛下何從得聞見之乎？……方今朝之闕政，其大者有六而已：一曰廣散青苗錢，使民負債日重，而縣官實無所得。二曰免上户之役，斂下户之錢，以養浮浪之人。三曰置市易司，與細民争利，而實耗散官物。四曰中國未治，而侵擾四夷，得少失多。五曰結保甲，教習凶器，以疲擾農民。六曰信狂狡之人，妄興水利，勞民費財。若其它瑣瑣米鹽之事，皆不足爲陛下道也。捨其大而言其細，捨其急而言其緩，外有獻替之迹，内懷附會之心，是姦邪之尤者，臣不敢爲也。凡此六者之爲害，人無貴賤愚智，莫不知之，乃至陛下左右前後之臣，日譽新法之善者，其心亦知其不可，但欲希合聖心，附會執政，盗貴富耳。一旦陛下之意移，則彼之所言亦異矣。……陛下誠能垂日月之明，奮乾剛之斷，放遠阿諛，勿使壅蔽，自擇忠讜爲臺諫官，收還威福之柄，悉從己出；詔天下青苗錢勿復散，其見在民間逋欠者，計從初官本，分作數年催納，更不收利息；其免役錢盡除放，差役並依舊法；罷市易務，其所積貨物，依元買價出賣，所欠官錢亦除利催本；罷拓土闢境之兵，先阜安中國，然後征伐四夷；罷保甲教閲，使服田力穡；所興修水利，委州縣相度，凡利少害多者悉罷之。如此則中外歡呼，上下感悦，和氣薰蒸，雨必霑洽矣。」

43 先是，安石秉政，更新天下之法。宿望舊人，屏逐殆盡。所用俱新進少年，天下不與之。上一日侍太后至太皇太后宫，時宗祀不遠，太皇太后曰：「吾聞民間甚苦青苗、助役錢，宜因赦罷之。」上不懌，曰：「此以利民，非苦之也。」太皇太后曰：「安石誠有才學，然怨之者甚衆。欲愛惜保全，不若暫出之於外，歲餘復召用可也。」至是久旱，上以百姓流離，憂見容色，每輔臣進見，未嘗不嗟歎懇惻，始深疾新法之不便，欲罷之。安石曰：「水旱常數，堯、湯不能免也。但當修人事以應天災爾。」上曰：「此豈細事！朕今所以恐懼如此者，正爲人事有所未修也。」安石以常數爲言，上終不以常數爲是。安石乃求去位，上固留之。請益堅，故有江寧之命。㊀上因出手詔諭之。㊁麻既出，呂嘉問、張璪持安石而泣，安石慰之曰：「已薦呂惠卿矣。」〔一〕宋宰輔編年録卷八熙寧七年四月丙戌條。

校識

〔一〕據宋宰輔編年録卷八，熙寧七年四月丙戌，禮部侍郎、同平章事、監修國史王安石爲吏部尚書、觀文殿大學士、知江寧府。是爲本條事目。

附載

㈠宋大詔令集卷六九王安石罷相進吏部尚書觀文殿大學士知江寧府制：「門下：入則冠宰路之重，百辟之所儀刑；出則寄師垣之尊，萬邦之所憲法。苟非令德，奚稱異恩？粤予端揆之臣，久託機衡之任。錫之寵渥，均厥賢勞。推忠協謀同德佐理功臣、光禄大夫、行尚書禮部侍郎、同中書門下平章事、監修國史、上柱國、太原郡開國公、食邑三千一百户、食實封八百户王安石，稟明質之資，蹈柔嘉之則。學問淵博，爲時儒者之宗；議論堅明，有古直臣之烈。間疇偉望，升冠近司，憂勤百爲，夷險一節。方藉壯猷之助，且觀盛化之流。遽上封章，願還政事，確誠莫奪，茂典載加，正位天官之聯，昇華殿幄之侍，仍加賦邑，以重藩維。於戲！納忠告猷，卿所素尚；尊德樂道，朕豈或忘？毋怠乃心，而不予輔。可特授行吏部尚書、觀文殿大學士、知江寧軍府事、兼管内勸農使、兼江南東路屯駐駐泊兵馬鈐轄，加食邑一千户、食實封四百户，改賜推誠保德崇仁翊戴功臣。」

㈡續資治通鑑長編卷二五二熙寧七年四月丙戌條載神宗手詔：「繼得卿奏，以義所難處，欲得便郡休息。朕深體卿意，更不欲再三邀卿之留，已降制命，除卿知江寧，庶安心休息，以適所欲。朕體卿之誠至矣，卿宜有以報之。手劄具存，無或食言，從此浩然長往也。」

44　上欲脩起居注，安石薦吕惠卿，遂除天章閣待制、同脩起居注。後又薦爲翰林學士。〔一〕安石將罷相，遂薦惠卿爲參知政事。初，惠卿諂安石如子事父。安石當國，不可一日而無惠卿也。安石將罷去，念「能善吾後者，莫有如惠卿」，故力引惠卿輔政。惠卿既輔政，富弼時退居於洛，聞之有憂色。邵雍以問弼，弼曰：「度弼之憂安在？」雍曰：「豈以王安石罷相，吕惠卿參知政事，惠卿凶暴過安石乎？」弼曰：「然。」雍曰：「公無憂，安石、惠卿本以勢利合，勢利相敵，將自爲仇矣，不暇害他人也。」未幾，惠卿得志怙權，果叛安石，惟慮安石之復來也。因郊，乃薦安石爲節度使、平章事。方進熟狀，上察見其情，遽問曰：「王安石去不以罪，何故用赦復官？」惠卿慚甚，無以對。既而遽起鄭俠、李逢獄，苟可以傾安石者，無所不爲，如雍之言也。〔二〕宋宰輔編年録卷八熙寧七年四月丙戌條。

惠卿慮中外因王安石罷相言新法不便，以書遍遺諸路監司郡守，使陳利害。至是白上，降七年閏四月己丑詔申明之。〔三〕

詔曰：朕不以吏或違法之故，輒爲之廢法。要當博謀廣聽，案違法者而深治之。間有未安者，令脩完，期底至當。

遂命惠卿提舉編修司農條例，又詔五日一赴經筵。時曾布、呂惠卿同根究市易事，凡三五日一對。王安石懇求去位，惠卿憂沮形於色。安石引惠卿執政，上既許之。布後與惠卿會，惠卿頗有得色，詬罵行人及胥吏，以語侵布，布不敢校也。宋宰輔編年録卷八熙寧七年四月丙戌條。

熙寧中，呂惠卿爲説書，召見奏對，引經稱旨。古今合璧事類備要後集卷二三經筵門「引經稱旨」條。〔四〕

校識

〔一〕此下原接本書熙寧元年七月詔賜王安國進士及第事，此削去。

〔二〕據宋宰輔編年録卷八，熙寧七年四月丙戌，右正言、翰林學士、兼侍講學士呂惠卿爲右諫議大夫、參知政事。是爲本條事目。

〔三〕按熙寧七年無閏月，神宗朝唯熙寧八年有閏四月。

〔四〕此零句以無由推知原事目，今因呂惠卿事，姑附此。

45 七年四月，詔監楚州市易務王景彰追兩官勒停。〔一〕先是，景彰榷買商人物貨，虛作中買入務，〔二〕立詭名買之，曰納息錢，謂之乾息。又勒商人不得往他郡，多爲留難以沮抑之。淮南東路轉運副使、提舉楚州市易司蔣之奇以其事聞。上初令劾之，既而上謂輔臣曰：「景彰違法害人，事狀灼然。若不即行遣，更竢劾罪，必是遷延，無以明朝廷元立法之意，使百姓曉然開釋。可速斷遣，庶妄作小人，有所忌憚。」遂自著作佐郎降兩官勒停；并詔劾干繫官吏，具按聞奏；其違法所納息錢，給還之。國朝册府畫一元龜甲集卷七二因革門新法五。

校　識

〔一〕據續資治通鑑長編卷二五二，王景彰追兩官勒停事在熙寧七年四月丙戌。

〔二〕虛作中買入務　「買」字原作「賣」，續資治通鑑長編卷二五二熙寧七年四月丙戌條及宋史卷一八六食貨志下八皆作「糴」，因據文意改。

46 八月，翰林學士、起居舍人、權三司使曾布以本官知饒州。〔一〕先是，有魏繼宗者，自稱草澤，獻書闕下，其説則請置市易於京師也。㊀王安石是其言而請行之。㊁五年三月，遂頒丙午之詔，㊂以三司判官呂嘉問提舉在京市易。仍出中御府錢一百萬緡爲市易本，又賜京東二年上供糧斛錢八十七萬緡以益之。於是菓寔之微，俱從官賣。樞密使文彥博以爲官賣菓寔損國體，奏請罷之。㊃上謂王安石：「市易賣菓寔，審太煩細，罷之如何？」安石對曰：「陛下謂其煩細，臣謂不然。今設官監酒，一升亦沽；監商税，一錢亦税。豈非細碎？而人習見，未有非之者。蓋自三代法，周官已征商，然不云須幾錢以上乃征之；市之不售、貨之滯於民用者，以其價買之，以待買者，亦不言幾錢以上乃買；又珍異有滯者，斂而入于膳府。供王膳，乃取市物之滯者。周公之法如此，不以煩細爲耻者，細大並舉，乃爲政體。但尊者任其大，卑者務其細，乃天地自然之理。今爲政但當論所立法有害於人與否，不當爲其細而廢也。」於是彥博之言不用。然其後上亦浸知市易苛細，屢以手詔詰責中書，㊄而嘉問亦數赴愬。安石以謂三司使薛向沮害市易事。七年，布代向爲三司使，視事省中，迺稍見嘉問驕陵三司之狀。及詢諸官吏，而判官蘇澄始爲布言：「向於嘉問，未嘗敢與之較曲直，一切徇其所請。〔二〕凡牙儈市井之人，有敢與市易爭賣買者，小則笞責，大則編管。嘉問自知不直，慮向以爲言，故先以沮害之説加之，使其言不信於宰執。」市易本隸三司，而嘉問氣焰日熾，三司固出其下矣。前所謂魏繼宗者，時爲市易務監。布乃辟繼宗爲察訪司指使，又方取前後詔令，有於三司失職者，議欲更革之。未及奏請，會三月丁巳夜二鼓，手詔問狀。

詔曰：「訪聞市易務日近收買物貨，有違朝廷元初措法本意，頗妨細民經營，〔三〕衆言喧嘩，不以爲便，致有出不遜之語者。卿必知之，可詳具聞奏。

布惘然，未有以對，乃召繼宗問之。繼宗憤惋，自陳以謂：「市易主者務多收息以干賞，凡商旅所有，必賣於市易；或非市肆所無，必買於市易，而本務率俱賤買貴賣，重入輕出，以廣收贏餘。都邑之人，不勝其怨。」於是布携繼宗以見安石。安石責繼宗曰：「事誠如此，何故未嘗以告我？」繼宗曰：「提舉朝夕在相公左右，何敢及此？」提舉，謂嘉問也。安石默然。辛酉，布乃以所聞進呈，上覽之，矍然喜見於色。壬戌，得旨差翰林學士吕惠卿同布根究。甲子，惠卿至省中，召繼宗及市人問狀，無有異詞。惠卿夜召繼宗還官舍，反復誘脅，而繼宗毅然不屈。凌晨，繼宗以惠卿之語告布。惠卿又遣弟和卿密告安石以張榜事。又言：「市人詞如一，且當急治。繼宗若語小差，則事并有變。」安石欲夜收所張榜，左右自以有御寶批，乃止。乙丑，惠卿有急速公事求獨對，布亦具繼宗來告之語以聞。是日，中書遂建白收所張榜，以三司得旨不關中書覆奏。布言三司奏請御批，例不覆奏。詔特釋三司罪，繳榜納中書。由是布忤安石意。他日，中書奏事已，上論及市易利害，且曰：「朝廷所以設此事，本欲爲平準之法以便民。周官泉府之事是也。今正爾相反，使中下之民，如此失業，不可不修其法。」四月，安石尋懇去位。惠卿憂沮形於色。然上體貌安石未衰，故一時言責在要近之士爲惠卿、嘉問解紛者，比比俱是；以惠卿、嘉問爲非者，唯馮京、韓維二人而已。既而有旨，用惠卿言，送魏繼宗開封府。知在自此事稍變矣。布又言：「臣自立朝以來，每聞德音，未嘗不欲以王道治天下。今市易之爲虐，固已凛凛乎間架除陌之事矣。近日嘉問奏稱，熙寧六年收息八十餘萬，〔四〕乞推賞官吏。其間有貼黄云：『近差官往湖南販茶、陝西販鹽、兩浙販紗，皆未敢計息。』臣以謂如此政事書之簡牘，不獨唐虞三代所無，歷觀秦漢以來衰亂之世，恐未之有也。」上笑而頷之。安石罷相，惠卿遂參知政事。後四月，悉取根究文字送中書。久之，付章惇、曾孝寬，鞫於軍器監。六月己巳，布復對於延和，因言：「市易已置獄，朝夕竄黜，自爾必無繇復望清光。」上慰勞之，曰：「卿不須如此。」七月戊戌，軍器獄遣屬官陳祐甫就布第劾問，以不覺察人吏教令行人添飾詞。布即日伏罪。遂落三職，黜知饒州。魏繼宗亦追官勒停。詔命始出，朝士多未之知，或以問劉攽曰：「曾子如何？」攽曰：「曾子避席。」又問：「望之如何？」攽曰：「望之儼然。」嘉問字也。國朝册府畫一元龜甲集卷七二因革門新法五。

校識

〔一〕據續資治通鑑長編卷二五五，曾布知饒州事在熙寧七年八月壬午。

〔二〕「一切徇其所請」六字原在「有敢與市易争賣買者」後，據文意及續資治通鑑長編卷二五一熙寧七年三月丁巳條改正。

〔三〕頗妨細民經營　「經」字原作「終」，據續資治通鑑長編卷二五一熙寧七年三月丁巳條改。

〔四〕收息八十餘萬　「十」字原作「千」，據續資治通鑑長編卷二五二熙寧七年四月甲申條改。

附載

㊀續資治通鑑長編卷二三一熙寧五年三月丙午條載魏繼宗奏：「京師百貨所居，市無常價，貴賤相傾，或倍本數，富人大姓皆得乘伺緩急，擅開闔斂散之權，當其商旅並至而物來於非時，則明抑其價使極賤，而後争出私蓄以收之；及舟車不繼而京師物少，民有所必取，則往往閉塞蓄藏，待其價昂貴而後售，至取數倍之息。以此，外之商旅無所牟利，而不願行於途；内之小民日愈朘削，而不聊生。其財既偏聚而不洩，則國家之用亦嘗患其窘迫矣。古人有言曰：『富能奪，貧能與，乃可以爲天下。』則當此之時，豈可無術以均之也？况今榷貨務自近歲以來，錢貨實多餘積，而典領之官但拘常制，不務以變易平均爲事。宜假所積錢别置常平市易司，擇通財之官以任其責，仍求良賈爲之輔，使審知市物之貴賤，賤則少增價取之，令不至傷商；貴則少損價出之，令不至害

民。出入不失其平，因得取餘息以給公上，則市物不至於騰踊，而開闔斂散之權不移於富民，商旅以通，黎民以遂，國用以足矣。」

㈡續資治通鑑長編卷二三一熙寧五年三月丙午條載中書奏：「古者通有無、權貴賤以平物價，所以抑兼并也。去古既遠，上無法以制之，而富商大室得以乘時射利，出納斂散之權一切不歸公上，今若不革，其弊將深。欲在京置市易務，監官二，提舉官一，勾當公事官一。許召在京諸行鋪牙人充本務行人、牙人，內行人令供通己所有或借他人產業金銀充抵當，五人以上充一保。遇有客人物貨出賣不行願賣入官者，許至務中投賣，勾行、牙人與客人平其價，據行人所要物數先支官錢買之，如願折博官物者亦聽，以抵當物力多少許令均分賒請，相度立一限或兩限送納價錢，若半年納即出息一分，一年納即出息二分。已上並不得抑勒。若非行人見要物而實可以收蓄變轉，亦委官司折博收買，隨時估出賣，不得過取利息。其三司諸司庫務年計物若比在外科買，省官私煩費，即亦一就收買。」

㈢宋大詔令集卷一八四置市易務詔：「天下商旅物貨至京，多爲兼并之家所困，往往折閱失業。至於行鋪、轉販，亦爲轉圖取利，致多窮窘。宜出內藏庫錢帛，選官於京師置市易務，其條約委三司官詳定以聞。」

㈣文彥博集卷二〇言市易一：「臣近因赴相國寺行香，見市易於御街東廊置義子數十間，前後積累果實，逐日差官就彼監賣，分取牙利。且果瓜之微，錐刀是競，竭澤專利，所得無幾，徒損大國之體，祇斂小民之怨。遺秉滯穗，寡婦何資。况密邇都亭，虜使所館，豈無覘國之使者，將爲外夷所輕。伏乞嚴敕有司，趣令停罷，使毫末餘利，均及下民，惠澤分沾，必召和氣。取進止。」

㊄續資治通鑑長編卷二三六熙寧五年閏七月丙辰條載神宗御批：「聞市易買賣極苛細，市人籍籍怨謗，以爲官司浸淫盡收天下之貨自作經營。可指揮，令只依魏繼宗元擘畫施行。」

47 熙寧七年九月，詔知瀘州李曼勒停。〔一〕先是，瀘州淯井監夷自以往時淯井官自煎鹽，已有賣茆之利。自官賣井已失其業，而官又令納米折茆。於是結集夷衆數百，劫掠殺人，兵甚衆，駐泊景思忠等皆死之。乃遣檢正中書户房熊本察訪梓、夔，兼體量經制夷事。又降敕牓付本，曉諭夷界，如能自歸，並釋其罪。本至蜀，乃檄召戎州司户程之元權領江安縣，使密圖之。之元一日召諸酋見於庭，遂殺九十餘人。本乃上言江安兵官以商議買田爲名，誘致三里夷人，已即斬之矣。本乞賞功，上以誘殺，弗許。已而本與轉運使陳忱、提刑范百禄率蜀兵、東兵、土丁凡五千人入夷界，捕殺水路大小四十六村夷，得夷所獻地二百四十里。於是引兵而還。事已，遂責李曼。經進東坡文集事略卷四〇代張方平諫用兵書注。

校識

〔一〕據續資治通鑑長編卷二五六，李曼勒停事在熙寧七年九月丁巳。

熙寧八年（乙卯，一〇七五）

48 始，惠卿事安石父子，安石弟安國負氣，惡其憸巧，數面折之。惠卿切齒。及安石罷相，引惠卿輔政，惠卿遂欲代安石，恐其復來，乃因鄭俠獄陷安國，亦以沮安石也。安國既貶，上降詔諭安石。安石對使者泣。及再入相，安國猶在國門，由是安石與惠卿交惡。〔一〕

宋宰輔編年録卷八熙寧七年四月丙戌條。〔二〕

校識

〔一〕據續資治通鑑長編卷二五九，熙寧八年正月庚子，著作佐郎、祕閣校理王安國追毀出身以來文字、放歸田里。是爲本條事目。

〔二〕本條疑出自續資治通鑑長編卷二五九熙寧八年正月庚子條原注所云王安國本傳。今析出置此。

49 始，安石薦韓絳及吕惠卿代己。惠卿既得勢，恐安石復入，遂逆閉其途，凡可以害安石者，無所不用其至。又數與絳忤，絳乘間白上，請復相安石。上從之。惠卿聞命愕然。翼日，上遣御藥齎詔往江寧召安石。安石不辭，倍道赴闕，時呂惠卿正起李逢獄，事連李士寧獄甚急。士寧與安石厚，意欲併中安石也。會上召，安石急自金陵泝流七日至闕，遂拜昭文相。㊀安石表辭，詔不許，再辭，不允，㊁斷來章，即受。㊂安石既相，士寧之獄遽解，而惠卿罷。〔一〕宋宰輔編年録卷八熙寧八年二月癸酉條。

校識

〔一〕據宋宰輔編年録卷八，熙寧八年二月癸酉，觀文殿大學士、吏部尚書、知江寧府王安石爲昭文館大學士、吏部尚書、同中書門下平章事。是爲本條事目。

附載

㊀宋大詔令集卷五六王安石拜昭文相制：「門下：乾健坤順，二氣合而萬物通；君明臣良，一德同而百度正。眷予元老，時迺真儒。若礪與舟，世莫先於汝作；有衮及繡，人久佇於公歸。越升冢席之崇，播告路朝之聽。推誠保德崇仁翊戴功臣、觀文殿大學士、特進、行吏部尚書、知江寧府、上柱國、太原郡開國公、食邑四千六百户、食實封一千二百户王安石，信厚而簡重，敦大而高明。潛於神心，馳天人之極摯；尊厥德性，溯道義之深源。延登傑才，裨參魁柄。傅經以謀王體，考

古而起治功。訓齊多方，新美萬事。爾則許國，予惟知人。讒波稽天，孰斧斮之敢缺；忠氣貫日，雖金石而自開。向厭機衡之煩，出宣屏翰之寄。遽周歲厤，殊拂師瞻，宜還冠於宰司，以大釐於邦采。兼華上館，衍食本封。載更功號之隆，用侈台符之峻。於戲！制天下之動，爾惟樞梶；通天下之志，爾惟蓍龜。繫國重輕於乃身，毆民仁壽於當代。往服朕命，圖成厥終。可特授依前行吏尚書、同中書門下平章事、昭文館大學士、兼譯經潤文使，加食邑一千户、食實封四百户，改賜推忠協謀同德佐理功臣。」

㈡王安石臨川先生文集卷五七辭免除平章事昭文館大學士表：「臣知不足以及遠，學不足以窮深。比誤國恩，嘗尸宰事。初無薄效，稱萬一之褒揚；止有多言，煩再三之辨釋。終逃譴負，實賴保全。恭惟皇帝陛下，若古以堯之欽明，御今以禹之勤儉。矜修積美，山無一簣之虧；因任致隆，臺存九層之累。小大祗若，遐邇允懷。畬而不菑，雖或許其繼事；灌以既雨，豈不昧於知時？況惟疲曳之餘，過重休明之累。且用人而過矣，固不免於敗材；苟改命而當焉，亦何嫌於反汗？敢期聖哲，俯亮愚忠。」又：「臣某言：臣近上表辭免恩命，伏蒙聖慈特降批答不允者。愚誠盡布，所冀矜從，聖志未移，申加奬訓。輒守可辭之義，更干難犯之威。中謝。臣聞冢宰之於周，則曰統百官而均四海；丞相之於漢，亦以附百姓而撫四夷。位尊則自古以然，材薄則其何能稱？臣之所守，未有以過人；臣之所知，又不足盡物。姑使承流宣化，託備蕃維，或令補闕拾遺，追參侍從，尚能罄竭，小補緒餘。若乃秉操鈞衡，承輔樞極，仰陪休運，俯稱具瞻，事已試而可知，力弗能而當止。苟不量鼎實之所任，必且致棟橈於斯時。伏望皇帝陛下隨其器能，付以職事，圖惟大任，改命上材。則熒爝末光，不獲干時之咎；榱楹近用，亦參構厦之功。」

㊂臨川先生文集卷五七除平章事昭文館大學士謝表：「臣竊惟人物之會通常寡，實以君臣之遇合至難。自匪同聲氣之求，孰能偕功名之享？伏惟皇帝陛下，天縱大聖，人與成能，乘百年久安之機，飭千歲積壞之蠱。士誠服矣，而持禄養交之習未殄；民允懷矣，而樂事勸功之志未純。近或長阨，而仁義之澤未流；遠或虛憍，而道德之威未立。宜選於衆，舉格于皇天之材；使暨乃僚，纘迪我高后之事。冀勝所任，以濟斯時。而臣蚤見知於隱約之中，久獨立於傾摇之上。勳庸弗效，恩禮更加，托備外藩，俯鄰期歲；遂叨詔獎，還冠宰司。自視羈單，所懷蹇淺。方古耕築，則有其陋；爲世聘求，則無其賢。然以投老之軀，而遭難值之運，苟貪歲月，趣就涓埃。且上之施既光，則下之報宜厚。與之戮力，仰承睿知之臨；罔不同心，俯賴忠良之協。誓殫疏拙，圖稱休明。臣無任。」

50 熙寧八年二月庚寅，詔刑部郎中沈起授郢州團練副使，本州安置；祠部郎中劉彝責授均州團練副使，隨州安置。先是，仁宗朝，以蕭注知邕州。注獻取交趾之策，論者以爲

□事，〔一〕不省。神宗即位，王安石秉政，獻言者謂交趾已爲占城所敗，計日可取，乃以注知桂州。上問攻取之策，注辭曰：「今之溪洞，非昔日之比。」或謂交人衆不滿萬人，傳者之妄。」起獨言交州小醜，無不可取之理。安石喜，乃罷注歸，以起知桂州。起至則遣官入溪洞，點集土兵，諸洞騷然。又遣薛舉誘納恩情州儂善美。交人以爲言。上患之，親批諭中書，曰：「熙州方用兵未息，而沈起又於南方希賞妄作，引惹蠻事，宜速罷起。」於是以彝代起。彝至，復集舟師，教水戰。交人貿易，一切禁止之。愈怨望，以故大集兵丁，欲謀舉事。時知邕州蘇緘伺知之，以書抵彝，反移文劾緘沮議。未幾，交人果大舉，攻陷欽、廉二州，破邕之永平等四寨。緘力戰拒守，日遣使請救於彝。彝遣張守節以兵三千赴援。守節逗留不進，回保崑崙關。猝遇賊，一軍俱覆。邕守四十二日，城陷，緘死之。上深怒彝、起，皆編管遠惡州軍，而王安石亦憂沮形於辭色矣。後詔郭逵、趙卨討之，殺戮甚衆。李乾德乃降。〔二〕經進東坡文集事略卷四〇代張方平諫用兵書注。

校　識

〔一〕論者以爲□事　據續資治通鑑長編卷一九〇嘉祐四年九月戊申條李師中奏，闕字疑爲「生」字。

〔二〕據宋會要輯稿職官六五之四〇黜降官二及續資治通鑑長編卷二七三，沈起、劉彝責降安置事實在熙寧九年二月庚寅。

51 八年五月，〔一〕御史蔡承禧言惠卿弟吕升卿招權慢上，并及吕惠卿。是日進呈。安石時與惠卿俱對，上顧安石，稱其獨無私，蓋爲惠卿發也。明日，惠卿求去。安石獨奏事，上曰：「惠卿不濟事，非助卿者也，忌能、好勝、不公。」又曰：「觀惠卿兄弟，但才能逼己便忌嫉。」安石曰：「臣嘗屢勸彼，令勿如此。」又爲上言：「人材如惠卿，陛下不宜以纖芥見於辭色，使其不安。如對惠卿數稱臣無適莫、獨無私，使惠卿何敢安位？國家所賴，恐不宜如此遇之。」上令安石敦勉惠卿就位，安石曰：「此在陛下。陛下不加恩禮，臣雖敦勉何補也？」宋宰輔編年録卷八熙寧七年四月丙戌條。

校識

〔一〕據續資治通鑑長編卷二六四，蔡承禧事在熙寧八年五月丁亥。

52 六月，〔一〕王安石得疾，上固留之，諭以「吕惠卿甚怪卿不爲升卿辨事，言卿前爲人所誣，極力爲卿辨；今臣爲人所誣，卿無一言。朕説與，極爲卿兄弟解釋」。宋宰輔編年録卷八熙寧七年四月丙戌條。

校識

〔一〕據續資治通鑑長編卷二六五，王安石得疾求退事在熙寧八年六月丁未。

53 辛亥，呂惠卿加給事中，與安石父子並以脩詩書周禮義解推恩也。安石辭雱新除龍圖閣直學士，惠卿亦辭給事中，後雱又辭所遷職，上欲終命之。惠卿以爲雱引疾罷，宜聽，故從之。由是，王、呂之怨益深。宋宰輔編年録卷八熙寧七年四月丙戌條。

54 惇字子厚，建州浦城人。宰相得象，其叔父也。舉進士甲科。王安石用事，李承之薦惇可用。安石曰：「聞惇大無行。」承之曰：「承之所薦者，才也。顧惇才可用於今日耳，素行何累焉！公試與語，自當愛之。」安石召見之，惇素辨，又善迎合。安石大喜，恨得之晚，命修三司條例。進擢數年，遂至侍從、三司使。上嘗譽張方平之美，問章惇識否。惇退以告惠卿，惠卿明旦與方平同行入朝，告以上語，且曰：「行當大用矣。」故御史蔡承禧彈惇云「朝登陛下之門，暮入惠卿之家」，爲此也。由是上惡惇。安石亦仇惠卿，黜之陳州，凡惠卿之黨，俱悉力攻之。以故中丞鄧綰言：「惇人物佻薄，行迹醜穢，與吕惠卿協濟爲姦，宜早罷黜。」遂自權三司使出知湖州。〔一〕宋宰輔編年録卷八元豐三年二月丙午條。

校　識

〔一〕據續資治通鑑長編卷二六九，熙寧八年十月庚子，右正言、知制誥、直學士院、權三司使章惇知湖州。是爲本條事目。

55 八年十月辛亥，詔：「東南推行手實之法，公私頗病，其罷之。」先是，王安石建行免役之法，曰出錢助役，官自雇人。吕和卿又請立告賞，使民自疏財産，以定户等，謂之手實。奉使者至析秋毫，天下病之。司農又下諸路，不時施行以違制論。時知密州蘇軾不肯行，謂提舉常平官曰：「違制之坐，若自朝廷，誰敢不從？今出於司農，是擅造律也。若何？」使者驚，曰：「姑徐之。」至是，御史中丞鄧綰亦奏陳手實之害。〔一〕㊀上覽疏，深以爲然，遂有是詔。國朝册府畫一元龜甲集卷七二因革門新法五。

校　識

〔一〕御史中丞鄧綰亦奏陳手實之害　「鄧」字原作「節」，據續資治通鑑長編卷二六九熙寧八年十月辛亥條改。

附載

㈠續資治通鑑長編卷二六九熙寧八年十月辛亥條（參宋會要輯稿食貨六六之三九免役二）載鄧綰奏：「創立簿法之意，欲別有所用，則臣固不能知；若欲以均平役錢，則臣請言其大略：昨者朝廷免役率錢之法，初且用丁産户籍，故諸路患其未均，相繼奏陳，各請重造，多已改造矣。其均錢之法，田頃可用者視田頃，税數可用者視税數，已約家業貫伯者，視家業貫伯。或隨所下種石，或附所收租課，法雖不同，大約已定，而民樂輸矣，安用立異造僞，剔抉搜索，互相糾告，不安其生耶？役法已定，而復摇之；民心已安，而方騷之；天下之民才免差役之殃，而復有簿法之害，甚可哀也。夫田壄山谷之氓，止知蠶而衣、耕而食，生梗畏怯，有自少至老，足不履市門，目不識官府者；有生平不敢自出輸税，而倍價募人代之輸者。其於文字目不能識，手不能書，豈能曉有司簿法之巧説、吏文之煩言、榜式狀之委曲苛細耶？臣竊見簿法隱落税産物力及供地色等第、居宅房錢不實者，並許告訐支賞。臣伏以三代牧民，能均其力，分田制禄皆上所養。自上失其道，而貧富不一。富者所以奉公上而不匱，蓋常資之於貧；貧者所以無産業而能生，蓋皆資之於富。稼穡耕鋤，以有易無，貿易其有餘，補救其不足，朝求夕索，春貸秋償，貧富相資，以養生送死，民之常也。今立法，使民凡所以養生之物，有餘者不敢停塌租賃，不足者不敢蓄息營利，匱急者無所告求舉貸，則貧富皆失其所以爲生矣。何也？本法所謂田土所出，或服食、器用、船車、碾磑等物，牛羊、驢騾之類，凡所以養生之具，民日用而家有之。今欲盡數供折出錢，則本用供家，不專於租賃營利，欲指爲供家之物，則有時餘羨，不免貿易與人，則家家有告訐之憂，人人有隱落之罪，無所措手足矣。夫行商坐賈，通貨殖財，四民之一也，其有無交易，不過服食、器用、粟米、財畜、絲麻、布帛之類，或春有之而夏已折閱之，或秋居之而冬已散亡之，則公家簿書如何拘轄，隱落之罪安得而不犯？徒使囂訟者趨賞報怨而公相告訐，畏怯者守死忍餓而不敢爲生，其爲法未善可知矣。」

56 先是，吕惠卿言安石弟秘書丞、直集賢院王安禮任館職日狎游無度。於是安禮乞出，即從之，差知潤州。安石猶以惠卿昔家居在潤州，使安禮求過失故也。〔一〕宋宰輔編年録卷八熙寧七年四月丙戌條。

校　識

〔一〕據續資治通鑑長編卷二七一，熙寧八年十二月己丑，秘書丞、直集賢院、同提舉三司勾院磨勘司王安禮知潤州。是爲本條事目。

熙寧九年(丙辰,一〇七六)

57 先是,京與王安石同在中書,多異議,安石頗疑憚之。故嘗因事移私書於呂惠卿,曰:「無使齊年知。」京、安石俱生辛酉,故謂之「齊年」。及安石罷相,力薦挽惠卿而去,惠卿遂與京同參知政事。惠卿每有所爲,京雖不抑,而心不以爲善。至於議事,亦多矛盾。惠卿亦忌之。會鄭俠獄起,乃謂俠嘗游京之門,推劾百端。京竟以本官知亳州。歲餘,加資政殿學士,移守渭州。〔一〕舍人錢藻當制,有「大臣進退,繫時安危」及「持正莫回,一節不撓」之語。中丞鄧綰懼京再入,又將希合惠卿,遽言:「馮京預政日久,殊無補益,而曰『繫時安危』;京朋邪徇俗懷利而已,而曰『持正不撓』。」乞罷錢藻,以諭中外。」而藻竟罷直院。未幾,安石再相,王、呂交惡,出惠卿于陳。惠卿乃發安石前所謂「無使齊年知」之書,上覽之,猶薄其罪。惠卿復發其「無使上知」之書,由是上以安石爲欺矣。至是,安石罷政,復用京云。〔二〕宋宰輔編年録卷八熙寧九年十二月丙午條。

校識

〔一〕移守渭州 「州」字原脱,據文淵閣四庫全書本宋宰輔編年録及東軒筆録卷五補。按本條史源爲東軒筆録。

〔二〕據宋宰輔編年録卷八，熙寧九年十二月丙午，資政殿學士、右諫議大夫、知成都府馮京爲給事中、知樞密院事。是爲本條事目。又按王瑞來宋宰輔編年録校補據宋史卷一五神宗紀二、卷二一一宰輔表二及宋會要輯稿職官七八之二三罷免上，謂此事在十月丙午，是。

熙寧十年（丁巳，一〇七七）

58 王安石秉政，首用王韶取熙河以斷西夏右臂，又欲取靈武以斷大遼右臂，又用章惇爲察訪使以取湖北、夔、峽之蠻。於是獻言者謂交趾可取，始議取交趾。交趾之圍邕州也，安石言於上曰：「邕州城堅不可破。」上以爲然。既而城陷，安石憂沮形於辭色。韶曰：「公居此尚爾，況居邊徼者乎？願少安重，以鎮物情。」安石曰：「使公往，能辨之乎？」韶曰：「若朝廷應副，何爲不能辨！」安石由是與韶始有隙。〔一〕㊀宋宰輔編年録卷八熙寧十年二月己亥條。

校識

〔一〕據宋宰輔編年録卷八，熙寧十年二月己亥，樞密副使王韶爲户部侍郎、觀文殿學士、知洪州。是爲本條事目。

附　載

㊀宋宰輔編年録卷八熙寧十年二月己亥條載王韶知洪州制：「入而輔大政，緇衣所以美武公之爲司徒；出則奠大邦，嵩高所以歌申伯之有南國。雖中外勞逸之異，亦臣鄰出處之常。眷吾帷幄之臣，屢上蕃宣之請。誠不可奪，卿既以親爲言；義當勉從，朕欲成爾之志。具官王韶，慷慨自負，忠勤不渝，闢遐壤於笑談，起大功於跬步。名震戎狄，勳高鼎彝。頃嘗嘉於始謀，得入陪於近弼。進斷國論，有大臣蹇蹇之風；參持兵樞，增古武桓桓之氣。朕方内倚，將共致於治平；人亦具瞻，忽懇辭於密宥。章屢却而益進，誠愈久而彌堅。南昌名都，最雄於江左；秘殿崇職，莫顯於朝中。併示優恩，以爲盛觀。書勞定國，足以高一世之英；養志奉親，又可爲白髮之壽。人臣至此，可謂榮乎！體予寵休，無忘獻納。」

59 楊繪過池陽，見丘濬，濬曰：「明年當改元。以周易步之，豐卦用事，必以「豐」字紀年。」果改年元豐。〔一〕周易本義啓蒙翼傳下篇筮法。

校　識

〔一〕據續資治通鑑長編卷二八六，熙寧十年十二月壬午，詔明年改元元豐。是爲本條事目。

元豐元年（戊午，一〇七八）

60 初，公著與安石爲同年進士，安石雖高科有文學，然未爲中朝士夫所服。於是深交韓、吕二家兄弟。公著與韓氏兄弟絳、維争揚於朝，安石之名始盛。公著初列館舍，與安石甚相友善。安石辨博有文，同舍莫敢與之抗，公著獨以精識約言服之。安石以書寓公著曰：「疵吝每不自勝，一詣長者即廢。然而反夫所謂德人之容使人之意消者，於晦叔見之矣。」安石始期公著甚遠，嘗字公著曰：「晦叔作相，吾輩可以言仕矣。」又曰：「吕十六不作相，天下不太平。」故安石薦公著爲御史中丞。時其辭以謂有「八元」、「八凱」之賢，冀公著之能爲己助也。既而公著以天下公議，乞罷條例司。㊀奏入，不聽。又争之，㊁又不聽。洒求解職，奏三上，言愈切至，㊂又不聽。即卧家待罪。上以公著爲翰林學士、寶文閣學士、知審官院。公著聞之，上疏固求降責。安石怒，方思所以逐公著者。會上語執政：「公著嘗言：『朝廷壞常平法失天下心，若韓琦因人心如趙鞅舉甲以除君側之惡，不知陛下何以待之？』」安石聞上語，心默喜，即請用此爲逐公著罪，遂落公著兩學士，知潁州。公著素謹密，實無此言。蓋孫覺嘗爲神宗言，神宗因誤以爲公著也。至是，拜同知樞密院事。〔一〕㊃宋宰輔編年録卷八元豐元年九月乙酉條。

校　識

〔一〕據宋宰輔編年録卷八，元豐元年九月乙酉，端明殿學士、兼翰林侍讀學士、寶文閣學士、户部侍郎吕公著爲同知樞密院事。是爲本條事目。

附　載

㊀宋朝諸臣奏議卷一一〇吕公著上神宗乞罷制置三司條例司：「制置三司條例一司，本出權宜，名分不正，終不能厭塞輿論。蓋以措置更張，當責成于二府；修舉職業，宜倚辦于有司。若政出多門，固非國體。宰相不任其責，則坐觀成敗，尤非制世御下之術。兼臣昨來已曾論列，所有制置條例一司，伏乞罷歸中書，其間事目有可付之有司者，即付之有司。」

㊁宋朝諸臣奏議卷一一〇吕公著上神宗乞罷制置三司條例司：「臣聞孔子曰：『名不正則言不順，言不順則事不成。』今來制置一司，上既不關政府，下又不委有司，是以從初置局，人心莫不疑眩；及見乎行事，物論日益騰沸。蓋朝廷大事，無不出于二府。惟是今來制置條例，實係國家安危，生民休戚，而宰相不得與聞。若宰相以爲可，自宜與之共論；以爲不可，亦不當坐觀成敗，但事書敕尾而已。至于倉場庫務瑣細利害，又恐不必執政大臣然後能集。臣又聞聖人之政，貴乎

顯仁藏用。管仲，霸者之佐耳，及其爲令，猶曰法成而鄰國不知。今朝廷處置，實未能有利及民，然而先置一司，使天下疑惑愁怨，至今不定，恐非策之得者也。乞檢會臣前奏施行。」

㊂宋朝諸臣奏議卷一一三呂公著論新法乞外任：「自添差提舉官四五十人，頒青苗法于天下，條詔紛糾，自相違戾，人無智愚，莫不譏議。而廟堂之上欲必以威力勝之，以至凌轢舊臣，沮折言者，聚斂之志，形于四海，奉公憂國之士，莫不懷憤切嘆。臣既當事任，義不容默，是以累求進對，連上奏封，反覆開陳，冀欲寢罷。陛下雖心知其然，依違終未能決。臣言既不從，又不能引避，則事君之義豈不虧損？或朝廷未賜矜從，臣所請固不敢已，直俟讒慝積深，方行譴責，則于陛下用人之禮，得無過差？況臣疲病之質，不能堪任顯職。伏乞檢會臣前奏，早賜施行。」

㊃宋宰輔編年録卷八元豐元年九月乙酉條載其制：「夫侍帷幄以贊密命，非令問碩望，豈易授哉。具官呂公著，邦家名儒，臺閣舊老，先後三世，輔翊累朝。肆惟爾躬，克秉純德，獨立不撓，行己有方。出處之間，罔替古人之節；議論之際，益見良臣之風。斷自朕心，擢陪樞筦。非體國不能濟成務，非應變不能中事機。勉汝之才，副朕所望。」

元豐四年（辛酉，一〇八一）

61王韶謚襄敏，爲建昌司理時，蔡挺提刑江西，受知於挺。〔一〕新編翰苑新書前集卷五七曹官司理參軍「王韶受知」條。

校識

〔一〕據續資治通鑑長編卷三一三，元豐四年六月己卯，觀文殿學士、正議大夫、知洪州王韶卒。是爲本條事目。

元豐七年（甲子，一〇八四）

62 七年正月辛酉，責授黄州團練副使蘇軾移汝州。軾言汝州無田産，乞居常州。㊀從之。元豐中，軾繫御史獄，上本無意深罪之。宰臣王珪進呈，忽言「蘇軾於陛下有不臣意」。上改容曰：「軾固有罪，然於朕不應至是。卿何以知之？」珪因舉軾檜詩「根到九泉無曲處，世間唯有蟄龍知」之句，對曰：「飛龍在天，軾以爲不知己，而求之地下之蟄龍，非不臣而何？」上曰：「詩人之詞，安可如此論？彼自詠檜，何預朕事！」珪語塞。章惇亦從旁解之曰：「龍者，非獨人君，人臣俱可以言龍也。」上曰：「自古稱龍者多矣，如荀氏『八龍』、孔明『卧龍』，豈人君也！」遂薄其罪，以黄州團練副使安置。然上每記憐之。一日，語執政曰：「國史，大事，朕欲俾蘇軾成之。」執政有難色，上曰：「非軾則用曾鞏。」

其後，〔一〕鞏亦不能副上意。上復有旨起軾，以本官知江州，中書蔡確、張璪受命，王震當詞頭。明日，改承議郎、江州太平觀。又明日，命格不下。於是卒出手批，徙軾汝州，有「蘇軾黜居思咎，閱歲滋深，人材寔難，不忍終棄」之語。軾即上表謝。㊀前此，京師盛傳軾已白日仙去，上對左丞蒲宗孟嗟惜久之，故軾此表有「疾病連年，人皆相傳爲已死；飢寒併日，臣亦自厭其餘生」之句也。皇宋通鑑長編紀事本末卷六二蘇軾詩獄。

校　識

〔一〕其後　此二字原脱，據續資治通鑑長編卷三四二元豐七年正月辛酉條補。

附　載

㊀經進東坡文集事略卷二五乞常州居住表：「近者蒙恩量移汝州，伏讀訓詞，有『人材實難，弗忍終棄』之語。豈獨知免於縲紲，亦將有望於桑榆。但未死亡，終見天日。豈敢復以遲暮爲嘆，更生僥覬之心。但以禄廪久空，衣食不繼，累重道遠，不免舟行。自離黄州，風濤驚恐，舉家重病，一子喪亡。今雖已至泗州，而貲用罄竭，去汝尚遠，難於陸行。無屋可居，無田可食，二十餘口，不知所歸，饑寒之憂，近在朝夕。與其彊顔忍耻，干求於衆人；不若歸命投誠，控告於君父。臣有薄田在常州宜興縣，粗給饘粥。欲望聖慈，許於常州居住。」

㈡經進東坡文集事略卷二五謝量移汝州表：「伏念臣向者名過其實，食浮於人。兄弟並竊於賢科，衣冠或以爲盛事。旋從册府，出領郡符。既無片善可紀於絲毫，而以重罪當膏於斧鉞。雖蒙恩貸，有愧平生。隻影自憐，命寄江湖之上；驚魂未定，夢游縲紲之中。憔悴非人，章狂失志。妻孥之所竊笑，親友至於絶交。疾病連年，人皆相傳爲已死；饑寒併日，臣亦自厭其餘生。豈謂草芥之賤微，尚煩朝廷之記録。開其恫悔，許以甄收。此蓋伏遇皇帝陛下，湯德日新，堯仁天覆。建原廟以安祖考，正六宮而修典刑。百廢具興，多士爰集。彈冠結綬，共欣千載之逢；掩面向隅，不忍一夫之泣。故推涓滴，以及焦枯。顧惟效死之無門，殺身何益；更欲呼天而自列，尚口乃窮。徒有此心，期於異日。」

63 元豐七年五月辛酉，知筠州滕甫知湖州。甫性疎達不疑，在上前論事，如家人父子，言無文飾，洞見肝鬲。上知其誠盡，事無鉅細，人無親疎，輒以問甫。甫隨事解答，不自嫌外。而王安石方立新法，天下洶洶，恐甫有言，故出甫于外。然用甫之意，尚未衰也。會甫之妻黨李逢者犯法至大不道，於是甫坐落翰林、侍讀二學士知池州，徙蔡。未行，而御史何正臣論甫阿縱大逆之人，法不容誅。㈠詔改安州。既罷，入朝，未對，左右中以飛語。上出手詔付中書，曰：「甫與李逢近親，不宜令處京師。可與東南一小郡。」復貶筠州。士大夫爲甫危慄。或以爲且有後命，甫獨曰：「天知吾直，上知吾忠，吾何憂哉！」乃上疏自明。㊁上覽疏釋然，故有湖州之命。經進東坡文集事略卷四〇代滕甫辨謗乞郡書注。

附　載

㊀續資治通鑑長編卷三〇五元豐三年六月癸卯條載何正臣言：「禮部侍郎滕甫近自知池州移知蔡州。甫頃嘗阿縱大逆之人，法不容誅。朝廷寬容，尚竊顯位，於甫之分僥倖已多，豈可更移大藩！乞別移遠小一州。」

㊁經進東坡文集事略卷四〇代滕甫辨謗乞郡書：「臣本無學術，亦無材能，唯有忠義之心，生而自許。昔季孫有言：『見有禮於其君者，事之，如孝子之養父母也。見無禮於其君者，誅之，如鷹鸇之逐鳥雀也。』臣雖不肖，允蹈斯言。但信道直前，謂人如己。既蒙深知於聖主，肯復借交於梟人！任其蠢愚，積成仇怨。一自離去左右，十有二年，浸潤之言，何所不有。至謂臣陰黨反者，故縱罪人，若快斯言，死未塞責。竊伏思宣帝，漢之英主也，以片言而誅楊惲。太宗，唐之興王也，以單詞而殺劉洎。自古忠臣烈士，遭時得君而免於禍者，何可勝數。而臣獨蒙皇帝陛下始終照察，愛惜保全，則陛下聖度已過於宣帝、太宗，而臣之遭逢，亦古人所未有。日月在上，更何憂虞。但念世之憎臣者多，而臣之賦命至薄，積毀銷骨，巧言鑠金，市虎成於三人，投杼起於屢至，儻因疑似，復致人言，至時雖欲自明，陛下亦難屢赦。是以及今無事之日，少陳危苦之詞。晉王導，乃

王敦之弟也，而不害其爲元臣。崔造，源休之甥也，而不廢其爲宰相。臣與反者，義同路人。獨於寬大之朝，爲臣終身之累，亦可悲矣。凡今游宦之士，稍與貴近之人有葭莩之親，半面之舊，則所至便蒙異待，人亦不敢交攻。況臣受知於陛下中興之初，效力於衆人未遇之日，而乃毁訾不忌，踐踏無嚴，臣何足言，有辱天眷。此臣所以涕泣而自傷者也。今臣既安善地，又忝清班，非敢别有僥求，更思録用。但患難之後，積憂傷心，風波之間，怖畏成疾。敢望陛下憫餘生之無幾，究前日之異恩。或乞移臣淮浙間一小郡，稍近墳墓，漸謀歸休。異日復得以枯朽之餘，仰瞻天日之表，然後退伏田野，自稱老臣，追叙始終之遭逢，以託鄉鄰之父老，區區志願，永畢於斯。伏願陛下憐其志、察其愚而赦其罪，臣無任感恩知罪激切屏營之至。」

元豐八年（乙丑，一〇八五）

64 ※神宗崩。〔一〕㊀

校　識

〔一〕郡齋讀書附志卷上「丁未録二百卷」條云上帙迄於神宗皇帝升遐，本書中帙元豐八年五月戊午條云是年三月丁酉宋神宗崩。續資治通鑑長編及宋史卷一六神宗紀三等皆繫其事於戊戌，丁未録誤。

附　載

㈠ 宋大詔令集卷七元豐遺詔：「朕以菲凉，奉承大統，獲事宗廟，十有九年。永惟萬機，靡敢暇佚。賴天右序，方内乂寧。逮至首春，偶至違豫。病既益進，遂爾彌留。恐不復誓言，以嗣兹志。皇太子某，温文日就，睿智夙成，仁厚孝恭，發於天性，人望攸屬，神器所歸，可於柩前即皇帝位。然念方在冲年，庶務至廣，保兹皇緒，寔繫母儀。皇太后聖哲淵深，慈仁惻隱，輔佐先帝，擁佑朕躬，識達幾微，聞於四海，宜尊爲太皇太后。皇后爲皇太后，德妃朱氏爲皇太妃。應軍國事，並太皇太后權同處分，依章獻明肅皇后故事施行。如向來典禮，有所闕失，命有司更加討論。諸軍賞給，並取嗣君處分。喪服以日易月。山陵制度，務從儉約。在外群臣止於本處舉哀，不得擅離治所，成服三日而除。應緣邊州鎮皆以金革從事，不用舉哀。於戲！惟生知死，惟聖人能達其情；託重受遺，惟賢者能致其義。尚賴左右輔弼，文武官師，同寅協恭，永底至治。」

中帙

起元豐八年四月丁丑，盡元祐九年二月己未。

哲宗元豐八年（乙丑，一〇八五）

1 ※呂公著兼侍讀。〔一〕

校識

〔一〕郡齋讀書附志卷上「丁未録二百卷」條云中帙起於宣仁聖烈垂簾除呂公著侍讀。據續資治通鑑長編卷三五二，元豐八年三月甲午朔，皇太后垂簾，又續資治通鑑長編卷三五四，元豐八年四月丁丑，資政殿大學士、銀青光禄大夫呂公著兼侍讀。

2 元豐八年五月癸巳朔戊戌，責授汝州團練副使蘇軾復朝奉郎，知登州。先是，神廟有復用公之意，會晏駕，不果。至哲宗即位，遂有是命。經進東坡文集事略卷二五登州謝表注。

3 四月，以太中大夫知陳州。是月戊午，〔二〕召爲門下侍郎。㊀先是，三月丁酉，神宗崩，司馬光赴闕臨。衛士見光，俱以手加額，曰：「此司馬相公也！」民遮道呼曰：「公無歸，留相天子，活百姓！」所在數百人聚觀之。光懼，會放辭謝，遂徑歸洛。太皇太后聞之，詰問主者，遣使勞光，問所當先者。光言宜下詔首開言路。有詔起光知陳州。光復奏疏，再申前請㊁。太皇太后於是從光請，下詔榜朝堂，又促光過闕，令入見。至京之日，太皇太后降中使封所牓朝堂詔書以示光。㊂光視詔六事，曰：「此非求諫，乃拒諫也。請改詔書，頒之天下。」

光之奏曰：今詔書求諫而逆以六事防之，臣以爲人臣惟不上言，言則皆可以六事罪之矣。其所言，或於群臣有所褒貶，則可以謂之陰有所懷；本職之外微有所涉，則可以謂之犯非其分；陳國家安危大計，則可以謂之扇搖機事之重；或與朝旨暗合，則可以謂之迎合已行之令；言新法之不便當改，則可以謂之觀望朝廷之意；言民間之愁苦可閔，則可以謂之眩惑流俗之情。然則天下之事，無復可言者矣。是詔書始於求諫，而終於拒諫也。臣恐天下之士益箝口結舌，非國家之福也。又止令御史臺出牓朝堂，所詢者狹，望删去中間一節，頒告天下。

奏入，尋除光門下侍郎。光辭，又并以二章繳進。

其一曰：先帝思用賢輔，以致太平。不幸所委之人，多以己意輕改舊章，謂之新法。其人意所欲爲，人主莫能奪，天下莫能移。作青苗、免役、市易、賒貸等法，以聚斂相尚，以苛刻相驅。又有生事之臣，欲乘時干進，建議置保甲、户馬以資武備，變茶鹽、鐵冶等法增家業，侵街商税等錢以供軍須。誤惑先帝，使利歸於身，怨歸於上。臣蒙陛下特降中使，訪以得失。顧天下事務至多，但乞下詔，使吏民得實封上言，庶幾民間病苦無不聞達。既而聞有旨罷修城役夫，散巡邏之卒，止御前造作。京城之民，已自歡躍。及臣歸西京之後，繼聞斥退近習之無狀者，戒飭有司奉法失當過爲煩擾者，罷物貨場及所養户馬，又寬保甲年限，四方之人，無不鼓舞聖德。凡臣所欲言者，陛下略已行之。今新法之弊，無貴賤愚智皆知之。是以陛下微有所改，而遠近皆相賀也。然尚有病民傷國有害無益者，如保甲、免役錢、將官三事，皆當今之急務，釐革所宜先者。別狀奏聞，伏望早賜施行。

是時，方遣御藥吴靖召光受告，光復辭。於是，賜以手詔，㊃中使梁惟簡且宣旨曰：「早來所奏，備悉卿意。再降詔開言路，俟卿供職施行。」光由是不敢復辭，遂再下求言之詔，時六月丁亥也。㊄宋宰輔編年録卷九元豐八年五月戊午條。

校識

〔一〕是月戊午　按「是月」指宋宰輔編年録所記之五月，非承上「四月」而言。

附載

㊀宋宰輔編年録卷九元豐八年五月戊午條載其制：「國家董正治官，循名責實，以三省預聞政事，而出納王命，時維東臺。非夫柔亦不茹、剛亦不吐、彊毅有守、詳明不撓者，豈足以任此。具官司馬光，方重敦實，有德有言。貫穿千古，著爲新書。雖乃身在外，而乃心無不在王室。聞望之隆，師言惟穆。非止政有粃粺得以塗歸，是惟朝夕納誨以輔不逮，亦所以彰先帝知人之明。往惟欽哉，無或敦避。」

㊁温國文正司馬公文集卷四七乞開言路狀：「今皇帝陛下新即位，太皇太后陛下初垂簾，天下之人莫不屬目傾耳。臣自到西京以來，朝夕伏聽朝廷惟新之政，以爲必務明四目，達四聰，以發天下積年憤鬱之志。今開言路之詔，既不聞頒於四方，而太府少卿宋彭年言在京不可不並置三衙管軍臣僚，水部員外郎王諤乞令依保馬元立條限均定逐年合買之數，又乞令太學增置春秋博士，使諸生肄業。朝廷以非其本職而言，各罰銅三十斤。臣忽聞之，悵然失圖，憤邑無已。臣非私於二

人，直爲朝廷惜治體耳。……今二臣之罰既不可追，伏望陛下如臣前奏，下詔不以有官無官、當職不當職之人，皆得進言，擇其可取者微加旌賞，使天下之人知朝廷樂聞善言、不惡論事，毋可取者，寢而勿問，庶幾願納忠之人猶肯源源而來也。」

㊂續資治通鑑長編卷三五六元豐八年五月乙未條載其詔：「蓋聞爲治之要，納諫爲先，朕思聞讜言，虚己以聽。凡内外之臣，有能以正論啓沃者，豈特受之而已，固且不愛高爵厚禄，以奬其忠。設其言不當于理，不切于事，雖拂心逆耳，亦將欣然容之，無所拒也。若乃陰有所懷，犯非其分，或扇摇機事之重，或迎合已行之令，上則觀望朝廷之意以徼倖希進，下則衒惑流俗之情以干取虚譽，審出於此而不懲艾，必能亂俗害治。然則黜罰之行，是亦不得已也。顧以即政之初，恐群臣未能遍曉，凡列位之士，宜悉此心，務自竭盡，朝政闕失，當悉獻所聞，以輔不逮。宜令御史臺出牓朝堂。」

㊃温國文正司馬公文集卷四七辭門下侍郎第二劄子附手詔：「深體予懷，更不多免。嗣君年德未高，吾當同處萬務。所賴方正之士贊佐邦國，想宜知悉。再宣諭前日所奏乞引對上殿訖赴任。其日已降指揮，除卿門下侍郎，切要與卿商量軍國政事。」

㊄續資治通鑑長編卷三五七元豐八年六月丁亥條載其詔：「朕紹承燕謀，獲奉宗廟，初攬庶政，鬱於大道，夙夜祇畏，不敢皇寧，懼無以章先帝之休烈而安輯天下之民。永惟古之王者即政之始，

必明目達聰，以防壅蔽，敷求讜言，以輔不逮，然後物情遍以上聞，利澤得以下究。詩不云乎：『訪予落止。』此成王所以求助，而群臣所以進戒，上下交儆，以遂文武之功，朕甚慕焉！應中外臣僚及民庶，並許實封直言朝政闕失，民間疾苦。在京於登聞鼓、檢院投進，在外於所屬州軍，驛置以聞。朕將親覽，以考求其中而施行之。」

4 國朝明道先生程顥，十歲能爲詩賦，十二三時，群居庠序中，如老成人，見者無不愛重，故户部侍郎彭思永至學舍，一見異之，許妻以女。〔一〕㊀婚禮新編卷一五名行「明道先生」條。

校識

〔一〕按此零句出程頤明道先生行狀，據續資治通鑑長編卷三五七，元豐八年六月丁丑，承議郎、新除宗正寺丞程顥卒。是爲本條事目。

附載

㊀程顥、程頤二程集河南程氏文集卷一一明道先生行狀：「先生生而神氣秀爽，異於常兒。未能言，叔祖母任氏太君抱之行，不覺釵墜，後數日方求之，先生以手指示，隨其所指而往，果得釵，人皆驚異。數歲，誦詩書，强記過人。（此下接本條正文，此削去。）踰冠，中進士第，調京兆府鄠縣

主簿。令以其年少，未知之。民有借其兄宅以居者，發地中藏錢，兄之子訴曰：『父所藏也。』令曰：『此無證佐，何以決之？』先生曰：『此易辨耳。』問兄之子，曰：『爾父藏錢幾何時矣？』曰：『四十年矣。』『彼借宅居幾何時矣？』曰：『二十年矣。』即遣吏取錢十千視之，謂借宅者曰：『今官所鑄錢，不五六年即徧天下。此錢皆爾未居前數十年所鑄，何也？』其人遂服。令大奇之。南山僧舍有石佛，歲傳其首放光，遠近男女聚觀，晝夜雜處，爲政者畏其神，莫敢禁止。先生始至，詰其僧曰：『吾聞石佛歲現光，有諸？』曰：『然。』戒曰：『俟復見，必先白吾，職事不能往，當取其首就觀之。』自是不復有光矣。府境水害，倉卒興役，諸邑率皆狼狽，惟先生所部飲食茇舍，無不安便。時盛暑，泄利大行，死亡甚衆，獨鄠人無死者。所至治役，人不勞而事集，嘗謂人曰：『吾之董役，乃治軍法也。』當路者欲薦之，多問所欲。先生曰：『薦士當以才之所堪，不當問所欲。』再期，以避親罷。再調江寧府上元縣主簿。田税不均，比他邑尤甚。蓋近府美田爲貴家富室以厚價薄其税而買之，小民苟一時之利，久則不勝其弊。先生爲令畫法，民不知擾，而一邑大均。其始，富者不便，多爲浮論，欲摇止其事，既而無一人敢不服者。後諸路行均税法，邑官不足，益以他官，經歲歷時，文案山積，而尚有訴不均者。計其力，比上元不啻千百矣。會令罷去，先生攝邑事。上元劇邑，訴訟日不下二百。爲政者疲於省覽，奚暇及治道。先生處之有方，不閱月，民訟遂簡。江南稻田，賴陂塘以溉，盛夏塘堤大決，計非千夫不可塞。法當言之府，府稟於漕司，然後計功調役，非月餘不能興作。先生曰：『比如是，苗槁久矣，民將何食！救民獲罪，所不辭也。』遂發民塞之，歲則大熟。江寧當水運之衝，舟卒病者則留之，爲營以處。曰小營子，歲不下數百人，至者輒死。先生察其由，蓋既留，然後請於府，給券乃得食。比有司文具，則困於飢已數日矣。先生白漕司，給米貯營中，至者與之食，自是生全者大半。措置於纖微之間，而人已受賜，如此之比，所至多矣。先生常云：『一命之士，苟存心於愛物，於人必有所濟。』仁宗登遐，遺制官吏成服，三日而除。三日之朝，府尹率群官將釋服，先生進曰：『三日除服，遺詔所命，莫敢違也。請盡今日。若朝而除之，所服止二日爾。』尹怒不從。先生曰：『公自除之，某非至夜不敢釋也。』一府相視，無敢除者。茅山有龍池，其龍如蜴蜥而五色。祥符中，中使取二龍，至中途，中使奏一龍飛空而去。自昔嚴奉，以爲神物。先生嘗捕而脯之，使人不惑。其始至邑，見人持竿道旁，以黏飛鳥，取其竿折之，教之使勿爲。及罷官，艤舟郊外，有數人共語：自主簿折黏竿，鄉民子弟不敢畜禽鳥。不嚴而令行，大率如此。再期，就移澤州晉城令。澤人淳厚，尤服先生教命。民以事至邑者，必告之以孝弟忠信，入所以事父兄，出所以事長上。度鄉村遠近爲伍保，使之力役相助、患難相恤，而姦僞無所容。凡孤煢殘廢者，責之親戚鄉黨，使無失所。行旅出於其塗者，疾病皆有所養。諸鄉皆有校，暇時親至，召父老而與之語。兒童所讀書，親爲正句讀，教者不善，則爲易置。俗始甚野，不知爲學，先生擇子弟之秀者，聚而教之，去邑纔十餘年，而服儒服者蓋數百人矣。鄉民爲社會，爲立科條，旌别善惡，使有勸有耻。邑幾萬室，三年之間，無强盜及鬭死者。秩滿，代者且至，吏夜叩門，稱有殺人者。先生曰：『吾邑安有此？誠有之，必某村某人也。』問之，果然。家人驚異，問何以知之。曰：『吾常疑此人惡少之弗革者也。』河東財賦窘迫，官所科買，歲爲民患，雖至賤之物，至官取之，則其價翔踴，多者至數十倍。先生常度所需，使富家預儲，定其價而出之。富家不失倍息，而鄉民所費，比常歲十不過二三。民税常移近邊，載往則道遠，就糴則價高。先生擇富民之可任者，預使購粟邊郡，所費大省，民力用紓。縣庫有雜納錢數百千，常借以補助民力。部使者至，則告之曰：『此錢令自用而不敢私，請一切不問。』使者屢更，無不從者。先時民憚差役，役及則互相糾訴，鄉鄰遂爲仇讎。先生盡知民産厚薄，第其先後，按籍而命之，無有辭者。河東義勇，農隙則教以武事，然應文備數而已。先生至，晉城之民遂爲精兵。晉俗尚焚屍，雖孝子慈孫習以爲安。先生教諭禁止，民始信之。而先生去後，郡官有母死者，憚於遠致，以投烈火，愚俗視效，先生之教遂廢，識者恨之。先生爲令，視民如子，欲辨事者，或不持牒，徑至庭下，陳其所以。先生從容告語，諄諄不倦，在邑三年，百姓愛之如父母，去之日，哭聲振野。用薦者改著作佐郎，尋以御史中丞吕公公著薦，授太子中允，權監察御史裏行。神宗素知先生名，召對之日，從容咨訪，比二三見，遂期以大用。每將退，必曰：『頻求對來，欲常相見爾。』一日，論議甚久，日官報午正。先生遽求退庭中，中人相謂曰：『御史不知上未食邪？』前後進説甚多，大要以正心窒欲、求賢育材爲先。先生不飾辭辨，獨以誠意感動人主。神宗嘗使推擇人才，先生所薦者數十人，而以父表弟張載暨弟頤爲首。所上章疏，子姪不得窺其藁。嘗言：人主當防未萌之欲。神宗俯身拱手，曰：『當爲卿戒之。』及因論人才，曰：『陛下奈何輕天下士？』神宗曰：『朕何敢如是！』言之至于再三。時王荆公安石日益信用，先生每進見，必爲神宗陳君道以至誠仁愛爲本，未嘗及功利。神宗始疑其迂，而禮貌不衰。嘗極陳治道，神宗曰：『此堯舜之事，朕何敢當？』先生愀然曰：『陛下此言，非天下之福也。』荆公浸行其説，先生意多不合，事出必論列，數月之間，章數十上。尤極論者，輔臣不同心，小臣與大計，公論不行，青苗取息，賣祠部牒，差提舉官多非其人及不經封駁，京東轉運司剥民希寵不加黜責，興利之臣日進，尚德之風浸衰等十餘事。荆公與先生雖道不同，而嘗謂先生忠信。先生每與論事，心平氣和，荆公多爲之動。而言路好直者，必欲力攻取勝，由是與言者爲敵矣。先生言既不行，懇求外補。神宗猶重其去，上章及面請至十數，不許，遂闔門待罪。神宗將黜諸言者，命執政除先生監司，差權發遣京西路提點刑獄。復上章曰：『臣言是，願行之；如其妄言，當賜顯責。請罪而獲遷，刑賞混矣。』累請，得罷。既而神宗手批暴白同列之罪，獨於先生無責。改差簽書鎮寧軍節度判官事。爲守者嚴刻多忌，通判而下莫敢與辯事。始意先生嘗任臺憲，必不盡力職事，而又慮其慢己。既而先生事之甚恭，雖筦庫細務，無不盡心，事小未安，必與之辨，遂無不從者，相與甚歡。屢平反重獄，得不死者前後蓋十數。河清卒於法不他役，時中人程昉爲外都水丞，怙勢蔑視州郡，欲盡取諸埽兵治二股河，先生以法拒之。昉請於朝，命以八百人與之。天方大寒，昉肆其虐，衆逃而歸。州官晨集，城門吏報河清兵潰歸，將入城。衆官相視，畏昉，欲弗納，先生曰：『此逃死自歸，弗納必爲亂。昉有言，某自當之。』即親往開門撫諭，約歸休三日復役，衆歡呼而入，具以事上聞，得不復遣。後昉奏事過州，見先生，言甘而氣懾，既而揚言於衆，曰：『澶卒之潰，乃程中允誘之，吾必訴於上。』同列以告，先生笑曰：『彼方憚我，何能爾也？』果不敢言。會曹村埽決，時先生方救護小吴，相去百里。州帥劉公渙以事急告，先生一夜馳至，帥俟於河橋。先生謂帥曰：『曹村決，京城可虞，臣子之分，身可塞亦爲之，請盡以廂兵見付。事或不集，公當親率禁兵以繼之。』帥義烈士，遂以本鎮印授先生，曰：『君自用之。』先生得印，不暇入城省親，徑走決堤，諭士卒曰：『朝廷養爾輩，正爲緩急爾。爾知曹村決則注京城乎？吾與爾曹以身捍之！』衆皆感激自効。論者皆以爲勢不可塞，徒勞人爾。先生命善泅者銜細繩以渡決口，水方奔注，達者百一，卒能引大索以濟衆，兩岸並進，晝夜不息，數日而合。其將合也，有大木自中流而下，先生顧謂衆曰：『得彼巨木，横流入口，則吾事濟矣。』語才已，木遂横，衆以爲至誠所致。其後曹村之下復決，遂久不塞，數路困擾，大爲朝廷憂。人以爲使先生在職，安有是也。郊祀霈恩，先生曰：『吾罪滌矣，可以去矣。』遂求監局，以便親養，得罷歸。自是醜正者競揚避新法之説。歲餘，得監西京洛河竹木務，薦者言其未嘗叙年勞，丐遷秩，特改太常丞。神宗猶念先生，會修三經義，嘗語執政曰：『程某可用。』執政不對。又嘗有登對者自洛至，問曰：『程某在彼否？』連言佳士。其後彗見翼軫間，詔求直言，先生應詔，論朝政極切。還朝，執政屢進擬，神宗皆不許，既而手批與府界知縣，差知扶溝縣事。先生詣執政，復求監當，執政諭以上意不可改也。數月，右府同薦，除判武學。新進者言其新法之初首爲異論，罷復舊任。先生爲治，專尚寬厚，以教化爲先，雖若甚迂，而民實風動。扶溝素多盜，雖樂歲，强盗不減十餘發。先生在官，無强盗者幾一年。廣濟、蔡河出縣境，瀕河不逞之民，不復治生業，專以脅取舟人物爲事，歲必焚舟十數以立威。先生始至，捕得一人，使引其類，得數十人，不復根治舊惡，分地而處之，使以挽舟爲業，且察爲惡者，自是邑境無焚舟之患。畿邑田税重，朝廷歲常蠲除，以爲惠澤，然而良善之民憚督責而先輸，逋負獲除者皆頑民也。先生爲約，前料獲免者，今必如期而足，於是惠澤始均。司農建言，天下輸役錢達户四等，而畿内獨止第三，請亦及第四，先生力陳不可。司農奏其議，謂必獲罪，而神宗是之，畿邑皆得免。先生爲政，常權穀價，不使至甚貴甚賤。會大旱，麥苗且枯，先生教人掘井以溉，一井不過數工，而所灌數畝，闔境賴焉。水災民飢，先生請發粟貸之。鄰邑亦請。司農怒，遣使閲實，使至鄰邑，而令遽自陳穀且登，無貸可也。使至，謂先生盍亦自陳？先生不肯，使者遂言不當貸。先生力言民飢，請貸不已，遂得穀六千石，飢者用濟。而司農益怒，視貸籍户同等而所貸不等，檄縣杖主吏。先生言濟飢當以口之衆寡，不當以户之高下，且令實爲之，非吏罪，乃得已。内侍都知王中正巡閲保甲，權寵至盛，所至凌慢縣官，諸邑供帳，競務華鮮，以悦奉之。主吏以請，先生曰：『吾邑貧，安能效他邑？且取於民，法所禁也。今有故青帳，可用之。』先生在邑歲餘，中正往來境上，卒不入。鄰邑有冤訴府，願得先生決之者，前後五六。有犯小盗者，先生謂曰：『汝能改行，吾薄汝罪。』盗叩首願自新，後數月，復穿窬，捕吏及門，盗告其妻曰：『我與太丞約，不復爲盗，今何面目見之邪？』遂自經。官制改，除奉議郎。朝廷遣官括牧地，民田當没者千頃，往往持累世契券以自明，皆弗用。諸邑已定，而扶溝民獨不服，遂有朝旨，改税作租，不復加益，及聽賣易如私田。民既倦於追呼，又得不加賦，乃皆服。先生以爲不可，括地官至，謂先生曰：『民願服而君不許，何也？』先生曰：『民徒知今日不加賦，而不知後日增租奪田，則失業無以生矣。』因爲言仁厚之道，其人感動，謝曰：『寧受責不敢違公。』遂去之他邑。不踰月，先生罷去，其人復至，謂攝令者曰：『程奉議去矣，爾復何恃而敢稽違朝旨？』督責甚急，數日而事集。鄰邑民犯盗，繫縣獄而逸，既又遇赦，先生坐是以特旨罷。邑人知先生且罷，詣府及司農丐留者千數。去之日，不使人知，老穉數百，追及境上，攀挽號泣，遣之不去。以親老求近鄉監局，得監汝州酒税。今上嗣位，覃恩改承議郎。先生雖小官，賢士大夫視其進退，以卜興衰。聖政方新，賢德登進，先生特爲時望所屬，召爲宗正寺丞。未行，以疾終，元豐八年六月十五日也，享年五十有四。士大夫識與不識，莫不哀傷，爲朝廷生民恨惜。」

5 七月甲辰，司馬光言：「先帝以戎狄驕傲，據漢唐故地，有征伐開疆之志，欲置保甲，令開封府界及河北、陝西、河東三路皆五日一教閱，京東西兩路保甲養馬，仍各置提舉官權任北監司。行之數年，先帝寖知其弊。伏乞盡罷。」疏奏，蔡確等執奏不行。詔：「保甲依樞密院今月六日指揮，保馬別議立法。」差役行於治平之前，法久而弊。編户不習官府，吏虐使之，多以破産。神宗知其然，故爲免役，使民以户高下出錢，而無執役之苦。行法者不循上意，於雇役實費之外取錢過多，民以爲病久之。上即位，司馬光入爲門下侍郎，始議以差役代免役。即日上疏，論免役之害民者五，乞罷免役行差役。㈠詔從之。當是時，劉摯、王巖叟等亦前獻言，以爲差役便。其後，蘇轍、王覿、孫升是光説而頗加損之。光亦慮朝廷爲異議所摇，疏再上。㈡而章惇果極言詆光。㈢于是呂公著請差官置局，令精加考究，以成萬世良法。宜差韓維等四人詳定聞奏。元祐元年二月乙丑，遂從光言，初行差役之法。然其後獻議者，或差或募，卒無從一之論也。宋宰輔編年録卷九元豐八年五月戊午條。

附載

（一）温國文正司馬公文集卷四九乞罷免役錢依舊差役劄子：「臣竊見免役之法，其害有五：舊日差役之時，上户雖差充役次有所陪備，然年滿之後，却得休息數年，營治家産，以備後役。今則年年出錢，無有休息，或有所出錢數多於往日充役陪備之錢者。此其害一也。舊日差役之時，下户元不充役。今來一例出免役錢，驅迫貧民，剥膚椎髓，家産既盡，流移無歸，弱者轉死溝壑，强者聚爲盜賊。此其害二也。舊日差役之時，所差皆土著良民，各有宗族田産。使之作公人管勾諸事，各自愛惜，少敢大段作過；使之主守官物，少敢侵盜。所以然者，事發逃亡，有宗族田産以累其心故也。今召募四方浮浪之人，使之充役，無宗族田産之累。作公人則恣爲姦僞，曲法受贓；主守官物則侵欺盜用。一旦事發，則挈家亡去，變姓名，别往州縣投名，官中無由追捕，官物亦無處理索。此其害三也。自古農民所有，不過穀帛與力，凡所以供公賦役，無出三者，皆取諸其身而無窮盡。今朝廷立法，曰：『我不用汝力。輸我錢，我自雇人。』殊不知農民出錢，難於出力。何則？錢非民間所鑄，皆出於官。上農之家所多有者，不過莊田、穀帛、牛具、桑柘而已，無積錢數百貫者。自古豐歲穀賤，已自傷農；官中更以免役及諸色錢督之，則穀愈賤矣。平時一斗直百錢者，不過直四五十；更急則直三二十矣。豐年猶可以糴穀送納官錢；若遇凶年，則穀帛亦無，不免賣莊田、牛具、桑柘以求錢納官。既家家各賣，如何得售？惟有拆屋伐桑以賣薪、殺牛以賣肉。今歲如此，來歲何以爲生？是官立法以殄盡民之生計。此其害四也。提舉常平倉司惟務多斂役錢，廣積寬剩以爲功效，希求進用。今朝廷雖有指揮，令役錢寬剩錢不得過二分。竊慮聚斂之臣，猶依傍役錢，別作名目，隱藏寬剩，使幽遠之人，不被聖澤。此其害五也。陛下近詔臣民各上封事言民間疾苦，所降出者約數千章，無有不言免役錢之害者，足知其爲天下之公患無疑也。以臣愚見。爲今之計，莫若直降敕命：應天下免役錢一切並罷；其諸色役人，並依熙寧元年以前舊法人數，委本縣令佐親自揭五等丁産簿定差。仍令刑部檢會熙寧元年見行差役條貫，雕印頒下諸州。所差之人，若正身自願充役者，即令充役；不願充役者，任便選雇有行止人自代，其雇錢多少，私下商量。若所雇人逃亡，即勒正身別雇；若將帶却官物，勒正身陪填。如此則諸色公人，盡得有根柢行止之人，少敢作過，官中百事，無不修舉。其見雇役人，候差到役人，各放令逐便。數内惟衙前一役，最號重難，曏日差役之時，有因重難破家産者，朝廷爲此始議作助役法。然自後條貫優假衙前，諸公使庫、設厨、酒庫、茶酒司，並差將校勾當，諸上京綱運，及得替官員，或差使臣、殿侍、軍大將管押，其廳色及畸零，差將校或節級管押。衙前若無差遣，不聞更有破産之人。若今日差充衙前，料民間陪備亦少於曏日，不至有破家産者。若猶以爲衙前户力難以獨任，即乞依舊法于官户、僧寺、道觀、單丁、女户有屋産，每月掠錢及十五貫，莊田中年所收斛斗及百石以上者，並令隨貧富分等第出助役錢；不及此數者與放免。其餘産業，並約此爲準。所有助役錢，令逐州椿管。據所有多少數目，約本州衙前重難分數，每分合給幾錢。遇衙前合當重難差遣，即行支給。然尚慮天下役人利害，逐處各有不同，欲乞於今來敕内更指揮行下開封府界及諸路轉運司，牒下州縣，委逐縣官看詳。若依今來指揮別無妨礙，可以施行，即便依此施行；若有妨礙，致施行未得，即仰限敕到五日内，具利害擘畫申本州；仰本州類聚諸縣所申，擇其可取者，限敕到一月内，具利害擘畫申轉運司；仰轉運司類聚諸州所申，擇其可取者，限敕到一季内，具利害畫一奏聞；朝廷候奏到，委執政官再加看詳，各隨宜修改，別作一路一州一縣敕施行。務要所在役法，曲盡其宜。」

(二) 温國文正司馬公文集卷五〇乞堅守罷役錢敕不改更劄子：「臣聞令出惟行弗惟返，彼免役錢雖於下户困苦，而上户優便，行之已近二十年，人情習熟，一旦變更，不能不懷異同；又復行差役之初，州縣不能不小有煩擾；又提舉官專以多斂役錢爲功，惟恐役錢之罷，若見朝廷於今日所下敕微有變動，必更相告曰：『朝廷之敕果尚未定，宜且觀望。』必競言役錢不可罷。朝廷萬一聽之，則良法復壞矣。伏望朝廷執之堅如金石，雖有小小利害未備，俟諸路轉運司奏到，徐爲改更，亦未爲晚。當此之際，則願朝廷勿以人言輕壞利民良法。」

温國文正司馬公文集卷五一乞申敕州縣依前敕差役劄子：「今陛下令韓維等再行詳定，考究利害，完補漏略，成就良法，固無所妨。但敕下已逾半月，州縣差役，約以及半，方行遺紛紜，臣愚竊恐聞此指揮，謂朝廷前日之敕改更未定，或斂錢、或差役尚未可知。官吏惶惑，不知所從；衆庶失望，怨嗟益甚。必有本因新法得進之臣，乘此間隙，爭言免役錢不可罷；因聚斂獲功之吏，稱舊條未改，督責免役錢愈急。是民出湯火、濯清泉，復入湯火也。伏望朝廷特賜申敕州縣，言今來止爲其間條目未備，令維等詳定；所有差役，仰州縣依前敕一面施行，候詳定到事節，續降下次。免致於差役中半紛紜之際，令出反汗，人情大摇，實天下幸甚。」

㊂續資治通鑑長編卷三六七元祐元年二月載章惇奏：「近奉旨與三省同進呈司馬光乞罷免役行差役事劄子，已於初六日同進呈畫旨訖。臣以此事不屬樞密院，又自去秋以來，直至今春，司馬光止與三省商議，樞密本不預聞，兼劄子止降付三省，御封亦止付三省，未委三省初四日進呈因何乞與樞密院同進呈。況役事利害，所繫至大，臣素不與議論，何由考究。劄子中所言利害本末，臣初五日與三省聚廳處曾言，若同進呈，須且留此文字，子細看詳三五日。時韓縝云：『司馬光文字豈敢住滯，來日便須進呈。』既不曾素與議論，又不曾細看文字，其間利害，斷未敢措詞。其於進呈，止同共開展，至於可否，但決之三省，臣實不知。當時同三省進呈，雖已奉旨依奏，臣於簾前已曾具此因依陳述。後來户部繳連到敕文，臣曉夕反覆看詳，方見其間甚多疏略，謹具條陳下項。一、今月初三日劄子内稱：『舊日差役之時，上户雖差充役次有所陪備，然年滿之後，却得休息數年，營治家產，以備後役。今年年出錢無有休息，或所出錢多於往日充役陪備之費，其害

一也。』又十七日劄子内，却稱：『彼免役錢雖於下户困苦而上户優便，行之已近二十年，人情習熟，一旦變更，不能不懷異同。』臣看詳司馬光初三日劄子内，竭言上户以差役爲便，以出免役錢爲害；至十七日劄子内却言彼免役錢雖於下户困苦而上户優便。旬日之間，兩入劄子，而所言上户利害正相反，未審因何違戾乃爾。臣觀司馬光忠直至誠，豈至如此反覆，必是講求未得審實，率爾而言。以此推之，措置變法之方，必恐未能盡善。一、稱：『舊日差役之時，所差皆土著良民，各有宗族田産，使之作公人及管勾諸事，各自愛惜，少取大段作過；使之主守官物，少敢侵盜。所以然者，事發逃亡，有宗族田産以累其心故也。今召募四方浮浪之人，使之充役，無宗族田産之累，作公人則恣爲姦僞，曲法受贓；主守官物，則侵欺盜用。一旦事發，則挈家亡去，變姓名往别州縣投名，官司無從追捕，官物亦無處理索。』臣看詳司馬光前項所言，亦有所因，蓋比來降出臣庶所上封章内，往往泛爲此説，但是言者設疑之一端，未必事實。且召募役人之法，自有家業保識，若是主持官物者，便是長名衙前，比舊惟不買撲坊場，至於支酬重難，與月給工食錢，亦自不當薄，豈有無宗族田産、浮浪之人得投充此役？臣自當行免役新法以來，三經典郡，每每詢問募役次第，但聞縣下所召承帖人，多是浮浪，每遇追呼勾當，多行騷擾。若朝廷欲知事實，但令逐路監司指定一州差役時，即自熙寧元年已前，免役法行後，即自元豐元年已後，各具三年内主持官物衙前，有若干人犯侵盜，各是何姓名，得何刑罪，便可立見有無。至如州縣曹司，舊法差役之人，時亦召人户投名應役，直是無人可召，方行定差。其所差人，往往不曾行遣，惟是雇人代寫文書，所差之人但占名著字，事有失措，身當決罰而已。民間中下人户，甚以爲苦。自免役法行，或勒鄉來受雇行遣人充手分，支與雇錢。設若此等人曲法受贓，即與舊日何異？一、稱：『提舉常平倉司惟務多斂役錢，廣積寬剩以爲功，希求進用。今朝廷雖有指揮，令役錢寬剩不得過二分，竊慮聚斂之臣，依傍役錢，別作名目，隱藏寬剩，使幽遠之人不被聖澤。』臣看詳所言，亦未中事理。大抵常人之情，謀己私利者多，而向公愛民者少，若朝廷以積錢多爲賞勸，則必聚斂邀功。今朝廷既不許多收寬剩，又掊克者必行黜罰，則提舉官若非病狂，豈肯力求黜罰？況役錢若有寬剩，未委作何名目可以隱藏？以此驗知，言已疎闊。一、稱：『臣民封事言民間疾苦，所降出者約數十章，無有不言免役之害，足知其爲天下之公患無疑。』臣看詳臣民封事降出者，言免役不便者固多，然其間言免役之法爲便者，亦自不少。但司馬光以其所言異己，不爲簽出，蓋非人人皆言免役爲害，事理分明。然臣愚所見，凡言便者，多上等人户；言不便者，多下等人户。大抵封事所言利害，各是偏辭，未可全憑以定虚實當否，惟須詳究事實，方可興利除害。況此免役之法，利害相雜。臣今所言，非謂不可更改，要之，改法須是曲盡人情，使纖悉備具，則推行之後，各有條理，更無騷擾。緣今來司馬光變法之意雖善，而變法之術全疎，苟在速行，無所措置。免役之害雖去，差役之害復生，不免向去生民受敝，而國家之德澤終不下流，甚爲可惜。若及此時盡心講求利害之當，使法成之後經久可行，國家政事修完，生民永永蒙利，豈不盡美！一、稱：『莫若直降敕命，應天下免役悉罷。其諸色役人，並依熙寧元年以前舊法人數，委本縣令佐親自揭五等丁產簿定差。仍令刑部檢按熙寧元年見行差役條貫，雕印頒下諸州。』臣看詳此一節，尤爲疎略，全然不可施行。且如熙寧元年役人數目甚多，後來屢經裁減，三分去一，今來豈可悉依舊數定差？又令刑部檢熙寧元年見行差役條貫，雕印頒下諸州。且舊日每修編敕，比至雕印頒行之時，其間衝改已將及半，蓋以事目歲月更改，理須續降後敕令。今日天下政事，比熙寧元年以前改更不可勝數，事既與舊不同，豈可悉檢用熙寧元年見行條貫？竊詳司馬光之意，必謂止是差役一事。今既差役依舊，則當時條貫便可施行。不知雖是差役一事，而官司上下關連事目極多，條貫動相干涉，豈可單用差役一門？顯見施行未得。一、稱：『向日差役之時，有因重難破家產者，朝廷爲此，始議作助役法。然自後條貫優假衙前，應公使庫、設厨、酒庫、茶酒司，並差將校勾當。又上京綱運，召得替官員，或以殿侍、軍大將管押，其粗色及畸零之物，差將校或節級管押，衙前苦無差遣。』臣看詳此一節，自行免役法後來，凡所差將校勾當厨庫等處，各有月給食錢。其召募官員使臣差弁、使臣將校、節級，管押綱運官物，並各有路費等錢，皆是支破役錢。今既差役，則無錢可支，何由更差將校管勾及召募官員等管押？一、稱：『若以衙前，鄉户力難以獨任，即乞依舊於官户、僧寺、道觀、單丁、女户有屋業，每月掠錢及十五貫，莊田中年所收斛斗及百石以上者，並令隨貧富等第出助役錢，不及此數者放免。其餘産業，並約此爲準。』臣看詳自免役法行，官户、寺觀、單丁、女户，各已有等第出納役錢之法。今若既出助役錢，自可依舊，何須一切並行改變？顯見不易。又更令凡莊田中年所收百斛以上，亦納助役錢，即尤爲刻剥。凡内地，中年百石斛斗，粗細兩色相兼，共不直二十千錢；若是不通水路州軍，不過直十四五千而已；雖是河北緣邊，不過可直三十來千；陝西、河東緣邊州郡，四五十千。免役法中皆是不出役錢之人。似此等第官户、寺觀送納，固已非宜，况單丁、女户，尤是孤弱，若令出納，豈不更爲深害！此尤不可施行。一、稱：『慮天下役人利害，逐處各有不同，欲乞今來敕内更行指揮，下開封府界及諸路轉運司，牒下諸州縣，委逐縣官看詳，若依今來指揮别無妨礙，可以施行，即便施行。若有妨礙，致施行未得，即限敕書到五日内，具利害擘畫申本州；類聚諸縣所申，擇其可取者，限敕書到一月内，具利害擘畫申轉運司；類聚諸州所申，擇其可取者，限敕書到一季内，具利害擘畫以聞。』又十七日劄子内稱：『伏望朝廷執之堅如金石，雖有小小利害未備，候諸路轉運司奏到，徐爲改更，亦未爲晚。』臣看詳今日更張政事，所繫生民利害，免役、差役之法最大，極須詳審，不可輕易。况役法利害所基，先自縣首，理須寬以期限，令諸縣詳議利害，曲盡逐處所宜，則法可久行，民間受賜。今來止限五日，諸縣何由擘畫利害？詳光之意，務欲速行以便民，不知如此更張草草，反更爲害。今諸路州軍見此指揮，必妄意朝廷惟在速了，不欲令人更有議論，故立此限，逼促施行。望風希合，以速爲能，豈更有擘畫？上項兩節，乃是空文。且諸縣既迫以五日之限，苟且施行，猶恐不暇，何由更具利害申陳？諸州憑何擘畫？諸州既無擘畫，轉運司欲具利害，將何以憑？又况人懷觀望，誰肯措置？如此則生民受敝，未有已時。光雖有憂國愛民之志，而不講變法之術，措置無方，施行無緒，可惜朝廷良法美意，又將偏廢於此時。有識之人，無不喟嘆。伏乞更加審議。臣所看詳，且據司馬光劄子内牴牾事節而已，至於見行役法，今日自合更改修完，但緣差役、免役，各有利害，要在講求措置之方，使之盡善。臣再詳司馬光所言下户出免役錢，驅迫貧民，剥膚椎髓，弱者轉死溝壑，强者聚爲盜賊；及言民間求錢納官，至於拆屋、伐桑以賣薪，殺牛以賣肉，其言太過。凡近下人户誠是不願納，然自行法以來十五餘年，未聞民間因納免役錢有如此事。訪聞中間西事軍興，科率及科買軍器、物料、牛皮、筋角，極爲騷擾。民間往往殺牛取皮、筋角納官，並田産、牛具，伐桑、柘，毁屋以應副軍期，即非役法所致。大抵光所論事，亦多過當。惟是稱：『下户元不充役，今來一例納錢，又錢非民間所鑄，皆出於官，上農之家所多有者，不過莊田、穀帛、牛具、桑柘而已。穀賤已自傷農，官中更以免役及諸色錢督之，則穀愈賤。』此二事最爲論免役納錢利害要切之言。然初朝廷自議行免役之時，本爲差役民受困敝，大則破家，小則毁身，所以議改新法。但爲當時所遣使者，不能體先帝愛民之志，成就法意之良，惟欲因事以爲己功，或務苟且速就，或務多取役錢，妄意百端，徼倖求進。法行之後，差役之舊害雖已盡去，而免役之新害隨而復生。民間徒見輸納之勞，而不知朝廷愛民利物之意。今日正是更張修完之時，理當詳審。況逐路、逐州、逐縣之間，利害不同，並須隨宜擘畫。如臣愚見，謂不若先具此意，申敕轉運、提舉司官、諸州、諸縣，各令盡心講求，豫具利害，擘畫次第，以俟朝廷遣使就逐處措置。此命既已先行，人人莫不用心，然後朝廷選公正强明、曉練政事官四員充使，逐官各更選辟曉練政事官兩員，隨行管勾。且令分使京東、京西兩路，每路兩員使者，四員隨行管勾官，與轉運或提舉官親詣逐州縣，體問民間利害，是何等人户願出役錢，是何等人户不願出役錢，是何等人户色役可差，是何等色役可雇，是何等人户雖不願出役錢而可以使之出役錢，是何重難優輕，可增可減。緣人户貧富、役次多寡與重難優輕窠名，州州縣縣不同，理須隨宜措置，既見得利害子細，然後條具措置事節，逐旋聞奏，降敕施行。如此不過半年之間，可以了此兩路。然後更遣此已經措置官員，分往四路，逐員各更令辟一員未經措置曉達政事官同行，不過半年之間，又可措置四路。然後依前分遣，遍往諸路。如此，則遠不過一二年之間，天下役法措置，悉已周遍。法既曲盡其宜，生民永蒙惠澤，上則成先帝之美志，下則興無窮之大利。與今日草草變革一切、苟欲速行之弊，其爲利害，相遠萬萬。伏望聖慈特賜宸慮，詳加省覽。」

6 先是，熙寧中王安石勸帝用兵，以威四夷，其後帝以用兵爲悔。是時，熙河既平，帝乃遣内侍李舜舉往收瘞遺骸，吊祭之。帝又以城堡役兵死亡多，顧輔臣惻然久之，曰：「此何異以政殺人！」其後，又謂執政曰：「用兵，大事，極須審重。向者郭逵□安南，與昨來西師，死傷皆不下二十萬，朝廷不得不任其咎。」未幾，夏人又以大兵破永樂，自徐禧而下，死者又十餘萬人。報至，帝涕泣悲憤，爲之不食。後與執政曰：「自今更不用兵，與卿等共享太平。」然夏人自此亦深意於和。明年，西人遂奉表乞修貢職，還所侵地。帝許之。居無何，虜復寇蘭州，遂罷疆土之議。未幾，帝崩，上即位，夏人復遣使詣闕陳慰。當是時，朝廷追原先帝本意，思所以息兵養民，而門下侍郎司馬光等，俱勸上以棄地和戎爲是。上詔問范純仁、吕大防，純仁以爲棄地便，大防以爲勿與便，㊀二人之議既不同，朝廷唯司馬光力持和議。頃之，西人果遣泛使以疆土爲請，於是司馬光、王巖叟、蘇轍具奏論以爲不可不許。㊁時執政類俱持議二三，久無從一之論。獨司馬光、文彦博、趙瞻持棄之之議堅甚，衆莫能奪，遂定議，盡歸永樂陷殁之人，即計日賞帛，仍以葭蘆等四寨給賜之。是歲元祐二年也。五年二月，夏人遂以永樂陷殁人晉州進士邢逢原而下一百四十有九人歸于朝廷。詔賜本州文學，餘各推恩有差。宋宰輔編年録卷九元豐八年五月戊午條。

附載

(一)宋朝諸臣奏議卷一三八范純仁答詔論西事：「其有向來所得邊地，雖是建立城寨，其間實有孤僻不易應援供餉之處，留之則戎人必須在念，邊事難息。若却換得陷蕃生靈，不惟無損國體，兼和氣充塞天地。」又同卷吕大防答詔論西事：「新收疆土，議者多言可棄，蓋思之未熟也。詔旨以爲弱國威，真廟算之遠慮。然臣猶謂棄之不止弱國威而已，又有取侮於四夷之端焉，不可不審計也。況蘭州西羌之地，本非夏國封境，又其君長嘗受朝廷禄秩，元昊以來，方盜據其地。延、慶城寨則接近漢界，一旦舉而棄之，未見其可。」

(二)温國文正司馬公文集卷五三論西人請地乞不拒絶劄子：「竊見夏國宥州有牒，稱已差人詣闕，計會所侵疆土城寨。竊慮其日進呈上件文字，此乃邊鄙安危之機，生民休戚之本，不可不察。臣自今年二月初以來累曾上言，乞因新天子即位，西人恭順之際，早下詔書，赦其罪戾，待遇如故，如此則控縱在我。天子之體主休兵息民，夷夏之心安。不幸虜人有一語不遜、一騎犯邊，則此詔不可復下。無何，臣在病假，不得面論，人心不同，爲衆所奪，日復一日，遷延至今，虜先遣使來，直求侵地，指陳兵端，辭意浸慢，前所議詔書已不可下矣。既失此機會，即日使者至，應答亦難。若悉從其所請，則彼益驕而無厭；若悉拒而不從，則邊患由此而起。今就二者之中，寧爲百姓屈己，少從所請，以紓邊患。不可激令憤怒，致興兵犯塞，以困生民。所以然者，靈夏之役本由我起，新開數寨皆是彼田。今既許其内附，豈可猶靳所侵地而不與？彼必曰：『我自天子新即位，卑辭厚禮以事中國，庶幾歸我侵疆。今猶不許，則是恭順無益，不若以武力取之。』彼小則上書悖慢，大則攻陷新城，當是之時，不得已而與之，其爲國家之耻，無乃甚於今日乎！」

續資治通鑑長編卷三八二元祐元年七月壬戌條載王巖叟奏：「開邊以來，以有限之財，供無窮之費，貪無用之地，民力已困而不可支，人心已危而不可保，兵威已沮而不可恃，不於此時修復信義，爲天下休息計，尚可固執，更增後日之患乎？……今窮荒之地，於國家之勢，不以得爲强，不以失爲弱，識者皆曰去大患以自全，乃所以强耳。夫得地不如養民，防人不如守己，今因其有請而與之，足以示懷柔之恩，結和平之信。若失此時，後日兵連禍結，中國厭苦，而腹心之患生，陛下雖欲舉而棄之，將不能矣。」

欒城集卷三九論蘭州等地狀：「臣竊見先帝因夏國内亂，用兵攻討，於熙河路增置蘭州，於鄜延路增置安疆、米脂等五寨。議者講求利害，久而不決。其一曰：蘭州、五寨所在險遠，饋運不便，若竭力固守，坐困中國，羌人得以養勇，窺伺間隙。要之久遠不得不棄。危而後棄，不如方今無事，舉而與之，猶足以示國恩惠。其二曰：此地皆西邊要害，朝廷用兵費財，僅而得之，聚兵積粟，爲金湯之固。蘭州下臨黄河，當西戎咽喉之地，土多衍沃，略置堡障，可以招募弓箭手，爲耕戰之備。自開拓以來，平治徑路，皆通行大兵，若舉而棄之，熙河必有晝閉之警。所謂借寇兵，資盜糧，其勢必爲後患。此二議者，臣聞之久矣。然以夏戎背叛，雖屢有信使，而未修臣職，未請侵地，則棄守之議，朝廷無因自發。今聞遣使來賀登極，歸未出境，而使者復至，講和請地，必在茲舉。雖廟堂議論已得詳熟，而小臣憂國，不能默已。輒嘗覈實其事，以爲前件棄守之議皆非妄言。然而朝廷決從一議，欲決此議，當論時之可否、理之曲直、算之多寡。誠使三者得失皆見於前，則棄守之議，可一言而決也。何謂時之可否？方今皇帝陛下富於春秋，諒闇不言，恭默思道；太皇太后陛下覽政簾幃之中，舉天下事屬之輔相。當此之時，安靖則有餘，舉動則不足；利在綏撫，不利征伐。今若固守，不與西戎，必至於争。甲兵一起，呼吸生變，緩急之際，何所咨決？況陝西、河東兩路，比遭用兵之厄，民力困匱，瘡痍未復，一聞兵事，無不狼顧。若使外患不解，内變必相因而起，此所謂時可棄而不可守，一也。何謂理之曲直？西戎近歲於朝廷本無大罪，雖梁氏廢放其子，而夷狄外臣本不須治以中國之法。先朝必欲弔伐，但誅其罪人，存立孤弱，則雖犬羊之群，猶將伏以聽命。今乃割其土地，作爲城池，以自封殖，雖吾中國之人，猶知其爲利而不知其義也。曲直之辨，不言可見。蓋古之論兵者以直爲壯，以曲爲老。昔仁祖之世，元昊叛命，連年入寇，邊臣失律，敗亡相繼。然而四方士民裹糧奔命，惟恐在後，雖捐骨中野，不以爲怨，兵民競勸，邊守卒固，而中國徐亦自定，無土崩之勢。何者？知曲在元昊，而用兵之禍，朝廷之所不得已也。頃自出師西討，雖一勝一負，而計其所亡失，未若康定、寶元之多也。然而邊人憤怨，天下咨嗟，土崩之憂，企足可待。何者？知曲在朝廷，非不得已之兵也。今若固守侵地，惜而不與，負不直之謗，而使關右子弟肝腦塗地，臣恐邊人自此有怨叛之志。此所謂理可棄而不可守，二也。何謂算之多寡？棄守之議，朝廷若舉而行之，其勢必有幸有不幸。然臣今所論，於守則言其幸，於棄則言其不幸，以較利害之實。今夫固守蘭州，增築堡寨，招置土兵，方其未成，而西戎不順，求助北虜，並出爲寇，屯戍日益，飛輓不繼，賊兵乘勝，師喪蹙國，蘭州不守，熙河危急，此守之不幸者也。割棄蘭州，專守熙河，倉庾有素，兵馬有備，戎人懷惠，不復作過，此棄之幸者也。二者臣皆不復言，何者？利害不待言而決也。若夫固守蘭州，增築堡寨，招置土兵，且耕且戰，西戎懷怨，未能忘争，時出虜略，勝負相半，耕者不安，饋運難繼，耗蠹中國，民不得休息，此守之幸者也。割棄蘭州，專守熙河，西戎據蘭州之堅城，道熙河之夷路，我師不利，復以秦鳳爲境，修完廢壘，復置烽候，人力既勞，費亦不小，此棄之不幸者也。夫守之雖幸，然兵難一交，仇怨不解，屯兵饋糧，無有休日，熙河因此物價翔貴。見今守而不戰，歲費已三百餘萬貫矣；戰若不止，戍兵必倍，糧草衣賜隨亦增廣，民力不支，則土崩之禍或不可測也。棄之雖不幸，然所棄本界外無用之地，秦、鳳之間，兵民習熟，近而易守，轉輸所至，如枕席之上，比之熙、蘭，難易十倍。有守邊之勞，而無腹心之患，與平日無異也。夫以守之幸，較棄之不幸，利害如此，而況守未必幸，而棄未必不幸乎？且朝廷以天地之量，赦其罪惡，歸其侵疆，復其歲賜，通其和市，雖豺狼野心，能不愧恥？縱使酋豪内懷不順，而國恩深厚，無以激怒其民。臣料一二年間，其勢必未能舉動。萬一不然，而使中國之士知朝廷棄已得之地，含垢爲民，西戎背恩，彼曲我直，人懷此心，勇氣自倍。以攻則取，以守則固，天地且猶順之，而況於人乎？故臣願朝廷決計棄此，然後慎擇名將以守熙河，厚養屬國，多置弓箭手；於熙、蘭往還要路爲一大城，度可屯二三千人，以塞其入寇之道；於秦、鳳以來，多置番休之兵，以爲熙河緩急救應之備；明敕將佐，繕完守備，常若寇至，先爲不可勝，以待敵之至，庶幾可以無後患也。臣自聞西使復來，謹采衆議，以三事參較利害，反復詳究，理無可疑。是以輒獻狂言，惟陛下裁擇。幸甚。」貼黄：「臣竊見二聖臨御，除去煩苛，天下之民，想見太平之風。今西戎已有向化之漸，若朝廷靳惜蘭州等處，堅守不與，激令背叛，使邊兵不解，百費復興，則自前苛政皆將復用，太平之期不可復望，深可痛惜！伏乞陛下與二三大臣詳議其事，以天下安危爲念，勿争尺寸之利，以失大計，則社稷之幸也。臣竊聞議者或謂若棄蘭州，則熙河必不可守；熙河不守，則西蕃之馬無由復至，而夏戎必爲蜀道之梗。臣謂此皆劫持朝廷，必欲守蘭州之説，而非國之至計也。臣聞熙河屬國彊族甚多，朝廷養之極厚，必不願爲西戎所有。若帥臣能以恩信結之，統之以戍兵，貼之以弓箭手，又於熙、蘭要路控以堅城，恐西戎未易窺伺，而西蕃之馬何遽不至乎？至蜀道之虞，自非秦、鳳、階、成等處蕩然無城池兵馬之備，則西戎豈敢輕爲此計？臣謂此説亦空言而已。臣又聞説者謂韓縝昔與北朝商量河東地界，舉七百里之地以畀之，近者臺諫以此劾縝，縝由此罷相，故今朝廷議欲以蘭州等處復與西戎，無敢主其議者。臣謂蘭州等處與河東地界不可同日而語，河東地界，國之要地，祖宗相傳，誰敢失墜？舉而與人，非臣子之義。至於蘭州等處，本西戎舊地，得之有費無益，先帝討其罪而取之，陛下赦其罪而歸之，理無不可，不得以河東地界爲比也。」

元祐元年（丙寅，一〇八六）

7 先是，確爲神宗山陵使。故事，靈駕進發前一夕，五使宿於幕次。確獨不入宿。於是，侍御史劉摯劾其不恭。㊀山陵使事已，確猶偃蹇於位。於是，劉摯與監察御史王巖叟、右諫議大夫孫覺、右司諫蘇轍、右正言朱光庭彈章交上十數。

覺之疏曰：臣竊見左僕射蔡確、右僕射韓縝兩人，皆非以德進者也。或以典治獄事，或以分畫疆界，而至執政者也。蔡確按濬河獄，知制誥、判司農寺熊本奪職領宮觀，確即遷知制誥、判司農寺；按御史中丞鄧潤甫相州獄，潤甫罷知撫州，確即遷御史中丞；按參知政事元絳太學獄，絳罷知亳州，確即參知政事。此三獄者，士大夫多以爲冤。確皆批其亢拊其背而奪之位。未幾，先朝更定官制，確即爲左僕射矣。

永裕陵禮畢，宜即避位以去。今已五月矣，而又遲遲不決，雖請不堅，尚冀聖恩之復留也。韓縝不學無術，先朝嘗以北界争地事付之，無故割地，其長七百餘里以遺北虜。邊人怨之切骨，以謂奪我父祖之地，棄之虜人；非獨惜其地，又歸怨於朝廷。虜人得地之後，日以桀傲。今縝爲右僕射，虜必笑以爲中國無人也。

轍之疏曰：陛下即位以來，罷市易、堆垛及鹽茶錢法，此蔡確之所贊成也。放散修城人夫，罷保甲、保馬等事，此韓縝與宋用臣、張誠一所共建也。先帝之所是，確等亦是之；陛下之所否，確等亦否之，隨時翻覆，略無愧耻，天下傳笑，以爲口實，而朝廷輕矣。

光庭之奏曰：今蔡確徒於議論政事之際，章惇則明目張膽，肆爲辨説，力行醜詆，以害政事。蔡確則外示不校，中實同欲；陽爲尊賢，陰爲助邪。韓縝則每當議論，亦不扶正，唯欲默默爲自安計。願罷去確等柄任，别進忠賢，以輔聖治。奏俱不報。摯等懷不能已，並論之。確浸不自安，乃表求避位。而其表有曰：「收拔當世之耆老，以陪輔王室；蠲省有司之煩碎，以慰安民心。嚴邊備以杜二虜之窺覦，走韶傅以察遠方之疲瘵。明法令之美意，以揚先帝之惠澤。厲公平之一道，以合衆志之異同。」其

言高自矜伐，孫覺、蘇轍愈不平，復上疏論之。㈡

轍之奏曰：自法行已來，民方困弊，海内愁怨。先帝晚年寢疾彌留，照知前事之失，親發德音，將洗心自新以合天意，而此志不遂，奄棄萬國。天下聞之，知前日弊事皆先帝之所欲改，思慕聖德，繼之以泣。是以皇帝踐阼，聖母臨政，奉承遺旨，罷導洛，廢市易，損青苗，止助役，寬保甲，免買馬，放修城池之役，復茶鹽鐵之舊，黜吴居厚、吕孝廉、宋用臣、賈青、王子京、張誠一、吕嘉問、蹇周輔等，命令所至，細民鼓舞相賀。今朝廷既已罷黜小臣，至於大臣，則因而任之，臣竊惑矣。確所上表，雖外逼人言，若欲求退，而論功攘善，實圖自安。所云「收拔當世之耆艾，以陪輔王室」，臣謂當世之耆艾，乃確昔日之所抑遠者也。所謂「蠲省有司之煩碎，以慰安民心」，臣謂有司之煩碎，乃確昔日之所創造者也。此二事皆確爲政無狀，以累先帝之明，非陛下卓然獨見，孰能行此！確既不自引咎，反以爲功，則是確等所造之惡，皆歸先帝；而陛下所行之善，皆歸於確。

遂有是命。㈠㈢宋宰輔編年録卷九元祐元年閏二月庚寅條。

校識

〔一〕據續資治通鑑長編卷三六八，元祐元年閏二月庚寅，正議大夫、守尚書左僕射、兼門下侍郎蔡確爲正議大夫、觀文殿大學士、知陳州。是爲本條事目。

附載

㈠忠肅集卷七劾蔡確不入宿：「伏見今月六日神宗皇帝靈駕進發，准敕，前一日五使、三省執政官宿于兩省及幕次。竊聞宰臣蔡確獨不曾入宿，中外莫不疑駭。伏以山陵國之大事，遷坐發引，葬之大節，故前夕群臣宿于内者，以陛下是夜躬行祭奠之禮，臣子之心同于攀慕，不得安寢于其私也。下逮執事奔走之衆，誰敢不虔奉期會，以共厥事？而確位冠百辟，身充山陵使，正當典領一行職務，而乃于是夜獨不赴宿，慢廢典禮，有不恭之心，謹具彈劾以聞。伏望聖斷，特賜詳酌施行。」貼黄：「確如曾到禁門，遇已鎖閉，亦合立具因依奏入，别稟處分，不當公然便以不宿爲是。」

㈡續資治通鑑長編卷三六六元祐元年二月甲申條載孫覺奏：「臣聞蔡確已遷出東位，上章求去，見傳報表草，方更自陳功勞，頗更矜伐。其詞曰：『請收拔當世之耆艾，以陪輔王室。』若如其言，則是司馬光、吕公著之徒，今位在執政皆其所引也。『蠲省有司之煩碎，以安慰民心。』若如其言，則自皇帝陛下、太皇太后陛下親政以來，所以便安百姓，省減諸色誅求者，皆其所陳也。洪範曰：『惟辟作福，惟辟作威，惟辟玉食。』臣無有作福、作威、玉食。如確之言，是作福也。『嚴邊備以杜二虜之窺覦。』人臣在相位，不以鎮撫四夷爲心，則焉用彼相矣？今北虜盟好八九十年，非確所能爲也。假令西人納款入貢如他時，祖宗威靈所致，確亦何功之有？『走使軺以察遠方之疲瘵，如張汝賢、陳次升往福建、江西。』以陛下即位以來，上書言利害者多遣往按之，非確所建也；就令建之，豈可自言乎！『明法令之美意，以揚先帝之惠澤。』先帝惠澤在人，人豈忘之？不待確而後明也。『厲公平之一道，以合衆志之異同。』人心異同，亦何足恤？在上者以道揆之可也。異者是耶？不以其異而却之；同者非耶？不以其同而取之。顧吾所設施，合於道與否爾。確之表幾百言，其尤甚者此六句爾，大抵欲自明有功無罪，以言攻之者爲非也。……今確爲左僕射，人臣無二矣，朝廷故事有害於民，不引以爲己過；至於更改之際，乃皇帝陛下、太皇太后陛下圖民疾苦，有所更張，確乃以爲功。人臣操心若此，可乎？確雖避位求去，陛下未賜詔可，確更遲遲有欲留之心，伏願早賜罷免。」

㊂宋大詔令集卷六九蔡確罷相除觀文殿大學士知陳州制：「門下：入則處機衡之崇，以佐萬機之務；出則膺屏翰之寄，以維四國之安。粤予同德之臣，久托贊元之任。均勞申典，孚號詔廷。正議大夫、守尚書左僕射、兼門下侍郎蔡確，材猷靖深，德宇方重，躬夷險之一守，歷勤勞之百爲。越升從槖之班，特被先朝之遇，秉鈞黃閣，貳令中臺。逮沖人踐極之初，膺翼室受遺之託。方倚

舊德，協致丕平，屢上封章，願還機政，誠忱甚確，鐫諭莫回。宜陞殿幄之嚴，往正師垣之重。以宣惠澤，以答賢勞。於戲！廟堂歷年，素亮始終之節；股肱一體，固無内外之殊。往壯茂猷，以輔予治。可特授依前正議大夫，充觀文殿大學士、知陳州。」

8 時光以疾方賜告，不能入謝。上遣閤門副使齎告印至其家賜之。光辭。疾稍間，將起視事，詔免朝覲，許以肩輿三日一入都堂或門下、尚書省。光不敢當，曰：「不見君不可以視事。」詔光肩輿至内東門，子康扶入，對小殿，且命無拜。光皇恐，請對延和殿，詔許乘肩輿至崇政殿，垂簾日引對，餘依前條指揮。光入對再拜，遂退而視事。光之初相也，王安石時已病，弟安禮以邸吏狀示安石，安石曰：「司馬十二丈做相矣！」悵然久之。蓋安石以行新法作相，光以不行新法辭樞密副使，退居西洛，負天下重望十五年。上即位，宣仁后同政，遂起光而用之也。然當是時，進説者以爲「三年無改於父之道」，欲稍損其甚者，毛舉數事，以塞人言。光慨然争之，曰：「先帝之法，其善者，雖百世不可變也。若安石、惠卿等所建，爲天下害，非先帝本意者，改之當如救焚拯溺，猶恐不及，況太皇太后以母改子，非子改父。」衆議乃定。光以爲治亂之機在於用人，邪正一分，則消長之勢自定。

每論事，必以人物爲先。凡所進退，俱天下當然者。然後朝廷清明，人主始得聞天下利害之實。或謂光曰：「元豐舊臣如章惇、吕惠卿輩俱小人，他日有以父子之義間上，則朋黨之禍作矣，不可不懼。」光起立拱手，厲聲曰：「天若祚宋，必無此事！」遂改之不疑。安石嘗嘆曰：「終始謂新法爲不便者，獨司馬君實爾。」嗚呼！若曰當參用元豐舊臣共變其法，以絶異時之禍，實光之所不取也。自國朝治亂論之，曰元祐黨者，豈非天哉！後世得光之言，可以流涕痛哭矣。[一]㊀宋宰輔編年録卷九元祐元年閏二月庚寅條。

校　識

〔一〕據宋宰輔編年録卷九，元祐元年閏二月庚寅，正議大夫、守門下侍郎司馬光爲正議大夫、左僕射、兼門下侍郎。是爲本條事目。

附　載

㊀宋大詔令集卷五七門下侍郎司馬光拜左相制：「門下：帥群臣宿道而嚮方，在慎取相；佐王者修政而美國，莫若求人。顧惟眇躬，獲嗣大統。儲思業業，不敢忘六聖之休；注意賢賢，將以總萬方之治。褒進上宰，敷告外廷。正議大夫、守門下侍郎、上柱國、河内郡開國公、食邑三千四百户、食實封一千二百户司馬光，受材高明，履道醇固，智足以任天下之重，學足以知先王之言。逮

事厚陵，遍儀侍從之列；被遇文考，擢總樞機之繁。有大臣特立之風，蹈君子難進之節。方予訪落之始，起應秉鈞之求。調娛萬機，必先教化之意；辨察百職，不失禮義之中。是用諮諏僉言，褒加異數。越升左揆之路，兼峻東臺之班。申衍爰田，陪敦真食。於戲！上寅亮於天心，則陰陽風雨以之順；下遂字乎物理，則山川草木以之寧。內阜安於兆民，外鎮撫於四裔。蓋輔相者爲之基杖，而老成者重於典刑。勉行所聞，以底極治。可特授依前正議大夫、守尚書左僕射、兼門下侍郎，加食邑七百户、食實封三百户，餘如故。主者施行。」

9 閏二月辛丑，〔一〕詔：「正議大夫、知樞密院事章惇，有臣僚言輕薄無行，好爲俳諧俚語。〔二〕近者再於簾前同輔臣議政，動多輕悖，全無恭上之禮。宜解機務，守本官知汝州。」先是，上即位，宣仁太后臨朝，用司馬光、吕公著，更改弊事。惇與蔡確俱在位，窺伺得失。惇猶以爲謔侮困光。御史中丞劉摯、左司諫王巖叟、右司諫蘇轍、〔三〕左正言朱光庭、右正言王覿累章疏其罪惡，請黜之，未報。㊀已而惇復與光於簾前爭辯役法，至曰「他日難以奉陪喫劍」，〔四〕太后怒。於是摯等益交疏論之，遂有是貶。㊁太平治迹統類卷二〇哲宗委任臺諫。

校識

〔一〕辛丑　續資治通鑑長編卷三七〇元祐元年閏二月辛亥條及宋宰輔編年録卷九元祐元年閏二月辛亥條皆作「辛亥」。

〔二〕好爲俳諧俚語　「俚」字原作「偈」，據續資治通鑑長編卷三七〇元祐元年閏二月辛亥條改。

〔三〕右司諫蘇轍　「右」字原脱，據適園叢書本太平治迹統類補。

〔四〕至曰他日難以奉陪喫劍　「他」字原作「一」，據適園叢書本太平治迹統類改。

附載

㊀忠肅集卷七劾章惇：「伏見知樞密院事章惇，資性佻薄，素無行檢，廟堂議政，無大臣之體，專以强横輕肆，作俳謔之語，以凌侮同列，誇示左右。其語播于都下，散及四遠，傳以爲笑。比來聖旨增損政令之未完善者，惇則必出異意，沮持其事。方宋用臣驕横不法，惇在政府，與之厚善，納其所遺酒醪。雖更恩宥，臣以爲大臣不廉，犯大義之責，不當如小臣論赦令前後也。謹按惇夤緣遭遇，幸得備位近輔，不深惟朝廷高爵厚禄，稍自矜重，以忠義圖報。而凌轢諧戲，不可謂德；閉善害政，不可謂仁；而交非其人，又從而以貨取之，可謂無廉隅矣，可謂播其惡于衆矣。方且揚揚高位，人皆指而議之，殆非所以尊朝廷、厲群下也。伏請聖斷，罷惇政事，以允公論。」

續資治通鑑長編卷三六九元祐元年閏二月庚戌條載王巖叟奏：「伏見知樞密院章惇材輕行薄，

廉隅不修，無大臣體。久處廟堂，曾不聞一話一言播在清議；獨每聞縱肆倡狂，爲俳諧俚語，侵侮同列，朝士大夫相與鄙笑而已。流於京師，傳之四遠，甚非所以重廟堂、尊朝廷也。伏惟陛下臨政之初，萬國觀望，輔弼大臣，尤宜崇獎有德。而惇之輕薄如此，上則玷體貌之隆，下則辱瞻仰之重，有識之士，無不憤嫉！乞行罷免，以慰師言。」又：「今中外之人，非但鄙惇輕薄無行，不可爲大臣而已，皆云自陛下即位以來，凡欲更張人情不便事，惟惇彊悖，不肯協心，故爲異論，沮格善謀，曾無意助陛下施行恩福天下，此人情所以憤嫉之深，而欲共逐之者也。陛下今不罷惇，彼必揚揚自得，曰：『主上知我如此，而不罪我矣。言事者言之再三，而主上不聽矣。誰復敢議我者？』夫以素無忌憚之心，而又得所恃焉，養之益深，將必有跋扈難制之患。方是時，陛下雖欲悔而除之，亦不易矣。」又：「惇平生多與京師市井小人並游而雜處，至爲京師之人以其行第屬其名而呼之曰惇七。今雖顯貴，而佻薄益甚，故惇七之呼，未離于人口，則惇之人望重輕亦可知矣。國家何忍以第一等名器，與第一等無行之人，使天下後世輕朝廷哉！」又：「廟堂者，儀刑之地，非法度之言，不當出也。而惇肆爲諧謔，以玩侮在位，污廟堂若閭閻，瀆朝廷如市井，陛下以謂大臣當如此否也？大臣者，體國家之意，察天地之心，而協濟善政者也。而惇執强好勝，不恤事情，以姦言搖正論，以險語劫善人，陛下以謂當如此否也？輔弼者，所宜正而不阿，潔而不污，以表厲庶官者也。方用臣弄權怙寵，恣爲欺罔之時，惇既不能明言于朝，以正厥罪，又從而受其贈遺，陰與相交，喪滅至公，玷辱清議，陛下以謂大臣當如此否也？」又：「臣聞諫官孫覺常論邊事不合惇意，而惇肆言于人曰：『議者可斬！』中外聞之，無不駭愕。臣伏以陛下之意，則于諫官之言無所不容，諫臣之心無所不察，而惇于言者則欲殺之，其意不欲人主聞至言、朝廷收衆策，爲臣不忠，莫大於此。自古以來，未嘗有大臣敢出此等語脅諫官也。推此以往，飛揚跋扈，何所不可！伏望睿明，早賜罷黜，爲國家之福也。」又：「惇姦回險薄，事先帝不忠，今復有輕陛下意。陛下詔書求直臣，以益盛德，而惇罵上書之人曰『不逞之徒』，其意不欲陛下廣聰明，而忌嫉四方之人以實告陛下。蓋凡四方之所告，皆有前日欺朝廷而蔽先帝者耳。又罵陛下所登用老成舊德，亦曰『不逞之徒』，以其意不喜陛下用正人，而惟欲用憸邪巧佞，柔而易制，肯同欺蔽之人耳。天子即位，求民瘼于四方，爲得邪？失邪？四方之人以至誠告主上，爲順邪？逆邪？陛下用老成舊德有天下之望者以慰天下，爲是邪？非邪？臣不知惇何心以事陛下，而悖戾如此，謗侮如此。又罵諫諍之臣曰『可斬』，此語雖人主盛怒不肯以出口也，而惇易言之。又與同列議事，一不合意，則連聲罵曰：『無見識！無見識！』此語雖市井小人有不輕發也，而惇以爲常談。臣不知惇待朝廷爲如何，而無忌憚敢爾！臣前累章言其輕薄無行，好爲俳諧俚語，侵侮在位，無大臣體。今則凶德益肆而甚矣，惡言益播而廣矣，陛下尚使之處廟堂，何以服人心？人心不服，何以安朝廷？此臣之所以有隱憂，而不能自寧也。又臣累言章惇以小人之行，居大臣之位，姦言利口，足以變亂白黑，顛倒是非，久在陛下左右，恐日往月來，察之難，防之難，制之又難。臣所以不避怨仇，力言其惡，願陛下早賜斥遠。今更舉目前一事，陛下觀之。自來執政大臣，若稍聞言路有言，雖章疏留中未出，亦必朝夕惴惴，有不自安之色。何則？憚朝廷，畏公議也。今章惇雖知言路交攻，而岸然自處，無毫髮畏懼。反揚言語人曰：『不貶不去！』觀此一語，何復有廉耻？何復有畏忌？竊以臣道主敬主順，而惇之傲易不遜乃如此，尚可以爲大臣乎！惇輩見蔡確因上章遂請，皆相與結約，不復自陳。大臣風節一至於此，臣實爲朝廷嘆息。伏乞陛下破此姦謀，直行罷免，以慰天下之望。」

續資治通鑑長編卷三六八元祐元年閏二月己丑條載朱光庭奏：「今日蔡確請去，是天欲去一姦臣矣，願陛下因其自請，去之勿疑。臣已兩進愚忠於天聽，願陛下留神果斷，以順天意。外有章惇姦臣，尚安厥位，亦欲陛下早行屏去。竊惟惇之所爲，更甚於確。自知素履不爲清議所與，向日妄作荆湖邊事，欺罔朝廷，僥倖大用。自陛下臨御以來，百端沮抑聖政，肆爲辨説，内懷觀望，動出俚語，市井小人之不若。今日蔡確請去，竊恐惇猶次進，設使若惇之小人進至宰輔，則朝廷治亂，從可知矣。蓋任小人，未有不亂之理，臣願陛下察其姦慝，早行屏去，不可令更進大任，以害生靈。」

續資治通鑑長編卷三六九元祐元年閏二月甲辰條載朱光庭奏：「今章惇之爲大臣，其始進也，以妄興荆湖邊事，殘害生靈，以至大任。今日又肆爲邪説，沮抑聖政，慢言俚語，凌轢同列，無所不至。大臣若此，豈同心一德者乎？」

㈡皇朝文鑑卷四〇錢勰正議大夫知樞密院事章惇知汝州：「黜陟之典，咸徇至公；進退之間，尚存大體。具官章惇，早躋法從，亟預近司。肆彼躁輕，失於審重。至于簪御之列，嘗通問遺之私。比議役書，本俾參訂。當其敷納，初不建明；逮於宣行，始興沮難。務從含貸，益至喧呶。鞅鞅非少主之臣，硜硜無大臣之節。稽參故實，稍屈典刑。噫！朕以幼沖，仰煩慈訓，苟乖恭事，曷肅憲章？其解政機，往臨郡寄。弗忘循省，服我寬恩。」

10 龍圖閣待制、知開封府蔡京知成德軍。先是，司馬光主差役，而京用五日限盡改畿縣免役之法。又私煅斷獄，爲右司諫蘇轍、監察御史孫升所論，㈠不報。又論之，㈡其後段繼隆獄具，〔一〕特罰銅三十斤。〔二〕太平治迹統類卷二〇哲宗委任臺諫。

校識

〔一〕其後段繼隆獄具　「段」字原作「斷」，據續資治通鑑長編卷三六九元祐元年閏二月庚戌條孫升奏改。「繼」字原脱，據適園叢書本太平治迹統類補。

〔二〕特罰銅三十斤　按續資治通鑑長編卷三六九元祐元年閏二月庚戌條原注：「六月十二日，京坐段繼隆事，特罰銅二十斤。」同書卷三七九元祐元年六月戊戌條：「權知開封府蔡京特罰金二十斤。」當是。

附載

（一）欒城集卷三六乞罷蔡京開封府狀：「權知開封府蔡京，職在近侍，身爲民害，若不知舊法人數之冗，是不才；若知而不請，是不忠。京新進小生，學行無聞，徒以王安石姻戚，蔡確族從，因緣幸會，以至於此。近者段繼隆公事，道路皆知其私徇。繼隆出於胥吏，兄弟數人布列三省。京嘗爲檢正官，與此輩狎昵。繼隆贓污顯露，理在不疑，而大理寺官吏畏避觀望，數月不決。今者方欲推行差役舊法，王畿之政爲天下表儀，而使懷私之人竊據首善之地，四方瞻望，何所取法？乞賜指揮，先罷京開封府，仍敕大理寺疾速結絶前件公事。所貴官吏不至觀望首鼠，以長姦私。」續資治通鑑長編卷三六九元祐元年閏二月庚寅條載孫升奏：「近因段繼隆賣官事論列開封府蔡京，恃與宰相同宗，不奉朝廷法令，任情肆己，放縱姦强。若不明言典憲，何以風動四方？伏望特出睿斷，早賜罷黜，以警中外。蒙朝旨送大理寺依法施行。今大理寺推治繼隆賣官事狀已明，開封府人吏已行對定訖。緣昨曾該疏決德音，朝旨若令依法，即是蔡京更無罷黜之理。伏緣蔡京素無行能，致身侍從，當陛下御統之初，不思竭忠奉公，少圖補報，而棄法自用，怙勢挾私，肆爲姦欺，曾不顧畏，將何以尹正京邑，表率郡縣？又近降朝旨，送大理寺依法施行，無取勘聞奏指揮，即是大臣意欲引疏决放免。伏乞特賜檢會前奏，將蔡京早賜罷黜。」

㈡欒城集卷三七再乞責降蔡京狀：「京文學、政事一無所長，人品至微，士論不與。若不因緣蔡卞與王安石親戚，無緣兄弟並竊美官。今卞已自迫於公議求退，而京獨昂然久據要地，衆所不平。臣竊見左正言朱光庭言御史中丞黄履言事不稱職，乞罷履侍讀。履即時罷免，曾不旋踵。臣竊惟臣與朱光庭並係諫官，論奏群臣得失皆是本職。而蔡京罪犯明著，甚於黄履，陛下明聖，以至公御下，而諫官之言，皆擊其罪，或行或否，衆所不喻。皆謂韓縝初除右僕射日，黄履言縝過惡不任宰相，而蔡京不曾牾縝，是致行遣有此同異。伏惟朝廷本設諫官以稽察姦惡，爲人主耳目之用。今臣等所言之人，韓縝欲行即行，欲止即止，則是諫官之職，乃所以爲縝公報私怨，非復陛下耳目之官也。伏乞陛下檢臣累奏，早賜降黜韓縝，仍先罷免蔡京差遣，及催大理寺結絶段繼隆公事，無使諫官失職，宰相恣横，爲吏民所共非笑。」

續資治通鑑長編卷三六九元祐元年閏二月庚寅條載孫升奏：「蔡京明知段繼隆内外親族出入三省，繼隆冒法賣官，而京親書塗抹，任情放縱。不奉朝廷法令，而與奪一出于己，此其一也。又如僧惠信所訴，僧録司受金錢，違法差僧入内道場事。且僧録司在京號爲脂膏之地，交接貴近，貨賂公行，蔡京爲府尹，以發姦摘伏爲職，知所部犯法，自當舉劾。又况其間有訐告之事，京更不審行推治，直以不干己事，斷惠信臀杖二十，以杜人言。其後，臣僚屢奏，送大理寺推治，僧録司贓狀已明。京若非陰受請托，何故如此？此其二也。京又嘗違法差開封府判官王得臣、當直散從官替名人李福于河陰縣追欠百姓私債張岷及阿蘇等至開封，縱李福乞取張岷得金錢。及本臺牒取公案，始將李福奏斷，此其三也。三事乃臣所聞，本臺所按察者，用此推之，則臣所不聞違法徇情之事不少矣。臣伏以先王爲政之道，治外必由于内，正遠必自乎近。今開封府咫尺朝廷，乃敢作姦犯科如此，陛下不正典刑，何以使天下州縣奉法循理，推行詔令乎？蔡京挾宰相之勢，擅京尹之權，人莫不望風畏之，而臣區區累冒聖聽者，蓋恃朝廷開大公至正之路，臣竊不自量，欲慕古人，明目張膽，行御史觸邪之職。不然，臣之孤微，何敢出此？伏望察臣前後奏論，早降指揮，以警中外。」

11 元祐元年閏二月庚戌，詔英州編管人鄭俠復舊官。先是，熙寧六、七年，河東、河北、陝西大饑，百姓流移於京西就食者無慮數萬。是時，俠監安上門，因繪流民圖及疏言時政之失，其辭譏切，遂坐流竄。至是，右司諫蘇轍言之朝，㊀奏入，詔俠放逐便，除落罪名，令尚書吏部先次注舊官，與合入差遣。其後，俠逾年不調，翰林學士蘇軾與孫覺等又上此奏。㊁經進東坡文集事略卷三二乞録用鄭俠王斿狀注。

附載

㈠樂城集卷三七乞牽復英州別駕鄭俠狀：「右臣竊見英州別駕鄭俠，昔以言事獲罪，投竄南荒。俠有父年老，方將獻言，自知必遭屏斥，取決於父。父慨然許俠，誓不以死生爲恨。而流放以來，逮今十年，屢經大赦，終不得牽復。父日益老，而俠無還期。有志之士，爲之涕泣。況自陛下臨御，一新庶政，凡俠所言青苗、助役、市易、保甲等事，改更略盡。而俠以孤遠，終無一人爲言其冤者。臣與俠生平未嘗識面，獨不忍當陛下之世，有一夫不獲其所，是以區區爲俠一言。伏望聖慈，特賜録用，使其父子生得相見，以慰天下忠直之望。」

㈡經進東坡文集事略卷三二乞録用鄭俠王斿狀：「臣等伏見英州別駕鄭俠，向以小官觸犯權要，冒死不顧，以獻直言。而秘閣校理王安國，以布衣爲先皇帝所知，擢至館閣，召對便殿，而兄安石爲相，若少加附會，可力至富貴。而安國挺然不屈，不獨納忠于先帝，亦嘗以苦言至計規戒其兄，竟坐與俠游從，同時被罪。吕惠卿首興大獄，鄧綰、舒亶之徒，釀成其罪，必欲置此人于死，賴先帝仁聖，止加竄逐。曾未數年，逐惠卿而起安國。今來朝廷赦俠之罪，復其舊官，經今逾年，而俠終不赴吏部參選。考其始終出處之大節，合於古之君子殺身成仁、難進易退之義。朝廷若不少加優異，則臣等恐俠浩然江湖，往而不返，若溘先朝露，則有識必爲朝廷興失士之嘆。至于安國，不幸短命，尤爲忠臣義士之所哀惜。臣等嘗識其少子斿，敏而篤學，直而好義，頗有安國之風。養成其才，必有可用。欲望聖慈召俠赴闕，及考察旍行實，與俠並賜録用，不獨旌直臣於九泉之下，亦所以作士氣于當代也。」

12 乙卯，同知樞密院事安燾知樞密院，吏部尚書、兼侍講范純仁爲中大夫、同知樞密院。先是，上以安燾受遺舊人，乃自同知遷知院，而以純仁補同知之闕。命既下，而給事中王巖叟封還之，以燾爲不當遷。㊀侍御史劉摯、〔一〕右諫議大夫孫覺、右司諫蘇轍亦言之，〔二〕㊁奏俱不聽。命再下，而給舍又封還，遂不送門下書讀。由是合臺連章争之益苦，西省亦抗章同上，又不聽。劉摯又極言之，純仁亦累章固辭。於是安燾告更不降出，純仁告乃送門下省書讀行下。宋宰輔編年録卷九元祐元年閏二月乙卯條、太平治迹統類卷二〇哲宗委任臺諫。

校識

〔一〕侍御史劉摯　據本書元祐元年閏二月辛丑條及續資治通鑑長編卷三七〇元祐元年閏二月乙卯條，劉摯時爲御史中丞。此誤。疑「劉摯」當作孫升。

〔二〕右司諫蘇轍亦言之　「右」字原作「左」，據本書元祐元年閏二月庚寅、庚戌條及續資治通鑑長編卷三七〇元祐元年閏二月乙卯條改。

附載

㈠續資治通鑑長編卷三七〇元祐元年閏二月乙卯條載王巖叟奏：「燾資材闒茸，器識暗昧，立朝以來，無一長爲人所稱。備位樞庭，不能自立，惟知佞事章惇，陰助邪説，以養交取容，曾無建明，少裨國論。公議所鄙，中外一辭。臣當言責，方以逐大姦爲先，未暇及燾，非敢不爲陛下言也。今大姦既逐，適欲論奏，而燾更超用，其何以慰天下之望，弭諫臣之言？舊位且非所據，況可冠洪樞，顓兵柄！今邊鄙大事，正賴謀謨，使燾當之，何以勝責？伏惟國家樞密之重、名器之隆，非所宜誤以屬人，爲社稷憂也。所有畫黄，謹繳封進。」

㈡續資治通鑑長編卷三七〇元祐元年閏二月乙卯條載劉摯奏：「燾備位執政以來，未聞有一善見稱於人，亦不聞有一言少補於國。朋附章惇，助其强横，以養交固寵，中外鄙之。惇既貶逐，燾亦自當罷去。陛下篤于恩舊，尚且包含，固已爲燾之幸，豈可一旦無故超越左右兩丞及門下、中書侍郎，而暴有進擢？臣不知陛下以何名進燾，謂有德邪？有功邪？誠無以慰天下之望，止言者之辭。臣欲乞聖慈，如未欲失大體罷燾，只乞且令依舊爲同知樞密院事。」又同條載孫覺奏：「若燾之材能，不爲士大夫所稱，徒以舉進士名在第三，因緣以至館職。先朝逐去言事臣僚過多，無人可用，故燾得備位于朝。已而遣使高麗，以燾爲使者，不以海道爲辭，亦人臣之常事耳。遂稍擢至户部尚書，同知樞密院事。燾之才品，中人以下。臣竊以皇帝陛下、太皇太后陛下進退大臣，以新庶政，若燾，在所先罷者也。不謂陛下因惇之罷，拔范純仁在密院，純仁立朝本末，習知邊事，非燾之比也。朝議以爲陛下於安燾未忍即有所去，則亦以爲同知院事，令與純仁同列而處其上可也，何遽遷之乎？」

欒城集卷三七乞罷安燾知樞密院狀：「燾之爲人，才氣凡近，學術空虚，不迨中人，僅免過失。先帝特以燾萬里涉海，故酬其勞，置之侍從。燾謹默自守，遂至樞府。既忝重任，略無建明。與張誠一同事，則隨誠一；與章惇同事，則隨惇。高下俯仰，惟彊有力者是從。奈何舉天下兵革之重，全以付之？」

13 夏四月戊子朔己丑，正議大夫、守尚書右僕射、兼中書侍郎韓縝爲光禄大夫、觀文殿大學士、知潁昌府。臺諫前後論縝過惡甚衆，皆留中不出。内批：「縝自以爲不材，恐妨賢路，故乞出。視矜功要名而去者，縝得進退之體，故有遷官之異。宜於制詞中説此意。」「矜功要名」，指確、惇也。初，縝與蔡確並相，而孫覺、蘇轍、劉摯、朱光庭、王覿累章請罷之。確既罷去，上以司馬光爲左僕射，覺等以爲賢不肖不當並用，益請罷縝。㊀併言「章惇雖小有材，而爲性强愎，操心不公；廟堂之上，以惡言相加；張璪闒繆荒疏，尤非所處，可並罷去」。轍亦奏：「縝昔奉使定契丹地界，舉祖宗山河七百餘里以資敵國，坐使中華之俗陷没戎狄，虜得乘高以瞰并、代，朝廷雖有勁兵良將，無所復施。其後擢爲樞密使，職在安邊，而西戎無釁，用兵深入，至使諸將敗衄，前後喪師數十萬衆，天下疲弊，帑藏空竭。雖得蘭州及安疆、米脂等五寨地，而屬階一生，至今爲梗。存之則耗蠹中國，爲禍日深；棄之則戎人不請，無緣强與。遂使朝廷皇皇議論，經年不知所出，而縝曾無計以救前失。據縝二罪，雖伏斧鑕以謝天下不爲過也。」簾中宣諭孫覺、蘇轍曰：「進退大臣，當存國體。縝雖不協人望，要須因其求去而後出之。」覺等奏曰：「陛下恩禮大臣，雖盛德之事，臣等身有言責，言苟不效，義不可止。但恐自此章疏紛紜，煩瀆聖聽，於縝愈爲不便爾。」已而，縝亦揚言於人，以爲過寒食當求罷政，尋又曰當候神宗小祥。〔一〕既而劉摯等交章攻之益急，遂有是命。㊁太平治迹統類卷二〇哲宗委任臺諫、宋宰輔編年録卷九元祐元年四月己丑條。

校　識

〔一〕尋又曰當候神宗小祥　「候」字原作「日」，據適園叢書本太平治迹統類改。

附　載

㊀續資治通鑑長編卷三六八元祐元年閏二月甲申條載孫覺奏：「韓縝人品污下，才薄望輕，先朝以爲樞密院都承旨，本以輔相期之。陛下臨御未幾，擢爲右僕射，士大夫無不失望。今左相之位以

處司馬光，論者以爲得矣。韓縝尚爲右相，則賢不肖混淆，人材雜處，所謂冰炭同器也。伏願聖慈罷縝相位，别求賢材，使與司馬光協心共濟，則天下不難治矣。」

（二）宋大詔令集卷六九韓縝罷相轉觀文殿大學士出知潁昌府制：「元首之於股肱，始終貴乎一體；本朝之視郡國，内外均乎爲民。眷吾柄臣，久執機務，屬有賢勞之愬，可無體貌之優？若稽古常，昭異寵數。正議大夫、守尚書右僕射、兼中書侍郎、上柱國、廣陵郡開國公、食邑四千七百户、食實封一千四百户韓縝，嚴莊毅重，而持之以敏識；疏通博辯，而濟之以小心。出將明命於蕃宣，以綏方面；入告嘉猷於帷幄，以長中樞。簡自先朝，遺予眇德。事業之會，端揆以居。左右朕躬，夙宵大政。方倚謨明之效，庶增康濟之期。而至誠屢抗於封章，自訟恐妨於賢路。異乎矜功要名而去者，尤得難進易退之體焉。是用遷秩崇階，陞華禁殿，陪敦邑賦，增衍户封。而况鄭璧近邦，于門故里。爲國藩輔，曾是燕閑之餘；乃心王家，勿忘啓沃之志。於戲！咸有一德，永孚于休。往其欽哉！毋斁朕命。可特授光禄大夫、充觀文殿大學士、知潁昌府。」

14 先是，司馬光入爲門下侍郎，首薦彦博。而太皇太后降中使宣諭光曰：「彦博名位已重，又得人心，今天子幼沖，恐其有震主之威。且於輔相中無處安排，又已致仕，難爲復起。」光於是不敢復言。及蔡確罷相，以光爲左僕射，光乃復言：「彦博沈敏有謀略，知國家治體，能斷大事。自仁宗以來，出將入相，功效顯著，天下所共知；年逾八十，精力尚强。若依今官制，用之爲相，以太師兼侍中行僕射，有何不可？儻不欲以劇務煩老臣，則凡常程文書，只委右僕射以下簽書發遣，惟事有難决者，方就彦博咨禀，在陛下臨時優禮爾。願急用之，臣但以門下侍郎助彦博，恐亦時有小補。」奏入，不許。而給事中范純仁亦以彦博老臣，勸上召致之。且言：「天下人心皆望陛下復仁宗之政，今彦博，仁祖舊相，又北京韓絳、南京張方平亦皆仁廟近臣，同時而召，所補尤大。老成難得，歲月易失。」未幾，韓縝求避位，太皇太后始賜光密詔，〔一〕欲除彦博太師、兼侍中行右僕射事。光自以爲名禮未正，不敢居彦博上。詔光再議之。光執奏如初，遂命入内内侍省押班梁從吉齎詔，召彦博肩輿赴院。既而御史中丞劉摯、右正言王覿俱上言，彦博春秋高，不可爲三省長官。㊀左正言朱光庭亦三上章，以爲彦博師臣，不宜煩以吏事；若右相，則吕公著、韓維、范純仁俱可爲之。上問司馬光，光對：「若令彦博以正太師平章軍國重事，亦足尊老成矣。」又對以宜爲右相者，莫如公著。上以光言俱是而聽焉，命遂下。又詔六日一朝，一月兩赴經筵，朝廷有大政令，即與輔臣共議。是日，吕公著遂自門下侍郎爲尚書右僕射。〔二〕

㊀宋宰輔編年録卷九元祐元年四月壬寅條。

校識

〔一〕太皇太后始賜光密詔　「太皇」之「太」字原脱，據文意補。

〔二〕據宋宰輔編年録卷九及經進東坡文集事略卷三一乞加張方平恩禮劄子注，元祐元年四月壬寅，金紫光禄大夫、門下侍郎吕公著爲右僕射、兼中書侍郎，河東節度使、守太師、開府儀同三司致仕、潞國公文彦博落致仕，以太師平章軍國重事。是爲本條事目。

附載

㊀忠肅集卷四請文彦博平章重事疏：「彦博之來，在聖謀神慮必有以處之，將一見其儀形而已耶？又將有所咨訪耶？將留之朝廷以自輔耶？又將任之以政耶？今外議但見宰相虚位，久未除人，皆以謂陛下必將以三省長官命彦博矣。雖臣愚意，亦不免出於此。然臣竊謂誠若議者所料，付以三省之政，有官則有職，有職則有事，四海之大，萬務之繁，大小無所不總，日夕裁決，朝會陟降，殆恐非八十餘年老臣之聰明筋力所能宜也。有職事則不能無得失，使任其責則傷恩，釋而不問則廢法，又非所以養元勳而尊舊老也。」

續資治通鑑長編卷三七五元祐元年四月乙巳條載王覿奏：「伏覩召文彦博，外議皆謂虚右相之位，將以中書長官處之，臣竊不以爲然。若更煩以機務，則不惟禮義之薄，而或致政事微壅。裁決小差，而同列者順從，則將誤朝廷；紛辨，則有傷國體。言責者緘默，則廢人臣盡忠之義；彈劾，則違陛下貴老之心。伏望采前世故事，使彥博以太師任職，數日一赴講筵，訪以經術；朔望以對便殿，問以大政。」

15 維學術尤高，不出仕，用大臣薦入館。維初與王安石相友善，治平間神宗開潁邸，維爲記室參軍。每講論經義，上稱善，維必曰：「非維之説，維之友王安石之説。」上由此大賢安石。神宗遇維甚厚，嘗與論天下事，語及功名，維曰：「聖人功名，因事始見，不可有功名心。」神宗拱手稱善。先是，蔡確、韓縝爲左右相，章惇知密院，左正言朱光庭請退之而進三賢。三賢謂司馬光、范純仁及維也。

其奏曰：昨自朝廷召門下侍郎司馬光，天下翕然知所向矣。宜更進之宰輔，以盡猷爲。范純仁近已召爲侍講，願直進之宰輔，俾與司馬光協濟庶務。侍讀韓維宜置之宥密。臣願退三姦於外，以清百辟；進三賢於內，以贊萬務，則天下之風自茲始矣。

又曰：臣嘗論姦邪，則指蔡確、章惇、韓縝爲之先。論忠賢，則以司馬光、范純仁、韓維爲之先。蔡確既去，乞以司馬光補其闕。韓縝既去，乞以范純仁補其闕。章惇既去，乞以韓維補其闕。蓋此乃天下大任，惟天下大賢可以當之。若蔡確之進，本以滋章獄事；韓縝之進，本以附會地界。宜早行黜降，以幸天下。

既而蔡確請去，詔未許。而光庭又力勸上許之。㊀確尋罷相，遂以司馬光爲左僕射。縝又繼罷，上乃出光庭三疏付光看詳。光對以吕公著宜爲右相，維可門下侍郎。上從光言，遂有是命。〔一〕宋宰輔編年録卷九元祐元年五月丁巳條。

校識

〔一〕據宋宰輔編年録卷九，元祐元年五月丁巳朔，資政殿大學士、正議大夫、兼侍讀韓維爲門下侍郎。是爲本條事目。

附載

㊀續資治通鑑長編卷三六七元祐元年二月丁亥條載朱光庭奏：「若蔡確者，豈有大才、大德、大忠、大義聞于天下？惟是懷私挾邪，觀望逢迎，事君何嘗不欺？進身何嘗以正？由滋章獄事，至大任用，揣摩人意爲履業。昨來扈從神宗靈駕，極見不恭，臣已具論其事。裕陵事畢，故事當去而不去，猶喜權固寵，百巧圖安。方聖德日新，睿明洞照，姦邪露迹，莫敢自保，上畏天威，下懼清議，遂成自請，非得已然。恭以陛下知幾其神，惟克果斷，因其自請，去之勿疑。假之外藩，禮亦不

薄。屏此姦邪，進以忠正，太平成就，當在今日。」

16 光任政逾年，而病居其半。每欲以身殉社稷，躬親庶務，不舍晝夜。賓客見其體羸，曰：「諸葛孔明罰二十以上皆親之，以此致疾，公不可以不戒。」光曰：「死生，命也。」爲之益力。病革，諄諄不復自覺如夢中語，然皆朝廷大事也。既没，其家得遺奏八紙，上之，皆手札論當世要務。薨時年六十八，謚文正，贈太師、温國公。太皇太后聞其喪，〔一〕哭之慟，上亦感涕不已。時方躬祀明堂，禮成不賀。明堂禮畢，皆臨奠致哀，賜一品禮服以斂。賻贈異常等，輟視朝三日，官其親族十人。命户部侍郎趙瞻、入内押班馮宗道護其喪歸葬，御篆表其墓道曰「忠清粹德之碑」。先是，元豐五年秋，光得澀語疾，因預作遺表，極論新法之害，親書緘封，置卧内，曰：「死當以授范純仁、范祖禹，使上之。」表論青苗、免役錢、保甲、市易，及种諤、薛向、王韶、李憲、王中正之徒輕動干戈，妄擾蠻夷。既而疾愈，元祐初遂身任天下之責。至是病甚，尚諄諄所言俱朝廷天下之事。既没，京師民畫其像刻印鬻之，家置一本，飲食必祝焉，四方俱遣人求之京師。於是，監察御史王巖叟以謂光既薨，當果於去姦，審於進賢，以慰天下之心，即日上疏論。㈠初，光與范鎮相得歡甚，曰：

「吾與子生同志，死當同傳。」又約更相爲傳，而後死者則誌其墓。是以光之歿，蘇軾狀光之行事以授鎮，鎮即取以爲誌，系之銘。㈡及鎮卒，蘇軾誌其墓。

其誌曰：「熙寧、元豐間，士大夫論天下賢者，必曰君實、景仁，其道德風流足以師表當世，其議論可否足以榮辱天下。天下之人，亦無敢優劣之者。」〔二〕宋宰輔編年録卷九元祐元年九月丙辰條。

初，光已病，嘆曰：「免役之害未除，吾死且不瞑。」乃力疾上疏改差役，限五日欲速行。臨終，床簀蕭然，唯枕間有役書一卷而已。宋宰輔編年録卷九元豐八年五月戊午條。

初，公患歷代史繁蕪，學者不能綜，況於人主。遂約戰國至秦二世如左氏體，爲通志八卷以進。英宗悦之，命公續其書。置局祕閣，以其素所賢者劉攽、劉恕、范祖禹爲屬官，凡十九年而成，上下一千三百六十二載。神宗尤重其書，以爲賢於荀悦，親爲製序，錫名資治通鑑，詔邇英讀書。書成，拜資政殿學士，賜金帛甚厚，蓋有意復用公也。宋宰輔編年録卷九元豐八年五月戊午條。

上即位，光請下詔首開言路，從之。於是，四方吏民言新法不便者數千人。公方至，具所當行者，而太皇太后已有旨散遣修京城役夫，罷減皇城内覘者，止御前工作，出近侍之無狀者三十餘人，戒飭中外無敢苛刻暴斂，廢導洛司、物貨場及民所養户馬，寬保馬限，皆中出，大臣不與。公上疏謝：「當今急務，陛下略已行之矣。小臣稽慢，罪當萬死。」後拜門下侍郎，公力辭，不許。數賜手詔：「先帝新棄天下，天子沖幼，此何時而君辭位邪？」公不敢復辭。初，神宗皇帝以英偉絶人之資，勵精求治，凛凛乎漢宣帝、唐太宗之上矣。而宰相王安石用心過急於功利，小人得乘間而入。吕惠卿之流以此得志，後□者慕之，争先相高，而天下病矣。先帝明聖，獨覺其非，出安石金陵。天下欣然，意法必變，雖安石亦自悔恨其法，及復用也，欲稍自改。而惠卿之流恐法變身危，持之不肯改。然先帝終疑之，遂退安石，八年不復召，而惠卿亦再逐不用。元豐之末，天下多故，及二聖嗣位，民日夜引領以觀新政。而進説者以爲「三年無改於父之道」，欲稍損其甚者，毛舉數事，以塞人言。公慨然争之，曰：「太皇太后以母改子，非子改父。」衆議乃定。遂罷保甲團教，依義勇法，歲一閲。馬不復買，見在者還監牧，給諸軍。廢市易法，所儲物皆鬻之，不取息。而民所欠錢，皆放其息。京東鑄鐵錢，河北、江西、福建茶法，皆復其舊，獨川陜茶以邊用未即罷，遣使相視，去其甚者。户部左、右曹錢穀皆領之尚書。凡昔之三司使事，有散隸五曹及寺監者，皆歸户部，使尚書周知其數，量入以爲出。於是，天下釋然，曰：「此先帝本意也，非吾君之子不能行吾君之意。」獨免役、青苗、將官之法猶在，而西戎之議未決也。光始得疾，嘆曰：「四患未除，吾死不瞑目矣。」乃力疾上疏，論免役害，乞直降敕罷之，率用熙寧以前法；有未便，州縣監司節級以聞，爲一路一州一縣法。詔即日行之。又論西戎，大略以和戎爲便，用兵爲非。時異議甚衆，公持之益堅。其後太師文彦博議與公合，衆不能奪。又論將官之害，諸將兵皆隸州縣，軍政委守令通決之。又乞廢提舉常平司，以其事歸之轉運司及提舉刑獄。公謂監司多新進少年，務爲刻急，天下病之，乞自太中大夫、待制以上，於郡守中舉運使、提刑，於通判中舉運判。又以文學、德行、吏事、武略等十科以求天下遺才，命文臣陞朝以上，歲舉經明行脩一人以爲進士高選。皆從之。〔三〕宋宰輔編年録卷九元豐八年五月戊午條。

校　識

〔一〕太皇太后聞其喪　「太皇」之「太」字原脱，據文意補。

〔二〕據續資治通鑑長編卷三八七，元祐元年九月丙辰，正議大夫、守尚書左僕射、兼門下侍郎司馬光卒。是爲本條事目。

附載

㈠續資治通鑑長編卷三八七元祐元年九月丙辰條載王巖叟奏：「夫大忠在朝，姦人雖未去，猶有所忌而不能爲也。光薨，姦人今不可少留矣，此臣之所言陛下當果于去姦也。朝廷輕重、天下安危、生靈休戚，在用人而已。今天下將觀陛下用人，以卜否泰，此臣之所以言陛下當審于進賢也。去姦進賢皆有以協天下之望，則百姓何疑而憂哉！」

㈡名臣碑傳琬琰集中卷一八范鎮司馬文正公光墓誌銘：「於穆安平，有魏忠臣。更六百年，有其元孫。元孫温公，前人是似。率其誠心，以佐天子。天子聖明，四世一心。有從有違，咸卒用公。公之顯庸，自我神考。命于西樞，曰予耆老。公言如經，其或不然。帝獨賢公，欲使並存。公退如避，歸居洛師。帝徐思之，既克知之。知而不以，以遺聖子。惟我聖子，協德神母。人事盡矣，天命順矣。如川之迴，如冰之開。或蹈其機，豈人也哉！公亦不知，曰是惟天。二聖臨我，如山如淵。公惟相之，亦何所爲。惟天是因，惟民是師。事既粗定，公亦不留。龍衮蟬冠，歸于其丘。公之在朝，布衣脱粟。惟其爲善，惟日不足。生既不有，死亦何失。四方頌之，豈惟兹石！」

㈢蘇軾文集卷一六司馬温公行狀：「公諱光，字君實，其先河内人，晉安平獻王孚之後。王之裔孫征東大將軍陽，始葬今陝州夏縣涑水鄉，子孫因家焉。自高祖、曾祖皆以五代衰亂不仕。富平府君始舉進士，没於縣令。皆以氣節聞於鄉里。而天章公以文學行義事真宗、仁宗爲轉運使、御史知雜事、三司副使，歷知鳳翔、河中、同、杭、虢、晉六州，以清直仁厚聞於天下，號稱一時名臣。公自兒童，凛然如成人。七歲聞講左氏春秋，大愛之，退爲家人講，即了其大義。自是手不釋書，至不知饑渴寒暑。年十五，書無所不通。文辭醇深，有西漢風。天章公當任子，次及公，公推與二從兄，然後受。補郊社齋郎，再奏，將作監主簿。年二十，舉進士甲科。改奉禮郎。以天章公在杭，辭所遷官，求簽書蘇州判官事以便親，許之。未上，丁太夫人憂。未除，丁天章公憂。執喪累年，毁瘠如禮。服除，簽書武成軍判官事，改大理評事，爲國子直講，遷本寺丞。故相龐籍名知人，始與天章公游，見公而奇之，及是爲樞密副使，薦公。召試館閣校勘，同知太常禮院。中官麥允言死，詔以允言有軍功，特給鹵簿。公言：『孔子不以名器假人，繁纓以朝，且猶不可，允言近習之臣，非有元勳大勞，而贈以三公之官，給以一品鹵簿，其爲繁纓，不亦大乎？』故相夏竦卒，詔賜謚文正。公言：『謚之美者，極於文正，竦何人，可以當此！』書再上，改謚文莊。遷殿中丞，除史館檢討，修日曆，改集賢校理。龐籍爲鄆州，徙并州，皆辟公通判州事。公感籍知己，爲盡力。時趙元昊始臣，河東貧甚，官苦貴糴，而民疲於遠輸。麟州窟野河西多良田，皆故漢地，公私雜耕。天聖中，始禁田河西者，虜乃得稍蠶食其地，俯窺麟州，爲河東憂。籍請公按視。公爲畫五策：『宜因州中舊兵，益禁兵三千，廂兵五百，築二堡河西，可使堡外三十里虜不敢田，則州西六十里無虜矣。募民有能耕麟州閑田者，復其税役十五年，能耕窟野河西者長復之，耕者必衆，官雖無所得，而糴自賤，可以漸紓河東之民。』籍移麟州，如公言。而兵官郭恩勇且狂，夜開城門，引千餘人渡河，載酒食，不爲戰備，遇敵死之。議者歸罪於籍，罷節度使，知青州。公守闕，三上書，乞獨坐其事，不報。籍初不以此望公，而公深以自咎。籍既没，升堂拜其妻如母，撫其子如昆弟，時人兩賢之。改太常博士，祠部員外郎，直秘閣，判吏部南曹，遷開封府推官，賜五品服。交阯貢異獸，謂之麟。公言：『真僞不可知。使其真，非自然而至，不足爲瑞。若僞，爲遠夷笑，願厚賜其使而還其獸。』因奏賦以諷。遷度支員外郎，判勾院。擢修起居注，五辭而後受。判禮部。有司奏六月朔日當食，公言：『故事，食不滿分，或京師不見皆賀。臣以爲日食四方見京師不見，天意人君爲陰邪所蔽，天下皆知，而朝廷獨不知，其爲災當益甚，皆不當賀。』詔從之。後遂以爲常。遷起居舍人，同知諫院。蘇轍舉直言策入第四等，而考官以爲不當收。公言：『轍於同科四人中言最切直，有愛君憂國之心，不可不收。』時宰相亦以爲當黜，仁宗不許，曰：『求直言，以直棄之，天下其謂朕何！』公遂與諫官王陶同上疏：『願爲宗廟社稷自重，却罷燕飲，安養神氣，後宮嬪御，進見有度；左右小臣，賜予有節。厚味腊毒，無益奉養者，皆不宜數御。』上嘉納之。初，至和三年，仁宗始不豫，國嗣未立，天下寒心而不敢言，惟諫官范鎮首發其議，公時爲并州通判，聞而繼之，上疏言：『禮：大宗無子，則小宗爲之後，爲之後者，爲之子也。願陛下擇宗室賢者，使攝儲貳，以待皇嗣之生，退居藩服。不然，則典宿衛、尹京邑，亦足以係天下之望。』疏三上，其一留中，其二付中書。公又與鎮書：『此大事，不言則已，言一出，豈可復反？願公以死争之。』於是鎮言之益力。及公爲諫官，復上疏，且面言：『臣昔爲并州通判，所上三章，願陛下果斷而力行之。』時仁宗簡默不言，雖執政奏事，首肯而已。聞公言，沈思久之，曰：『得非欲選宗室爲繼嗣者乎？此忠臣之言，但人不敢及耳。』公曰：『臣言此，自謂必死，不意陛下開納。』上曰：『此何害？古今皆有之。』因令公以所言付中書。公曰：『不可，願陛下自以意喻宰相。』是日，公復言江淮鹽事，詣中書白之。宰相韓琦問公：『今日復何所言？』公默計此大事，不可不使琦知，思所以廣上意者。即曰：『所言宗廟社稷大計也。』琦喻意，不復言。後十餘日，有旨令公與御史裏行陳洙同詳定行户利害。洙與公屏語曰：『日者大饗明堂，韓公攝太尉，洙爲監祭。公從容謂洙：聞君與司馬君實善，君實近建言立嗣事，恨不以所言送中書，欲發此議，無自發之，行户利害，非所以煩公也。欲洙見公達此意耳。』時嘉祐六年閏八月也。至九月，公復上疏面言：『臣向者進説，陛下欣然無難，意謂即行矣。今寂無所聞，此必有小人言陛下春秋鼎盛，子孫當千億，何遽爲此不祥之事。小人無遠慮，特欲倉猝之際，援立其所厚善者耳。唐自文宗以後，立嗣皆出於左右之意，至有稱定策國老、門生天子者，此禍豈可勝言哉！』上大感悟，曰：『送中書。』公至中書，見琦等，曰：『諸公不及今定議，異日夜半禁中出寸紙以某人爲嗣，則天下莫敢違。』琦等皆唯唯，曰：『敢不盡力。』後月餘，詔英宗判宗正寺，固辭不就職。明年，遂立爲皇太子。稱疾不入。公復上疏言：『凡人争絲毫之利，至相争奪。今皇子辭不貲之富，至三百餘日不受命，其賢於人遠矣。有識聞之，足以知陛下之聖，能爲天下得人。然臣聞父召無諾，君命召不俟駕而行，使者受命不受辭，皇子不當辭避，使者不當徒反。凡召皇子内臣，皆乞責降，且以臣子大義責皇子，宜必入。』英宗遂受命。兖國公主下嫁李瑋，以驕恣聞。公上疏言：『太宗時，姚坦爲兖王翊善，有過必諫，左右教王詐疾。逾月，太宗召王乳母入問起居狀，母曰：「王無疾，以姚坦故，鬱鬱成疾耳。」太宗怒，曰：「王年少，不知爲此，汝輩教之！」杖乳母數十，召坦慰勉之。齊國獻穆大長公主，太宗之子，真宗之妹，陛下之姑，而謙恭率禮，天下稱其賢。願陛下教子以太宗爲法，公主事夫以獻穆爲法。』已而公主不安於李氏，詔瑋出知衛州，公主入居禁中，而瑋母楊歸其兄璋，散遣其家人。公言：『陛下追念章懿皇后，故使瑋尚主。今乃母子離析，家事流落，陛下獨無雨露之感，悽惻之心乎？瑋既責降，公主亦不得無罪。』上感悟，詔公主降封沂國，待李氏恩禮不衰。判檢院，權判國子監，除知制誥。力辭至八九，改授天章閣待制、兼侍講，賜三品服，仍知諫院。上疏言：『經略安撫使以便宜從事，出於兵興權制，非永世法。及將相大臣典州者，多以貴倨自恃，凌忽轉運使，使不得舉職。朝廷務省事，專行姑息之政。至於胥吏讙譁而逐御史中丞，輦官悖慢而退宰相，衛士凶逆而獄不窮姦，澤加於舊，軍人詈三司使而法官以爲非犯階級，於用法有疑。其餘，一夫流言於道路，而爲之變法推恩者多矣，皆陵遲之漸，不可以不正。』充媛董氏薨，追贈婉儀，又贈淑妃，輟朝成服，百官奉慰、定謚、行册禮，葬給鹵簿。公言：『董氏秩本微，病革之日，方拜充媛。古者婦人無謚，近制惟皇后有之。鹵簿本以賞軍功，未嘗施於婦人，惟唐平陽公主有舉兵佐高祖定天下之功，乃得給。至韋庶人始令妃主葬日皆給鼓吹，非令典，不足法。』時有司新定後宫封贈法，皇后與妃皆贈三代。公言：『别嫌明微，妃不當與后同。袁盎引却慎夫人坐，正爲此耳。天聖親郊，太妃止贈二代，而況妃乎！』知嘉祐八年貢舉。仁宗崩，英宗以哀毁致疾，慈聖光獻太后同聽政。公首上疏言：『章獻明肅太后保佑先帝，進賢退姦，有大功於趙氏，特以親用外戚小人，故負謗天下。今太后初攝大政，大臣忠厚如王曾，清純如張知白，剛正如魯宗道，質直如薛奎者，當信用之。鄙猥如馬季良、讒諂如羅崇勳者，當疏遠之，則天下服。』又上疏英宗，言：『漢宣帝爲昭帝後，終不追尊衛太子、史皇孫。光武起布衣得天下，自以爲元帝後，亦不追尊鉅鹿都尉、南頓君。惟哀、安、桓、靈皆自旁親入繼大統，追尊其父祖，天下非之，願以爲戒。』時公所得仁宗遺賜珠金，直百餘萬，率同列三上章，言：『國有大憂，中外窘乏，不可專用乾興故事。若遺賜不可辭，則宜許侍從以上進金錢，佐山陵費。』不許。公乃以所得珠爲諫院公使錢，金以遺其舅氏，義不藏於家。英宗疾既平，皇太后還政。公上疏言：『治身莫先於孝，治國莫先於公。』其言切至，皆母子間人所難言者。時有司立法，皇太后有所取用，有司奏覆，得御寶乃供。公極論以爲不可，當直下合同司移所屬立供，如上所取，已乃具數奏太后，以防矯僞。曹佾除使相，兩府皆遷。公言：『俏無功而得使相，陛下以慰母心耳。今兩府皆遷，無名。若以還政爲功，則宿衛將帥、内侍小臣，必有覬望。』已而都知任守忠等皆遷，公復争之，因論：『守忠大姦，陛下爲皇子，非守忠意，沮壞大策，離間百端，賴先帝不聽。及陛下嗣位，反覆革面，交構兩宫，國之大賊，人之巨蠹，乞斬於都市以謝天下。』詔以守忠爲節度副使，蘄州安置，天下快之。時有詔陝西刺民兵，號義勇，公上疏極論其害，云：『康定、慶曆間籍陝西民爲鄉弓手，已而刺爲保捷指揮，民被其毒，兵終不可用。遇敵先北，正兵隨之，每致崩潰。縣官知其坐食無用，汰遣歸農，而惰游之人，不能復反南畝，彊者爲盗，弱者轉死，父老至今流涕也。今義勇何以異此！』章六上，不從。乞罷諫官，不許。王廣淵除直集賢院，公言：『廣淵姦邪，不可近。昔漢景帝爲太子，召上左右飲，衛綰獨稱疾不行。及即位，待綰有加。周世宗鎮澶淵，張美爲三司吏，掌州之錢穀，世宗私有求假，美悉力應之。及即位，薄其爲人不用。今廣淵當仁宗之世，私自結於陛下，豈忠臣哉！願黜之以厲天下。』執政建言濮安懿王德盛位隆，宜有尊禮，詔太常禮院與兩制議。翰林學士王珪等相顧不敢先，公獨奮筆立議曰：『爲之後者爲之子，不敢復顧其私親。今日所以崇奉濮安懿王典禮，宜一準先朝封贈期親尊屬故事，高官大爵，極其尊榮。』議成，珪即敕吏以公手稿爲案，至今存焉。時中外訩訩，御史吕誨、傅堯俞、范純仁、吕大防、趙鼎、趙瞻等皆争之，相繼降黜。公上疏乞留之，不可。則乞與之皆貶。初，西戎遣使致祭，而延州指使高宜押伴，傲其使者，侮其國主。使者訴於朝，公與吕誨乞加宜罪，不從。明年，西戎犯邊，殺略吏士，趙滋爲雄州，專以猛悍治邊，公亦論其不可。至是，契丹之民有捕魚界河、伐柳白溝之南者，朝廷以知雄州李中祐爲不材，選將代之。公言：『國家當戎狄附順時，好與之計較末節。及其桀驁，又從而姑息之。近者西戎之禍，生於高宜；北狄之隙，起於趙滋。朝廷方賢此二人，故邊臣皆以生事爲能。今若選將代中祐，則來者必以滋爲法，而以中祐爲戒，漸不可長。宜敕邊吏，疆埸細故，徐以文檄往反。若輕以矢刃相加者，坐之。』京師大水，公上疏論三事，皆盡言無所隱諱。除龍圖閣直學士，判流内銓，改右諫議大夫，知治平四年貢舉。神宗即位，首擢公爲翰林學士，公力辭，不許。上面諭公：『古之君子，或學而不文，或文而不學，惟董仲舒、揚雄兼之。卿有文學，何辭爲？』公曰：『臣不能爲四六。』上曰：『如兩漢制詔可也。』公曰：『本朝故事不可。』上曰：『卿能舉進士，取高等，而云不能四六，何也？』公趨出，上遣内臣至閤門，强公受告，拜而不受。趣公入謝，曰：『上坐以待公。』公入，至廷中。以告置公懷中，不得已乃受。遂爲御史中丞。初，中丞王陶論宰相不押常朝班爲不臣，宰相不從，陶争之力，遂罷。公既繼之，言：『宰相不押班，細故也，陶言之過。然愛禮存羊，則不可已。自頃宰相權重，今陶復以言宰相罷，則中丞不可復爲。臣願候宰相押班，然後就職。』上曰：『可。』陶既出知陳州，謝章詆宰相不已。執政議再貶陶，公言：『陶誠可罪，然陛下欲廣言路，屈己受陶，而宰相獨不能容乎？』乃已。公上疏論修心之要三，曰仁、曰明、曰武；治國之要三，曰官人、曰信賞、曰必罰。其説甚備。且曰：『臣昔爲諫官，即以此六言獻仁宗，其後以獻英宗，今以獻陛下。平生力學所得，盡在是矣。』公在英宗時，與呂誨同論祖宗之制：『勾當御藥院常用供奉官以下，至内殿崇班，則出。近歲居此位者，皆暗理官資，食其廩給，非祖宗本意。又故事，年未五十，不得爲内侍省押班，今除張茂則止四十八，不可。』至是，又言之。因論高居簡姦邪，乞加遠竄。章五上，上爲盡罷寄資内臣，居簡亦補外。未幾，復留陳承禮、劉有方二人，公復争之。又言：『近者王中正往陝西，知涇州劉涣等諂事中正，而鄜延鈐轄吴舜臣違失其意。已而涣等進擢，舜臣降黜，權歸中正，謗歸陛下。是去一居簡得一居簡。』上手詔問公所從知。公曰：『臣得之賓客，非一人言。事之有無，惟陛下知之。若無，臣不敢避妄言之罪。萬一有之，不可不察。』詔用宫邸直省官郭昭選等四人爲閤門祗候。公言：『國初草創，天步尚艱，故即位之始，必以左右舊人爲腹心耳目，謂之隨龍，非平日法也。閤門祗候在文臣爲館職，豈可使厮役爲之？』英宗山陵，公爲儀仗使，賜金五十兩、銀合三百兩。三上章辭，從之。邊吏上言：『西戎部將嵬名山，欲以横山之衆取諒祚以降。』詔邊臣招納其衆。公上疏極論，以爲：『名山之衆，未必能制諒祚。幸而勝之，滅一諒祚生一諒祚，何利之有？若其不勝，必引衆歸我，不知何以待之。臣恐朝廷不獨失信於諒祚，又將失信於名山矣。若名山餘衆尚多，還北不可，入南不受，窮無所歸，必將突據邊城以救其命，陛下獨不見侯景之事乎？』上不聽，遣將种諤發兵迎之，取綏州，費六十萬萬。西方用兵，蓋自是始矣。兼翰林侍讀學士。登州有不成婚婦謀殺其夫傷而不死者，吏疑問即承，知州事許遵讞之。有司當婦絞而詔貸之。遵上議，準律因犯殺傷而自首者，得免所因之罪，婦當減三等，不當絞。詔公與王安石議之，安石是遵議。公言：『謀殺猶故殺也，皆一事，不可分爲二。若謀爲所因與殺爲二，則故與殺亦可爲二耶？』自宰相文彦博以下，皆附公議。然卒用安石言，至今天下非之。權知審官院。百官上尊號，公當答詔。上疏言：『先帝親郊不受尊號，天下莫不稱頌。末年有建言者，國家與契丹有往來書信，彼有尊號而我獨無，以爲深耻。於是群臣復以非時上尊號。昔漢文帝時，單于自稱「天地所生日月所置匈奴大單于」，不聞文帝復爲大名以加之也。願陛下追用先帝本意，不受此名。』上大悦，手詔答公：『非卿朕不聞此言。善爲答詞，使中外曉然，知朕至誠，非欺衆邀名者。』遂終身不復受尊號。執政以河朔災傷，國用不足，乞今歲親郊，兩府不賜金帛，送學士院取旨。公言：『兩府所賜，以匹兩計止二萬，未足以救災，宜自文臣、兩省、武臣、宗室、刺史以上皆減半。』公與學士王珪、王安石同對，公言：『救災節用，宜自貴近始，可聽兩府辭賜。』安石曰：『常衮辭賜饌，時議以爲衮自知不能，當辭位不當辭禄，且國用不足，非當今之急務也。』公曰：『衮辭禄猶賢於持禄固位者。國用不足，真急務。安石言非是。』安石曰：『不足者，以未得善理財者故也。』公曰：『善理財者，不過頭會箕斂以盡民財。民窮爲盜，非國之福。』安石曰：『不然。善理財者，不加賦而上用足。』公曰：『天下安有此理？天地所生財貨百物，止有此數，不在民則在官。譬如雨澤，夏潦則秋旱。不加賦而上用足，不過設法陰奪民利，其害甚於加賦。此乃桑弘羊欺漢武帝之言，太史公書之以見武帝不明耳。至其末年，盜賊蠭起，幾至於亂。若武帝不悔禍，昭帝不變法，則漢幾亡。』争議不已。王珪進曰：『救災節用，宜自貴近始，司馬光言是也。然所費無幾，恐傷國體，王安石言亦是。惟明主裁擇。』上曰：『朕意與光同。然姑以不允答之。』會安石當制，遂引常衮事責兩府，兩府亦不復辭。兼史館修撰。上問公可爲諫官者，公薦吕誨，誨以天章閣待制知諫院。詔公與張茂則同相視二股河及土堤利害。公用都水監丞宋昌言策，乞於二股之西置土堤，約水東流。若東流日深，北流自淺，薪芻漸備，乃塞其北，放出御河、胡盧河下流，以紓恩、冀、深、瀛以西之患。時議者多不同，公於上前反覆論難甚苦，卒從之。後皆如公言，賜詔獎諭。王安石始爲政，創立制置三司條例司，建爲青苗、助役、水利、均輸之政，置提舉官四十餘員，行其法於天下，謂之新法。公上疏逆陳其利害，曰：『後當如是。』行之十餘年，無一不如公言者。天下傳誦，以公爲真宰相，雖田父野老皆號公司馬相公，而婦人孺子知其爲君實也。邇英進讀，至蕭何、曹參事，公曰：『參不變何法，得守成之道。故孝惠、高后時，天下晏然，衣食滋殖。』上曰：『漢守蕭何之法不變，可乎？』公曰：『何獨漢也？使三代之君，常守禹、湯、文、武之法，雖至今存可也。武王克商，曰：『乃反商政，政由舊。』然則雖周亦用商政也。書曰：『無作聰明，亂舊章。』漢武帝用張湯言，取高帝法紛更之，盜賊半天下。元帝改宣帝之政，而漢始衰。由此言之，祖宗之法不可變也。』後數日，吕惠卿進講，因言：『先王之法，有一年而變者，正月始和布法象魏是也。有五年一變者，巡狩考制度是也。有三十年一變者，刑法世輕世重是也。有百年不變者，父慈子孝兄友弟恭是也。前日光言非是。其意以諷朝廷，且譏臣爲條例司官耳。』上問公：『惠卿言何如？』公曰：『布法象魏。布舊法也，何名爲變？若四孟月朔屬民讀法，爲時變、月變耶？諸侯有變禮易樂者，王巡狩則誅之，王不自變也。刑新國用輕典，亂國用重典，平國用中典，是爲世輕世重，非變也。且治天下，譬如居室，敝則修之，非大壞不更造也。大壞而更造，非得良匠美材不成。今二者皆無有，臣恐風雨之不庇也。公卿侍從皆在此，願陛下問之。三司使掌天下財，不才而黜可也，不可使兩府侵其事。今爲制置三司條例司，何也？宰相以道佐人主，安用例？苟用例而已，則胥吏足矣。今爲看詳中書條例司，何也？』惠卿不能對，則詆公曰：『光爲侍從何不言？言而不從何不去？』公作而答曰：『是臣之罪也。』上曰：『相與論是非耳，何至是！』講畢，賜坐户外。將出，上命徙坐户内，左右皆避去。上曰：『朝廷每更一事，舉朝訩訩，何也？』王珪曰：『臣疎賤，在闕門之外，朝廷之事不能盡知。借使聞之道路，又不知其虚實也。』上曰：『聞則言之。』公曰：『青苗出息，平民爲之，尚能以蠶食下户，至饑寒流離，況縣官法度之威乎？』惠卿曰：『青苗法，願取則與之，不願不强也。』公曰：『愚民知取債之利，不知還債之害，非獨縣官不强，富民亦不强也。臣聞作法於凉，其弊猶貪；作法於貪，弊將若之何！昔太宗平河東，立和糴法，時米斗十餘錢，草束八錢，民樂與官爲市。其後物貴而和糴不解，遂爲河東世世患。臣恐異日之青苗，猶河東之和糴也。』上曰：『陝西行之久矣，民不以爲病。』公曰：『臣陝西人也，見其病不見其利，朝廷初不許也。而有司尚能以病民，况立法許之乎？』上曰：『坐倉糴米何如？』坐者皆起曰：『不便。上已罷之，幸甚。』上曰：『未罷也。』公曰：『京師有七年之儲，而錢常乏。若坐倉錢益乏，米益陳，奈何？』惠卿曰：『坐倉得米百萬斛，則省東南百萬之漕，以其錢供京師，何患無錢？』公曰：『東南錢荒而米狼戾，今不糴米而漕錢，棄其有餘，取其所無，農末皆病矣。』侍講吴申起曰：『光言至論也！』公曰：『此皆細事，不足煩人主。但當擇人而任之，有功則賞，有罪則罰，此則陛下職也。』上曰：『然。文王罔攸兼於庶言、庶獄、庶慎，惟有司之牧夫。』公趨出。上曰：『卿得無以惠卿之言不樂乎？』公曰：『不敢。』韓琦上疏論青苗之害，上感悟，欲罷其法。安石稱疾求去。會拜公樞密副使，公上章力辭，至六七。曰：『上誠能罷制置條例司，追還提舉官，不行青苗、助役等法，雖不用臣，臣受賜多矣。不然，終不敢受命。』上遣人謂公：『樞密，兵事也，官各有職，不當以他事爲詞。』公言：『臣未受命，則猶侍從也，於事無不可言者。』安石起視事，青苗法卒不罷，公亦卒不受命。則以書喻安石，三往反，開喻苦至，猶幸安石之聽而改也。且曰：『巧言令色鮮矣仁。彼忠信之士，於公當路時，雖齟齬可憎，後必徐得其力。諂諛之人，於今誠有順適之快，一旦失勢，必有賣公以自售者。』意謂呂惠卿。對賓客，輒指言之曰：『覆王氏者，必惠卿也。小人本以利合，勢傾利移，何所不至！』其後六年，而惠卿叛安石，上書告其罪，苟可以覆王氏者，靡不爲也。由是天下服公先知。公求補外，上猶欲用公，公不可。以端明殿學士出知永興軍。朝辭進對，猶乞免本路青苗、助役。宣撫使下令，分義勇四番，欲以更戍邊，選諸軍驍勇，募閭里惡少爲奇兵，調民爲乾糧麨飯，雖内郡不被邊，皆修城池樓櫓如邊郡；且遣兵就糧長安、河中、邠，三輔騷然。公上疏，極言：『方凶歲，公私困弊，不可舉事。而永興一路城池樓櫓皆不急，乾糧麨飯昔嘗造，後無用，腐棄之。宣撫司令，臣皆未敢從。若乏，軍興，臣坐之。』於是一路獨得免。頃之，詔移知許州，不赴，遂乞判西京留司御史臺以歸。自是絶口不論事。以祀明堂恩加上柱國。至熙寧七年，上以天下旱蝗，詔求直言。公讀詔泣下，欲默不忍，乃復陳六事。一青苗，二免役，三市易，四邊事，五保甲，六水利，此尤病民者，宜先罷。又以書責宰相吴充：『天子仁聖如此，而公不言，何也？』元豐五年，公忽得語澀疾，自疑當中風，乃豫作遺表，大略如六事加詳盡，感慨親書，緘封置卧内。且死，當以授所善范純仁、范祖禹，使上之。凡居洛十五年，再任留司御史臺，四任提舉崇福宫。官制行，改太中大夫，加資政殿學士。神宗崩，公赴闕臨。衛士見公入，皆以手加額，曰：『此司馬相公也！』民遮道呼曰：『公無歸洛，留相天子，活百姓！』所在數千人聚觀之。公懼，會放辭謝，遂徑歸洛。太皇太后聞之，詰問主者，遣使勞公，問所當先者。公言：『近歲士大夫以言爲諱，閭閻愁苦於下，而上不知；明主憂勤於上，而下無所訴，此罪在羣臣，而愚民無知，歸怨先帝。宜下詔首開言路。』從之。下詔牓朝堂，而當時有不欲者，於詔語中設六事以禁切言者，曰：『若陰有所懷，犯非其分，或扇揺機事之重，或迎合已行之令，上以觀望朝廷之意以僥倖希進，下以眩惑流俗之情以干取虚譽，若此者，必罰無赦。』太皇太后封詔草以問公。公曰：『此非求諫，乃拒諫也。人臣惟不言，言則入六事矣。』時太府少卿宋彭年、水部員外郎王諤皆應詔言事，有欲借此二人以懲天下言者，皆以非職而言，贖銅三十斤。公具論其情，且請改賜詔書，行之天下。從之。（按此下接「於是四方吏民……衆議乃定」，見本條正文，此削去。）公以爲治亂之機，在於用人。邪正一分，則消長之勢自定。每論事，必以人物爲先。凡所進退，皆天下所謂當然者，然後朝廷清明，人主始得聞天下利害之實。（按此下接「遂罷保甲……西戎之議未決也」，見本條正文，此削去。）山陵畢，遷公正議大夫。公自以不與顧命，不敢當，詔不許。元祐元年正月，公始得疾。詔公與尚書左丞吕公著朝會，與執政異班再拜而已，免舞蹈。公疾益甚，（按此下接「嘆曰……皆從之」，見本條正文，此削去。）拜左僕射。疾稍間，將起視事，詔免朝覲，許以肩輿三日一入都堂或門下、尚書省。公不敢當，曰：『不見君，不可以視事。』詔公肩輿至内東門，子康扶入對小殿，且曰毋拜。公惶恐入對延和殿，再拜。遂罷青苗錢，專行常平糶糴法，以歲上中下熟爲三等，穀賤及下等則增價糴，貴及上等則減價糴，惟中等則否，及下等而不糴、及上等而不糶皆坐之。時二聖恭儉慈孝，視民如傷，虚己以聽公。公知無不爲，以身任天下之責。數月，復病，以九月丙辰朔薨於西府，享年六十八。太皇太后聞之慟，上亦感涕不已。時方躬祀明堂，禮成不賀，二聖皆臨其喪，哭之哀甚，輟視朝三日。贈太師、温國公，襚以一品禮服，賻銀三千兩，絹四千匹，賜龍腦、水銀以斂。命户部侍郎趙瞻、入内内侍省押班馮宗道護其喪，歸葬夏縣，官其親族十人。公忠信孝友，恭儉正直，出於天性。自少及老，語未嘗妄，其好學如饑渴之嗜飲食，於財利紛華，如惡惡臭，誠心自然，天下信之。退居於洛，往來陝郊，陝洛間皆化其德，師其學，法其儉，有不善，曰：『君實得無知之乎！』博學無所不通，音樂、律曆、天文、書數，皆極其妙。晚節尤好禮，爲冠婚喪祭法，適古今之宜。不喜釋老，曰：『其微言不能出吾書，其誕吾不信。』不事生産，買第洛中，僅庇風雨。有田三頃，喪其夫人，質田以葬。惡衣菲食，以終其身。自以遭遇聖明，言聽計從，欲以身徇天下，躬親庶務，不舍晝夜。賓客見其體羸，曰：『諸葛孔明二十罰以上皆親之，以此致疾，公不可以不戒。』公曰：『死生，命也。』爲之益力。病革，諄諄不復自覺，如夢中語，然皆朝廷天下事也。既没，其家得遺奏八紙，上之，皆手札論當世要務。京師民畫其像，刻印鬻之，家置一本，飲食必祝焉。四方皆遣人購之京師，時畫工有致富者。有文集八十卷、資治通鑑三百二十四卷考異三十卷，歷年圖七卷、通曆八十卷、稽古録二十卷、本朝百官公卿表六卷、翰林詞草三卷、注古文孝經一卷、易説三卷、注繫辭二卷、注老子道德論二卷、集注太元經八卷、大學中庸義一卷、集注揚子十三卷、文中子傳一卷、河外諮目三卷、書儀八卷、家範四卷、續詩話一卷、游山行記十二卷、醫問七篇。其文如金玉穀帛藥石也，必有適於用。無益之文，未嘗一語及之。（按此下接「初，公患歷代史……賜金帛甚厚」，見本條正文，此削去。）娶張氏，禮部尚書存之女，封清河郡君，先公卒，追封溫國夫人。子三人，童、唐皆早亡，康今爲秘書省校書郎。孫二人，植、桓皆承務郎。公歷事四朝，皆爲人主所敬。然神宗知公最深。公思有以報之，常摘孟子之言曰：『責難於君謂之恭，陳善閉邪謂之敬，謂吾君不能謂之賊。』故雖議論違忤，而神宗識其意，待之愈厚。及拜資政殿學士，蓋有意復用公也。夫復用公者，豈徒然哉？將必行其所言。公亦識其意，故爲政之日，自信而不疑。嗚呼！若先帝可謂知人矣，其知之也深。公可謂不負所知矣，其報之也大。軾從公游二十年，知公平生爲詳，故録其大者爲行狀。其餘，非天下所以治亂安危者，皆不載。謹狀。」

17 呂公著言：「惇父老，居蘇州，今惇留汝州，上方以孝治天下，豈可使大臣失晨昏之養？」遂從惇請。〔一〕續資治通鑑長編卷三九二元祐元年十一月戊寅條。

校識

〔一〕據續資治通鑑長編卷三九二，元祐元年十一月戊寅，正議大夫、知汝州章惇提舉洞霄宮。是爲本條事目。

元祐二年（丁卯，一〇八七）

18 初，哲宗循章獻故事，請太皇太后御文德殿服冠冕受册，中書舍人曾肇言：「天聖二年兩制定議，皇太后受册於崇政殿，仁宗特詔有司改文德殿。蓋人主一時之制，初非典法。今皇帝述仁宗故事，以極崇奉之禮。臣謂太皇太后倘於此時特下明詔，屈從天聖兩制之議，於崇政殿受册，則皇帝之孝愈顯，太皇太后之德愈尊，兩誼俱得矣。」太皇太后嘉納。三月丁巳，詔曰：「顧予涼薄，豈敢上比章獻？可止就崇政殿。」後以旱災故，又詔停册禮。〔一〕㊀經進東坡文集事略卷二五賀明堂赦書衣二注并同書卷三七賜太師文彦博等請太皇太后受册第二表不允批答注。

校識

〔一〕據續資治通鑑長編卷三九六，宣仁后停受册禮事在元祐二年四月己亥。

附載

㊀宋會要輯稿禮四九之二一尊號六載太皇太后手詔：「有司奏受册當依典故在從吉之後。夫典册

備物以致隆名，國之盛禮也，行於和平之日，懼不克稱，況今旱暵爲虐，苗稼將槁。民則何罪？咎實在予。雖側躬永思，損膳自戒，尚慮無以塞責消變，而有司乃於此時欲以隆名盛禮加我，是重予之不德。所有將來行受册禮，宜權停罷。」

19 哲宗元祐二年五月，鮮于侁除利州路轉運判官。〔一〕是時，初作青苗、助役之法，詔諸路監司各定所部役錢之數。運使李瑜欲以四十萬緡爲額。公以利路民貧，用二十萬緡足矣，與瑜論不合，各具利害以聞。上是公議，謂判司農寺曾布曰：「鮮于侁所定利路役書，可爲諸路法。」遂罷瑜而以公爲轉運副使，〔二〕兼提舉常平農田水利差役事。而青苗法獨久之不行，執政怪焉。亟遣吏問狀，公曰：「詔書稱願取即與。〔三〕利路之民，無願取者，豈可强與之耶？」方新法初行，諸路騷動，而公平心處之，鄉無異議者。今翰林蘇公以謂上不害法，中不傷民，下不廢親，爲「三難」云。㊀國朝册府畫一元龜甲集卷七二因革門新法五。

校 識

〔一〕按據周義敢等箋注秦觀集編年校注卷三三鮮于子駿行狀，元祐二年五月辛未，集賢殿修撰、知陳州鮮于侁卒。本條以此爲事目。又據續資治通鑑長編卷二二七熙寧四年十月庚申條，鮮于侁除利州路轉運判官事在熙寧時。

〔二〕遂罷瑜而以公爲轉運副使　「罷」字原作「能」，據秦觀集編年校注卷三三鮮于子駿行狀改。

〔三〕詔書稱願取即與　「即」字原作「郎」，據秦觀集編年校注卷三三鮮于子駿行狀改。

附　載

㊀秦觀集編年校注卷三三鮮于子駿行狀：「公諱侁，字子駿，其先成湯之裔箕子，封于朝鮮，子仲食采於于，爲鮮于氏。世家漁陽。唐初，詔爲閬州刺史，殁于官，子孫家焉，遂爲閬中人。開元時，仲通、叔明節制兩川，叔明以功賜姓李氏，後復故姓，於公十二世祖也。曾祖演、祖瓘皆不仕，父至，自號隱居先生，爲蜀名儒，以公贈金紫光禄大夫。母趙氏，追封安德郡太夫人。公自少莊重不苟，力學有文，鄉黨異之。年二十，登景祐五年進士科，調京兆府櫟陽縣主簿。到官數月，丁外艱。服除，授江陵府右司理參軍。慶曆中，天下大旱，有詔中外臣僚實封言事，公上書推災變所興有四：一曰言不從，二曰厥咎僭，三曰欲得不明，四曰上下皆蔽，言甚切直。移歙州歙縣令，歙俗喜訟，善持吏長短，吏稍繩以法，輒得罪去。公爲黟，又嘗攝婺源，其治皆爲諸邑最，豪强畏之。改著作佐郎，知河南府伊闕縣事。遷祕書丞，通判黔州，未行，改通判綿州，左綿遠郡，自守將以下皆日課吏卒供薪炭、芻豆、蔬菓而贏取其直。公到，悉罷之，守將已下聞之亦罷，其風遂絶。清獻趙公使蜀，首薦之朝。轉屯田員外郎，賜五品服。英宗初爲皇嗣，公上疏言：『儲號未正，措

置未宜，今皇嗣初定，未聞選經術識慮之士，以擁護羽翼。乞妙選賢德，以爲宮僚。陛下清躬小有寢食不順，朝夕左右，固惟婦寺。願復漢侍中之職，令二府番休宿衛。』覃恩遷都官員外郎，通判保安軍。何公郯帥永興，辟公簽書其節度判官廳公事。改職方員外郎，覃恩轉屯田郎中。代還，用三司使薦，除蔡河撥發。神宗初即位，詔中外直言闕失，公應詔言十六事，其目曰：納諫諍以輔德、訪多士以圖治、嚴法令以制世、崇節儉以富民、明黜陟以考實、去貪暴以崇厚、重臺諫以委任、選監司以督姦、閱守宰以求治、慎遷易以去弊、重根本以圖固、復選舉以澄源、申武備以警姦、治軍旅以除患、謹邊防以重内、練將帥以禦戎。其末曰：『願陛下事兩宮以孝，待大臣以禮，侍從知其邪正，近習防其姦壬。』上愛其文，出以示御史中丞滕元發，曰：『此文不減王陶。』王陶，東宮舊臣，上所信重，故以公擬之。而陶亦雅相知，嘗薦公明經術、知治體、切直不阿，宜備顧問，後爲三司使，又奏爲其判官，不從。熙寧初，有詔侍從之臣各舉所知，范蜀公時爲翰林學士，以應詔。除利州路轉運判官，執政有沮議者。上曰：『鮮于某有文學。』執政曰：『陛下何以知之？』上曰：『有章疏在。』執政乃不敢言。王荆公用事，公上疏言時政之失，曰：『可爲憂患者一，可爲太息者二。其它逆治體而起人心者，不可概舉。』又曰：『陛下聰明，過於文帝，而群臣無賈生之才。』西方議用兵，公以兵將未擇，關陝無年，未宜輕動，乃移書勸安撫使，宜如李牧守雁門故事，遠斥堠，謹烽火，堅壁清野，使寇無所獲；密戒諸路，選將訓兵，蓄鋭俟時，須其可擊而圖之。安撫使不能用，師果無功。未幾，慶州兵叛，關中震擾，巴峽以西皆警。成都守與部使者爭議發兵屯要處，書檄旁午於塗。公一皆止之，示以無事。蜀人遂安。公以劍門形勢之地，當分權以制内外。今帥劍南者，舉全蜀之權以畀之，非便。宜循唐制，成都、益昌各自置帥，以消姦雄窺伺之心。書累上，不報。（按此下接「是時初作……强與之邪」，見本條正文，此削去。）歲滿，有旨再任，及罷，又留之，轉都官郎中。西京左藏庫使、知利州事周永懿貪暴不法，前使者憚其凶狡，置不敢問。公具得其姦贓，即遣吏就捕，械送于獄。永懿竟除名編管衡州。初，利州以兼益、利路兵馬都監，故事武臣爲守。至是，公上言乞堂選文臣知州事，别置路分都監，以懲永懿之弊。又言劍門關、葭萌寨使臣兼知縣事，類多不習文法，宜各置令，專領邑事。詔皆報可，遂爲定制。其他深計遠畫，公私便之，而人所不及者，蓋不可悉數。十餘年，使者有欲變其法者，父老泣曰：『老運使之法何可變也！』蓋公之猶子師中嘗使利路，故民以『老運使』别之。公奉使九年，閶爲名郡。（按此下接「方新法……三難云」，見本條正文，此削去。）移京東西路轉運副使，過闕陛見，面賜三品服，遷司封郎中。時河決曹村，梁楚之地被害，公移檄諸郡，具爲科條，所以拯救之術甚備。議者或謂決河東流入海，自其本性，宜勿復塞。公曰：『東州平衍，兖、鄆、單、濟、曹、濮諸河其所歸納，惟梁山、張澤兩濼，夏秋霖潦猶能爲害，矧縱大河衝注於中，則諸郡生聚，其爲魚乎！』乃作議河一篇數千言上之，又乞下澶州，早行閉塞。上皆嘉納。初，京東分東、西兩路，後以財用虛贏不相通和，詔復合爲一路，升公爲轉運使，更盡領其事。召還，賜對，勞問甚厚。上欲留公京師，而公固求守郡。遂除知揚州事。官制行，换朝請大夫。未幾，坐舉吏受賕免，降爲朝散大夫。方在譴中，又聞故吏以賕敗者。或勸公宜懲前事自陳，公曰：『吾專刺舉十二年，所任吏四百餘人，寧盡保其往耶？然既已薦之於朝，豈可反覆爲自全計？』卒不首也。復朝請大夫，管勾西京留守司御史臺。公之在西京也，今樞密范公亦領臺事，而司馬温公提舉崇福宫，三人相得歡甚，搢紳慕其游。及二聖臨御，圖任老成，於是拜温公爲門下侍郎，起范公帥環慶，復除公爲京東轉運使。温公曰：『子駿不當使外。顧東土承使者聚斂之後，民不聊生，煩子駿往救之耳。』比公行，又謂所親曰：『福星往矣。安得百子駿布在天下乎！』公至，則奏罷萊蕪、利國監鐵冶；乞變鹽法，依河北路通商；逐勾當公事之刻薄者二人；發濰州守奸贓。東人大悦。又言：『高麗朝貢，可令瀕海州郡爲禮，不煩朝廷；若其自欲商賈，聽往閩、越州，麗人無以辭矣。』召還，爲太常少卿，三省、太常會議神宗配享功臣，或欲用王荆公、吴正憲公者，公曰：『富文忠公勳德終始，天下具知，宜配食。』議遂定。因上言：『本朝舊制，配享雖用二人，宜如唐用郭子儀故事，止用富公一人。』詔從之。元祐元年，明堂禮畢，拜右諫議大夫。既拜命，即以辨邪正之説爲獻，其言君子小人相爲消長之理甚備。又言：『近歲人物衰少，凡一官有缺，差擬爲艱。宜許六曹、寺監長吏各舉僚屬，嚴其論薦之法，亦以見達官之所舉，而執政大臣可以優游論道。蓋宰相擇臺省長官，臺省長官薦舉僚屬，知人安民之道，於斯爲得。』自保甲之法行，民以藝能入等授班行者，即爲官户免役，時祥符縣至一鄉止有一户可差。公言：『僥倖太甚。宜依進納官例充役如故。須其陞朝乃免。』有旨治諫官直廬，不得與東西省相通，以防漏泄。公上言：『昔漢武帝嘗命文學之士遞宿禁中，凡公府欲行之政，俾之閱視辨論，中外相應以義理之大，故文章爾雅，訓詞深厚，炳然與三代同風。唐太宗臨御，每遇宰相平章事，必命諫官俱入，小有頗失，隨即箴規，故正觀之治企及三代。今乃屏置諫官，使與兩省不相往還，恐非朝廷開言路以副聖上納諫之義。』又劾大臣不宜輔郡者，請加譴黜，以示天下。其餘乞復制舉；分經義、詩賦爲兩科以求人材；罷大理獄以省事；罷帳司檢法以省官；嚴出官之法，減特奏名人數，以抑濫進；再言京東鹽禁不便，宜弛以利民；許蔡河撥發統制縣道，以便程督；罷戎瀘保甲，以恤民力；行浙中舊法，以省漕運；復三路義勇，以寬保甲；沙汰學官，以熄異議。事多施行。明年春，以病不任朝謁，乞郡，數賜告不俞。章三上，乃拜集賢殿修撰，知陳州事。仍有旨，滿歲除待制。夏五月辛未，終于州寢，享年六十有九。累勳柱國，賜爵清源縣男。前數日，語諸子曰：『吾心無不足者，惟以不得歸老陽翟、別著易説爲恨。』無它言。公忠亮果斷，出於天性，自小官以至進擢，數上書言天下事，咸具利害。移諫官、御史，其言或用或不用，未嘗小加損益。爲政以經術自輔，所至有迹。其去，民追思之。熙寧、元豐之間，士大夫鶩於功利，喪其素守者多矣。公雖屢更使指，而屹然於新進少年之中，號爲正人。晚登侍從，益厲鋒氣，知無不言。在職九十餘日，所言當世之務略盡。嗚呼！使公不疾病且死，得大用於時，其勳業豈易量哉！然公起諸生，仕爲諫官，供奉仗内，言聽計行，天下受其賜，比夫當軸處中初無益於縣官者，蓋得失相萬也。由是言之，雖病疾且死，弗克大用於時，亦可以無憾矣。喜推轂士，士之游其門者，後皆知名。治經術有師法，論注多出於新意。晚年爲詩與楚辭尤精，泰山孫復嘗與公論春秋，嘆曰：『今世學經術，未有如公者。』蘇翰林讀公八詠，自謂欲作而不可及，讀公九誦，以謂有屈宋之風。今天子賜之詔書，亦曰：『學足以邇古，才足以御今，智足以應變，强足以守官。深於經術，達於人情。』又曰：『金石之節，皓首不衰。』則公之德善，於是可考也。所著文集二十卷、傳二十卷、周易聖斷七卷、典説一卷、治世讜言七卷、諫垣奏稿二卷、刀筆集三卷，其餘未編次者尚多。」

20 先是，維與刑部侍郎范百禄争議刑名，因指陳百禄所爲不正，而諫官吕陶復論維專權用事，類多除用親戚，遂有是命。㊀同知樞密院范純仁上奏願留之，㊁疏入不報。而中書舍人曾肇亦繳還詞頭，詔曾肇令依前降指揮。㊂肇奏如初，㊃於是送以次舍人行下。其後，給事中、兼侍講范祖禹請復召維於經筵，㊄不報。〔一〕宋宰輔編年録卷九元祐二年七月壬戌條。

校識

〔一〕據宋宰輔編年録卷九，元祐二年七月壬戌，正議大夫、門下侍郎韓維爲正議大夫、資政殿大學士、知鄧州。是爲本條事目。

附載

㈠欒城集卷三〇韓維守本官資正殿學士知鄧州（參宋宰輔編年録卷九元祐二年七月壬戌條）：

「敕：朕承祖宗之丕業，訪求黎老，與共國事。矧復裕陵藩邸之舊，父兄世臣之餘，民望所依，朕何敢後。然而華髪在御，有賢勞之嗟；旅力既愆，以出守爲樂。進退之際，禮義存焉。具官韓維，頃以耆艾，恬於燕閑。召寘邇英，賴其勸講之助；擢居黄闥，付以議論之權。任寄方深，歲月未幾。惟廊廟有日昃之務，而方州存卧治之風。眷南陽之大邦，本故鄉之近地。仍還舊職，以示往恩。尚俾中外之臣，知予終始之意。思永終譽，克綏厥心。可。」

㈡宋朝諸臣奏議卷四七范純仁上哲宗論韓維不當罷門下侍郎：「臣伏覩韓維公忠篤實，禀於天性；議論賞罰，據理直前；盡心國家，不避嫌謗。陛下用爲執政，可謂股肱之良。伏惟陛下寬仁大度，委任群臣，進退輔弼，咸以至公。今韓維未聞别有大過，不候封章陳請，遽然逐去，必有奸人密行譖愬，上誤聖聰，致陛下用賢不終，使大臣失進退之節，實恐正人失望，有虧聖政。伏望陛下深加睿思，或因臣僚開陳，却令追寢前命。」

㊂續資治通鑑長編卷四〇三元祐二年七月甲子條載太皇太后御批：「輔臣奏劾臣僚，豈有案牘不具，徒口奏而已者？蓋是出於容易，謂予聽覽可欺也。以此罷其職，豈謂與范百禄較證是非，然後爲有罪耶！宜依前降指揮，作文字施行。」

㊃曾肇曾文昭公集卷二上哲宗皇帝論韓維不當罷門下侍郎：「臣前奏乞令韓維指陳范百禄所爲不正，非欲令維與百禄較正是非，止欲考覈維之欺君與不欺君爾。若維所陳皆中百禄之病，則是維爲執政，敢爲朝廷別白邪正是非，真得大臣之體。雖案牘不具，出於口奏，豈可謂之欺哉？若維所陳皆失事實，則其欺君罔上，事理灼然，明正典刑，人心自服。蓋執政大臣參預國論，其於論議臧否人物，不一一須行文字，但顧所言當與不當；推而行之，人心服與不服耳，豈以一無文字便謂之欺？唯是百官有司有所陳列，須具劄子、奏狀自達，非如執政大臣朝夕進見，故不得不然也。古者坐而論道，謂之三公。豈以具案牘爲事哉？今陛下責維徒口奏而已，遂以謂有欺君之意，臣恐命下之日，人心眩惑，以謂陛下以疑似之罪而逐大臣，恐於陛下盛德不爲無損也；執政大臣自此以維爲戒，無敢開口議論、臧否人物；君臣上下，更爲形迹。恐非陛下推赤心以待大臣之誼，亦非大臣展布四體以事陛下之道也。」

㊄范祖禹太史范公文集卷一九薦士劄子一：「韓維素有鯁直之稱，先帝以維東宫之臣，眷遇甚厚。維與王安石不合，以此齟齬，不至大用，未嘗少屈於安石之黨，天下皆以爲賢。陛下用以爲門下

侍郎，中外皆謂得人。維於政事雖有執滯不通，然其人風節素高，疾惡如讐，奸邪畏之。前年罷免，不聞顯過。今又領宮觀，乃與章惇爲一例，甚非宜也。先帝東宮之臣，唯孫固與維二人見存，陛下所宜加禮。若召維以經筵之職，不唯學識論議足以開益聰明；維有人望，物論必大以爲愜。」

21 元祐二年七月丁丑，詔端明殿學士、光禄大夫、提舉嵩山崇福宫范鎮遷銀青光禄大夫，仍前職致仕。先是，熙寧中，鎮以言不行請致仕，疏五上，最後力詆王安石。安石怒，遂落翰林學士，以本官致仕。哲宗即位，時幾八十矣，韓維言其首開建儲之議，悉以鎮十九疏上之，拜端明殿學士，且詔赴闕。尋落致仕，除侍讀、提舉太乙宫。鎮辭，竟不起。天下益高之。改嵩山崇福宫。數月，復告老，遂有是命。經進東坡文集事略卷三一乞加張方平恩禮劄子注。

22 ※程頤權同管勾西京國子監。〔一〕㊀

校識

〔一〕李心傳道命録卷一云：「李丙丁未録中有文仲全章」。據續資治通鑑長編卷四〇四，元祐二年八月辛巳，通直郎、崇政殿説書程頤爲孔文仲所攻，罷經筵，權同管勾西京國子監。

附　載

㈠道命録卷一載孔文仲劾伊川先生疏：左諫議大夫孔文仲奏：「臣聞十尺之囿，必有荆棘；百步之田，必有稂莠；日月當天，必有氛祲；明聖在御，必有姦邪。謹案通直郎、崇政殿説書程頤，人品纖汚，天資憸巧，貪黷請求，元無鄉曲之行；奔走交結，常在公卿之門。不獨交口褒美，又至連章論奏，一見而除朝籍，再見而升經筵。臣頃任起居舍人，屢侍講席，觀頤陳説，凡經義所在，全無發明，必因藉一事，泛濫援引。借無根之語，以摇撼聖聽；推難考之迹，以眩惑聰明。上德未有嗜好，而常啓以無近女色；上意未有信嚮，而常開以勿用小人。豈惟勸導以所不爲，實亦矯欺以所無有。每至講罷，必曲爲卑佞附合之語，借如曰：『雖使孔子復生，爲陛下陳説，不過如此。』又如曰：『臣不敢子細敷奏，慮煩聖聽，恐有所疑，伏乞非時特賜宣問，容臣一一開陳。』當陛下三年不言之際，頤無日無此語，以惑上聽，而陛下亦必黽勉爲之應答。又如陛下因咳嗽罷講，及御邇英，學士以下侍講讀者六七人，頤官最小，乃越次獨候問聖體。僭逾過甚，並無職分，如唐之王伾、王叔文、李訓、鄭注是也。伾以詩、書侍講，叔文以棊待詔，二惡交踵，終兆永貞之亂；注以藥術用，訓以易義進，兩邪合蹤，卒致甘露之禍。臣訪聞頤有家不及治，有禄不及養，日跨匹馬，奔馳權門，遍謁貴臣，歷造臺諫。其謁貴臣也，必暗藉重輕之意，出以語人，收爲私恩，及有差除，若合符節。是以人皆憚懼而又深德之。其造臺諫也，脅肩蹙額，屏人促席，或以氣使，或以術動，今日當論列某事，異時當排擊此人。而臺諫之中，常有儔類竭盡死力，如朱光庭、杜純、賈易之流是也。臣居京師近二年，頤未嘗過臣門；臣比除諫官，頤即來訪臣，先談賈易之賢，又賀與易同官，遂語及吕陶事，曰：『吕陶曾補司諫，命已久閣，今聞復下，何也？如此，則賈明叔必不安職矣。』明叔者，指賈易字也。臣答曰：『何以言之？』頤曰：『明叔近有文字攻陶之罪，已數日矣。今陶設爲司諫，明叔畏義知耻者也，言既不行，其辭去決矣。公能坐觀明叔之去乎？』臣曰：『將如之何？』頤曰：『此事在公也，公之責重也。』推頤之言，必是與陶有隙，又欲諷臣攻陶助易也。臣素與頤不相識，只在經筵相遇，又未嘗過臣，一旦乃非意相干，説諭如此。陛下以清明安静爲治於上，而頤乃鼓騰利口，間亂群臣，使之相争鬥於下。紛紛擾擾，無有定日，如是者彌年矣。伏惟太皇太后、皇帝陛下鑒察真僞，雖在萬里之外，無所遁逃，况于咫尺之近，而肯容頤者穢滓班列，變亂白黑乎？蓋緣執事者推舉之過，遂誤知人之明。伏望論正頤罪，儻未誅戮，且當放還田里，以示典刑。取進止。」

23 元祐二年八月，游師雄以种誼入洮州擒吐蕃首領青宜結，檻送闕下。詔告裕陵。初，王師下熙河，獨董氊尚存，退保青唐。董氊者，唃廝囉之子。唃廝囉乃吐蕃遺種，其族最盛，朝廷封爲西平王，用爲藩翰。唃厮囉死，諸子皆衰弱，故王韶遂開熙河，惟董氊獨强悍。其首領鬼章既殺景思立、王寧，頗自矜大。神宗令李憲厚賞圖之，十年不得。上即位，務安静，鬼章遂有窺故土之意，與夏國相結，約分其地。遂引兵攻南川，城洮州，又遣鬻馬漢界，以結屬羌爲内應。獨誼得其情，上之。詔師雄來視，以便宜從事。師雄議與誼同，誼結鬼章部下瓜麟淳什南，使伺其動静。會遣人來報，鬼章駐洮州，分屯軍馬，城少虚。夏人屯通遠，將率鬼章入寇。誼以告師雄，師雄與熙河經略劉舜卿議，乃以熙河、通遠蕃漢軍馬分兩道，以十七日進發，遣總管姚兕將熙河軍馬趨講朱城，斷黄河飛橋，使青唐之衆不得度。誼以本州兵，合通遠蕃漢，出奇龍谷至邦金川。賊迎戰，軍鋒擊走之。十九日，追奔至洮。虜入城拒守。會天大霧，誼親鼓乘城。霧霽，城已破。鬼章坐佛寺，拱手就執。併獲其首領七人。餘降撫之。奏聞，僉議翌朝稱賀。知制誥蘇軾以爲賀太速，上奏諫止之。㊀不聽。經進東坡文集事略卷三二論擒獲鬼章稱賀太速劄子注。

附載

㊀經進東坡文集事略卷三二論擒獲鬼章稱賀太速劄子：「臣愚以謂偏師獨克，固亦可慶，然行於明日，臣謂太速。如聞本路出兵非一，見有一將方指青塘，此乃阿里骨巢穴，若更待三五日間，必續

有奏報,賀亦未晚。今者俘獲醜虜,功誠不細;賞功勸後,固不應輕。然朝廷方欲緝治邊防,整肅驕慢,若捷奏朝至,舉朝夕賀,則邊臣聞之,自謂不世之奇功;或恩禮太過,則將驕卒惰,後無以使。臣願朝廷鎮之以静,示之以不可測。昔謝安破符堅書至,安與客圍棋不輟,曰:『小兒輩遂已破賊。』安亦非矯情,蓋萬目觀望,事體應爾。所有明日稱賀,乞更詳酌指揮。」

元祐三年(戊辰,一〇八八)

24 初,神宗崩,詔至洛,時程顥責汝州酒税,偶以檄來,舉哀於府治。既罷,韓宗師曰:「今日之事何如?」顥曰:「司馬君實、吕晦叔作相矣。」宗師曰:「二公今作相當何如?」顥曰:「當與元豐大臣同,若先分黨與,他日可憂。」宗師曰:「何憂?」顥曰:「元豐大臣俱嗜利者,若使自變已甚害民之法則善矣,不然衣冠之禍未艾也。」既而光、公著並相,純仁所見與顥同。故蔡確貶新州,純仁獨以爲不可,至謂大防曰:「公若重開此路,吾輩將不免矣。」純仁竟罷去。使純仁不罷、顥不死,更相調護,協濟於朝,則元祐朋黨之論,無自而起矣。〔一〕〔一〕宋宰輔編年録卷九元祐三年四月辛巳條。

校識

〔一〕據宋宰輔編年録卷九，元祐三年四月辛巳，同知樞密院范純仁爲太中大夫、右僕射、兼中書侍郎。是爲本條事目。

附載

㈠經進東坡文集事略卷三八除范純仁特授太中大夫守尚書右僕射兼中書侍郎進封高平郡開國侯加食邑實封餘如故制：「門下：朕惟朝廷之盛衰，常以輔相爲輕重。若根本彊固，則精神折衝。故薦吕臣奉己而不在民，則晉文無復憂色；汲長孺直諫而守死節，則淮南爲之寢謀。朕思得其人，付之以政，使天下聞風而心服，則人主無爲而日尊。咨爾在廷，咸聽朕命。中大夫、同知樞密院事、上柱國、高平縣開國伯、食邑九百户、食實封貳伯户、賜紫金魚袋范純仁，器遠任重，才周識明。進如孟子之敬王，退若蕭生之憂國。朕覽觀仁祖之遺迹，永懷慶曆之元臣。强諫不忘，嘉臧孫之有後；我心是似，命召虎以來宣。雖兵政之與聞，疑遠猷之未究。坐論西省，進貳文昌。增秩益封，兼隆異數。於戲！時難得而易失，民難安而易危。予欲守在四夷，以汝爲偃兵之姚、宋；予欲藏於百姓，以汝爲息民之蕭、曹。勉思古人，以稱朕意。可特授太中大夫、守尚書右僕射、兼中書侍郎，進封高平郡開國侯，加食邑七百户、實封叁伯户，勳如故。」

元祐四年（己巳，一〇八九）

25 哲宗元祐四年三月丁亥，〔一〕翰林學士蘇軾爲龍圖閣學士、知杭州。先是，上即位，宣仁后垂簾同聽政，召用司馬光、吕公著，群賢畢集于朝。〔二〕然雖賢者不免以類相從，故當時有川黨、洛黨之語。川黨者，以軾爲領袖，吕陶等爲羽翼；洛黨者，以程頤爲領袖，朱光庭、賈易等爲羽翼。頤用古禮，軾謂其不近人情類王安石，深疾之，或加戲侮。故光庭等不平。會軾草召試館職策題。

其文曰：國家承平百年，六聖相授，爲治不同，同歸于仁。今朝廷欲師仁祖之忠厚，而患百官有司不舉其職，或至于媮；欲法神考之勵精，而恐監司守令不識其意，〔三〕流入于刻。夫使忠厚而不媮，勵精而不刻，亦必有道矣。昔漢文寬仁長者，至於朝廷之間，耻言人過，而不聞其有怠廢不舉之病。宣帝綜核名實，至於文理之士，咸精其能，而不聞其有督責過甚之失。夫何修何營可以及此？

光庭時爲左司諫，因摘軾語，以爲謗。

光庭之奏曰：臣切觀學士院試館職策題云：「欲師仁祖之忠厚，而患百官有司不舉其職，或至于媮；欲法神考之勵精，而恐監司守令不識其意，流入于刻。」又稱「漢文寬大長者，不聞有怠廢不舉之病；宣帝綜核名實，不聞有督察過甚之失」。臣以謂仁祖之深仁厚德，如天之大，漢文不足以過也；神考之雄才大略，如神之不測，宣帝不足以過也。後之爲人臣者，惟當盛揚先烈，不當更置之議論也。今來學士院考試官不識大體，以仁祖難名之盛德、神考有爲之善志，反以媮、刻爲議論，獨稱漢文、宣帝之全美，以謂仁祖、神考不足以師法，不忠莫大焉。伏望正考試官之罪，以戒爲臣之不忠者。

軾乃上章自辨。㊀是時，呂陶爲右司諫，〔四〕不平光庭攻軾，乃亦上疏攻光庭。㊁而御史中丞傅堯俞、侍御史王巖叟則相與助光庭，乞正軾罪。右司諫王覿獨爲上分別言之。

其奏曰：臣伏覩朱光庭論學士院策題議仁祖、〔五〕神宗，以爲不可師法者，初有學士放罪旨揮到尚書省，收還不下，是朝廷以學士爲本無罪。大臣與言事官之論皆不同。願陛下姑置衆論，取所撰策題詳察之，則是非立見矣。彼同異之因，不足考也。陛下若悉考同異之因，深究嫌疑之迹，則兩岐遂分，而朋黨之論起矣。〔六〕學士命辭失當，有罪無罪，小事也；使士大夫有朋黨之名，大患也。凡小人欲陷君子者，必以朋黨之名，然後君子可以盡去，而小人得志。今朝廷清明，賢能萃聚，不可因小事而生大患，此陛下所當審者。

知樞密院范純仁亦勸上宜兩置之不問。[三]上以其言俱是而聽焉，遂一再下詔，兩平之，且令軾、堯俞、巖叟、光庭各視事。[四]軾既視事，乃復奏疏自言。

軾之奏曰：臣昔於仁宗朝舉制科，策論及所答聖策，大抵皆勸仁宗勵精庶政，督察百官，果斷而力行也。及事神宗，蒙召對訪問，退而上書數萬言，大抵皆勸神宗忠恕仁厚，含垢納汙，屈己以裕人也。臣之區區，不自度量，常欲希慕古賢，可否相濟，蓋如此。伏覩二聖臨御以來，聖政日新，一出忠厚，大率復行仁宗故事，天下翕然銜戴恩德，固無可議者。然臣私憂過計，常恐百官有司矯枉過直，或至於媮，而神宗勵精核實之政，漸致隳壞；深慮數年之後，馭吏之法漸寬，理財之政漸疎，備邊之計漸弛，則意外之憂，有不可勝言者。雖陛下廣開言路，無所忌諱，而臺諫所擊，不過先朝之人，所非不過先朝之法，正是「以水濟水」，臣切憂之。故輒用此意，撰上件策問，實以譏諷今之朝廷及宰相、臺諫之流，欲陛下覽之，有以感動聖意，庶幾兼行二聖忠厚勵精之政也。臺諫若以此罪臣，則斧鉞之誅，其甘如薺。今乃以爲譏諷先朝，則亦疎而不近矣。

明年，召試廖正一，而策題亦軾之文也。其文曰：古之君子，見禮而知俗，聞樂而知政，於以論興亡之先後，考古以詔今，蓋學士大夫之職，而人主與群臣之所欲聞也。請借漢而論之：西漢十二世而有道之君六，雖成、哀失德，禍不及民，宜其立國之勢，彊固不拔。而王莽以斗筲穿窬之材，談笑而取之。東漢自安、順以降，日趨于衰亂，而桓、靈之虐，甚於三季，其勢宜易動，而董、吕、二袁皆以絶人之姿，欲取而不敢。曹操功蓋天下，其才百倍王莽，盡其智力，終身莫能得。夫治亂相絶，而安危之效相反如此。願考其政，察其俗，悉陳其所以然者。

監察御史楊康國、趙挺之復疏之。㈤

挺之之奏曰：臣切觀蘇軾專務引納輕薄虚誕，有如市井俳優之人，以在門下，取其浮淺之甚者，力加論薦。前日十科，乃薦王鞏。其舉自代，〔七〕乃薦黄庭堅，罪惡尤大，尚列史局。按軾學術，本出戰國策蘇秦、張儀縱横揣摩之説。近日學士院策試廖正一館職，乃以王莽、袁術、袁紹、董卓、曹操篡漢之術爲問。

王覿亦相繼論奏，請出之。㈥軾復丐去。上曰：「豈以臺諫有言故耶？自來進用，皆是皇帝與太皇太后主張，不因他人。今來但安心，勿恤人言，不用更入文字。」軾感拜而退。久之，諫官、御史復有言，軾亦再申前請。

軾之奏曰：「臣近以左臂不仁，兩目昏暗，有失儀曠職之憂，堅乞一郡。伏蒙聖恩，降詔不允，遣使存問，賜告養疾。恩禮之重，萬死莫酬。恭惟陛下踐祚之始，收臣於九死之餘，半年之間，擢臣爲兩制之首。方將致命，豈敢告勞？特以臣拙於謀身，鋭於報國，致使臺諫例爲怨仇。臣與故相司馬光雖賢愚不同，而交契最厚。光既大用，臣亦驟遷，在於人情，豈肯異論？但以光所建差役一事，臣實以爲未便，不免力爭。而臺諫諸人，皆希合光意，以求進用。及光既没，則又妄意陛下以爲主光之言，結黨横身，以排異議，有言不便，約共攻之。曾不知光至誠爲民，本不求人希合，而陛下虚心無我，亦豈有所主哉！其後又因刑部侍郎范百禄與門下侍郎韓維争議刑名，欲守祖宗故事，不敢以疑法殺人，而諫官呂陶又論維專權用事。臣本蜀人，與兩人實是知舊，〔八〕因此韓氏之黨，一例疾臣，指爲『川黨』。御史趙挺之在元豐末通判德州，而著作黄庭堅方監本州德安鎮，挺之希合提舉官楊景棻意，欲於本鎮行市易法，而庭堅以謂鎮小民貧，不堪誅求，若行市易，必至星散。公文往來，士人傳笑。其後，挺之以大臣薦，召試館職。臣實對衆言挺之聚斂小人，學行無取，豈堪此選！又挺之妻父郭槩爲西蜀提刑，時本路提舉官韓玠違法虐民，朝旨委槩體量，而槩附會隱庇。臣弟轍爲臺官，〔九〕劾奏其事，玠、槩並行黜責。以此挺之疾臣，尤出死力。臣二年之中，四遭口語，發策、草麻，皆謂之誹謗。未出省榜，先言其失士，以至臣所薦士，例加誣蔑；所言利害，不許相見。〔一〇〕近王覿言胡宗愈，指臣爲黨；孫覺言丁騭，云是臣親家。臣與此兩人有何干涉，而於意外巧詆曲成，以積臣罪。欲使臣撓椎於十夫之手，而使陛下投杼於三至之言。中外之人，具曉此意，謂臣若不早去，必致傾危。臣非不知聖主天縱聰明，察臣無罪，但以臺諫氣焰震動朝廷，上自執政大臣，次及侍從百官，外至監司守令，皆畏避其鋒，奉行其意，意所欲去，勢無復全。天下知之，獨陛下深居法宮之中，無由知爾。

軾請外不已，遂有是命。㊆給事中趙君錫請留之，㊇不許。已而軾請以言者所論，付外庭辨治，㊈不報。國朝册府畫一元龜甲集卷八六朋黨門川黨洛黨朔黨。

校識

〔一〕哲宗元祐四年三月丁亥　「丁亥」二字原脱，據經進東坡文集事略卷三五乞郡劄子注補。

〔二〕上即位宣仁后垂簾同聽政召用司馬光呂公著群賢畢集于朝　「上即位」後數句史源爲邵伯温邵氏聞見録。「賢」字原作「臣」，據邵氏聞見録卷一三改。

〔三〕而恐監司守令不識其意　「識」字原作「職」，據下文及經進東坡文集事略卷二二師仁祖之忠厚法神考之勵精改。

〔四〕按呂陶爲右司諫，經進東坡文集事略卷三一辯試館職策問劄子二首其二篇題注同。據續資治通鑑長編卷三九三元祐元年十二月壬寅條，呂陶論朱光庭時爲殿中侍御史，又據同書卷四〇一元祐二年五月戊辰條，呂陶乃爲左司諫。

〔五〕臣伏覩朱光庭論學士院策題議仁祖　「議」前，續資治通鑑長編卷三九四元祐二年正月壬戌條王覿奏疏有「輕」字，義勝。

〔六〕而朋黨之論起矣　「起」字原作「記」，據續資治通鑑長編卷三九四元祐二年正月壬戌條王覿奏疏改。

〔七〕其舉自代　「舉」字原作「學」，據續資治通鑑長編卷四〇七元祐二年十二月丙午條趙挺之奏疏改。

〔八〕與兩人實是知舊　「知」字原作「如」，據經進東坡文集事略卷三五乞郡劄子及續資治通鑑長編卷四一五元祐三年十月己丑條蘇軾奏疏改。

〔九〕臣弟轍爲臺官「臺」字，經進東坡文集事略卷三五乞郡劄子及續資治通鑑長編卷四一五元祐三年十月己丑條蘇軾奏疏皆作「諫」。

〔一〇〕不許相見「見」字，經進東坡文集事略卷三五乞郡劄子同，續資治通鑑長編卷四一五元祐三年十月己丑條蘇軾奏疏作「度」。

附載

㈠蘇軾文集卷二七辯試館職策問劄子：「臣之所謂媮與刻者，專指今之百官有司及監司守令不能奉行，恐致此病，於二帝何與焉？至於前論周公、太公，後論文帝、宣帝，皆是爲文引證之常，亦無比擬二帝之意。况此策問第一、第二首，鄧温伯之詞，末篇乃臣所撰，三首皆臣親書進入，蒙御筆點用第三首。臣之愚意，豈逃聖鑒？若有毫髮諷議先朝，則臣死有餘罪。伏願少回天日之照，使臣孤忠不爲衆口所鑠。」

㈡黄淮、楊士奇編歷代名臣奏議卷二〇四吕陶辯朱光庭彈蘇軾策題事疏：「蘇軾所撰策題，……蓋作文者發此問端，以觀其答，即非謂仁宗不如漢文、神考不如漢宣也。光庭指以爲非，亦太甚矣。假使光庭直徇己見，不爲愛憎而言，則雖不中理義，猶可恕；或爲愛憎而發，則於朝廷事體所損不細。今士大夫皆曰程頤與朱光庭有親，而蘇軾嘗戲薄程頤，所以光庭爲程頤報怨而屢攻蘇軾。審如所聞，則光庭固已失之，軾亦未爲得也。且軾薦王鞏爲不知人，戲程頤爲不慎言，舉此二者而罪之則當也；若指其策問爲譏議二聖，而欲深中之，以報親友之私怨，誠亦過矣。」

㊂續資治通鑑長編卷三九四元祐二年正月丙子條載范純仁奏：「蘇軾止是臨文偶失周慮，本非有罪。聞言者未已，深慮煩瀆聖聰，恐致陛下別有行遣。臣以受恩深厚，雖非職事，而不避僭易之罪，輒敢奏陳。蓋此事或聞因小有言，恐致交相攻訐，流弊漸大，伏望聖慈深察。召來宣諭之意，只乞以朝廷本置諫官，蓋爲補朝廷闕失及姦邪害政。今人臣小過，本無邪心，言官不須深論。若其引咎求去，則云朝廷不欲以小事輕去言者，爾等當共成朝廷之美，則必不敢更有他説。」

㊃續資治通鑑長編卷三九四元祐二年正月乙丑條載詔書：「傅堯俞、王巖叟、朱光庭以蘇軾撰試館職策題不當，累有章疏。今看詳得是非譏諷祖宗，只是論百官有司奉行有過。令執政召逐人面諭，更不須彈奏。」又丙子條載詔書：「蘇軾所譔策題，本無譏諷祖宗之意。又緣自來官司試人，亦無將祖宗治體評議者，蓋學士院失於檢會。劄子與學士院共知，令蘇軾、傅堯俞、王巖叟、朱光庭各疾速依舊供職。」

㊄續資治通鑑長編卷四〇七元祐二年十二月壬寅條載楊康國奏：「臣昨於朝堂見百官聚首，共議學士院撰到召試廖正一館職策題，問王莽、曹操所以攘奪天下難易，莫不驚駭相視。其時臣未有言責，無緣上達，徒自震恐寒心而不忍聞也。此必無人爲陛下言其不可之狀，致朝廷尚稽竄責。臣今幸遇聖恩，擢置言路，豈敢畏避緘默，偷安竊禄，有孤陛下任使之意哉？且石勒一僭僞之主，

猶曰『終不學曹孟德、司馬仲達狐媚以取天下』。臣爲人臣，不忍盡道石勒之語。」

⑥續資治通鑑長編卷四〇八元祐三年正月丁卯條載王覿奏：「蘇軾去冬學士院試館職策題，自謂借漢以喻今也。其借而喻今者，乃是王莽、曹操等篡國之難易，縉紳見之，莫不驚駭。軾習爲輕浮，貪好權利，不通先王性命道德之意，專慕戰國縱橫捭闔之術。是故見於行事者，多非理義之中；發爲文章者，多出法度之外。此前日策題所以虧損國體而震駭群聽者，非偶然過失也，軾之意自以爲當如此爾。臣見軾胸中頗僻，學術不正，長于辭華而暗於義理。若使久在朝廷，則必立異妄作，以爲進取之資；巧謀害物，以快喜怒之意。朝廷或未欲深罪軾，即宜且與一郡，稍爲輕浮躁競之戒。」

⑦續資治通鑑長編卷四二四元祐四年三月丁亥條原注：「曾肇行軾杭州制云：『方冀納忠於朝夕，遽祈養疾於東南，章却復來，告滿輒賜。力固難强，義所重違。』」

⑧續資治通鑑長編卷四二五元祐四年四月癸卯條載趙君錫奏：「蘇軾乞外任，遂除杭州，雖聖恩優渥，待軾不替，而中外之望，闕然解體。何者？軾之文追攀六經，蹈藉班、馬，自成一家之言，國家以來，惟楊億、歐陽修及軾數人而已。中間因李定、舒亶輩挾私媢嫉，中傷以事，幾陷不測，賴先帝聖明，卒得保全。洎二聖臨朝，首被拔用，軾亦感激非常之遇，知無不言，言之可行，所補非一。故壬人畏憚，爲之消縮，公論倚重，隱如長城，誠國家雄俊之寶臣也。今軾飄然去國，則憸邪之

黨，必謂朝廷稍厭直臣；姦臣且將乘隙，侵尋復進，實係消長之機。軾領遠藩，承流牧民，亦足發其所存，但設施有限，所利未廣。豈若使之在朝，用其善言，則天下蒙福；聽其讜論，則聖心開益；行其詔令，則四方風動，姦邪寢謀，善類益進？伏望收還軾所除新命，復留禁林，仍侍經幄，以成就太平之基。」

⑨經進東坡文集事略卷三五乞將章疏付有司劄子：「臣平生愚拙，罪戾固多，至於非義之事，自保必無。只因任中書舍人日，行呂惠卿等告詞，極數其凶慝，而弟轍爲諫官，深論蔡確等姦回。確與惠卿之黨布列中外，共讎疾臣，撰造言語，無所不至。使臣誠有之，則朝廷何惜竄逐，以示至公；若其無之，臣亦安能以皎然之身，而受此曖昧之謗也。人主之職，在於察毀譽、辨邪正。夫毀譽既難察，邪正亦不易辨，惟有坦然虛心而聽其言，顯然公行而考其實，則真妄自見，讒謗不行。若陰受其言，不考其實，獻言者既不蒙聽用，而被謗者亦不爲辯明，則小人習知其然，利在陰中，浸潤膚受，日進日深，則公卿百官，誰敢自保？懼者甚衆，豈惟小臣？此又臣非獨爲一身而言也。伏望聖慈，盡將臺諫官章疏降付有司，令盡理根治，依法施行。」

26 先是，確罷相，以觀文殿大學士知陳州。頃之，弟軍器少監碩貸用官錢，論法抵死，詔特貸命，除名勒停，送韶州編管。於是，御史中丞傅堯俞、給事中顧臨相繼論確，確坐是落職知安州，滿歲徙鄧州。至是，復觀文殿學士。會知漢陽軍吳處厚箋確安州車蓋亭詩表上，皆涉譏訕，上及君親，非所宜言。其詩曰：「矯矯名臣郝甑山，忠言直節上元間。釣臺蕪没知何處，嘆息思公俯碧灣。」此篇譏謗朝廷，情理切害。臣今箋釋之：按唐郝處俊封甑山公。上元初，高宗多疾，欲遜位武后，處俊對曰：「昔魏文帝著令，不許皇后臨朝。今陛下奈何欲身傳位！」由是事沮。臣竊以太皇太后垂簾聽政，蓋用仁宗朝章獻明肅皇太后故事。而主上奉事太母，莫非盡極孝道；太母保祐聖躬，莫非盡極慈愛，不似前朝荒亂之政。而蔡確謫守安州，便懷怨恨，公肆譏謗，形於篇什。處今之世，思古之人，不思於佗，而思處俊，此其意何也？又詩言：「喧豗六月浩無津，行見沙洲束兩濱。如帶溪流何足道，沉沉滄海會揚塵。」意言海會有揚塵時，人壽幾何，非佳語。奏至，右司諫吳安詩首聞其事，即彈論之。自後，右諫議大夫梁燾、右正言劉安世章疏交上。㈠三省進呈，有旨令蔡確開具聞奏，及令知安州錢景陽取索元題詩本繳連實封以聞。中書舍人彭汝礪密疏救解，大概以處厚開告訐之路，此風不可長爲言。㈡侍御史盛陶亦騰章，意與汝礪合。㈢已而安州所申至，具言確已刮洗詩牌。明日，確之分析亦至，且言：「詩意謂處俊上元間有敢言之直氣，非止諫傳位皇太后一事。神仙傳言蓬萊水淺及海中揚塵，此是神仙麻姑、王方平之語也。李賀詩亦曾用此故事，有天上謡云『海塵新生石山下』，蓋亦述仙人壽長，能見海生塵之意。臣僚言臣是譏謗君親，其誣罔亦不難曉。」奏至，汝礪復救解之。㊃當是時，罪確之論未決，于是梁燾、劉安世連章論之益苦。㊄至是，詔確責授左中散大夫、守光禄卿、分司南京。汝礪復封還之。㊅奏入，即謁告。會王巖叟當制，遂草詞行下。其略曰：「託深意以厚誣，包禍心而莫測。味思人之作，見切憤於權宜。覽觀水之章，知樂逢於變故。」確雖分司，而安世攻之不已，諫議大夫范祖禹亦助之。㊆於是，簾中宣諭梁燾等，令密具行遣條例聞奏。燾等奉旨即條上之，以丁謂、孫沔、吕惠卿責降故事密奏。㊇已而執政對，簾中忽曰：「蔡確可英州别駕、新州安置。」執政愕立相視，因悉力開陳久之。劉摯曰：「蔡確母老。」引柳宗元乞與劉禹錫换播州事。吕大防曰：「蔡確，先帝大臣，乞如劉摯所論，移一近裏州郡。」簾中曰：「山可移，此州不可改！」於是，執政不敢復言，畫可先退。范純仁獨留身，揖王存論之，意不解。純仁曰：「臣奉詔，只乞免内臣押去。」簾中曰：「如何？」純仁以曹利用事言之。簾中曰：「決不殺他。」遂退而行其責命。㊈忽夜批出，差入内内侍省供奉官裴彦臣等押送。〔一〕諫垣與中司俱欲救止，而恐與初論相戾，且非體，復不敢發。〔二〕宋宰輔編年録卷九元祐元年閏二月庚寅條。

初，壽等之排論確也，又密具確及王安石之親黨姓名以進。

其奏曰：臣等竊謂確本出王安石之門，相繼秉政垂二十年，姦邪群小，交結趨附，深根固蒂，牢不可破。謹以王安石、蔡確兩人親黨開具于後。蔡確親黨：安燾、章惇、蒲宗孟、曾布、曾肇、蔡京、蔡卞、黄履、吴居厚、舒亶、王覿、邢恕等四十七人；王安石親黨：蔡確、章惇、吕惠卿、張璪、安燾、蒲宗孟、王安禮、曾布、曾肇、彭汝礪、陸佃、謝景温、黄履、吕嘉問、沈括、舒亶、葉祖洽、趙挺之、張商英等三十人。

於是，簾中宣諭宰執曰：「確黨多在朝。」范純仁進曰：「確無黨。」吕大防進曰：「確之黨甚盛，純仁之言非是。」劉摯亦助大防，言有之。純仁曰：「朋黨難辨，却恐誤及善人。」退又上奏。

其奏曰：慶曆中，先臣仲淹與韓琦、富弼同時大用，歐陽修、石介以夏竦姦邪，因亦嫉其黨類。彼黨遂起，大謗誣先臣與韓琦、富弼有不臣之心，歐陽修尋亦坐罪，石介幾至斫棺。其時朋黨之論大起，識者爲之寒心。上賴仁宗容覆，使兩黨之隙帖然自消，此事至今以爲美談。今來蔡確之罪，自有國家典刑，不必推治黨人，旁及枝葉。前來特降詔書，盡釋臣僚，往咎不復究，恐累太和。自此内外反側皆安，上下人情浹洽。盛德之事，誠宜久行。臣心拳拳，實在於此。

諫議大夫范祖禹亦謂確已貶，餘黨勿問可也。

祖禹之奏曰：自乾興貶丁謂以來，不逐大臣六十餘年。且丁謂時在相位，故朝廷有黨，不可不黜。然而章獻明肅太后、仁宗皇帝即下詔曰：「内外臣寮，凡與謂往還者，一切不問。」所以安人情也。宋宰輔編年録卷九元祐元年閏二月庚寅條。

吴處厚者，從蔡確爲山陵司掌牋奏官，處厚欲確以館職薦己，而確不薦，用此怨確，故繳進確詩。士大夫固多疾確，然亦不直處厚云。宋宰輔編年録卷九元祐元年閏二月庚寅條。

校識

〔一〕差入内内侍省供奉官裴彦臣等押送　「入内」之「内」原脱，據續資治通鑑長編卷四二九元祐四年六月甲辰條原注補。

〔二〕據宋宰輔編年録卷九，元祐四年五月丁亥，左中散大夫、守光禄卿、分司南京蔡確責授英州别駕、新州安置。是爲本條事目。

附載

㈠ 續資治通鑑長編卷四二五元祐四年四月壬子條載梁燾奏：「臣風聞吴處厚繳進蔡確詩十首，其問怨望之語，臣子所不忍聞者。伏乞聖慈指揮，付外施行。」又：「臣近以蔡確怨望，見於詩章，包藏禍心，合黨誕妄，上欲離間兩宫，下欲破滅忠義，清議沸騰，中外駭懼，以爲確不道不敬，罪狀明白，朝廷不當有疑而猶豫未斷。緣確黨與之人牽連中外，恐有專以私匿爲心，出力救解，陰啓邪説，眩惑聰明。其説若行，則君威不振，國法遂廢矣。臣不勝激切納忠之至，伏望睿慈早賜指揮，付有司施行。」又同條載劉安世奏：「確得性陰險，立朝姦邪。象恭滔天，有共工之惡；言辨行僞，挾少正卯之才。遭遇幸會，致位宰席，不能正身率下，宣明教化，而縱其弟碩交結群小，公納賄賂，盗用官物，不知紀極。閨門之内，奉養豪侈，飲食聲色，衣服器玩，肆爲奢僭，制踰王公。是時，碩爲軍器少監，俸入有限，而用度若此，確實同居，豈不知其所來乎？朝廷既不窮治，又貸其弟之死，止以失教爲名，出守安陸。天下公論，咸謂罰不能當其罪，固宜痛自懲艾，圖報大恩，而乃不自循省，輒懷怨望，借唐爲諭，謗訕君親。至於『滄海揚塵』之語，其所包藏，尤爲悖逆。確自謂齒髮方盛，足以有爲，意在他日時事變易，徼倖復用，攄泄禍心。跋扈懷梁冀之姦，睥睨蓄魏其之志。此而可捨，國法廢矣。伏望陛下察其情理，斷以至公，出處厚之奏付之有司，特行按治，明正其罪，以謝天下。」

㈡續資治通鑑長編卷四二五元祐四年四月壬子條載彭汝礪奏：「二聖臨御以來，言動政事，一無非道。凡人有善，惟恐長養之不至；有惡，惟恐蓋覆之不盡。天下聞之，拭目想見唐、虞、成周之太平。今緣小人之告訐，遂聽而是之，又從而行之，其源一開，恐不可塞。人有一言，且將文飾之，以爲是譏謗時政者；有一笑，且將揣度之，以爲包藏禍心者。疑惑自此日深，刑獄自此日作，風俗自此日敗壞，却視四顧，未知其所止也。」

㈢續資治通鑑長編卷四二七元祐四年五月辛巳條載盛陶奏：「蔡確自引而去，豈不知幸？後以弟犯法降知安州，是朝廷常典，確不應有恨。使確無心於言，偶涉疑似，人雖注釋，近於捃摭；使言而有意，終不能彊自爲辭。事關君親，臣子難於輕議。欲乞因其詩之言，以觀其心；據所引之事，以考其迹。苟涉譏刺，何憚不誅？其告言之人，亦願詳酌處分。」

㈣續資治通鑑長編卷四二六元祐四年五月庚辰條載彭汝礪奏：「事本告訐，聽受不足以爲明，容之足以增德美；迹涉疑似，嚴誅不足以爲威，寬之足以厚風俗。臣言非造次，粗有本末，惟陛下置之御几，以從容留神加察焉。」

㈤續資治通鑑長編卷四二六元祐四年五月戊寅條載梁燾、吴安詩、劉安世奏：「朝廷指揮下確開具因依，仍令安州知州取索確詩元本，皆已奏到。確之開具本無所用，徒爲遷延行遣，令確知其事因，從容造説，交通求救，詞皆虚妄，必不可信。今安州根究得實，確詩元書在粉板，後來削去墨迹，其板見在。書之其狀已著，削去其罪轉明，更使確巧詐辨給，此亦不能文也。詩板是明白已驗之迹，便可爲據；開具乃委曲苟免之詞，不足爲憑。罪在不赦，合寘誅竄。恭以太皇太后陛下以先帝遺詔，用故事請權同聽政，當日確備位次相，親見本末，豈不知此事不是太皇太后本意？蓋爲皇帝年在沖幼，以保護聖躬爲切，事不得已，乃從權宜。竊以前日遭值先帝大變之際，設不依本朝典禮，上尊兩宮，則宗社大計如何哉？觀確之意，以爲不然，蓋竊幸皇帝富於春秋，欲以大臣專權，自作威福，姦心深不可測，此不可不誅也。大臣之議，當歸美報上，以福禄壽考稱頌其君。確不能庶幾於此，乃引竭海變田之事，肆爲謗讟，密懷大惡之志，發爲不祥之語，此不可不誅也。」

㊅續資治通鑑長編卷四二七元祐四年五月辛巳條載彭汝礪奏：「確言非所宜，衆所共惡，聖恩深厚，尚俾分務。乃知天地高厚，無大不容；日月高明，雖細必察。然告訐之言至，有累風化；罪人以疑似，實非政體。伏望聖慈更賜寬恕。必謂小人須當懲戒，猶冀加貸，以全德美。所有誥詞，尚俟聖旨。」

㊆太史范公文集卷一五乞再貶蔡確劄子：「確之罪惡，天下不容，尚以列卿，分務留都，未厭衆議。伏乞處以典刑，更重行竄謫。」

㊇劉安世盡言集卷八論蔡確作詩譏訕事七：「准名例律，十惡，六曰大不恭，注謂指斥乘輿，情理切害者。准職制律，指斥乘輿，情理切害者斬。准名例律議請減贖章，犯十惡者不用此律。一、宰相丁謂貶崖州司户參軍。一、前樞密副使孫沔貶節度副使，宿州安置。一、前參知政事呂惠卿貶

節度副使，建州安置。右，臣等早來延和殿伏蒙宣諭，令具行遣比附條例密奏。臣等略具合用律法及責降大臣故事，備録如右。臣等竊謂三人之間，丁謂之責最重，然其所犯亦非蔡確之比。伏乞聖明更賜參酌。」

⑨宋大詔令集卷二〇六蔡確責英州別駕新州安置制：「敕：聖人察言以觀行，要在去凶；春秋原意而定誅，貴乎當罪。義之所在，朕不敢私。責授左中散大夫、守光禄卿、分司南京蔡確，象恭滔天，懷諼迷國。巧於伺候，有同林甫之姦；忍于織羅，無異俊臣之酷。忠義痛心於四海，循良側目於兩朝。家積之殃，昧而不知；己求之禍，大而莫解。陰遣腹心之黨，自稱社稷之臣，欺惑衆人，儌圖後福。而賴神奪之鑑，天誘其衷，使以不道之言，發于緣情之作。險意潛驚於群聽，醜辭明詆於慈闈。雖朕德之所招，顧母慈之何負！昨奉聖訓，稍從寬科。而公議沸騰，予心憯怛。未喪朋邪之氣，祇傷崇孝之風。欲有大功，已見魏其之志；耳非佳語，何疑崔炎之書？宜正典刑，以戒姦慝。假再生於東市，保餘息於南荒。不獨成朝廷今日之安，蓋將爲邦國無窮之計。往服矜貸，無忘省循。」

27　初，確之議貶新州也，純仁語大防曰：「此路自丁晉公後已荆棘七八十年，公若開之，吾輩將不免矣。」其後果然。

善乎邵伯温之論曰：公卿大夫，當知國體。以蔡確姦邪，投之死地何惜？然嘗爲宰相，當以宰相待之。范忠宣公有文正公餘風，〔二〕知國體者也。故欲薄確之罪，言既不用，退而行確謫命，然後求去。君子長者，與人同過之心也。確死南荒，豈獨有傷國體哉！劉摯、梁燾、王巖叟、劉安世忠直有餘，然疾惡已甚，不知國體，以貽後日縉紳之禍，不能無過也。蓋君子、小人相爲消長，能使君子在上，小人在下，君子在内，小人在外，各安其分足矣。豈可殺而絶之哉！夫殺無道以就有道，天下之理。疑若可行者，聖人猶不許季康子。蓋其意以謂殺一小人，衆小人必起酬復，豈非疾之已甚亂也。一吴處厚以前宰相詩爲譏謗，非所以厚風俗，罪之可也。蔡確，故大臣，不問以愧其心可也。朝廷當治確及其黨妄貪定策之功，令同時執政各具立皇太子事，使誣罔之迹曉然，以詔天下後世。罪其造謀者可也，詩不當罪也。嗚呼！紹聖初，亦賢者可以有爲之時也，而用章惇之凶暴，蔡卞之姦邪，一時輕躁險薄之徒皆進，至使宣仁被謗，哲宗致疑，離間骨肉，禍及忠良，幾五十年不解，卒致夷虜之亂，悲夫！宋宰輔編年録卷九元祐元年閏二月庚寅條。

初，蔡確坐詩語謗訕，而諫官、御史章疏交上，必欲朝廷誅殛之。宰執、侍從咸以爲當，然獨范純仁以爲不可，遂於簾前力開陳，以謂「方今聖朝宜務寬厚，不可以語言曖昧不明之過誅竄大臣。今日舉動宜與將來爲法式，此事甚不可開端」。又引尚書所謂「人有怨汝詈汝，則皇自敬德。厥愆，曰『朕之愆』，允若時，不啻不敢含怒」之説，以解上意。簾中意不解，卒貶確新州。純仁退復上疏諫，不報。疏再上，於是司諫吴安詩、正言劉安世交章攻純仁，謂與王存黨確也。㊀純仁亦引疾請外，遂以尚書右僕射、觀文殿學士知潁昌府。㊁是日，王存亦以端明殿學士知蔡州。〔二〕宋宰輔編年録卷九元祐元年閏二月庚寅條。

校識

〔一〕范忠宣公有文正公餘風　「忠」字原脱，據皇朝編年綱目備要卷二三元祐四年五月范純仁罷條補。

〔二〕據宋宰輔編年録卷九，元祐四年六月甲辰，太中大夫、尚書右僕射范純仁依前官爲觀文殿學士、知潁昌府。是爲本條事目。

附載

㊀續資治通鑑長編卷四二八元祐四年五月戊戌條載吴安詩奏：「蔡確譏訕君親，罪在不赦，免其死而竄之嶺表矣；彭汝礪不草詞頭，盛陶等陰持兩端，又皆逐之矣。姦邪滅迹，朝廷肅清，誠宗社

無疆之福也。數日來風聞范純仁當處厚繳進確詩之初，及朝廷商量行遣之際，純仁屢加營救，又欲歸罪處厚，致汝礪等承望風旨，敢爲異論。」又：「王存亦嘗助純仁救蔡確，今來純仁理當黜罷，王存亦不可獨免。」又：「范純仁、王存營救蔡確，若使前日純仁等之言少惑聖聽，則蔡確之事變矣。」盡言集卷一一彈奏范純仁王存事一：「確在安陸作詩訕上，悖逆不道，天下共疾。純仁備位次相，固宜以君親爲念，而顯助姦慝，極力救解。每對賓客，語及確事，則惻怛顰蹙，憫其非辜；至論處厚，則攘臂切齒，謂長告訐。教導汝礪，使之上疏；及見不肯草制，則與王存再三嘆賞，以謂天下乃有此人。又聞進對之次，屢有寬貸之請。宰相如此，朝廷何賴焉？」彈奏范純仁王存事二：「自吳處厚繳奏確詩，後來純仁與王存互持異論，不欲明正典刑，以至三省呈進之際，呂大防等已退，惟二人者獨於簾前密爲申理。若純仁等所陳果是公議，自當對衆顯言，無可諱者；惟其內蓄姦意，旁畏同列，是以輒取留身，陰進邪說。雖聖明在上，斷之不疑，而中外人情，惡其姦妄，詢考朝市，不謀而同。臣竊謂確之罪惡，天下之所共疾，使純仁等不知事理之重輕，冒昧公議，奮力救解，則可以謂之愚矣；知其不可救而救之，則志在於姦矣。」彈奏范純仁王存事三：「確之姦邪罪惡天下所知，怨謗君親，情理切害，事迹明著，按覆有實，凡戴天履地者莫不共疾而同棄之。陛下特示優容，俾全要領，已出天地父母再生之賜，而純仁等冒昧公議，猶爲救解，操心頗僻，處事顛倒，謂主於善，其可信乎？誠不足以謀王體而斷國論，運樞極而重朝廷。伏望聖慈考察僉言，審詳事理，以臣兩奏付之外廷，誅其姦意，并解機務。」彈奏范純仁王存事四：「純仁者忘君親之大義，畏姦豪於異日，有附下罔上之意，無體國徇公之心，不乘此時收還印綬，則朋姦之衆，又將倚之以復興，是蔡確之害尚在朝廷。」

（二）宋大詔令集卷六九范純仁罷相觀文殿學士知潁昌府制：「百揆居中，所以和庶政；九牧在外，所以阜兆民。兹出入之勢有殊，而始終之恩無間。式敷厥命，其告諸朝。太中大夫、守尚書右僕射、兼中書侍郎、上柱國、高平郡開國侯、食邑一千六百户、食實封五百户范純仁，心總天常，道濟民極，顯致朝廷之上，並收文武之長。越進陪於萬機，遂升正於三事。趙公入相，歎先父之遺忠；韋氏繼侯，嗟後人之愈畏。方倚成而熙績，遽引疾以退身。言雖重違，禮寔增厚。加殿中之近職，莅寰内之大州。斯崇寵名，益懋恩數。於戲！九德咸事，無曠官而代天工；四國于蕃，有良翰而周邦喜。位隆者報益重，志深者用彌堅。勉迪爾猷，往宣予治。可依前太中大夫，充觀文殿學士，知潁昌府。」

元祐六年（辛未，一〇九一）

28 輸尚書右丞命既下，而右司諫、兼權給事中楊康國不書讀，詔范祖禹書讀行下。〔一〕其後，康國屢請罷輸。

康國之奏曰：轍之兄弟，謂其無文學則非也，蹈道則未也，〔二〕其學乃學爲儀、秦者也；其文率務馳騁好作爲，縱横捭闔，無安静理，故亦類其爲人也。比安石則不及，當與章惇、蔡確、吕惠卿上下。其所爲文，華麗浮侈。陛下若悦蘇轍文學而用之不疑，是又用一安石也。轍以文學自負，而剛狠好勝，則與安石無異矣。

不報。〔三〕宋宰輔編年録卷一〇元祐六年二月辛卯條。

校識

〔一〕詔范祖禹書讀行下　「書」字原脱，據文淵閣四庫全書本宋宰輔編年録補。

〔二〕蹈道則未也　「未」字原作「非」，據文淵閣四庫全書本宋宰輔編年録改。

〔三〕據宋宰輔編年録卷一〇，元祐六年二月辛卯，龍圖閣學士、御史中丞蘇轍爲中大夫、尚書右丞。是爲本條事目。

29 六年八月戊子朔辛卯，〔一〕翰林學士承旨、知制誥、兼侍讀蘇軾爲龍圖閣直學士、知潁州。先是，蘇軾與程頤雅不相能，賈易憤之，遂彈奏軾，因言文彦博、吕陶黨軾兄弟，易由此得罪，罷司諫，出知懷州。於是，侍御史王覿爲上分別言兩人。

覲之奏曰：切以蘇軾、程頤向緣小忿，浸結仇怨，於是頤、軾素相親善之人，亦爲之更相詆訐以求勝，勢若決不兩立者，乃至臺諫官章疏紛紜，多緣頤、軾之故也。前日頤貶而言者及軾，〔二〕故軾乞補外。既降詔不允，尋復進職經筵，而又適當執政大臣有闕，士大夫豈得不憂？雖臣亦爲朝廷憂也。軾自立朝以來，咎愆不少，臣不復言，但廟堂之上，若使量狹識暗、喜怒任情如軾者預聞政事，則豈不爲聖政之累耶？然軾之文采，後進少比，陛下若欲保全軾，則且勿大用之，庶幾使軾不遽及於大悔咎也。

既而賈易至懷州，以表謝上，其言憤憤不平，語連蘇轍，轍即日上表争之。〔一〕易又坐此降知廣德軍。是歲元祐二年也。後二歲，軾以龍圖閣學士知杭州。再期，以翰林承旨召，至則賈易已爲侍御史。軾懷不自安，乃謝病，力求補外。

軾之奏曰：臣昔於治平中自鳳翔職官得替入朝，首被英宗知遇，欲驟用臣。當時宰相韓琦以臣年少資淺，未經試用，故且與館職。亦會臣丁父憂去官。及服闋，入覲，便蒙神宗皇帝召對，面賜獎激，許臣職外言事。自惟羈旅之臣，未應得此，豈非以英宗皇帝知臣有素故耶？是時王安石新得政，變易法度，臣若少加附會，進用可必。

自惟遠人，蒙二帝非常之知，不忍欺天負心，欲具論安石所爲不可施行狀，〔三〕以裨萬一。然未測聖意待臣深淺，因上元有旨買燈四千碗，有司無狀，虧減市價，臣即上書論奏。先帝大喜，即時施行。臣以此卜知先帝聖明，能受盡言，上疏六千餘言，極論新法不便。後復因考試進士，擬對御試策進士，并言安石不知人，不可大用。先帝雖未聽從，然亦嘉臣愚直，初不譴問。而安石大怒，其黨無不切齒，争欲傾臣。御史知雜謝景温，首出死力，彈奏臣丁憂歸鄉日，舟中曾販私鹽。遂下諸路體量，追捕當時梢工、篙手等，考掠取證。但以實無其事，故鍛鍊不成而止。臣緣此懼禍乞出，連三任外補。而先帝眷臣不衰，時因賀謝表，即對左右稱道。黨人疑臣復用，而李定、何正臣、舒亶三人扇造飛語，醞釀百端，必欲致臣於死。先帝初亦不聽，而此三人執奏不已，故臣得罪下獄。定尋選差悍吏皇遵，將帶吏卒，就湖州追攝，如捕寇盗。臣即與妻子訣别，留書與弟轍，處置後事，自期必死。過揚子江，便欲自投江中，而吏卒監守不果。到獄，即欲不食求死。而先帝遣使就獄有所約敕，獄吏不敢别加非横。臣亦覺知先帝無意殺臣，故復留殘喘，得至今日。及竄責黄州，每有表疏，先帝復對左右稱道，哀憐奬激，意欲復用，而左右固争以爲不可。臣雖在遠，亦具聞之。古人有言：「聚蚊成雷，積羽沉舟。」言寡不勝衆也。以先帝知臣特達如此，而臣終不免於患難者，以左右疾臣者衆也。及陛下即位，起臣於貶所，不及一年，備位禁林。遭遇之異，古今無比。臣每自惟昆蟲草木之微，無以仰報天地生成之德，惟有獨立不倚，知無不言，可以少報萬一。始衙前差雇利害，與孫永、傅堯俞、韓維争議，因亦與司馬光異論。光初不以此怒臣，而臺諫諸人，逆探光意，遂與臣爲仇。臣又素疾程頤之姦，未嘗假以色詞。故頤之黨人，無不側目。自朝廷廢黜大姦數人，而其餘黨，猶在要近，陰爲之地，特未發爾。小臣周穜乃敢上疏，乞用王安石配享，以嘗試朝廷。料穜草芥之微，敢建此議，必有陰主其事者。是以上書逆折其姦鋒，乞重賜行遣，以破小人之謀，因此黨人尤加忿戾。其後，又於經筵極論黄河不可回奪利害，且上疏争之，遂大失執政意。積此數事，恐别致禍患，又緣臂痛目昏，所以累章力求補外。切伏思念，自忝禁近，三年之間，臺諫言臣者數四，只因發策草麻，羅織語言，以爲謗訕。本無疑似，白加誣執。其間曖昧譖愬，陛下察其無實而不降黜者，又不知其幾何矣。若非二聖仁明，洞照肝鬲，則臣爲黨人所傾，首領不保，豈敢望如先帝之赦臣乎？自出知杭州二年，粗免人言。中間法外刺配顔章、顔益二人，蓋攻積弊，事不獲已。陛下亦已赦臣，而言者不赦，論奏不已，其意豈爲顔章等哉？以此知黨人之意，未嘗一日不在傾臣，洗垢求瑕，止得此事。今者忽蒙聖恩召還擢用，又除臣弟轍爲執政，此二事皆非大臣本意。切計黨人必大猜忌，磨礪以須，勢必如此。聞命悸恐，以福爲災，即日上章辭免乞郡。行至中路，果聞弟轍爲臺諫所攻，般出廨宇待罪。又蒙陛下委曲照見情狀，方獲保全。臣之剛褊，衆所共知，黨人嫌忌，甚於弟轍，豈敢以衰病之餘，復犯其鋒！雖自知無事可言，而今之言者，豈問是非曲直？竊謂人主之待臣子，不過公道以相知；黨人之報怨嫌，必爲巧發而陰中。臣豈敢恃二聖公道之知，而傲黨人陰中之禍？所以不避煩瀆，自陳入仕以來進退本末，欲陛下知臣危言危行、獨立不回以犯衆怒者，所從來遠矣。又欲陛下知臣平生冒涉患難，危險如此，今餘年無幾，不免有遠禍全身之意，再三辭遜，實非矯飾。柳下惠有言：「直道而事人，焉往而不三黜。」臣若貪得患失，隨世俛仰，改其常度，則陛下亦安所用臣？若守其初心，始終不變，則群小側目，必無安理。雖蒙二聖深知，亦恐終不勝衆。所以反覆計慮，莫若求去。

不報。又請。

軾之奏曰：臣聞朝廷以安静爲福，人臣以和睦爲忠。若喜怒愛憎，互相攻擊，則其爲朋黨之患，而其末乃治亂之機，甚可懼也。臣自被命入覲，屢以血懇，頻干一郡，非獨顧衰命爲保全之計，實深爲陛下求安静之理。而事有難盡言者，臣與賈易，實無嫌怨，只因臣素疾程頤之姦，形於言色，此臣剛褊之罪也。而賈易，頤之死黨，專欲與頤報怨。因頤教誘孔文仲，令以其私意論事，爲文仲所奏。頤既得罪，易亦坐去。而易乃於謝表中誣臣弟轍漏泄密命，〔四〕緣此再貶知廣德軍，故怨臣兄弟最深。臣多難早衰，無心進取，豈復有意記憶小怨？而易在必報，未嘗一日忘臣。其後召爲臺官，又論臣不合刺配杭州凶人顔章等，以此見易于臣不報不已。今既擢貳風憲，〔五〕付以雄權，升沉進退，在其口吻。臣之綿劣，豈勞排擊？觀其意趣，不久必須言臣并及弟轍。轍既備位執政，進退之間，事關國體，則易必須扇結黨與，再三論奏，煩瀆聖聰。朝廷無由安静，皆臣愚蠢，不早迴避所致。若不早賜施行，使臣終不免被人言而去，則臣雖自顧無罪，中無所愧，而於二聖眷待獎與之意，則似不終。切惟天地父母之愛，亦必悔之。伏望檢會前奏，速除一郡。

又不報。軾請益堅。

軾奏之曰：臣聞賈易購求臣罪，未有所獲，只有法外刺配顔章、顔益一事，必欲收拾砌累，以成臣罪。易前者乞放顔益，已蒙施行，今又乞放顔章，以此見易之心未嘗一日不在傾臣。只如浙西水災，臣在杭州及替還中路，并到闕以來，累次奏論，詞意懇切。尋蒙聖慈採納施行。而易扇摇臺官安鼎、楊畏，並入文字，以謂「回邪之人，眩惑朝廷，乞加考驗，治其尤者」。宰相以下，心知其非。然畏易之狠，不敢不行，賴給事中封駁，諫官論奏，方持其議。易等但務快其私忿，苟可以傾臣，即不顧一方生靈墜在溝壑。若非給事中范祖禹，諫官鄭雍、姚勔偶非其黨，獨肯爲陛下腹心耳目，依公論奏，則行其言，浙中官吏承望風旨，更不敢以實奏災傷，則億萬性命流亡寇賊，意外之患何所不至？陛下指揮執政擘畫救濟，非不丁寧，而易等方欲行譴官吏言災傷者，與聖意大異，而執政相顧不言，僶俛行下，顯是威勢已成，上下懾服，寧違二聖旨揮，莫違賈易意旨。臣是何人，敢不迴避？若不早去，不過數日，必爲易等所傾。一身不足顧惜，但恐傾臣之後，朋黨益衆，羽翼成就，非細故也。

軾疏入，未報，而賈易之章上矣。

易之章曰：謹按尚書右丞蘇轍，厚貌深情，險於山川；詖言殄行，甚於虵豕。昔以制科名召試，而程文謬不應格。仁宗顧其直言極諫之名，不欲罷黜，亦容濫進。其後，因與兄軾誹謗先帝，放逐於外。元祐之初，例蒙湔滌，擢任司諫。是時，亦嘗妄言浚治城壕，發撅骸骨遍野。及差官檢視，漫然無實。方二聖開廣言路之初，示天下以不諱，〔六〕故幸免其罪。任中書舍人日，因吕陶挾邪觀望，面欺同列，罷左司諫。轍當命辭，則密召吕陶至西省示之，相與出力，謀爲排陷正直之計，人皆疾之。然其善爲詭譎，以諂交固黨，至於用巧，得爲御史中丞。於是肆其禍心，無所忌諱。所毁者，皆眦睚之怨；所譽者，皆朋附之私。以王覿爲附蔡確，則恨其嘗言蘇軾譏毁祖宗。論者皆謂王覿任諫官日，排擊衆邪，首以確、縝、惇、璪，播在人口，至今以爲美談。以豐稷爲不才，則怒其草王鞏告詞，斥言中執法。轍言：「汝爲上官均告詞，止曰言事失當，而不深詆之也。」論者皆論稷之素履可爲搢紳矜式，博學可爲士人師仰。以范純禮爲無建明，忿其封駁張耒不候朝參先許供職之事，論者以謂純禮此舉，深合朝廷典禮，可使臣下廣敬無違。此其挾私怨、蔑公議之大略也。間有刼其屬官使言，尤爲非義，不可悉數。陝西之地，識者皆知不與爲是。轍則助其蜀黨趙卨徼幸私己之邪議，力排憂國經遠之公言，進擬張利一軍師，陛下察其不當，許將乃陳亦嘗争之不得之意。而轍則乘其同列不平之隙，陰使秦觀、王鞏往來奔走，道達意旨，出力以逐許將，既而遂切其位。義士扼腕，仁人切齒。此其背君父而營姦利也。知王鞏有罪，〔七〕而假託司馬光方欲擢用之辭褒薦之，致誤陛下擢任。今復罷免，則其欺罔之迹，不攻自破也。其兄蘇軾，昔既立異以背先帝，向蒙恩宥，全其首領，聊從竄斥，以厭衆心。軾不自省循，益加放傲。暨先帝厭代，軾則作詩自慶，曰：「山寺歸來聞好語，野花啼鳥亦欣然。此生已覺都無事，今歲仍逢大有年。」書於揚州上方僧寺，自後播於四方。軾内不自安，則又增以別詩二首，換詩板於彼，仍顛倒其後先之句，題以元豐八年五月一日，從而語諸人曰：「我以託人買田，書報已成，故作此詩。」且買田極小事，何至「野花啼鳥亦欣然」哉？又先帝山陵未畢，人臣泣血號慕至劇，軾以買田而欣躍如此，其義安在？謂「此生無事」與「年逢大有」，亦有何說乎？足可痛心疾首而莫之堪忍者也。後以策題又形譏毁，言者固嘗論之矣。及作命呂大防左僕射麻制，尤更悖慢，其詞曰：「民亦勞止，庶臻康靖之期。」識者聞之，爲軾股慄。夫以熙寧、元豐之政，百官修職，庶事興起，其間不幸興利之臣希冀功賞，不無掊克。是乃治世之失，何至比於周厲王？民勞、板、蕩之詩，〔八〕刺其亂也。軾之爲人，趨向狂促，以沮議爲出衆，以自異爲不群，趨近利，昧遠圖，效小信，傷大道，其學本於戰國縱横之術，真傾危之士也。〔九〕方先朝行免役時，軾則以差役爲良法；及陛下復行差法，軾則以免役爲便民。至敢矯稱先帝之意，欲用免役羨錢，盡買天下附郭良田，以給役人。向使朝廷輕信而行之，則必召亂。賴言事者力排其謬妄，〔一〇〕聖明察見其傾邪，故斥其説而不用也。其在杭州，務以暴横立威，故决配税户顔章兄弟，皆無罪之人，今則漸蒙貸免矣。既而專爲姑息，以邀小人之譽；兼設欺蔽，以切忠藎之名。〔一一〕如累年災傷不過一二分，軾則張大其言，以爲甚于熙寧七八年之患。彼年饑饉疾疫之人死亡者十有五六，豈有更甚於是者？又嘗建言，以興修水利者，皆爲虚妄無實，而自爲奏請浚治西湖，乞度牒賣錢雇役。聞亦不免科借居民什器畚鍤之類，〔一二〕虐使捍江廂卒，築爲長堤於湖中，以事遊觀，於公私並無利害。監司畏其强，無敢觸其鋒者，况敢檢按其不法耶！今既召還，則盛引貪利小人，相與倡言聖眷隆厚，必求外補，非首相不可留也。原軾、轍之心，必欲兄弟專國，盡納蜀人，各據要路，復聚群小，俾害忠良，不亦懷險詖、覆邦家之漸乎？

時御史中丞趙君錫亦同論之，又以秦觀之言告賈易，易復論奏。

易之奏曰：臣因秦觀除秘書省正字，論其刻薄無行，不宜汙辱文館。翌日，御史中丞趙君錫與臣言：昨晡，歸自臺中，秦觀來見謝，乃言：「賈侍御有文字言觀，首云『邪臣得位，則引其類，充滿於朝廷』，是繫於中丞也。〔一三〕便請中丞却言賈易有罪，與觀無異，於此則事可解矣。」觀既去，近晚有主簿王遹來相看，乃出蘇軾柬帖別紙，云：「專令親情王遹去相見，希亮察。」其王遹遂道蘇軾之言，與秦觀之言不別。君錫以爲朝廷設風憲之任，見小人濫進，安得不言？今以蘇軾氣勢頤指御史中丞與侍御史自相攻擊，以眩惑人主，取笑天下，已具此奏論矣。臣切伏思，念陛下擢臣，使在言路，必欲無所顧避，爲朝廷分別淑慝。〔一四〕有如秦觀險薄無行，所爲不逞，天下莫不非之。既見其寖長，而臣獨畏蘇軾兄弟彊愎，故噤口咋舌，不敢直言，則是臣上負天日，死有餘責。洎乎忠信一出，則怒鋒如火，直欲破臣爲虀粉。果其狡計得行，孰不震懼？雖其姦惡，賊害端良，至於迷國滔天，〔一五〕無復敢言者，可不痛之！向若臣有毫髮自爲身謀，豈肯獨觸鉅猾，以速謗禍邪？伏惟二聖保佑忠良，開廣言路，天地無私，鑒其邪險，特賜睿旨，出趙君錫所奏與臣此疏，付外考竟，庶俾枉直分明，典刑不紊。臣退入三泉，死無所恨。

事聞，軾即日家居待罪。

軾之奏曰：臣今月三日見弟尚書右丞轍，爲臣言：御史中丞趙君錫言，秦觀來見君錫，稱被賈易言觀私事。及臣令親情王適往見君錫，臺諫等互論兩浙災傷，〔一六〕又賈易言秦觀事，乞賜推究。臣愚蠢無狀，常不自揆，竊懷憂國愛民之意，自爲小官，即好僭議朝政，屢以此獲罪。〔一七〕然受性於天，不能盡改。臣與趙君錫以道義交游，每相見論天下事，初無疑間。近日臣召赴闕，見君錫崇政殿門，即與臣言老謬非才，當此言責，切望朋友教誨。臣自後兩次見君錫，凡所與言，皆憂國愛民之事。乞問君錫，若有一句及私，臣爲罔上。君錫尋有手簡謝臣，其略云：「車騎臨過，獲聞誨益，諄諄開誘，莫非師保之訓，銘鏤肝肺，何日忘之。」臣既見君錫，從來傾心，以忠義相許，敢以士君子朋友之義，盡言無隱。又秦觀自少年從臣學文，詞采絢發，議論鋒起。臣實愛重其人，與之密熟。近於七月末間，因弟轍與臣言賈易等論浙西災傷，乞考驗虛實，行遣其尤甚者，意令本處官吏觀望風旨，必不能實奏行下，却爲給事中封駁，諫官論奏。臣因問弟轍云：「汝既備位執政，因何行此文字？」轍云：「此事衆人心知其非，然臺官文字，自來不敢不行；若不行即須群起力争，喧瀆聖聽。」又弟轍因言秦觀言趙君錫薦舉得正字，今又爲賈易所言。臣緣新自兩浙來，親見水災實狀。及到京後，得交代林希、提刑馬瑊及屬吏蘇堅等書，皆極言災傷之狀，甚於臣所自見。臣以此數次奏論，雖蒙聖恩極力拯救，猶恐去熟日遠，物力不足，未免至流殍。若更行下賈易等所言，則官吏畏懼臺官，更不敢以實言災傷，致朝廷不復盡力救濟，〔一八〕則億萬生靈，便有溝壑之憂。適會秦觀訪臣，遂因論議及之。又實告以賈易所言觀私事，欲其力辭恩命，以全進退。即不知秦觀往見君錫，更言何事。又是日，王遹亦來見臣，云有少事謁中丞。臣知遹與君錫親，自來密熟，因令傳語君錫，大略云：「臺諫、給事中互論災傷，公爲中丞，坐視一方生靈陷於溝壑，略無一言乎？」臣又語遹説與君錫：「公所舉秦觀已爲賈易言了。此人文學議論過人，宜爲朝廷惜之。」臣所令王遹與趙君錫言事，及與秦觀所言，〔一九〕止於此矣。二人具在，可覆按也。又力辨揚州僧寺留題詩語奏上。〔二〕上於是許其外補，遂有是命。國朝册府畫一元龜甲集卷八六朋黨門川黨洛黨朔黨。

校識

〔一〕六年八月戊子朔辛卯　「戊子朔辛卯」五字原脱，據經進東坡文集事略卷二六潁州謝表注補。

〔二〕前日頤貶而言者及軾　「者」字原脱，據續資治通鑑長編卷四〇五元祐二年九月庚申條王覿奏疏補。

〔三〕欲具論安石所爲不可施行狀　「具」字原作「且」，據經進東坡文集事略卷二九諫買浙燈狀注及續資治通鑑長編卷四五八元祐六年五月丁丑條蘇軾奏疏改。

〔四〕而易乃於謝表中誣臣弟轍漏泄密命　「誣」字原作「無」，據蘇軾文集卷三三再乞郡劄子及續資治通鑑長編卷四六一元祐六年七月癸亥條蘇軾奏疏改。

〔五〕今既擢貳風憲　「風」字原作「鳳」，據蘇軾文集卷三三再乞郡劄子及續資治通鑑長編卷四六一元祐六年七月癸亥條蘇軾奏疏改。

〔六〕示天下以不諱　「諱」字原作「韓」，據續資治通鑑長編卷四六三元祐六年八月己丑條賈易奏疏改。

〔七〕知王鞏有罪　「知」字原作「如」，據續資治通鑑長編卷四六三元祐六年八月己丑條賈易奏疏改。

〔八〕民勞板蕩之詩　「詩」原作「時」，據續資治通鑑長編卷四六三元祐六年八月己丑條賈易奏疏改。

〔九〕真傾危之士也　「真」原作「其」，據續資治通鑑長編卷四六三元祐六年八月己丑條賈易奏疏改。

〔一〇〕賴言事者力排其謬妄　「排」原作「誹」，據續資治通鑑長編卷四六三元祐六年八月己丑條賈易奏疏改。

〔一一〕以切忠藎之名　「藎」原作「盡」，據續資治通鑑長編卷四六三元祐六年八月己丑條賈易奏疏改。

〔一二〕聞亦不免科借居民什器畚鍤之類　「鍤」原作「錚」，續資治通鑑長編卷四六三元祐六年八月己丑條賈易奏疏作「插」，據文淵閣四庫全書本續資治通鑑長編、皇朝編年綱目備要卷二三元祐六年八月賈易奏疏及皇宋通鑑長編紀事本末卷一〇三哲宗皇帝臺諫言蘇軾引賈易奏疏改。

〔一三〕是繫於中丞也　「繫於」二字，續資治通鑑長編卷四六三元祐六年八月壬辰條賈易奏疏作「擊」。

〔一四〕爲朝廷分別淑慝　「淑」字原作「叔」，據續資治通鑑長編卷四六三元祐六年八月壬辰條改。

〔一五〕至於迷國滔天　「滔」字原作「陷」字，據續資治通鑑長編卷四六三元祐六年八月壬辰條改。「滔天」，用尚書堯典「象恭滔天」。

〔一六〕臺諫等互論兩浙災傷　「互」字原作「玄」，據蘇軾文集卷三三辨賈易彈奏待罪劄子及續資治通鑑長編卷四六三元祐六年八月壬辰條蘇軾奏疏改。後「互」字同。

〔一七〕屢以此獲罪　「屢」字原作「要」，據蘇軾文集卷三三辨賈易彈奏待罪劄子及續資治通鑑長編卷四六三元祐六年八月壬辰條蘇軾奏疏改。

〔一八〕致朝廷不復盡力救濟　「復」字原作「敢」，據蘇軾文集卷三三辨賈易彈奏待罪劄子及續資治通鑑長編卷四六三元祐六年八月壬辰條蘇軾奏疏改。

〔一九〕及與秦觀所言　「及」字原作「乃」，據蘇軾文集卷三三辨賈易彈奏待罪劄子及續資治通鑑長編卷四六三元祐六年八月壬辰條蘇軾奏疏改。

附載

㈠ 欒城集卷四一乞驗實賈易謝上表所言劄子：「臣伏見知懷州賈易到任謝表二道，皆自謂以忠直獲罪，而指言群臣讒邪罔極，朋黨滔天，上下不交，忠良喪沮，至引周易『履霜堅冰』、『不早辨』之言以爲戒，欲使朝廷原心定罪，便行誅戮。其間有云：『蘇轍持密命以告人，志在朋邪而害正。』臣非臺諫，凡易所言，不敢條析論奏，惟有言臣一節，理當辨明。易雖頃爲諫官，今出守郡，於條不當復以風聞言事。其言臣以密命告人，伏乞朝廷取問實狀。如言有實，臣甘族朝典。」

㊁蘇軾文集卷三三辨題詩劄子：「五月初間因往揚州竹西寺，見百姓父老十數人相與道旁語笑，其間一人以兩手加額，云：『見説好箇少年官家！』其言雖鄙俗不典，然臣實喜聞百姓謳歌吾君之子出于至誠。又是時，臣初得請歸耕常州，蓋將老焉，而淮浙間所在豐熟，因作詩云：『此生已覺都無事，今歲仍逢大有年。山寺歸來聞好語，野花啼鳥亦欣然。』蓋喜聞此語，故竊記之於詩，書之當塗僧舍壁上。臣若稍有不善之意，豈敢復書壁上以示人乎？又其時去先帝上仙已及兩月，決非『山寺歸來』始聞之語，事理明白，無人不知。」

30 先是，御史中丞鄭雍言，摯之子即王鞏壻，方鞏之不檢事，體量未到，遽堂除密州；體量得實，不加衝替，纔罷其密州而已。左正言虞策亦論摯操心不公，屈撓大法，陰結黨與，共圖其私，乞付其章於外。帝不肯。會章惇諸子故與摯善，答書有「自愛以俟休復」之語。鄭雍及御史楊畏得之，即釋其語上之，曰：「『休復』出周易。『以俟休復』者，俟他日太皇太后復辟也。又摯預交章惇子弟爲囊橐，以冀後福。」疏奏，上始有逐摯意矣。是時王鞏既得罪，摯方卧家自劾。右丞蘇轍以嘗薦鞏，亦待罪。簽書王巖叟以爲摯、轍俱正人，不可去，上書留之。㈠時臺諫論摯與邢恕别簡及接見章惇子弟，牢籠爲後日之計。于是，上以邢恕、章惇之事語巖叟，巖叟論其不然，退又上奏。㈡摯亦上奏自辨。㈢上終不悦，摯又求外不已，遂罷政云。〔一〕宋宰輔編年録卷一〇元祐六年十一月乙酉條。

校　識

〔一〕據宋宰輔編年録卷一〇，元祐六年十一月乙酉，右僕射劉摯爲觀文殿學士、知鄆州。是爲本條事目。

附　載

㈠宋朝諸臣奏議卷四八王巖叟上哲宗論劉摯蘇轍：「摯自陛下垂簾之初，首當言路，條陳政事，排斥奸邪，無所顧避。天下知其忠，故不次登用。天下之人，莫不以爲當。而大奸在外，含怒蓄怨，欲食其肉者，非一二矣。今朝廷清明，天下安静，固出于兩宫虚心求治、開誠納諫之效，然一時戮力盡忠之臣，摯居其最，實陛下同心一體，可保終始無變之人也。自非罪狀顯著，衆所不容，豈可因一二偏詞，輕示遐棄？……蘇轍素有時名，元祐以來，排邪助正，竭力亦多。今若止因一舉官失當，使行罷逐，恐于陛下進退大臣之體有所未允。况言者別有所懷，未易可測。」

㈡續資治通鑑長編卷四六七元祐六年十月甲申條載王巖叟奏：「摯與邢恕通簡，及接見章惇子弟，蓋其思慮不周、防閑不嚴之罪也。謂牢籠爲後日之計，則願陛下更加體照。摯與蔡確不惟仇怨深切，非小小禮數施其黨人，可以宛轉收確之心。兼臣每每見摯感荷寵榮，常有以死報國家之意，豈復肯負陛下？此真陛下腹心之臣也。今大姦未死，人心危疑，朝廷之上，與之爲敵者，摯爲首焉。一旦以小愆遂將疎棄，天下之人不知所以，必皆妄意陛下之心有所變易，謂反與大姦報仇也。前日陛下用摯作宰相，姦黨之氣自然消伏。今待罪累日，群邪相顧，已復增氣。」

㈢續資治通鑑長編卷四六七元祐六年十月壬午條載劉摯奏：「言者指臣牢籠之迹，必謂臣曾接見章惇子弟，及曾通邢恕書柬而已。恕與蔡確爲死黨，惇亦緣臣曾論列其罪，上書乞誅戮。臣與惇、恕非情好相得，灼然可知。其通書柬、見子弟，乃人情公介常禮，臣雖至愚，豈不知公介常禮，安能解終身之死怨？但臣愚平時不防閑疑似之事，而有通書柬、見子弟之迹，使言者得以緣飾增如，必欲以此致陛下疑，而重臣之罪，其意亦必謂事之虚實，繫陛下信與不信，使臣無一語自明，而其言至陛下之聽，則臣亦安敢必陛下之不信哉？臣繇小官，自元祐初年即在言路，才一歲陛下擢作執政，以至叨據宰司，聽用知遇，實先衆人，其思報效，未知死所。而乃曲意于章惇、邢恕輩，欲何所求？」貼黄：「臣元識章惇子弟，向因其登科調官來謝，曾一例隨衆接見。邢恕近過城外，曾一次有書來往，只是叙寒温、問安否而已。天地父母，臣不敢欺！」

元祐七年（壬申，一〇九二）

31 七年五月，確卒。先是，元祐四年，中丞傅堯俞、御史朱光庭、諫議大夫梁燾、范祖禹、正言劉安世交章劾確與章惇、邢恕、黄履爲死黨，敢謂先皇與子爲已功，不早辨白，釋天下之疑心，其歲月浸深，邪説得行，離間兩宫，有傷慈孝。以故責確英州别駕、新州安置，死于貶所。及宣仁上賓，改元紹聖，三省乃爲上言，確之子渭狀稱：「吴處厚繳進安州所作小詩，並無譏斥之意，處厚誣解，俱梁燾等陰使之。到新州五年，兩經大霈，吕大防必期死亡，更不量移。舉族銜冤，莫甚於此。」時章惇爲相，黄履、邢恕皆用事，追復確觀文殿學士。確子渭及其祖母明氏挾權臣訟「粉昆」事，將族滅劉摯、梁燾、王巖叟，以償舊怨。既窮治無所得，而御史中丞黄履，言官來之邵、張商英、劉拯等論確先朝顧命大臣，〔一〕宜盡復官爵恩數，乃贈確太師，謚忠懷，賜第一區，又封成、衛二國公。崇寧初，蔡京擅政，自謂與確同功。元年，詔確配饗哲宗廟庭。五年，請御書「元豐受遺定策殊勳宰臣蔡確之墓」賜其家。宋宰輔編年録卷九元祐元年閏二月庚寅條。〔二〕

蔡確字持正，爲邠州司理，丞相韓絳宣撫陝西，喜確所造樂語，薦其材。㊀古今合璧事類備要後集卷七八州官門「韓絳喜薦」條。

校識

〔一〕劉拯等論確先朝顧命大臣 「拯」字原作「極」，據名臣碑傳琬琰集下卷一八實録蔡忠懷公確傳改。按本條史源係該傳。

〔二〕據續資治通鑑長編卷四八〇，蔡確卒於元祐八年正月甲申。

附載

㊀按此零句乃實録蔡確傳中語。名臣碑傳琬琰集下卷一八實録蔡忠懷公確傳：「元祐八年正月甲申，英州別駕、新州安置蔡確卒。確字持正，泉州進江人。父黄裳，徙陳州。確有智數，尚氣，不護細行。少登進士第，爲邠州司理參軍，陝西轉運使薛向始欲按其贓污，既至，見確姿狀秀偉，召與語，奇之，更加延譽。丞相韓絳宣撫陝西，喜確所造樂語，薦其才，移太平州繁昌令。改著作佐郎，知陝州閿鄉縣事。絳又薦於其弟維，維知開封府，奏爲管勾右廂公事。後知府劉庠責確廷參，確以爲藩鎮辟除掾屬，乃有此禮，今輦轂下比肩事主，雖故事不可用。庠不能屈。神宗聞而嘉之。改充三班院主簿，擢太子中允，權監察御史裏行。嘗論開封府訟不能決者，悉付司獄，民冤吏横，不可不戒。有詔輪推官一員監勘。王韶開熙河，費用無藝，郭逵等奏韶盗貸官錢，詔杜

純推鞫，純以實聞。宰相王安石怒却其奏，再遣確鞫于秦州。確希意直詔，逵、純皆坐譴。自是安石始親厚確。朝廷患官冗其事廢，詔補京朝官皆立試法，確謂未及使臣，則任官之弊未革，請下樞密院詳議立法。從之。奉使契丹，遷太常丞，賜緋衣、銀魚。除直集賢院、開封府界提點諸縣鎮、兼提舉常平倉，請增畿内保户馬，免其歲芻，罷錢布之賜。熙河措置財利司言，熙州糴場十四萬緡，管勾熙河文字張維以官錢貸銀十五萬有奇，太半不知主名。詔確乘傳併劾之。除御史知雜事，遷右正言，知審官院。詔定奪渭州運河及黄河濬川杷等利害，主范子淵而抑熊本，本罷知制誥、判司農寺。遂除確知制誥，賜三品服。知諫院、兼判司農三司使沈括以免役事詣吳充，確論括爲近臣，見朝廷法令有所未便，不公言之，而陰以異論干執政，意王安石罷相，大臣於法令或有所更易，爲朋黨之資耳。括坐是出知宣州。又劾宣徽使郭逵經制安南，逗撓不即平賊；天章閣待制趙禼失措置芻糧；知洪州王韶謝表，妄爲自潔之辭，歸過於上；又論陳繹汙醜朋附，不宜居侍從。於是，逵以左衛將軍安置，禼降職，韶落職知鄂州，繹罷知制誥。天子意確孤立無黨，頗信用之。確益以彈擊爲己任。御史中丞鄧潤甫、監察御史上官均方受詔治相州馮言獄，有旨遣確詣臺參治獄，起皇城卒事多不實，潤甫、均欲辨理於上前，確獨煅煉其事，以相州簽書判官陳安民嘗屬大理評事文及甫諭宰相吳充爲地。安民乃及甫之舅，而及甫，充婿也。潤甫、均奏確掠訊過差，人悉誣服。潤甫、均留身經筵，極論其不可。確耳目長，具得所論曲折，即劾二人黨有罪，請併逐之。確又任殘賊吏，日引諸囚。如使者慮問狀稱冤者，輒苦辱之，有人情所不能堪者。上初疑濫及無辜，遣諫官黄履、中使李舜舉審覆。囚不知爲詔使，無敢一辭異者。由是潤甫落翰林學士、御史中丞、兼侍讀，出知撫州；均責授光禄寺丞、知邵武軍光澤縣，而確遷右諫議大夫、權御史中丞，充理檢使、兼直學士院。會知江寧府吕嘉問違法營造，爲使者何琬按發，嘉問之黨在京師摘語消息，確言當痛繩，以杜交通漏泄之姦。又言諸路常平司舊以轉運司兼領，擅移用司農錢物，請提舉缺官止以提點刑獄官攝事；提舉官稱職有成效者，與遷提點刑獄。上皆可之。河决曹村，轉運使王居卿建横埽之法，决口斷流。確爲言其功，付都水監著爲法。太學生虞蕃訟學官，確與舒亶治其獄，確遂劾參知政事元絳爲其族孫伯虎私禱學官孫諤、葉唐懿補内舍生。諤、唐懿坐貶，絳罷政，知亳州。拜確右諫議大夫、參知政事。確爲獄嚴而少恩，深文周納，以排陷縉紳。一掛吏議，無有獲平反者。人論其爲知制誥、爲御史中丞、爲參知政事，皆以起獄奪人之位而代之。元豐三年，易太中大夫。五年，拜尚書右僕射、兼中書侍郎。時富弼在西京，上言「蔡確小人，不宜在陛下左右」。上亦悔之。哲宗即位，遷通議大夫。王珪薨，代爲尚書左僕射、兼門下侍郎。爲神宗皇帝山陵使。故事，靈駕進發前一夕，五使宿於沙幕次。確獨不入宿。御史劾其不恭，猶以祔廟恩遷正議大夫。元祐元年，提舉修神宗皇帝實録。言官論確姦人之傑，欺罔先帝，無所不至；山陵復土之後，不求去位；升祔轉官，前此無敢受者，確獨貪榮受之；廉隅不修，甚于市井。確寢不自安，乃連表求避位。除觀文殿學士、知陳州。二年，坐竊弄威福，故縱其弟碩盜用官錢，罪死，奪職知安州。滿歲，徙鄧州，充京西路安撫使。四年，復觀文殿學士。會知漢陽軍吴處厚奏確昨責安州作車蓋亭詩，語涉譏訕。詔確具析。確自辨數甚悉而理終屈。責授左中散大夫、光禄卿、分司南京。御史中丞傅堯俞、諫議大夫梁燾范祖禹、右正言劉安世、殿中侍御史朱光庭交章論確怨謗不道，人臣所不忍聞；按確與章惇、黄履、邢恕在元豐末結爲死黨，自謂聖主嗣位皆有定策之功；確所以桀鶩狠愎，無所畏憚，若不早辨白，解天下之疑，恐歲月浸久，邪説得行，離間兩宫，有傷慈孝。於是太皇太后御延和殿，宣諭三省、樞密院大臣，曰：『皇帝是神宗長子，子承父業，其分當然。昨神宗服藥既久，曾因宰相入對，吾以皇子所書佛經宣示。是時衆中唯首相王珪因奏延安郡王當爲皇太子，餘人無語。確有何策立之功！若它日復來欺罔上下，豈不爲朝廷之害？』遂責確英州別駕、新州安置，仍給遞馬發遣。惇、履、恕亦皆得罪。八年正月六日，確卒於貶所，年五十七。明年，改元紹聖，章惇爲相，履、恕皆用事，追復確觀文殿學士。確子渭及其祖母明挾權臣訟『粉昆』事，將族滅劉摯、梁燾、王巖叟，以償舊怨。既窮治無所得，而御史中丞黄履、言官來之劭、張商英、劉拯等論確先朝顧命大臣，宜盡復官爵、恩數，乃贈確太師，謚忠懷，賜第一區。又追封郕、衛二國公。崇寧初，蔡京擅政，自謂與確同功。元年，詔確配享哲宗廟廷。擢其子洸太僕寺丞、渭開封府判官。五年，請御書『元豐受遺定策殊勳宰臣蔡確之墓』賜其家。政和末，京爲太師，王珪婿鄭居中爲宰相，議論不相下。居中將除母喪，京恐其復位，乃收用確子渭，使論其父定策功及元豐末王珪事，以沮居中。其辭深詆宣仁，京爲之助，以熒惑上聽。未幾，渭更名懋，拜同知樞密院事。贈確清源郡王，封其愛妾爲郡夫人，賜御製確傳，立石墓前。一門貴震當世。今上即位，首辨宣仁聖烈皇后誣謗，命國史院摭實刊修，播告天下。確追貶散官安置，懋散官安置嶺南。凡惇、京所與濫恩，並行追奪。天下咸仰英斷焉。」

元祐八年（癸酉，一〇九三）

32 八年六月，〔一〕禮部尚書、端明殿學士、翰林侍讀學士、左朝奉郎蘇軾知定州。先是，監察御史黃慶基、董敦逸論軾於制詞指斥先帝，當正典刑。㊀右僕射范純仁時方在告，求罷問其事，力上章救解之。〔二〕已而三省同進呈慶基等前後所上彈章。

左僕射呂大防奏曰：「慶基言蘇軾所撰李之純等六人制誥，其文涉譏毁先帝。其間陸師閔告一道，係范百禄詞，非軾所撰。然臣切觀先帝聖意，本欲富國强兵，以鞭撻四夷，而一時群臣將順太過，故事或失當。近自元祐以來，言事官有彈擊，多以毁先帝爲詞，非惟中傷士人，兼欲摇動朝廷，意極不善。若不禁止，久遠不便。

後四月，〔三〕蘇轍進對，太皇太后曰：「衆人正相掊拾，令軾且須省事。」軾立奏疏稱謝。㈡軾由此力求補外，遂有是命。國朝册府畫一元龜甲集卷八六朋黨門川黨洛黨朔黨。

校識

〔一〕據續資治通鑑長編卷四八四，蘇軾知定州事在元祐八年六月壬申。

〔二〕據宋宰輔編年録卷一〇，元祐八年七月丙子，范純仁始復入相，而蘇軾定州之命已下，此「六月」誤。疑此「在告」云者，係與紹聖元年四月貶蘇軾英州事混。彼時臣僚亦論軾爲誥詞涉譏訕，而范純仁在病假中有上章救解事。見太平治迹統類卷二四元祐黨事本末下紹聖元年四月壬子條記事。

〔三〕後四月「月」字疑當作「日」。據續資治通鑑長編卷四八四，三省同進呈黃慶基等人言蘇軾諸狀及吕大防奏在元祐八年五月壬辰（十六日），又經進東坡文集事略卷三四謝宣諭劄子，太皇太后命蘇轍諭蘇軾「且須省事」在五月二十二日，則蘇轍進對或在此前。

附載

㈠續資治通鑑長編卷四八四元祐八年五月壬辰條載黃慶基奏：「軾行李之純除河北都轉運使誥曰：『乃者役錢貸息之弊，民兵馬政之勞，萃于北方。』又云：『河溢爲災，老幼奔走，流離道路，十年於此矣。嗚呼！其孰能爲朕勞來安集，使復其舊乎。』夫宣王承厲王之後，萬民離散，不安其居，而能勞來安集之，故見于鴻雁之詩。先帝時，北方安得有老幼奔走流離道路之事？謂緣役錢貸息、民兵、馬政以致天災，必待陛下然後能遣使以勞來安集，是以先帝方何代乎？乃以厲王之亂相擬也。軾行蘇頌除刑部尚書誥云：『乃者法病於煩，官失其守，盜賊多有，獄市紛然。』夫先帝明慎用刑，哀矜庶獄，始復大理寺、刑部詳定及三省點檢獄案之制，安得法病於煩，官失其守？至於盜賊多有，獄市紛然，惟漢武帝時暴征遠戍，於是盜賊競起，至遣直指之使以督捕之。此乃可謂紛擾，先帝時何嘗聞有此也？軾爲此言，是以先帝方何代乎？乃以武帝之暴相擬也。軾行劉誼知韶州誥云：『爾昔爲使者，親見民病，盡言而不諱，厄窮而不憫，安知有今日之報乎？』夫劉誼得罪於先帝，自以職在奉行法度，有所不至，當公論之，而乃張皇上書，用此罷江西提舉，安得爲盡言乎？至于『安知有今日之報』，此語尤不忍聞。陛下奉承宗廟，當有以顯揚先帝之鴻業休德，豈欲報先帝得罪之人乎？軾行唐義問除河北轉運使誥云：『朕修賦役之法，黜聚斂之吏，去薄從忠，務以養民。』夫先帝立法，豈不欲養民邪？先帝用人，豈不欲去刻薄而從忠厚邪？今以爲務以養民，是指先帝之不能養民也；今以爲黜聚斂之吏，是指先帝用聚斂之吏也。軾行貶呂惠卿誥云：『苟有蠹國以害民，率皆攘臂而稱首。』夫先帝立法，乃欲與天下同利，豈有先帝之聖神英睿，冠絶百王如此，而乃肯從蠹國害民之謀乎！……望賜英斷，上以釋先帝之謗議，次以正今日之典刑。仍令中書省削去軾所行誥辭言涉刺譏者，以示人臣大不恭之戒。」

㊁經進東坡文集事略卷三四謝宣諭劄子：「天慈深厚，如訓子孫。委曲保全，如愛支體。感恩之涕，不覺自零。伏念臣才短數奇，性疎少慮，半生犯患，垂老困讒，非二聖之深知，雖百死而何贖！伏見東漢孔融，才疏意廣，負氣不屈，是以遭路粹之冤。西晉嵇康，才多識寡，好善闇人，是以遇鍾會之禍。當時爲之扼腕，千古爲之涕流。臣本無二子之長，而兼有昔人之短。若非陛下至公而行之以恕，至仁而照之以明，察消長之往來，辯利害於疑似，則臣已下從二子游久矣，豈復有今日哉？謹當奉以周旋，不敢失墜，便須刻骨，豈獨書紳。庶全螻蟻之軀，以報丘山之德。」

33 先是，劉摯罷相，上復欲用純仁，乃出御札以問宰臣呂大防。大防對以「進退大臣，非臣所敢僭預。如所宣示，實允群議」。遂遣御藥院李倬齎詔書賜茶藥，召純仁赴闕。既至，入對延和殿，遂降是命。純仁乞收還新命，上遣御藥張士良賜詔書，不許，純仁又辭，又不許。純仁辭至六七次，遂就位。〔一〕㊀宋宰輔編年録卷一〇元祐八年七月丙子條。

校識

〔一〕據宋宰輔編年録卷一〇，元祐八年七月丙子，觀文殿大學士范純仁爲通議大夫、右僕射、兼中書侍郎。是爲本條事目。

附載

（一）宋大詔令集卷五八范純仁拜右丞相制：「朕嗣宅丕后，若昔大猷，勞於求賢，職在論相。眷言舊德，還位宰司。乃頒命書，播告在位。觀文殿大學士、太中大夫、上柱國、高平郡開國公、食邑三千户、食實封一千一百户范純仁，秉心直諒，履道坦夷。寬閎出於天資，忠義本於家學。始終一節，出入四朝。向解鈞衡，久臨藩屏。介圭修覲，喜見儀刑。公衮言歸，益隆體貌。是用延登右弼，仰應中台；寵進文階，增陪井賦。於戲！高宗恭默思道，得傅説以代言；康王垂拱仰成，有畢公之正色。惟賢能俊傑盡其用，則陰陽寒暑得其和。外鎮四夷，内附百姓。非至公不能成庶務，非一德無以底丕平。其殫乃心，無替朕命。可特授通議大夫、守尚書右僕射、兼中書侍郎，加食邑七百户、食實封三百户，勳封如故。」

元祐九年（甲戌，一〇九四）

34 ※宣仁后祔廟。〔一〕

校識

〔一〕郡齋讀書附志卷上「丁未録二百卷」條云中帙迄於宣仁聖烈祔廟。據皇宋通鑑長編紀事本末卷九一宣仁垂簾，元祐九年二月己未，祔宣仁聖烈皇后神主於太廟。

下帙起紹聖元年三月乙酉，盡靖康元年七月辛卯。

紹聖元年（甲戌，一〇九四）

1 ※李清臣進策題。〔一〕㊀

校識

〔一〕郡齋讀書附志卷上「丁未録二百卷」條云下帙起於李清臣進策題。據皇宋通鑑長編紀事本末卷一〇〇紹述及皇朝編年綱目備要卷二四紹聖元年三月親試舉人條，紹聖元年三月乙酉（按是年四月癸丑改元紹聖，三月尚爲元祐九年），上御集英殿試進士，策問乃中書侍郎李清臣擬進。

附載

㊀宋朝諸臣奏議卷一一九蘇轍上哲宗論御試策題文末注載其策（參皇宋通鑑長編紀事本末卷一〇〇紹述）：「朕惟神宗皇帝躬神明之德，有舜禹之學，憑几聽斷，十九年之間，凡禮樂、法度所

以惠遺天下者甚廣。朕思述先志，拳拳業業，夙夜不敢忘。今博延豪英于廣殿，策之當世之務，冀獲至言以有爲也。夫是非得失之迹，設施於政，而效見於時。朕之臨御幾十載矣，復詞賦之選而士不加勸，罷常平之官而農不加富，可雇可募之説雜而役法病，或東或北之論異而河患滋，賜土以柔遠也而四夷之侵未已，弛利以便民也而商賈之路不通。至于吏員猥多，兵卒尚缺，饑饉荐至，寇盜尚蕃，此其故何也？夫可則因，否則革，惟當之爲貴，聖人亦何有必焉。子大夫其悉陳之無隱。」

2 先是，純仁自潁昌召還，復爲右僕射。於事無所私隱，同列或病之。會左僕射呂大防引楊畏爲諫議大夫以自助，純仁以畏不端，不可用，大防曰：「豈以畏嘗言相公邪？」門下侍郎蘇轍從旁誦其彈文，純仁曰：「不知也。」純仁由是乞罷政。上遣中使諭純仁曰：「方用宿德大臣，更不須入文字，必不從所乞。」又以詔書賜之。奏又上，上又遣內侍宣諭，又賜以詔。純仁請益堅，於是上面諭呂大防，曰：「范純仁求去甚堅，卿須爲朕留之，不可使去。」又賜詔書不許。純仁復連章固請。上不得已，遂除純仁觀文殿大學士，加右正議大夫、知潁昌府事。㊀陛辭日，命坐賜茶，慰勞甚渥，上曰：「卿耆德碩望，朝廷所倚賴，然堅不肯爲朕少留。卿雖在外，兩爲宰相，凡有所見于時政有可裨益者，但入文字言來，無事形迹。」純仁頓首受命，遂之任。〔一〕宋宰輔編年録卷一〇紹聖元年四月壬戌條。

校識

〔一〕據宋宰輔編年録卷一〇，紹聖元年四月壬戌，諫議大夫、右僕射、兼中書侍郎范純仁爲右正議大夫、觀文殿大學士、知潁昌府、京西北路安撫使。是爲本條事目。

附載

㈠宋大詔令集卷六九范純仁罷相右正議大夫觀文殿大學士知潁昌府制：「門下：謀謨廟堂，入則股肱於大政；偃息藩翰，出則師帥於一方。維時宗工，引疾辭位。均佚近輔，敷告大庭。通議大夫、守尚書左僕射、兼中書侍郎、上柱國、廣平郡開國公、食邑三千七百户、食實封一千四百户范純仁，端良禀于世資，樂易成于天性。有砥名礪行之志，有面折廷争之風。越自累朝，寖更華選。暨冲人之嗣服，適文母之仰成。咨予臣鄰，付以宥密。一踐樞要，再持國鈞。朕恭己紹庭，向明圖治，緝熙緒業，追遹先猷。方有望於弼諧，遽固辭於機務。重違爾志，姑即厥安。增視秩之榮名，進陪封之寵數。式隆體貌，何吝眷私。於戲！論道經邦，嘗在倚毗之地；承流宣化，勿忘勵翼之心。祗服朕言，往共爾位。可特授右正議大夫、充觀文殿大學士、知潁昌府，加食邑七百户、食實封三百户，勳封如故。主者施行。」

3 ※劉拯論蘇軾。〔一〕

校　識

〔一〕黎靖德編朱子語類卷一三〇自熙寧至靖康用人：「東坡薦秦少遊，後爲人所論。他書不載，只丁未録上有。」據孔凡禮蘇軾年譜卷二五，蘇軾於元祐元年九月以賢良方正薦秦觀。皇宋通鑑長編紀事本末卷一〇一逐元祐黨上載紹聖元年閏四月乙酉監察御史劉拯言：「秦觀游薄小人，影附於軾。請正軾之罪，褫觀職任，以示天下後世。」疑即其事。

4 哲宗紹聖元年閏四月，詔寶文閣直學士、新知成都府林希爲中書舍人。先是，元祐中，除希中書舍人，爲孫升、劉摯諸御史所論，出知蘇州。至是，章惇入相，思甘心於元祐故臣，念詞掖當求所以爲元祐敵者，乃進希寶文閣直學士，自亳社移帥成都。希辭，詔不許。希既過闕，〔一〕惇首卜其所向，果怨元祐者，即日留希爲中書舍人。希謝，遂就職。國朝册府畫一元龜甲集卷八九朋黨門貶斥元祐黨人。

校　識

〔一〕希既過闕　「既」字，宋宰輔編年録卷一〇紹聖四年閏二月壬寅條引丁未録作「即」。

5 閏四月，朱服召試中書舍人，三省以所試制誥三篇進讀，上曰：「服文采可采，書札亦工。」皇宋書録中「朱服」條。〔一〕

校　識

〔一〕據皇朝編年綱目備要卷二四，朱服召試中書舍人事在紹聖元年閏四月。

6 七月丁巳，知潁昌府范純仁降一官，韓維已致仕，特置不問，以章惇指純仁等爲司馬光黨人故也。國朝册府畫一元龜甲集卷八九朋黨門貶斥元祐黨人。

紹聖元年七月，三省言范純仁、韓維朋附司馬光，長縱群凶，毁訕先帝，變亂法度，以快不逞之心。内范純仁乃首建棄地之議，滋養邊患。詔純仁特降一官，爲通議大夫，差遣如故。㊀初，章惇請責純仁，上曰：「純仁持議公平，非黨也。但不肯爲朕留耳。」惇曰：「不肯留即黨也！」詔勉從請，徙知河南府，又改陳州。宋宰輔編年録卷一〇紹聖元年四月壬戌條。

附　載

㊀ 宋大詔令集卷二〇七范純仁降官制：「敕：徇公背私，所宜盡節；附下罔上，何以爲忠？爾比以世臣，擢預樞省，曾未積歲，遂登宰司。賴其悉心，輔我初政。方光、公著、大防等先後用事，汝則

朋比居中，傅會姦謀，變亂先烈。首議棄地，貽患邊防。輕負累朝之恩，曲成私黨之意。自陷姦慝，屢致群言。深爲涵容，久屈彝典。聊從薄責，無忘省循。可降授通議大夫，依前觀文殿大學士知潁昌府。」

7 哲宗紹聖元年七月，詔司馬光、呂公著追所贈官并所賜謚誥及神道碑額，〔一〕仍下逐處倒碑磨毀。王巖叟所贈官，亦行追奪。呂大防、劉摯、蘇轍各分司，與梁燾、劉安世並居住。先是，元豐末，神宗嘗謂輔臣曰：「明年建儲，當以司馬光、呂公著爲師保。」及公著薨，呂大防奉詔爲公著神道碑，乃首載神宗聖語。上又親題其額曰「純誠厚德之碑」。國朝册府畫一元龜甲集卷八八史官門紹聖史禍。

其碑曰：公著始與司馬光同輔政，于是推本先帝之意，蓋欲鞭策四夷，以强中國；阜蕃邦財，以佐其費。有司奉行失其本旨，先帝固嘗患之矣。故欲更而未暇與已更而未定，其詔墨記言具在可考者。如詰青苗之害，則曰：「常平錢穀以禦水旱，而貪散以求利至十之七八。國失拯救之利，而民之責償被笞箠者衆。」責興利之敝，則曰：「太傷鄙細，有損國體。他事類此者亦與指揮。」戒用兵之失，則曰：「安南西師，兵夫死傷皆不下二十萬。有司失一死罪，其責不輕。今無故輒置四十萬人于死地，朝廷不得不任其咎。」救官制之敝，則曰：「更新官制以覈正吏治，至今頒行無緒，有以啓侮四方，貽譏後世，可速裁議，無致稽延，令如舊日中書之比。」于是，二公與同志者建請以常平舊法改青苗，以嘉祐差役參改募役，罷保馬以復監牧，損保甲教選以便農作，除市易之令，寬茶鹽之禁，賜邊砦，贖亡民，以和西戎。於是，民呼歡鼓舞以爲便。而沮議者上則大臣，下則用事之小吏，蓋不可勝數。司馬光既卧病于家，公與數人同拯其弊，太皇太后爲去其異議者而後定。自此，先帝之善政施于無窮。其爲下所誤以病民者，删革之而有緒矣。

公初與王安石友善，後安石秉政，爲中丞。安石冀其助己，公極論其過失，由此怨公。至以險語中傷，而公不屈也。宋宰輔編年録卷一〇紹聖四年二月乙未條。

呂公著言：「衆人之言不一，而至當之論難見。君人者去偏聽獨任之弊，而不主先入之語，則不爲群邪所亂。〔二〕顔淵問爲邦，孔子以佞人爲戒。蓋佞人惟恐不合於君，則其勢易親；正人惟恐不合于義，〔三〕則其勢易疎。「惟先格王正厥事」，〔四〕蓋未有事正而世不治者，惟陛下力行而勉終之。」〔五〕㊀國朝册府畫一元龜乙集卷一七聽納門。

至是，章惇欲起史禍，先於日曆、時政記刪去以司馬光、吕公著爲師保聖語，〔六〕又欲發光、公著墓，取埋銘毁之。上曰：「何益於國！」議累不決。是時，御史中丞黄履、右正言張商英、監察御史周秩日交章論之十數，〔七〕㈡且請重責大防、摯、轍等。㈢至是，章惇乃以黄履、張商英、周秩等章疏進呈，且曰：「前後臣僚論列司馬光等罪惡未正典刑及吕大防等罪大罰輕未厭公論事可考據者凡十九疏。」遂詔司馬光、〔八〕吕公著各追所贈官并謚告，追所賜神道碑額，仍下陝府、鄭州，各差官許會本縣於逐官墳所拆去官修碑樓及倒碑磨毁奉敕所撰碑文訖奏。〔九〕王巖叟所贈官亦行追奪。吕大防罷，知隨州，依前降授左正議大夫、行秘書監、分司南京，郢州居住。劉摯罷知黄州，依前降左正議大夫、〔一〇〕試光禄卿、分司南京，蘄州居住。蘇轍罷知袁州，依前降授左正議大夫、〔一一〕試少府監、分司南京，筠州居住。梁燾提舉舒州靈仙觀，〔一二〕鄂州居住。劉安世主管洪州玉隆觀，〔一三〕南安軍居住。且詔今日以前已行遣責降人外，應其餘一切不問，議者亦勿復言。所有見取會實録修撰官以下并廢渠陽寨人自從别敕處分，仍具録前項臣僚章疏降下，朝堂出榜曉諭。初，章惇力請發光、公著墓，上不許。惇退，上顧許將，曰：「獨無言，何也？」將對曰：「臣以爲發人之墓非盛德事。」上曰：「朕意正如此。」然至是，猶毁樓、磨碑、追賜額，俱黽勉從惇也。曾布密啓請罷毁碑事，疏入不報。國朝册府畫一元龜甲集卷八八史官門紹聖史禍。

始，曾布在翰林，章惇爲布言，將以司馬光、呂公著等付兩制，議用盧多遜例。又令史院檢多遜及丁謂、李迪故事。既進呈，而上不許，乃已。惇又請令發冢斫棺，上堅不許。及是，竟從惇請，追贈官、謚告并所賜神道碑額，蓋黽勉從之。宋宰輔編年録卷一〇紹聖四年二月乙未條。

校識

〔一〕據皇宋通鑑長編紀事本末卷一〇一逐元祐黨上，追奪司馬光等所贈官事在紹聖元年七月戊午。

〔二〕則不爲群邪所亂　「群邪」二字，三朝名臣言行録卷八之一丞相申國吕正獻公引神道碑作「邪説」。

〔三〕正人惟恐不合于義　「義」字原作「上」，據三朝名臣言行録卷八之一丞相申國吕正獻公引神道碑改。

〔四〕惟先格王正厥事　「格」字原作「哲」，據三朝名臣言行録卷八之一丞相申國吕正獻公引神道碑改。

〔五〕本段原出於國朝册府畫一元龜乙集卷一七聽納門，原繫於哲宗紹聖元年七月，據宋朝諸臣奏議卷四二天道門吕公著上神宗論淫雨地震，其事實在神宗熙寧元年七月。又據此所引出自吕公著神道碑文，推知國朝册府畫一元龜乙集此段係從丁未録紹聖元年七月本條處抄引者，因添入此處。

〔六〕先於日曆時政記删去以司馬光呂公著爲師保聖語　「保」字原作「傅」，據上文及宋宰輔編年録卷一〇紹聖四年二月乙未條引丁未録改。

〔七〕監察御史周秩日交章論之十數　「日」字，宋宰輔編年録卷一〇紹聖四年二月乙未條引丁未録無，當是。

〔八〕遂詔司馬光　「詔」字原作「紹」，據上文及宋宰輔編年録卷一〇紹聖四年二月乙未條引丁未録改。

〔九〕各差官許會本縣於逐官墳所拆去官修碑樓及倒碑磨毁奉敕所撰碑文訖奏　「許」字原作「計」，據宋宰輔編年録卷一〇紹聖四年二月乙未條引丁未録改。

〔一〇〕依前降左正議大夫　「正」字，皇宋通鑑長編紀事本末卷一〇一逐元祐黨上及宋大詔令集卷二〇六劉摯落職降官知黄州制皆作「朝」，是。

〔一一〕依前降授左正議大夫　「正」字，皇宋通鑑長編紀事本末卷一〇一逐元祐黨上及宋大詔令集卷二〇六蘇轍降官知袁州制皆作「朝」，是。

〔一二〕梁燾提舉舒州靈仙觀　「仙」字原脱，據皇宋通鑑長編紀事本末卷一〇一逐元祐黨上及宋史卷一八哲宗紀二補。

〔一三〕劉安世主管洪州玉隆觀　「主」字原作「王」，「玉」字原作「王」，據李𡌴皇宋十朝綱要卷一三哲宗元祐元年七月丁巳條改。

附載

㈠三朝名臣言行録卷八之一丞相申國吕正獻公引吕汲公撰神道碑：「先是，上清宫火，壽星殿獨存，因以爲壽星觀。至此十有九年，詔建神御殿於觀中，將自禁中迎真宗繪像奉安。公言：『都城中真宗已有三神御，而營建不已，非祀無豐暱之義。』不報。」又：「英宗初親政，公言：『陛下以宗藩選繼大統，奉母后當極子道，雖居深宫之中，不以造次廢禮，則中外瞻仰，天下幸甚。』上嘉納之。」又：「公於講讀尤精，衆謂語約而義明，可以爲當世之冠。英宗嘗對執政稱其善。與司馬光同侍經筵，光退語人曰：『每聞晦叔講，便覺己語煩。』」又：「執政建議追崇濮安懿王，或欲稱皇伯考，公曰：『真宗以太祖爲皇伯考，豈可加於濮王耶？』及詔下稱親，公言『於仁宗有兩考之嫌』。班濮王諱於天下，公獨以謂當避於上前，不當與七廟同諱。」又：「御史臺官吕誨等六人以言事罷，公言：『陛下即位以來，納諫之風未形于天下，而誨等以言事去，非所以風示四方。』争之不能得，乞補外任，上曰：『學士，朕所重，未可去朝廷。』公復懇請家居者百餘日。上遣内侍敦諭就職，曰：『宜徐徐勸誘，勿太迫也。』公起就職。數月，又乞補外。三年，出知蔡州。」

又：「御史中丞司馬光以言事罷，公封還其誥，曰：『光以言舉職，而賜罷，則有責者不得盡其言。陛下雖有欲治之心，何從而知安危利害？』于是内出光誥付閤門。公又言：『誥不由封駮而出，則封駮之職因臣而廢，乞正臣之罪，以正紀綱。』上手批公奏，因邇英講，獨留公以諭旨。公請不已，竟罷封駮事。」又：「夏秋淫雨，京師地震。公言：『自昔人君遇災者，或恐懼以致福，或簡誣以致禍。上以至誠待下，則下思盡誠以應之。上下至誠，而變異不消者，未之有也。夫衆人之言不一，而至當之論難見。君人者去偏聽獨任之弊，而不主先入之語，則不爲邪説所亂。顔淵問爲邦，孔子以遠佞人爲戒。蓋佞人唯恐不合於君，則其勢易親；正人唯恐不合於義，則其勢易疏。唯先格王正厥事，蓋未有事正而世不治者。唯陛下勉行之而勉終之。』」又：「禮官欲用唐故事，以五月朔御大慶殿受朝，遂上尊號。公以五月朔會朝與人君尊號皆非古典，言曰：『陛下方越漢唐，追復三代，何必於陰長之月，爲非禮之會，受無益之名？』上從之。遂竟神宗朝不受尊號。」又：「王安石秉政，置三司條例以商天下之財利，又置提舉常平官於諸路，爲斂散青苗之法以便民，其實征利。物議沸騰，以爲非是。公極論其不可，曰：『自古有爲之君，未有失人心而能圖治者，亦未有脅之以威、勝之以辯而能得人心者。昔日之所賢者，今皆以此舉爲非。主議者一切詆爲流俗詖説而助之。』會韓琦論青苗不便，用其請罷河北安撫使。司農駮琦奏議，摹印以下四方。言者或謂大臣不可輕詆摩，執政反謂公有藩鎮欲除君側之惡之語於上前。除翰林侍讀學士，知潁州，又改其誥以命之，衆皆謂安石欲去公而加之罪也。公初列館閣，與安石友善，安石博辯有文，同舍莫敢與之亢，獨公以精識約言服之。安石出守常州，求贈言，公以四言曰『莊守情密』。安石至郡，寓書於公，曰：『備客京師二年，疵吝積於心，每不自勝，一詣長者，即廢然而反。夫所謂德人之容使人之意也消，吾於晦叔見之矣。』又謂人：『晦叔爲相，吾輩可以言仕矣。』後安石秉政，公爲中丞，安石冀其助己。公既以公議極論其過失，由此怨公，至以險語中傷，而公不屈也。」又：「彗星見，詔求直言，公疏曰：『陛下臨朝願治，日已久，左右前後，莫敢正言。陛下有欲治之心，而無致治之實者，何哉？此任事之臣負陛下也。何以言之？蓋士之邪正、賢不肖蓋素定也。今則不然，前日舉之以爲天下之至賢，後日逐之以爲天下之至不肖。其於人才既反覆而不常，則於政事亦乖戾而不審矣。古之爲政，初不信民者有之，鄭之子產是也，一年而鄭人怨之，三年而鄭人歌之。陛下垂拱仰成，七年于兹矣，輿人之誦，亦未異於七年之前也。陛下獨不察乎？』」又：「邇英進讀，上留公論治道，遂及釋、老虛寂之旨。公問上曰：『堯舜知此道乎？』上曰：『堯舜豈不知？』公曰：『堯舜雖知此，而常以知人安民爲志。』上又言：『唐太宗能以權智遇臣下。』公曰：『太宗所以致治者，以其能虛己從諫耳。』上臨御久，群臣進説，罕能出上意，至聞公言，儼然加敬信。」又：「哲宗即位，公爲邇英侍讀。始至，上言曰：『人君即位之始，當正始以正天下，修德以安百姓。修德之要，莫先於學。學有緝熙于光明，日新又新，以至于大治者，學之力也。臣待罪講讀，謹條上十議，以裨聰明：一曰畏天，二曰愛民，三曰修身，四曰講學，五曰任賢，六曰納諫，七曰薄斂，八曰省刑，九曰去奢，十曰無逸。』居月餘，除執政，遂倚以爲相。」又：「太皇太后遣使問公所欲言，公奏曰：『先帝即位之初，臣爲學士，令臣草詔，以寬省民力爲先。既而秉政者建議變舊法，以侵民爲意。其言不便者，指以爲沮壞新法，一切斥去之，故日久而弊愈深，法行而民愈困。陛下既深知其弊，誠得中正之士，使講求天下之利害，上下協力而爲之，宜不難矣。』又曰：『唐德宗拒諫，幾至覆國。今兩省諫官未備，三院御史主察者不許言事，恐未合先帝本意。』後卒施行。」又：「官制三省並建，而中書獨爲取旨之地，門下、尚書奉行而已。公曰：『三省均輔臣也，正如同舟共濟，當一心並力以修政事。乞事干三省者，自今執政同進呈取旨而各行之。』遂定爲令。」又：「初，執政三五日一集都堂，長官專決，同列多不與議。及公秉政，非有故，日聚都堂，遂爲故事。」又：「宋興以來，大臣以三公平章軍國者四人，二人出公家。草制之夕，上御闈殿見學士蘇軾，曰：『呂僕射以疾求去，不欲煩以事，故以三公留之。』詔建府第於東府之南，啓北扉以便執政會議。三省、樞密院條其所當關者，以爲軍國事，一月三至經筵，三日一朝，非朝日不至都堂，其出也不以時：蓋異禮也。」又：「公平生以人物爲己任，好德樂善，出於天性。士夫有以人物爲意者，公必問其所知，與其所聞參互考實，以待上求。神宗嘗謂執政曰：『呂公著之於人材，其言不欺。如權衡之於稱物，其於用人無遠邇疏密，一以至公待之。雖有舊怨，亦不以屑意。其論事處物，不以徇己爲悦、從衆爲難，雖澹於世利而勇於愛民，簡于應接而周于慮世。上前議政事，盡誠去飾，博取衆人之善；至其所當守，毅然不可回奪也。』」

續資治通鑑長編卷三九四元祐二年正月戊辰條原注引呂公著神道碑：「自熙寧四年，始改科舉，罷詞賦等，用王安石經義以取士，又以釋氏之説解聖人之經。學者既不博觀群書，無修詞屬文之意，或竊誦他人已成之書寫之以干進。由此科舉益輕，而文詞之官漸艱其選。先帝以答高麗書不稱旨，故當時以爲言。議者欲以詩賦代經義，公著乃于經義之外益以詩賦，而先經義，以盡多士之能。又禁有司不得以老、莊之書出題，而學者不得以申、韓、佛書爲説，經義參用古今諸儒之學，不得專用王氏。」

㈡皇宋通鑑長編紀事本末卷一〇一逐元祐黨上載黄履奏（參太平治迹統類卷二四元祐黨事本末下）：「前宰相司馬光，昨自先帝識拔，進位樞庭。光以不用其言，請歸修史，先帝盛德優容，曲從其欲。書成，仍以資政殿學士榮之，其恩可謂厚矣。迨垂簾初，朝廷起光執政，當時士論翕然稱之，以謂光真能弼成聖德，上報先帝。不謂光深藏禍戾，追忿先朝，凡有所行，皆爲非是。夫法令因革，固緣時宜，豈有一代憲章俱無可取？歸非於昔，歛譽於身，此而可容，孰爲咎者！昔唐太宗以封倫稔惡，身後始彰，美謚贈官，尚加追奪。伏望以今仿古，詳酌施行。」又周秩言：「司馬光以元祐之政，以母改子，非子改父，失宗廟之計。朝廷之政，必正君臣之義，以定父子之親，豈有廢君臣父子之道，而專以母子爲言？」又：「遺詔明白，必以嗣君爲主，則光豈不知當循皇家父子之正統？」又：「光之謚曰文正。夫謚法之美，極於『文正』，死而加以極美之謚，所以勸後也。今其所爲乖戾如此，當正其謚號之美惡，庶以懲後世。」又：「呂公著親爲先帝輔弼之臣，受國厚恩，又非司馬光之比。當司馬光釋憾於先帝，公著不能救正，又輔導之。爲右僕射歲餘，遂除司空、平章軍國事。切蒙朝廷先以太師文彦博爲光所引，既召而來，諫官言其姦邪，不可輔政，朝廷乃以平章軍國重事處之，止於重事，稍奪其權，公著之所知也。及公著之命，乃去『重』字，事無大小，皆得平章。名雖亞於彦博，權則過之，實兼三省侍中、中書令、尚書令之職。自國朝以來，雖有大功如趙普、王旦，命以此職，未有敢當之者。況垂簾之時，大臣宜謙畏，而公著但爲子孫計，急於富貴，不避嫌疑而居之。及大防、劉摯、蘇軾、蘇轍，皆公著所引，爲國大姦。陛下若不照其奸罪，以明示天下，則公著所處，皆爲國朝故事，以兆後世大臣僭竊之禍。」

㈢皇宋通鑑長編紀事本末卷一〇一逐元祐黨上載周秩言：「呂大防、劉摯、蘇軾、蘇轍皆落職爲知州，緣臣奏論大防等所爲皆大奸惡。今朝廷但薄責而已，臣愚以爲陛下必欲薄責之，則不當以臣所論事爲罪名；若論其營私不法，則其罪不可勝數。且摯與轍譏斥不減於軾，大防又用軾之所謀所言，得罪輕於蘇軾，天下必以爲非。」

8 八月辛未，詔環慶路安撫使范純粹落寶文閣待制，降一官，直龍圖閣，權知延安府，權發遣鄜延路經略安撫使。國朝册府畫一元龜甲集卷八九朋黨門貶斥元祐黨人。

9 九月甲寅，左朝奉郎、集賢殿修撰、知廣州唐義問責授舒州團練副使，㊀知鼎州胡田、權發遣沅州余卞及李備、歐陽中立等降責有差。國朝册府畫一元龜甲集卷八九朋黨門貶斥元祐黨人。

附　載

㊀宋大詔令集卷二〇九修撰唐義問責授團副舒州安置制：「具官唐義問，慶賞刑威，以馭功罪，要在當理，朕不敢私。爾才無他長，每懷觀望，阿附時議。請棄渠陽，生事蠻傜，專領措置，無復策畫，惟肆誕謾。公檄私書，明譽將佐。陽爲聚犒之狀，致錮自歸之心，俾於中宵，潛師逃遁。委棄儲械，陷没居民，兵夫奔馳，類遭屠害。猶復具奏，悉曰無傷。竊賞冒官，自謂得計。言章交上，按劾具明。黜副州團，尚從寬典。其務循省，無重悔尤。可。」

10 十月，中書舍人林希兼侍讀。初，章惇請以林希除侍讀，上不許。惇力請之，以爲希命詞宣力爲多。上雖黽勉從惇，然意殊不樂。宋宰輔編年録卷一〇紹聖四年閏二月壬寅條。

11 十二月，〔一〕責范祖禹、趙彥若、黄庭堅，並以散官安置。〔二〕先是，祖禹等於元祐中同修神宗實録。上即政，命中書舍人蔡卞、翰林學士承旨曾布、中書舍人林希同修正史。於是，蔡卞首謂祖禹等所載多無據依，請重加參訂。右司諫翟思亦言之。〔三〕並從之。於是三省得旨，下祖禹等家取索元分草本。

其省劄曰：檢會提舉修實録呂大防劄子奏：「臣昨奉敕提舉修撰神宗皇帝實録，今成書。切聞舊例，所修實録草沓，史官各收一本照證。今來本院所修實録草沓，合依舊例。又緣别無公案見得，欲望聖慈特降依例除定本外，將見在草沓各分一本與見在提舉修撰官，以備照證外，餘依前降指揮焚毁。取進止。」黄貼子稱：「如蒙賜允，委不至傳寫漏泄。」元祐六年十月十二日奏，〔四〕聖旨依奏。六月十八日，三省同奉聖旨，令范祖禹等將所得草沓，〔五〕限當日如法封角，差得力人管押，遞鋪傳送赴修國史院送納。如有傳寫到别本，亦同封角送納。或轉寫與他人，即令自陳。如輒隱留，〔六〕當重行貶責。

是時，祖禹知陜州，庭堅已除知鄂州，彥若提舉太極宫。〔七〕於是，命祖禹、庭堅並奉祠，彥若各於開封府界居住，就近報應國史院取會文字。祖禹即奉詔文，盡取元分草沓繳以進。

蔡卞於是取實録指摘爲畫一上之。詔史院有合問事，即一面取會。自此，監察御史郭知章、黄慶基交章論奏。

知章之奏曰：「臣切見國史院見簽書實録詆誣漏落事，元祐大臣乃欲塵點先朝政事，援引司馬光、蘇軾兄弟門下之人，皆平昔不得志者。於事迹往往删除漏落，或緣飾詆誣，意欲掩覆先帝之光明，爲臣不忠莫大焉。臣愚欲乞俟見根究詣實，應提舉史院吕大防、修史官趙彦若、范祖禹等，各重行貶責，以正萬世大公至正之法。」〔一〕

詔國史院趣具以聞，至是奏聞。

其奏曰：「臣等看詳所書事件，多是譏斥先帝聖政。本院檢尋，皆先所據文字，尋行會問。今據祖禹等供報，或以爲不記得依據是何文字；或以爲得之傳聞；或有親筆修改，照驗具明，而云己初不預其事；或云衆官以爲可書；或臣僚之家供到章疏，並不取以爲證，而以私意增易，云衆官參詳，如此修立。伏乞聖裁，特賜取分進止。」〔八〕

上曰：「史官敢如此誕謾不恭！」章惇曰：「不惟多稱得於傳聞，雖有臣僚之家取到文字，並不以爲信。欺誕敢爾！」安燾曰：「常日進呈文字，多先議定將上。早來章惇言，合取自聖斷。未經聚議輕重。」惇曰：「合取自聖意裁處。」上曰：「庭堅供答尤不遜。可量分等弟。」章惇曰：「三人事體，不甚相遠，恐不須分。」上曰：「須各與安置。」惇曰：「當如此。」遂詔祖禹責授武安軍節度副使，永州安置；彥若責授安遠軍節度副使，澧州安置；㈡庭堅責涪州別駕，黔州安置。㈢國朝册府畫一元龜甲集卷八八史官門紹聖史禍。

校識

〔一〕據皇宋十朝綱要卷一三，范祖禹等安置事在紹聖元年十二月甲午。

〔二〕並以散官安置　「並」字原脱，據宋宰輔編年録卷一〇紹聖元年四月壬戌條補。

〔三〕右司諫翟思亦言之　據皇宋通鑑長編紀事本末卷一〇一逐元祐黨上，翟思時爲左司諫。

〔四〕元祐六年十月十二日奏　「奏」字，太史范公文集卷六國史院取索實録草沓奏狀載此省劄作「奉」。

〔五〕令范祖禹等將所得草沓　「草」字原作「奏」，據上文及太史范公文集卷六國史院取索實録草沓奏狀改。

〔六〕如輒隱留　「留」字原脱，據太史范公文集卷六國史院取索實録草沓奏狀及太平治迹統類卷二四元祐黨事本末下補。

〔七〕彥若提舉太極宮　「宮」字當作「觀」，參附載㈡詔書。

〔八〕特賜取分進止「取分進止」四字疑當作「處分取進止」。

附載

㈠黄嵤山谷年譜卷二六紹聖元年十一月條引國史載黄慶基奏節文：「神宗實録隱没先朝良法美意，輒以微言含寓諷刺數十事修編，令府界供答文字未見施行，乞早誅責。」

㈡宋大詔令集卷二〇七范祖禹趙彦若散官安置制：「朕以眇末，紹承聖緒，大懼不能發揚先帝成功盛德，曩詔儒學之臣，論次大典，於以章示至公，傳信萬世。明明在上，其可厚誣！龍圖閣直學士、左朝奉大夫、提舉亳州明道宫范祖禹，翰林侍讀學士、中大夫、提舉兗州仙源縣景靈宫太極觀趙彦若，名列從官，職在太史，罔念朝廷之屬任，專懷朋黨之私恩。依憑國書，疵詆先烈，變亂事寔，輕徇愛憎。奏篇累年，公罔朕聽。逮究厥寔，語多無從。覽之矍然，靡自皇處。得罪宗廟，朕何敢容。古有常刑，宜即誅殛。尚兹屈法，聊示竄投。服我寛恩，無忘自訟。祖禹可責授武安軍節度副使，永州安置；彦若可責授安遠軍節度副使，澧州安置。」

㈢宋大詔令集卷二〇七黄庭堅涪州別駕黔州安置制：「左朝奉郎充集賢校理、管勾亳州明道宫黄庭堅，爾擢於諸生，使預著作，罔念朝廷之屬任，專懷朋黨之私恩，依憑國書，疵詆先烈，變亂事寔，輕徇愛憎。古有常刑，宜即誅殛。尚兹屈法，聊示竄投。服我寛恩，無忘自訟。可責授涪州別駕，黔州安置。」

紹聖二年（乙亥，一〇九五）

12 二年正月，又詔呂大防追還兩官，趙彦若、范祖禹、陸佃、曾肇、黄庭堅各降一官。〔一〕

宋宰輔編年録卷一〇紹聖元年四月壬戌條。〔二〕

校識

〔一〕據宋史全文卷一三下，貴呂大防等事在紹聖二年正月丙午。

〔二〕本條於宋宰輔編年録未注明出自丁未録，以同段中含本書紹聖元年七月及十二月各條之文推知係出丁未録。

13 二年八月，〔一〕詔呂大防等永不以恩數叙復。

見詔授分司：呂大防、劉摯、蘇轍。

責授散官安置：蘇軾、范祖禹、黄庭堅。

落職降官見管宫觀：梁燾、劉安世。

降職□官見釐務：王欽臣。

落職降官見釐務：秦觀、吴安詩、〔二〕范純仁。

落職見釐務：韓川、孫升、賈易、呂希、〔三〕曾肇、陸佃、呂希哲。係罷説書，特不除職名。

不曾落職降官見釐務：姚勔。

除名安置：梁惟簡。

除名勒停見編管：陳衍。國朝冊府畫一元龜甲集卷八八史官門紹聖史禍。

校識

〔一〕據皇宋通鑑長編紀事本末卷一〇一逐元祐黨上，詔呂大防等永不叙復事在紹聖二年八月甲申。

〔二〕吴安詩　「詩」字原作「世」，據皇朝編年綱目備要卷二四紹聖四年二月再竄呂大防等三十餘人條改。皇朝編年綱目備要叙紹聖四年二月呂大防等貶竄事，云「并依紹聖二年八月二十一日指揮」，則此所見人員，亦當見於彼處。因據改。

〔三〕呂希　據後文崇寧時元祐黨人名籍，賈易、呂希純、曾肇等連書，故此「希」字後疑脱「純」字。

14 二年九月，〔一〕知陳州范純仁落觀文殿大學士，知隨州。先是，純仁當政時，上嘗問：

「貶竄之人，殆難終廢。」純仁前贊曰：「陛下及此，堯舜用心也。」至是，明堂肆赦，章惇、蔡卞先疏呂大防以下數十人終身勿徙。純仁聞之，憂憤上奏，㈠奏入，大忤惇等意。詔：「純仁立異邀名，沮抑朝廷已行之命。」故有是責。上始亦有意從純仁所奏，章惇力主前議，故遂責之。宋宰輔編年録卷一〇紹聖元年四月壬戌條。

校識

〔一〕據皇宋通鑑長編紀事本末卷一〇一逐元祐黨上，范純仁知隨州事在紹聖二年九月癸卯。

附載

㈠范純仁范忠宣公文集卷二〇范忠宣公行狀載其奏疏：「大防等年老疾病，不習水土。炎荒非久處之地，而又憂慮不測，何以自存。迹其所罪，亦因持心失恕，好惡任情，以異己爲怨讎，以疑似爲訕謗。違老氏好還之戒，忽孟軻反爾之言。誤國害公，覆車可鑒。然牛李之禍，數十年淪胥不解，豈可尚遵前軌，靡恤效尤？兼臣與大防等共事，臣有所言，多相排斥，陛下之所親見。臣之激切，只是仰報聖德，不爲其他。兼今夏内地大熱，炎方想不易處。向來章惇、呂惠卿雖爲貶謫，不出里居。臣尚曾有言，深蒙陛下開納。又陛下常憫遷謫之人，幾爲永廢，臣測知聖心，亦曾乞用檢舉之説。陛下以一蔡確嘗軫至念，今趙彦若已死貶所，將不止一蔡確矣。願陛下斷自淵衷，將大防等引赦原放。」按皇朝文鑑卷五二范純仁請放吕大防等逐便是其原文。

15 二年九月，監察御史常安民論章惇「以大臣爲紹述之説，實假此名以復私怨。一時朋附之流，從而和之，遂至已甚。故凡勸陛下紹述者，皆欲托先帝以行姦謀，謂他事難惑聖慮，若聞先帝，則易爲感動。故欲快恩讎、陷良善者，須假此以移陛下意」。至引王鳳亂漢、林甫亂唐以比惇擅作威福。又併論蔡京、林希。惇等積怒，合力排陷，遂責監滁州酒税。〔一〕宋宰輔編年録卷一〇紹聖元年四月壬戌條。〔二〕

校識

〔一〕據皇宋通鑑長編紀事本末卷一〇六常安民罷察院，紹聖二年九月壬戌，監察御史常安民責監滁州酒税。是爲本條事目。

〔二〕本條於宋宰輔編年録未注明出自丁未録，以同段中含本書紹聖元年七月及十二月各條之文推知係出丁未録。

紹聖三年（丙子，一〇九六）

16 初，紹聖元年七月庚戌，知樞密院事韓忠彦乞罷，不許。後六日復故，上諭執政曰：

「忠彦無他，不須爾。」布曰：「其爲人頗近厚，在元祐中無過，無可去之理。」又言琦勳業後世罕有其比。是年正月，樞密院奏事畢，忠彦留身請外，徑上馬，仍面諭曾布以欲得河陽，又白章惇丐得一善地。遂遷出，時十二月癸未也。翌日，布入對，上遽問忠彦已遷出，又曰：「忠彦别無事，亦不至姦險。」布曰：「然。」已而章惇言忠彦處置邊事多可笑，上甚駭之，忠彦請不已，乃有是命。〔一〕宋宰輔編年録卷一〇紹聖三年正月丙子條。

校識

〔一〕據宋宰輔編年録卷一〇，紹聖三年正月庚子（從王瑞來説），知樞密院事韓忠彦爲太中大夫、觀文殿學士、知真定府。是爲本條事目。

17 紹聖三年正月，〔一〕先是，上諭曾布三省欲降旨行北郊禮，布曰：「陛下繼志述事，此乃所以伸先帝之志，厭天下之異議，有識之士聞之，必相與慶。」翌日，同進呈，布因言：「臣累奏云前日衆説不同。臣嘗奏以爲廢先王之典禮，屈先帝之正論，徇流俗之常情，伸元祐之邪説。」惇曰：「此四句可謂盡矣。」宋宰輔編年録卷一〇紹聖四年閏二月壬寅條。

校識

〔一〕據續資治通鑑長編拾補卷一三，紹聖三年正月戊午，詔罷合祭，以夏至日躬祭地祇於北郊。疑爲本條原事目。

18 哲宗紹聖三年六月己未朔癸未，諸王府侍講常立責監永州酒稅，奉議郎趙冲監道州茶鹽酒稅。立者，秩之子也。初，神宗信用王安石，以秩乃安石所薦，召而試之。及厭安石，秩亦隨罷。神宗常諭安石曰：「常秩不知去就。」安石對曰：「陛下於誕謾蠹政害國之人，尚能體貌尊聽，如常秩者反見薄。」其後，安石爲秩作墓表，曰：「石可磨也，亦可泐也。謂公可毁，不可得也。」以故立廣其墓表之言，光揚其父。元祐中，以其父行狀進於史院。而行狀之言曰：「自公與荆公去位，天下官吏，陰變新法，民受荼毒。」又有「上下循然，敗端内萌，莫覺莫悟。公獨見幾，知其必敗」之語。其行狀即冲所撰也。至是，蔡卞屬意於立，欲進用之。會劉拯以憂去，諫官闕，上以問曾布，布曰：「三省意在周穜、常立，然未可偏進，〔二〕願審加采擇。」他日，質於太史，具得其論，入白之。上甚駭，曰：「何謂必敗！」及三省進呈，上赫然親指「荼毒」、「必敗」四字以示輔臣，問蔡卞曰：「尊戴安石至於如此，則以神考爲何如主乎！此朕所不忍聞，而卿乃欲進用常立，何也？」遂詔立罷諸王府侍講，管當亳州明道宫，趙冲別取旨。而中書舍人葉祖洽繳還録黄，以謂：「立父子世受國恩，而狂悖如此，望付有司正其罪，竄殛之。」於是，詔立添差監永州在城酒税，趙冲添鹽道州茶鹽酒税。上復諭布曰：「『必敗』之語殊可駭。」布曰：「不遜如此，迺欲擢之言路，此臣所以不能自已也。」又曰：「臣久事陛下左右，衆怒日積。比因常立事，以故怨怒益深。衆議謂聖意一爲讒慝所移，則臣四海無措身之地矣。」其後，卞等果作訴理之事讎布，而罷訴理之禍者七百餘人，訖於布之家流離破敗，而卞等報復之意猶未快也。國朝册府畫一元龜甲集卷八九朋黨門訴理之禍。

初，惇與卞相悦，每事聽信，凡所引上殿人，多卞門下士，外議極以爲不平。上曰：「須是易卞于西府，勿令預其事乃可。」布曰：「惇以先朝定策受遺，陛下初親政事即擢作相，然臣自初秉政即曾開陳，以謂惇初相便逐彭汝礪，用朱服、蹇序辰，以此失天下人心。然皆爲卞所誤。又卞之薦常立，立蹤迹敗露如此。陛下若早賜移易，不唯有補政事，亦可以保全章惇。」上深欣納。布因言常立事衆怒益深。〔二〕宋宰輔編年録卷一〇紹聖四年閏二月壬寅條。

校識

〔一〕然未可偏進「偏」字疑當作「徧」。

〔二〕此下與上段末「其後」至「猶未快也」數句略同，因削去。由此知二者原係一則，疑此條原接上段「又曰」後。

19 九月，皇后孟氏廢。〔一〕㊀后之廢，實惇迎合于外，而内侍郝隨擠之于内，以故無敢異議者。其後，上頗有悔悟意，嘗曰：「章惇壞我名節。」故元符末，皇太后復后位號者，推上遺意而行之也。宋宰輔編年録卷一〇紹聖元年四月壬戌條。〔二〕

校識

〔一〕據皇宋十朝綱要卷一四，廢皇后孟氏事在紹聖三年九月乙卯。

〔二〕本條於宋宰輔編年録未注明出自丁未録，以同段中含本書紹聖元年七月及十二月各條之文推知係出丁未録。

附載

㊀宋大詔令集卷二〇廢皇后孟氏批語：「皇后孟氏，縱欲失德，密構奇袤，上則不足以懿範内令，下

則不足以章明婦順。朕躬禀皇太后、皇太妃聖旨，恭奉玉音，可廢居道館，仍賜四字仙師號并法名，仰三省、樞密院同定。」

紹聖四年（丁丑，一〇九七）

20 四年二月丙辰朔己未，司馬光追貶清海軍節度副使，〔一〕呂公著建武軍節度副使，〔二〕王巖叟雷州別駕，趙瞻、傅堯俞奪所贈官，并韓維盡追致仕、遺表恩澤，〔三〕孫固、范百禄、胡宗愈止與二人，餘亦追之。初，章惇議追光恩數。曾布曰：「惡止其身，不若更追削之。」惇曰：「何益？削其恩乃實事。」布曰：「雖快意，弟恐例不可開爾。」惇曰：「須爲畫一指揮。」布曰：「韓維居政府，與衆不合而去，當無他。」惇曰：「與光唱和者，正此人也。」命遂下。㊀國朝册府畫一元龜甲集卷八九朋黨門貶斥元祐黨人。

校識

〔一〕按司馬光追貶清海軍節度副使事，宋大詔令集卷二〇八繫於紹聖四年二月戊午。

〔二〕按呂公著追貶建武軍節度副使事，宋大詔令集卷二〇八繫於紹聖四年二月丙辰。

〔三〕并韓維盡追致仕遺表恩澤　「澤」字原脱，據宋宰輔編年録卷一〇紹聖元年四月壬戌條引丁未録補。

附載

㈠宋大詔令集卷二〇八司馬光追貶散官制：「不道之誅，莫先訕上；無君之惡，尤在擅朝。罰不及身，死有餘責。宜加追貶，用示創懲。故正議大夫、守尚書左僕射、兼門下侍郎司馬光，資詭激之行，以盜虛聲；挾矯誣之言，以惑愚衆。逮事昭考，既躋顯塗，尚何怨仇，乃積忿毒。粤朕初政，肆其宿姦，陰結中人，驟竊宰柄。倡率不逞，詆訾先朝，援引群凶，變更良法。潛懷睥睨之邪計，欲快傾摇之二心。長惡弗悛，餘殃自及。而位存公相，澤被子孫，使其冒國家之繆恩，何以爲臣子之大戒！雖逃顯戮，當置散員。改命九原，正名萬世。庶幾幽顯，知有典刑。可特追貶清海軍節度副使。」又呂公著追貶散官制：「爲臣不忠，罪不可赦。居下訕上，誅及其朋。矧惟凶慝之尤，當明身没之戒。故司空、同平章軍國事呂公著，資賦陰險，世濟姦回，盜竊虛名，昧冒休寵。擢贊樞府，實自先朝。迨予纂承，躐持宰柄。而乃協濟元惡，爲之主謀。力引群邪，布列庶位。謗讟前烈，變亂舊章。厥罪貫盈，已死難置。宜從追貶，易以散官。雖竄殛不及其生，而懲創可垂於後。是維公議，用告幽明。可特追貶建武軍節度副使。」又王巖叟追貶雷州别駕制：「誤朝之慝，力引群姦；附下之誅，宜加首惡。生逃顯戮，死有餘辜。典刑所存，朕不敢赦。端明殿學士、左朝奉郎王巖叟，資憸巧之智，而濟以敢爲；挾凶邪之權，而爲之死黨。厚誣先帝，愚弄朕躬，力贊邪謀，陰懷異志。凶德參會，憸言肆行。廢法度於已乎，擠勳勞於必死。罪惡暴著，鬼得而誅。雖嘗示於小懲，顧未協於公議。貶從散秩，追正明刑。非獨致朝廷之公，將永爲臣子之誡。可特追貶雷州別駕。」

21 四年二月癸未，呂大防、劉摯、蘇轍、梁燾、范純仁、吴安詩、劉奉世、王覿、韓川、孫升、呂陶、呂希哲、姚勔、呂希純、范純禮、趙君錫、馬默、顧臨、王欽臣、孔武仲、范純粹、張耒、晁補之、賈易、呂希績、韓維、王汾、〔一〕李周、朱光庭、孫覺、趙卨、李之純、程頤合三十三人，各降斥有差。㊀國朝册府畫一元龜甲集卷八九朋黨門貶斥元祐黨人。

河東節度使、太師致仕文彦博亦降爲太子太保。〔二〕㊁宋宰輔編年録卷一〇紹聖元年四月壬戌條。〔三〕

校識

〔一〕王汾 「汾」字原作「份」，據皇宋通鑑長編紀事本末卷一〇二逐元祐黨下紹聖四年二月庚戌條責降諸人制書改。

〔二〕河東節度使太師致仕文彦博亦降爲太子太保 「太保」二字，皇宋十朝綱要卷一四及太平治迹統類卷二四元祐黨事本末下同，宋大詔令集卷二〇八文彦博降太子少保致仕制、東都事略卷九哲宗本紀并同書卷六七文彦博傳、皇宋通鑑長編紀事本末卷一〇二逐元祐黨下皆作「少保」。

〔三〕此零句於宋宰輔編年録未注明出自丁未録，以同段中含本書紹聖元年七月及十二月各條之文推知係出丁未録。

附載

㈠宋大詔令集卷二〇七吕大防責散官安置制：「朋姦擅國，責有餘辜；造訕欺天，理不可赦。其加顯黜，以正明刑。降授中大夫、守光禄卿、分司南京、安州居住吕大防，資性冥頑，心術狠戾，背天地之恩於先帝，廢君臣之禮於朕躬。冒登冢司，竊弄威柄，列布私黨，兢分權要。假借誣辭，以變更良法；網羅空語，以增飾謗書。乃至擠陷舊勳，棄捐邊要。内結近習，陰懷異心；外連群凶，力捍新政。罪寔同于元惡，法當置於嚴誅。而事久益彰，罰輕未稱。朕追念前烈，究觀衆言，義不敢私，恩難獨貸。貶從散秩，投界遐方。懲誤國不道之愆，爲垂世無窮之戒。尚思循省，勿重悔尤。可責授舒州團練使，循州安置。」

宋大詔令集卷二〇八劉摯散官新州安置制：「訕上之姦，衆所共棄；刑故之義，朕何敢私。降授左朝議大夫、試光禄卿、分司南京、蘄州居住劉摯，趨操回邪，性資險譎。嚮由言路，力附黨魁，倡和姦謀，毀黷先烈。視朝廷爲虚器，以君父爲深仇。成法舊章，肆意變亂。不踰數載，竊據宰司。

益引凶人，布滿要路。根據盛大，攘主圖私。嚮以積惡貫盈，雖從竄斥，而責輕罪重，公論未平。宜降散官，投之四裔。勉思惕厲，體我寬恩。可責授鼎州團練副使，新州安置。」又蘇轍散官安置制：「朋姦擅國，責有餘辜；造訕欺天，理不可赦。其加顯黜，以正明刑。降授左朝議大夫、試少府監、分司南京、筠州居住蘇轍，操傾側孽臣之心，挾縱横策士之計。始與兄軾，肆爲抵巇；晚同相光，協濟險惡。搆無根之辭而欺世，聚不逞之黨以蔽朝。謂邪説爲讜言，指善政爲苛法。矯誣太后，愚弄沖人，助成姦謀，交毁先烈。發怨懟於君臣之際，亡忌憚于父子之間。陰懷動揺，公肆排訐。粤予親政，尚爾撓權，持罔上之素心，爲怙終之私計。罪同首惡，法在嚴誅。而事久益彰，罰輕未稱。朕顧瞻嚴廟，跂念裕陵，義不敢私，恩難從貸。黜居散秩，投置遐陬。非徒今日知馭衆之威，亦使後世識爲臣之義。勉思寬憲，務蓋往愆。可責授化州别駕，雷州安置。」又梁燾安置制：「誣君欺天，罪孰與大；背公死黨，法所必誅。降授左中散大夫、守少府監、分司南京、鄂州居住梁燾，嚮附凶渠，擢在諫議，陰與子壻，搆造邪謀，詆誣先朝，擠陷舊弼，毁棄成法，薦引群凶。躐居丞轄之司，共成根柢之勢。雖圖薄責，未稱明刑。授以散官，投之遠裔。往其惕厲，服我寬恩。可責授雷州别駕，化州安置。」又范純仁責散官安置制：「附下罔上，國有常刑；定罪原情，人無異罰。其申邦憲，以警官邪。降授通議大夫、知隨州范純仁，立異以邀名，匿情而趨利。習用小夫之私智，專爲流俗之原人。始議親稱，則搆誣於英祖；晚言變法，則歸過於先朝。欺君以助邪謀，棄地以開邊隙。陰連群枉，協濟凶渠，躐處要權，盜持威柄。附會一意，挾持兩端。迄用攀援，遂尸宰輔。乃復肆言慢上，熒衆朋姦。忘未正之典刑，沮已行之命令。僅從薄譴，久逭嚴誅。苟其獲免於終身，何以示懲於後世。寘之遠服，授以散官，尚體寬恩，益思自訟。可責授武安軍節度副使，永州安置。已令所在差職官或監當官一員，伴送前去。經過州軍交替，仍仰所差官常切照管。不得別致疏虞。」又吴安詩散官安置制：「降授朝請郎、均州酒稅吴安詩，頃者群凶聚慝，繼踵擅朝。爾以邪朋，竊處諫列，鼓扇凶焰，傅會邪謀。逞宿憾以擠勞舊之臣，搆險語以叶傾摇之議。遂以墻面，濫侍經筵，超躐等夷，根據要路。暨予親政，復爾怙終，代行訓辭，借譽姦黨。雖嘗加於薄責，猶未正於嚴誅。黜副州團，置諸遠服。益思自訟，無重後眚。可責授濮州團練副使，連州安置。」又劉奉世分司居住制：「親上尊君，人臣之義。懷諼迷國，罰其可逃。端明殿學士、中大夫、知成都府劉奉世，曩由小官，附會姦黨，密布心腹，躐據要途。居職則有蠹國辱命之羞，奏疏則爲藏姦苟免之計。凶險憸狡，莫汝與儕。有司失刑，衆論未允。宜褫近職，分務別都。聊示創懲，毋重尤悔。可落端明殿學士，依前中大夫、行光禄少卿、分司南京，郴州居住。」又王覿落職分司居住制：「背公營私，罪在不赦；附下罔上，罰其可逃？寶文閣直學士、朝散郎、知河陽府王覿，資賦險回，善于原俗，附會姦黨，毀刺先朝，挾衆連章，取必君上，變亂法度，擠陷善良。章疏具存，罪狀甚著。失刑之久，衆論不平。未寘深刑，聊褫近職，仍從分務，尚體寬恩。可落寶文閣直學士，依前朝散郎、守少府少監、分司南京，通州居住。」又韓川等分司居住制：「朝請郎、新差知郢州韓川，朝散郎、新差知道州孫升，朝散大夫、監潭州衡山南岳廟呂陶，頃者大姦舊惡，相繼擅朝。而爾挾忿徇私，爲之死黨。竊據要路，肆言先朝，造訕興讒，無所忌憚。巧詆法度，以遂更變之謀；歷排忠良，以虛顧託之任。分權立黨，協濟凶邪。自求直名，歸怨公上。積心至此，議罪謂何。嚮務矜容，止從降黜。僉言久鬱，夙負愈彰。既未足慰在天之靈，又莫能爲垂世之戒。俾分留務，仍處善邦。往服寬恩，勿貽後悔。川可依前官尚書屯田員外郎、分司南京，隨州居住；升可授依前尚書水部員外郎、分司南京，峽州居住；陶可授依前官尚書庫部員外郎、分司南京，衡州居住。」又姚勔分司居住制：「奉議郎、管勾杭州洞霄宫姚勔，嚮附凶邪，爲出死力，沮害良善，助成奸謀。雖示小懲，未厭公論。宜從分務，聊稱明刑。益自省循，服我寬貸。可依前官守尚書水部員外郎、分司南京，衢州居住。」又范純禮趙君錫馬默落職居住制：「爲臣之義，戒在朋奸；干國之刑，理難縱罪。左朝議大夫、充天章閣待制、提舉亳州明道宫范純禮，朝請大夫、充天章閣待制、提舉亳州明道宫趙君錫，朝請大夫、充寶文閣待制、提舉南京鴻慶宫馬默，頃在初政，嘗躋近班，懷藉勢乘權之心，起背公死黨之計。傅會邪說，專爲悦諛，挾持險謀，共濟凶惡。夙負欺君之責，久逃附下之誅，無以昭姦，公論甚鬱。宜從降黜，用示創懲；益體寬矜，勉思飭勵。純禮可落天章閣待制，依前管勾亳州明道宫，蔡州居住；君錫可落天章閣待制，依前管勾亳州明道宮，本處居住；默可落寶文閣待制，依前管勾南京鴻慶宮，單州居住。」又顧臨落職居住制：「明罰敕法者，人君之要務；附下罔上者，人臣之大刑。苟公論之未平，宜明罰之申用。朝散大夫、天章閣待制、知歙州顧臨，附會凶黨，力被薦論。屬緣洞察於姦謀，不使超躋於近列。迨司留鑰，復結罪閹。雖因人言，嘗從貶秩。責輕罪重，衆不謂宜。聊褫延閣之名，尚假祠宮之任。益思補報，體我寬恩。可落天章閣待制，依前官管勾洪州玉隆觀，饒州居住。」又孔武仲落職居住制：「害正趨邪，衆所共惡；交私合黨，罰可不懲。朝散郎、充寶文閣待制、知宣州孔武仲，頃由遠官，召置臺閣，附會姦黨，躐處要班。逮予親政之初，敢爲怙終之計。失刑既久，衆論未平。宜褫延閣之名，假以祠觀之任。尚其惕厲，服我寬恩。可特落寶文閣待制，依前官管勾洪州玉隆觀，池州居住。」又范純粹落職居住制：「附下之姦，爲衆所惡；刑故之義，乃邦之常。公論弗容，朕何敢赦。降授朝散郎、充寶文閣待制、知滑州范純粹，傾邪險詖，出于天資，反覆導諛，忘其父志。兄弟倡和，協助姦凶。變先朝拓土之功，成一時蹙國之議。嚮從薄責，聊示小懲，承乏邊州，旋復舊職。失刑既久，公論未平。宜褫延閣之名，尚假祠觀之任。體予寬貸，益務自新。可落寶文閣待制，依前官管勾江州太平觀，均州居住。」又王欽臣落職居住張耒落職監當制：「朝請郎、充集賢殿修撰、知饒州王欽臣，承議郎、直龍圖閣、管勾亳州明道宮張耒，爲臣之義，戒在朋邪；干國之刑，理難縱罪。爾因緣姦黨，躐處要班；挾持詭謀，鼓煽凶啖。夙負欺君之責，久逃附下之誅。無以昭姦，公論猶鬱。宜從降黜，用示創懲；益體寬矜，勉思飭勵。欽臣可落集賢殿修撰，依前官管勾江州太平觀，信州居住；未可落直龍圖閣，依前官添差監黄州酒税。」又晁補之落校理監當制：「承議郎、充祕閣校理、通判亳州晁補之，爾嚮以憸邪之資，力附姦惡之黨，表裏倡和，阿附道諛。特見稱于凶人，遂竊處于清貫。失刑既久，衆論未平。聊褫職名，俾司筦榷。尚其惕厲，服我寬恩。可落祕閣校理，依前官、添差監處州鹽酒税務。」又呂希哲呂希純呂希績分司居住制：「朝奉大夫、權知太平州呂希哲，朝奉大夫、知歸州呂希純，朝請大夫、管勾亳州明道宫呂希績，爾父公著，當元祐初，竊據宰司，毁黷先烈，變亂法度，罪惡貫盈。而爾等方其父時，則假國威靈，爲己門閾。及大防用事，則密投凶黨，賣鬻利權。並以庸材，因致美官。最後希純，竊掌詞命，公肆欺誣。每虞正路之開通，務在多方而塗塞。宜悉從於貶秩，或仍俾於分司。庶無輕重失當之刑，及夫幸免失刑之士。希哲可特降授朝奉郎、尚書虞部員外郎、分司南京，和州居住；希純可降授朝奉郎、尚書屯田員外郎、分司南京，金州居住；希績可降授朝請郎，差遣依舊，光州居住。」又韓維落職降官制：「附下罔上，國有常刑；定罪原情，人無異罰。其申邦憲，以警官邪。資政殿學士、太子少傅致仕韓維，挾僞以干名，抱虚而取進。徇俗之意，愚不可移；朋姦之心，老莫能革。爰自初政，寔登近司，首贊邪謀，厚誣先烈。以抑兼并爲繁禁，以振貧厄爲利心。恣引親私，助成姦慝。遽因賜玦，遂逼掛冠。退有餘辜，罰難幸免。雖比從於薄責，寔久拂於公言。褫祕殿之崇資，裁文階之峻品，尚仍顯秩，俾即故居。益體寬矜，勿忘循省。可落資政殿學士，特降授左朝議大夫致仕。」又王汾落職依前官致仕制：「循分守常，爲臣之義。抵巇射利，罰無可逃。中大夫、充寶文閣待制致仕王汾，早以凡才，濫居儒館，元祐之際，附會詆欺，衆論諠聞，罪狀明白。有司失按，衆論未平。宜褫延閣之名，俾仍居里之逸。其益循省，服我寬恩。可落寶文閣待制，依前官致仕。」

(二)宋大詔令集卷二〇八文彦博降太子少保致仕制：「行訕上之逆者不赦，挾無君之心者必誅。邦有常刑，人難異罰。河東節度管内觀察處置等使、太師、開府儀同三司、太原尹致仕、上柱國、潞國公文彦博，色厲而荏，行僞而堅。備公師於三朝，更將相者四紀。曾靡云報，尚何所仇？敢乘間以抵巇，遂行險以僥倖。頃遭家之不造，謂貴老之可詢。起於閭里退居之中，付以軍國平章之重。忘我大德，肆其忿心。初迷國以懷諼，終朋姦而善背。以理財裕民之政，爲暴刻箕斂之科。以經武斥地之勳，爲寇攘草竊之計。于父子之間而不忌，在君臣之分而敢仇。朕祗若先猷，遹追來孝，永念垂裕流光之烈，悉資除苛解嬈之言。戴天靡容，蹐地太息，有臣若此，於義可乎！既久益彰，欲止不敢。猶以具瞻之故老，假其垂盡之餘齡，止解師垣，仍還將鉞。庶消群慝，併示至公。於戲！明罰正刑，永爲垂世之誡；彰善癉惡，上慰在天之靈。往祗乃心，無重來悔。可落河東節度管内觀察處置等使、開府儀同三司、太原尹，特降授太子少保致仕，依前潞國公、勳封食邑實封如故。」

22 四年二月，〔一〕觀文殿學士、太中大夫韓忠彦降充資政殿學士，依舊知定州。先是，忠彦自定州改知成都府，中書舍人蹇序辰繳還詞頭。言者又論忠彦在西府時主棄地之議，詔忠彦可特依前太中大夫，降充資政殿學士，差遣如故。宋宰輔編年録卷一〇紹聖三年正月丙子條。

校　識

〔一〕按皇宋通鑑長編紀事本末卷一〇二逐元祐黨下記韓忠彦降資政殿學士事在紹聖四年閏二月丁亥，宋會要輯稿職官六七之一七黜降官四記其事在閏二月五日（庚寅），宋大詔令集卷二〇九韓忠彦降資政殿學士制記其事於閏二月己丑。

23 其後，邢恕又謂章惇曰：「司馬光亦疑太后有廢立事。元豐八年三月五日神宗晏駕，是月二十日，范祖禹自西京赴召，光送別，謂祖禹曰：『方今主少國疑，宣訓事猶可慮。』」宣訓，北齊婁太后宫名也。婁太后廢孫少主，立子常山王。恕爲此語，覬以實宣仁徐邸之謗。先有是説，使天下必信之。方祖禹赴召，時神宗猶在御，光安得有「主少國疑」之語也！然惇得恕語，即爲奇貨，遂又追貶光朱崖司户參軍，公著昌化軍司户參軍。㈠惇謂：「退黜元豐大臣，改變熙寧法度，光不解此，公著素有家風，教之也。」〔一〕宋宰輔編年録卷一〇紹聖四年二月己未條。

校　識

〔一〕據續資治通鑑長編卷四八六，紹聖四年四月辛丑，故追貶清海軍節度副使司馬光特追貶朱崖軍司户參軍，故追貶建武軍節度副使吕公著特追貶昌化軍司户參軍。是爲本條事目。

附　載

㈠宋大詔令集卷二〇九故追貶清海軍節度副使司馬光追貶朱崖軍司户制：「敕：爾以詆誣宗廟，迷誤朝廷，没有餘辜，死未塞責。久稽罪罰，近正典刑。而隱慝愈彰，公言難掩。嘗與凶黨，寔藏禍心。妄引宣訓衰亂不道之謀，僭諭寶慈聖烈非意之事。興言及此，積慮謂何。雖免嚴誅，載加貶秩。庶幾來世，永有創懲。可追貶朱崖軍司户參軍。」又故追貶建武軍節度副使吕公著追貶昌化軍司户制：「敕：量罪加刑，有國常典。爲臣背義，雖死必誅。以爾被遇先朝，擢居樞府，迨予纂服，復任宰司，宜竭忠謀，協贊王室。而乃廢體國之大義，忘事君之小心，陰結姦臣，私懷異意，訕謗先烈，變亂舊章。積惡終身，久益暴露。孽寔自作，刑難幸逃。雖嘗示於小懲，尚未符於衆議。是用追貶嶺表，降秩州掾。庶期幽顯，知有所畏。可追貶昌化軍司户參軍。」

24 初，上之嗣位，邢恕、蔡確自謂有定策功，既而確死貶所，恕亦斥不用，心恨之。其後，恕帥中山，會高遵裕子士京爲西京第七副將，士京庸暗，恕一日置酒，從容誘士京以官爵，謂王珪爲相時欲立徐王，遣其兄士充傳道語言于禁中。士充時已亡，恕因令王棫爲士京作奏上之，珪由是得罪。㊀士京遂轉皇城副使，而棫亦得供備庫使。士京後亦恨章惇不肯進用，屢欲自陳其實。元符末，遵裕幼子高士育始上書明其事之非。〔一〕㊁宋宰輔編年録卷一〇紹聖四年四月丁未條。

校識

〔一〕據宋宰輔編年録卷一〇，紹聖四年四月丁未，故左僕射王珪追貶萬安軍司户。是爲本條事目。

附載

㊀宋大詔令集卷二〇九王珪追貶萬安軍司户參軍制：「臣無貳志，戒在懷奸；國有常刑，議難逃

罪。其申後罰，以正往愆。故金紫光禄大夫、守尚書左僕射、兼門下侍郎、贈太師王珪，竊文華之上爵，躬柔險之詖行，馴致顯位，遂居冢司。先帝優容臣鄰，務盡禮節，掩覆瑕慝，多歷歲時。丘山之恩，毫髮未報。屬在彌留之際，是謂憂疑之時，欲豫安於人心，當蚤正於國本。矧復昭考與子之意，素以著明；太母愛孫之慈，初無間隙。而乃妄懷窺度，專務媕阿，指朝廷爲他家，用社稷爲私計。同列誚詰，久無定言。陰持兩端，不顧大義。僅免生前之顯戮，更叨身後之餘榮。公議勿容，舊疏具在，反覆參驗，心迹較然。使其免惡於一時，難以示懲於萬世。貶從散秩，追正誤恩。庶令官邪，咸知警憲。可特追貶萬安軍司户參軍。」

（二）續資治通鑑長編卷三五二元豐八年三月甲午條原注引邵伯温辨誣：「至元符末，高士育上書，自稱遵裕幼子，其父最愛，父病且死，未嘗離左右，不見士充來説王珪所問之語，士京亦不在父所。」

25 八月，先是，蔡碩女婿文康世嘗與碩言劉唐老謂文及甫曰：「時事中變，上臺當赤族，其他執政奉行者當梟首，從官當竄嶺南。」又言蘇轍、范祖禹、劉安世等當還爲執政。蓋五月辛未詔榜有「幸時事中變」之語，故唐老云云。碩既聞康世言，遽令康世録之，特示蔡京。京具以白上。或又告唐老與及甫共謀爲變，〔二〕欲誅章惇、蔡卞等，仍密結嶺南責降元祐人，事連河南府李清臣等。上疑其事。時淮南轉運副使周秩嘗攻文彦博不入元祐黨，〔二〕三省因請委體量，得實即付獄。宋宰輔編年録卷一〇紹聖四年正月庚戌條。

校　識

〔一〕或又告唐老與及甫共謀爲變　「及」字原作「文」，據文淵閣四庫全書本宋宰輔編年録及續資治通鑑長編卷四九〇紹聖四年八月壬辰條改。本條與續資治通鑑長編該條文字略同，當係同源。

〔二〕時淮南轉運副使周秩嘗攻文彦博不入元祐黨　「運」字原作「還」，據文淵閣四庫全書本宋宰輔編年録及續資治通鑑長編卷四九〇紹聖四年八月壬辰條改。

26 九月癸酉，詔劉奉世責授隰州團練副使，郴州安置，劉奉世差監潭州衡山南岳廟，〔一〕以御史中丞邢恕論奉世傾害蔡確，并以及其弟當時，㊀遂有是命。〔二〕㊁國朝册府畫一元龜甲集卷八九朋黨門貶斥元祐黨人。

校　識

〔一〕劉奉世差監潭州衡山南岳廟　「奉世」二字，續資治通鑑長編卷四九三十一月癸酉條及宋會要輯稿職官六七之一九黜降官四作「當時」，是。

〔二〕據續資治通鑑長編卷四九三，貶責劉奉世事在紹聖四年十一月癸酉，宋會要輯稿職官六七之一九黜降官四載事同。

附　載

㈠續資治通鑑長編卷四九三紹聖四年十一月癸酉條載邢恕奏：「劉奉世當元祐間，先合劉摯，陰爲謀主，傾害策立顧命大臣，有不利王室之意。劉摯既去，即訪吕大防、蘇轍，内交陳衍，相爲表裏，遂登政府。宣仁聖烈皇后寢疾之際，姦謀逆計，皆奉世與大防、轍通同，其爲惡不在大防、轍二人下。昨責郴州，階官猶爲中大夫，士論未免竊歎。近復堂除其弟當時知常州見闕。按當時年五十餘，才智桀黠，有過人者。前此，其兄奉世同當時皆在京師，奉世陰謀密議，莫不通知。請罷當時常州，别除一宫廟差遣，聽其自便。其兄奉世，亦乞更降授一散官，依舊郴州安置。」

㈡宋大詔令集卷二〇九劉奉世降團副安置制：「敕：刑以正罪，責不失宜。既薦至於人言，難獨安於邦憲。中大夫、守光禄卿、分司南京、郴州居住劉奉世，回邪險譎，出於天資。傾附老姦，助成大惡。迷國不道，愈久益彰。念嘗備於近司，故未滋於顯黜。憲臣論奏，引義甚明。俾副兵團，少慰公議。勉自循省，毋重悔尤。可責授隰州團練副使，依舊郴州安置。」

27 四年十一月，〔一〕曾布言：「敕牓中有『幸時事中變』之語，邢恕亦以爲緣此語引惹劉唐老等訕謗。陛下在上，朝廷清明，時事安得中變？此非詔令之語也。」希亦曰：「如紹聖之變元祐，乃爲變，安得有此？」上又曰：「只恐元祐人復用。」布曰：「陛下在上，則元祐之人安有復用之理？」宋宰輔編年録卷一〇紹聖四年閏二月壬寅條。

校識

〔一〕據續資治通鑑長編卷四九三，曾布等奏對事在紹聖四年十一月癸丑。

28 十二月，資政殿大學士、知河南府李清臣知成都府。〔一〕始，朝廷命周秩密察河南變事，秩入對，上謂曰：「彼欲盡誅大臣，則將置朕何地乎？」蓋疑其不然也。時復召呂升卿于河北，令待命國門，俟體究，果有實狀，即遣如嶺南族元祐責降諸人。秩尋至河南捕劉唐老等，置別屋，仍辟程公孫專體訪于外。公孫，素名能刺人事者也。于是，更從清臣入蜀。秩徐考驗唐老等實未嘗謀變，而欲誅大臣之語則有之。乃具奏，語初不及乘輿。上亟詔勿治。唐老等皆釋去，升卿亦還河北，清臣知河南如故。宋宰輔編年録卷一〇紹聖四年正月庚戌條。

校識

〔一〕據續資治通鑑長編卷四九三，李清臣知成都府事在紹聖四年十二月癸未。

元符元年（戊寅，一〇九八）

29 元符元年五月戊申朔辛亥，〔一〕詔劉摯、梁燾諸子特勒停。先是，文及甫、邢恕於元豐間同爲館職，相善，而韓琦之子忠彦與摯等常不平彦博不言功事，以冒掩琦之功，以故及甫除都司，爲摯所論。㊀又摯嘗論彦博不可除三省長官，〔二〕遂止爲平章事。摯與王巖叟於簾前又論王同老所上文字，文彦博教爲之，乞改史。及范純仁既以救蔡確罷相，摯拜右僕射，忠彦爲左丞，燾爲右丞，巖叟爲簽書樞密院；彦博罷平章重事，致仕歸洛，及甫罷權侍郎，以修撰知河陽；邢恕居憂懷州，已受永州監酒責命。恕與及甫俱恚怨摯、燾、忠彦、巖叟者。其後，及甫母喪除，因與恕書，㊁躁忿詆毁，遂有「司馬昭之心路人所知」之語。其後，恕以此書示蔡碩，〔三〕於是確之子渭上書言：「臣叔父碩嘗就邢恕見文及甫元祐中所寄書，具述姦臣大逆不道之謀，其書云『司馬昭之心，路人所共知』，又云『必將不利於眇躬』。臣祖母明氏前年臨終，嘗令臣叔父草表。及奏，并有狀經三省，乞正其罪。時安燾、李清臣方秉政，其書遂寢。元祐中，文彦博平章重事。及甫，其愛子也，其知大防等姦謀必矣。」於是三省召恕問狀，有實，遂令恕繳奏其書。詔翰林學士承旨蔡京、同權吏部侍郎安惇即同文館究問。當是時，彦博已薨，自洛追及甫爲證，蔡京、安惇謂及甫曰：「此事甚大，侍郎無與，以實對，即可出。」及甫乃如問條對以聞。三省又進呈確母明氏狀，云：「梁燾嘗對懷州致仕人李詢言：若不誅蔡確，於徐邸安得穩便！李詢憤嫉之，嘗以告邢恕。」詔恕詳具以聞。恕言：「李詢元祐中嘗對晉州某縣主簿尚洙説梁燾語。」乃追鞫尚洙，其李詢以老病即問，詢初供，昏老不記；再問，依違；未幾，以憂死。洙無可供，還任。及甫亦放歸洛。上於是疑焉。會有星變，乃出御，曰：「朕遵祖宗遺志，未嘗戮大臣，釋勿治。」然蔡京尚謂摯等不治，無以示天下。㊂上下其奏三省，於是章惇曰：「及甫書詞，别無證佐。摯等已貶死，京但欲禁錮其家屬爾。此必不可行。」許將亦以爲然。曾布笑曰：「此長者之言也。」惇曰：「京亦嘗言：『不誅楚邸，則本不正。』此豈亦可行乎？」京論議大約如此。」布曰：「亦數聞子中言此語，賴上明察，其言不足聽爾。」及三省進呈京奏，遂詔「劉摯、梁燾據尚洙等所供語言，宜正典刑。偶皆死亡，不及考驗。摯、燾諸子並特勒停，永不收叙」。其後至元符末，始詔還其家。屬建中靖國元年，摯之子跂乃伏闕上疏，明其事。初，跂以狀詣都堂，宰臣韓忠彦、曾布命取元案視之，審其誣誕，具以語跂。及疏奏，上亦哀之，遂詔紹聖五年五月四日指揮更不施行，劄付劉跂。國朝册府畫一元龜甲集卷八九朋黨門貶斥元祐黨人。

又詔范祖禹、劉安世并王巖叟、朱光庭諸子勒停，永不收叙。宋宰輔編年録卷一〇紹聖元年四月壬戌條。〔四〕

校　識

〔一〕按是年六月戊寅改元元符，五月尚爲紹聖五年。

〔二〕又摯嘗論彦博不可除三省長官　「又摯嘗論」四字原脱，文意不完。按續資治通鑑長編卷四九〇紹聖四年八月丁酉條原注引紹興重修哲宗實録云：「及甫除都司，爲劉摯論列。又摯嘗論彦博不可除三省長官，故止爲平章重事。」係本條史源，因據補。

〔三〕恕以此書示蔡碩　「恕」字原作「恐」，據三朝名臣言行録卷一二之一丞相劉忠肅公引集序改。

〔四〕此零句於宋宰輔編年録未注明出自丁未録，以同段中含本書紹聖元年七月及十二月各條之文推知係出丁未録。據續資治通鑑長編卷五〇〇，其事在元符元年七月庚午。

附　載

㊀續資治通鑑長編卷三七八元祐元年五月戊寅條載劉摯奏：「都司職任，上副丞轄，下總二十四司之事。而館閣設官，出文學名職，皆號爲清望之選，固當無間寒畯，不宜專用子弟，此所以招言者之論，而不能服衆人之心。及與宗師差除之日，適在文彦博入朝，韓維進用之始，故議者咸謂執

政臣僚見二人進拜，所以擢其子姪，迎悦其意，以立私恩。此亦陛下之所宜察也。國家名器，本待才德，但用之以公明，人無不服。今宗師既罷，則及之新命亦望追寢，不須更俟其遜避。」

㈡三朝名臣言行録卷一二之一丞相劉忠肅公引集序載其書大略：「改月遂除，入朝之計未可必。當塗猜怨於鷹揚者益深其徒實繁。司馬昭之心路人所知也。濟之以『粉昆』，必欲以眇躬爲甘心快意之地可爲寒心。」

㈢續資治通鑑長編卷四九八元符元年五月辛亥條載蔡京奏：「劉摯與其同罪，有司馬昭之心，爲同時之人所發，而陛下以天地之度，貸其萬死，恩至厚矣。而臣拳拳猶有請者，欲正其典刑，以及其子孫，以信于天下。今摯已物故，子孫雖有廣南居住指揮，而未聞有廢棄之命，至于同惡之人，前物故與未物故者，俱未有也。且人臣有司馬昭之心，大逆無以加此，則凡知事君者，莫不切齒，而曠日引久，未聞行遣，此臣之所未喻者。」

30 元符元年七月，〔一〕先是，紹聖初蔡確母明氏嘗進狀，言劉摯有司馬昭之謀，又有副封上三省，而中書寢不行。至是，同文獄作，蔡京深探其獄，以爲前受明氏告言隱而不治者，悉當罪之，遂詔清臣落資政殿大學士，依舊知河南。然明氏狀頃不進呈，章惇、安燾、鄭雍俱與。黄履乃白上，謂惇、燾、雍俱爲有罪之人。于是，上令放罪。㈠宋宰輔編年録卷一〇紹聖四年正月庚戌條。

校識

〔一〕據本條事文及續資治通鑑長編卷五〇〇，李清臣落職事在元符元年七月庚午。又宋大詔令集卷二〇九李清臣落職制繫於七月己巳。

附載

㊀宋大詔令集卷二〇九李清臣落職制：「朕推賞罰之公，以信天下。顧雖貴近，朕所不私。資政殿大學士、右正議大夫、知河南府李清臣，頃在西省，寔預政機。宰臣蔡確，以忠貶死，朕每哀焉！其母嘗具元祐大臣姦逆之謀，叩閽奏陳，副上公府。爾爲國腹心，義當憤疾，而乃緘閉，不以上聞，屢致人言，罪奚可逭！姑奪近職，尚俾居留。往體寛恩，勿忘循省！可特落資政殿大學士。章惇、安燾、鄭雍並特放罪。」

元符二年（己卯，一〇九九）

31 二年十月，〔一〕吴安詩而下凡三十人，〔二〕責降有差，以回河罰也。王回而下二十一人追貶各有差，〔三〕俱坐以銀絹遺鄒浩。時右正言鄒浩送新州羈管，回等且致簡叙別故也。

宋宰輔編年録卷一〇紹聖元年四月壬戌條。〔四〕

校　識

〔一〕據續資治通鑑長編卷五一七，責降吴安詩等、追貶王回等事在元符二年十月甲子。

〔二〕吴安詩而下凡三十人　據續資治通鑑長編卷五一七元符二年十月甲子條，「詩」字當作「持」。

〔三〕王回而下二十一人追貶各有差　據續資治通鑑長編卷五一八，其事在元符二年十一月乙亥。

〔四〕本條於宋宰輔編年録未注明出自丁未録，以同段中含本書紹聖元年七月及十二月各條之文推知係出丁未録。

32元符二年十二月，〔一〕先是，上諭曾布曰：「環慶路經略安撫使、知慶州高遵惠，再檢見元祐有疏論罷吏禄，以爲先帝法度不問是非，一切欲改之。此大臣有私意于其間，不可不察。又規切太母曰：『不可致怨天下。』此極不可得。」布曰：「當時敢出此語，誠衆人所難。陛下累欲召遵惠，若爾，尤不可不召。」未幾，遵惠卒。宋宰輔編年録卷一〇紹聖四年閏二月壬寅條。

校　識

〔一〕據續資治通鑑長編卷五一九，元符二年十二月壬寅，龍圖閣直學士、朝奉大夫、環慶路經略安撫使、兼馬步軍都總官、知慶州高遵惠卒。疑爲本條事目。

徽宗元符三年（庚辰，一一〇〇）

33 元符三年二月辛酉，〔一〕除名勒停新州羈管人鄒浩叙復宣德郎，〔二〕添監袁州酒税。先是，上問輔臣：「黄履以何事出？」對以救鄒浩。上曰：「浩所以貶，所言何事？」曰：「外庭不詳知。然所論者，止元符皇后事爾。」上頷之。已而曾布論陳次升、孫諤、龔夬昔俱嘗作言官，可收用。上曰：「鄒浩亦是。」又曰：「言事官豈可置之死地？新州乃必死之所。」於是布它日乃復言於上曰：「陛下踐祚以來，收用人材，以至號令政事，深合人望。然今日先務，莫如言路得人，則耳目寢廣，可以垂拱無爲而治矣。願更留聖意。兼登極大赦，非常赦比。彼竄謫之人，延頸以望生還。方春夏瘴癘之時，早得遷徙，爲賜實大。聖諭以謂『鄒浩豈可置之死地』。如浩者萬一不得生還，則先朝亦非美事。」上曰：「浩擊惇甚力，疏具在。浩之貶，惇或與聞。度惇必未肯便與移叙。」布曰：「聖諭如此，臣復何言。如此即不若批付三省，不必指名，但以大赦應牽復移叙之人，速具姓名，則必不敢緩也。」上深欣納，尋有是命。國朝册府畫一元龜甲集卷八九朋黨門徽宗初元祐黨人牽復。

校　識

〔一〕二月辛酉　「酉」字原作「國」，據皇宋十朝綱要卷一四元符三年二月辛酉條改。

〔二〕除名勒停新州羈管人鄒浩叙復宣德郎　「德」字原作「義」，據本書元符三年三月甲戌條、皇宋十朝綱要及宋會要輯稿職官七六之二二收叙放逐官一改。

34 癸亥，范純仁而下十有八人恩叙有差。〔一〕

范純仁、呂希純、王覿、韓川、劉奉世、唐義問、吳安詩、呂希哲、〔二〕呂希績、〔三〕呂陶、蘇軾、蘇轍、劉安世、秦觀、程頤、黄隱、黄庭堅、賈易、王回。國朝册府畫一元龜甲集卷八九朋黨門徽宗初元祐黨人牽復。

徽宗初即位，二月，以登極赦恩遷徙竄謫之人，范純仁而下十有八人恩叙有差。㊀宋宰輔編年録卷一一崇寧元年七月戊子條。

校　識

〔一〕范純仁而下十有八人恩叙有差　按皇朝編年綱目備要卷二五元符三年二月范純仁等並收叙條載二十九人名，宋會要輯稿職官七六之二二收叙放逐官一載此事録二十二人名。

〔二〕呂希哲　「呂」字原作「吳」，據皇朝編年綱目備要卷二五元符三年二月范純仁等並收叙條及宋會要輯稿職官七六之二三收叙放逐官一改。

〔三〕呂希績「呂希」二字原作「吳布」，據皇朝編年綱目備要卷二五元符三年二月范純仁等並收叙條及宋會要輯稿職官七六之二三收叙放逐官一改。

附載

㈠宋會要輯稿職官七六之二一收叙放逐官一載其詔：「責授武安軍節度副使、永州安置范純仁爲左中散大夫、光禄卿、分司南京、鄧州居住，責授信州團練副使、道州安置呂希純爲朝奉郎、少府少監、分司南京、唐州居住，責授鼎州團練副使、潭州安置王覿爲朝奉郎、光禄少卿、分司南京、和州居住，責授岷州團練副使、道州安置韓川爲承議郎、少府少監、分司南京、隨州居住，責授隰州團練副使、郴州安置劉奉世爲左朝議大夫、少府少監、分司南京、光州居住，責授舒州團練副使唐義問爲奉議郎、尚書屯田員外郎、分司南京、安州居住。降授朝奉郎、尚書屯田員外郎、分司南京、和州居住呂希哲爲朝奉郎、管勾亳州明道宮，降授朝散郎、少府少監、分司南京、隨州居住呂希績爲朝請郎、管勾西京嵩山崇福宮，朝散大夫、尚書户部員外郎、分司南京、衡州居住呂陶爲朝散大夫、提舉成都府玉局觀，鼎州團練副使、筠州安置鄭佑爲朝議大夫、提舉江寧府崇禧觀，並任便居住。責授瓊州別駕、昌化軍安置蘇軾移廉州，責授化州別駕、循州安置蘇轍移永州，責授新州別駕、梅州安置劉安世移衡州。追官勒停人、雷州編管秦觀移英州，放歸田里人、涪州編管程頤移峽州。朝散郎、管勾江州太平觀、均州居住范純粹爲朝請郎、知信州，承議郎、添差監復州在城鹽酒税張耒通判黄州。除名勒停人鄒浩爲宣德郎、添監袁州酒税，責授平江軍司馬、南安軍安置黄隱爲奉議郎、添監江州酒税，涪州別駕、戎州安置黄庭堅爲宣義郎，添差鄂州在城鹽税，保静軍司馬、邵州安置賈易爲承議郎、監信州茶鹽酒，勒停人王回爲奉議郎、監泉州税。」

35 三月戊辰朔甲戌，召龔夬爲殿中侍御史，陳瓘爲左正言，鄒浩爲右正言。國朝册府畫一元龜甲集卷八九朋黨門徽宗初元祐黨人牽復。

三年三月，上令曾布與忠彦、履同具可爲臺諫姓名進入。遂以奉議郎、權發遣洺州龔夬爲殿中侍御史，承議郎、集賢校理、發遣衛州陳瓘爲左正言，宣德郎、添監袁州酒税鄒浩爲右正言，用曾布、韓忠彦、黄履所薦也。布因言：「言路得人，政事之首，中外莫不鼓舞。」皇太后諭忠彦等，亦以夬、瓘、浩差除爲得人也。宋宰輔編年録卷一一元符三年四月甲辰條。

初，曾布、韓忠彦、黄履薦龔夬、陳瓘、鄒浩共爲臺諫，布因言：「言路得人，中外莫不鼓舞，惟章惇、蔡卞不樂爾。」上曰：「卞今日殊無人色。」布曰：「卞無他，但見好人不附己者，便深惡之。」上曰：「所謂妬賢嫉能也。」上又言：「安惇上殿，欲率臺中擊章惇，且云俟祔廟後，朕答云：『當擊，何稟之有？』」亦白太后以先逐蔡卞之議，太后深然之。」宋宰輔編年録卷一一元符三年五月乙酉條。

36 元符三年三月戊辰朔甲申，文及甫落直龍圖閣，㊀以張商英論及甫妄言劉摯等有司馬昭之心，摯等諸子坐勒停，正及甫之罪。上以及甫累經赦宥，止鐫其職云。國朝册府畫一元龜甲集卷八九朋黨門徽宗初斥去紹聖黨人。

附載

㊀宋大詔令集卷二〇九文及甫落職制：「敕：朝奉郎、直龍圖閣、權發遣陝府文及甫，夫君子于言，蓋無所苟。若進退靡據，何以逃刑？爾服儒衣冠，備位臺省，而指人不順，至形翰墨。使其有實，胡不以聞？無寔而言，何異誣罔！用心若此，忠信何在？論者所以欲正爾之罪，而朕以其數更恩宥，姑示含容。褫職守藩，尚爲寬典。往自循省，毋重悔尤。可。」

37 上用忠彦言，數下赦令蠲天下逋負，盡還流人而甄叙之。其嘗爲御史、諫官忠直敢言若知名之士，卒見收用。〔一〕宋宰輔編年録卷一一元符三年四月甲辰條。

校識

〔一〕據宋宰輔編年録卷一一，元符三年四月甲辰，門下侍郎韓忠彦爲右正議大夫、右僕射、兼中書侍郎。是爲本條事目。

附載

㈠宋大詔令集卷五八韓忠彥除右僕射制：「門下：朕紹膺大位，蒙賴母儀，召自戚藩，延入翼室，遂嗣服於大曆，首圖任於舊人。咨爾在廷，明聽予告。具官某，植性純懿，秉德裕和，粹矣老成之姿，渾然大中之度，素出相門之冑，蔚爲勳閥之光。朕永惟仁祖之朝，實繄先正之助，建定大策，書功宗彝。惟爾克承厥家，世濟其美，召由北道，入總東臺。謀謨益嘉，操守彌固。屬丕基之肇受，眷右相之久虛。敷時繹思，訪予落止。將繼猶於泮渙，以大濟於艱難。其登右揆之崇，遂兼西省之峻。惟帝賚予良弼，惟天祚我有邦。升其文階，衍以封邑。於戲！四裔以衰弱僅存之勢，猶懷桀驁之謀；黎庶當安平無事之時，尚有流亡之患。罔虛內以事外，無傷財而害民。予欲綏定四方，汝爲；予欲敉寧百姓，汝翼；予欲作功成之樂，汝聽；予欲制治定之禮，汝明。汝言予從，予違汝弼。王政有闕，以汝爲補衮之樊侯；民澤未加，用汝爲作霖之傅說。尚奮熙於帝載，共寅亮於天工。永孚于休，同底于道。可。」

38 四月，范純仁等十有九人復官有差。〔一〕

㈠宋宰輔編年録卷一一崇寧元年七月戊子條。

校識

〔一〕據宋史卷一九徽宗紀一，范純仁等復官事在元符三年四月丁巳。

附載

㊀太平治迹統類卷二四元祐黨事本末下載叙復元祐大臣詔：「朕即位以，來哀士大夫失職者衆，雖稍收復，未厭朕心。兹者天祐予家，挺生上國，奄有大慶，資及多方，解綱恤辜，何事曰終。范純仁提舉嵩山崇福宮，許歸潁昌。劉奉世明道宮，許歸陳州。王覿崇福宮，韓川太平宮，呂希純鴻慶宮，吴安詩崇福宮，唐義問鴻慶宮，並任便居住。王欽臣知潁昌，呂陶、張耒、劉當時並與知州，呂希哲、希績、賈易與小郡，劉唐老、黄隱堂除知軍，晁補之與通判，黄庭堅僉判，蘇軾移永州，轍移衡州，鄭俠放逐便。」

39 元符三年，徽宗皇帝即位。四月戊午，御史中丞安惇以寶文閣待制知潭州。先是，鄒浩以言事貶。上即位，首開言路，召還浩爲右正言。惇言浩先朝所棄，不可復用；國是所繫，不可輕改。於是右正言陳瓘不平之，疏惇罪恶，曰：

臣竊惟天下萬事，而人主所當問者，〔一〕一事而已：用人是也。堯舜之法，試而後用，是以九年然後見伯鯀之罪，歷試然後見大舜之聖。不試而用，其失多矣。陛下欲開言路，首還鄒浩，取其既往之善，可謂得已試之才，允合人心，無可正救，而聞御史中丞安惇尚緣往事論浩罪惡，欲寢已成之命，自明前舉之當。其説以謂先朝之事，且當遵承；國是所繫，不可輕改。臣請以祖宗故事明其不然：昔唐介之忤仁廟也，内指貴妃，外詆宰相，竄於嶺表，昭示天下。是則鄒浩盡忠之言，何異唐介？先帝一時之怒，何異於仁廟？仁廟有日新之意，久而變通，是以還介於一年之内。先帝有日新之意，未及改命，而棄天下於數月之間。愛君之人，念此傷痛。光續前緒，正在今日。豈有事事不改而可以謂之善繼，天下皆非而可以執爲國是乎？國家一繼一述皆本於孝，善繼人之志，善述人之事，是以太平之久，自堯舜三代乃至漢唐，皆不及焉。一人有慶，兆民賴之。孰大於此？若夫不改父之臣與父之政，則是孟莊子之所謂孝爾。戰戰兢兢，何足爲天子道哉！陛下居武王繼述之位，而執法之臣拘孟莊子不改之説，曲徇其情，則臣下享因循之利；不從公議，則聖主被懲忘之譏。上誤朝廷，一以私意，豈風憲之職當如是乎！然則鄒浩既來，惇可去矣。雖聖主寬容，姑示含貸，而明示好惡，亦不可緩。黜幽之典，宜自惇始。伏望即降指揮，以警列位，天下幸甚！

不報。章再上，略曰：

臣竊惟鄒浩盡忠之言，以愛君憂國爲心；先帝一時之怒，無終絶言者之意。臺諫之官，所職雖異，而國有大事，則皆所當言。惇居風憲之任，理當助浩。默而坐視，愧責已多，况如前日之所爲者乎！極天下公議之所非，以爲國是；拘人臣不改之小孝，以爲善述。昔也誤朝，今復非上。原情定罪，安可已也！且惇之去留，實繫國體。明示好惡，於此乎在。

上於是下其章三省，而惇亦上章請外，遂有是命。思賢録卷一。

校識

〔一〕而人主所當問者 「問」字原作「同」，據宋朝諸臣奏議卷一一九陳瓘上徽宗論紹述改。

40 建言：「哲宗即位，嘗詔天下實封言事，獻言者以千百計。章惇爲相，乃置局編類，摘取語言近似者，以爲謗訕。前日應詔者，大抵得罪。今陛下又詔中外直言朝廷闕失，若復編類之，則敢言之士必懷疑懼。臣願陛下亟詔罷局，盡裒編類文書，納之禁中。」詔取以入，且面諭曰：「已焚之矣。」〔一〕宋宰輔編年録卷一一元符三年四月甲辰條。

校識

〔一〕據皇宋通鑑長編紀事本末卷一〇二編類及皇朝編年綱目備要卷二五，元符三年四月辛酉，罷編類局。是爲本條事目。

41 五月丁卯朔乙酉，尚書左丞蔡卞以資政殿學士知江寧府。初，左正言陳瓘欲上章擊卞，先白上曰：「臣欲擊蔡卞，然未敢。」上曰：「何故？」瓘曰：〔一〕「外議俱恐卞去則京進，以是未敢。若用京，則不若存卞也。」〔二〕上摇首曰：「無此意。」瓘曰：「聖意雖爾，簾中如何？」上曰：「亦然。」瓘曰：「如此，臣則敢攻。」瓘乃上奏。

其奏曰：神考之於王安石，猶成湯之於伊尹也。自紹聖以來，自任以安石之道，而願爲天下學者之師者，蔡卞一人而已矣。痛斥流俗，堅主國是，以不仕元祐爲高節，以不習詩賦爲賢才。自謂身之出處可以追配安石云云。〔三〕

自此，瓘與殿中侍御史龔夬交章攻卞且十數。

瓘又奏曰：臣嘗謂紹聖大臣，負誣神考，輕欺先帝，皆託于繼述之說。而倡此說者，尚書左丞蔡卞也。傅會經義，變亂名實，以繼述神考爲名，以纂述安石爲主。宣仁聖烈皇后有大功德于天下，哲宗嘗語近臣曰：「宣仁，婦人之堯舜也。」崇報之心，豈有極乎？然以失職之臣，不加將順，凡元祐之所行，必掃蕩而後已，則宣仁所厚如瑶華者，安得而不廢乎？奉行其事，雖在惇等，尋考根源，則深嫉元祐本出于卞。及其末流，勢自如此。臣竊惟痛斥流俗而至於讎絶言路，深嫉元祐而至於讎毀宣仁，卞倡此説，立爲國是，脅持上下，逆天違人。〔四〕

於是上諭輔臣曰：「臺諫攻卞已十餘章，當令卞知，自圖去就。」衆遂曰：「遣吴伯舉。」上可之。令至都堂，召伯舉詣卞諭旨。陳瓘、龔夬彈草付三省，〔五〕卞乃請外，以不允答之。上諭二府曰：「本不欲於袝廟前退黜大臣，但以言者不已，故須如此。」卞三上表，遂有是命。卞既補外，心怏怏有恚憤語，復爲陳瓘所論。已而遂有太平州居住之命。國朝册府畫一元龜甲集卷八九朋黨門徽宗初斥去紹聖黨人。

校識

〔一〕瓘曰　「曰」字原作「欲」，據宋宰輔編年録卷一一元符三年五月乙酉條改。

〔二〕則不若存卞也　「卞」字原作「下」，據宋宰輔編年録卷一一元符三年五月乙酉條改。下同。

〔三〕此奏疏原脱，據宋宰輔編年録卷一一元符三年五月乙酉條補。

〔四〕此奏疏原脱，據宋宰輔編年録卷一一元符三年五月乙酉條補。

〔五〕陳瓘龔夬彈草付三省　「草」字疑當作「章」。

42 五月己丑，文彦博而下三十三人追復有差。先是，上初政，議者以瑶華復位、司馬光等叙官爲所當先。陳瓘時爲左正言，獨以爲：「幽廢母后、追貶故相，彼皆立名以行，非細故也。方今計當先辨明誣罔，昭雪非辜，誅責造意之人，然後發爲詔令，以禮行之，庶幾可無後患。不然必遺後悔，無益也。」朝廷以公論久鬱，且欲快悦人情，遂遽施行之。

文彦博、王珪、吕大防、劉摯、韓維、梁燾、鄭雍、范祖禹、趙彦若、錢勰、趙君錫、顧臨、吕大忠、孫升、李之純、孔武仲、姚勔、盛陶、吕公著、司馬光、孫固、傅堯俞、趙瞻、〔一〕王巖叟、趙卨、孫覺、杜純、孔文仲、朱光庭、李周、張茂則、〔二〕高士英、鮮于侁。

詞命既出，陳瓘益堅前説，復上疏。

其疏曰：臣伏以人臣罪惡，無大於爲逆；朝廷誅赦，莫先於正名。名曰姦凶，則永不可赦。設負冤抑，則合與辨明；若惡名未辨，而遽以恩數加焉，人所竊議，非朝廷之體也。臣伏見司馬光等，皆已復官。但聞三省同奉聖旨依稟行下，而中外不知所以遽復其官者以何名。竊惟光等，昔以姦凶悖惡，無人臣之義，厥罪貫盈，已死難置；子孫親屬所得恩例，亦皆追奪，天下皆知其所以得罪之名矣。罪名如此，雖該大赦，豈在叙復之限；其家子孫，寧有再任之理？今朝廷恩典，逮於存殁，而有罪有冤，終未辨明。雖授以官，惡名猶在。使光等魂魄有知，豈敢以姦凶悖惡之身，偶因赦宥，而濫受無名之賜乎？臣謂光等，前犯若有實狀，不當引赦原罪；如涉冤枉，則朝廷昭雪之惠，不可不發於訓詞也。昔用言章行遣，非先帝之本心；今以公議辨明，乃聖人之善述。事嫌礙理，未可施行。伏望聖慈特賜詳酌指揮。

三省進呈瓘疏。韓忠彦請改撰司馬光、吕公著告命。上曰：「但貶邢恕，於恕訓詞中具載此意，則天下皆知之矣。」告命遂不改。其後崇寧間，蔡京用事，盡改建中之政，黨禍再作，人始服瓘之先見也。國朝册府畫一元龜甲集卷八九朋黨門徽宗初元祐黨人牽復。

校識

〔一〕趙瞻「瞻」字原作「膳」，據皇朝編年綱目備要卷二五元符三年五月追復文彦博司馬光等官條改。

〔二〕張茂則「則」字原脱，據皇朝編年綱目備要卷二五元符三年五月追復文彦博司馬光等官條補。

43 六月丙申朔乙巳，〔一〕責邢恕少府少監、分司西京，均州居住，㊀用左正言陳瓘言也。㊁

國朝册府畫一元龜甲集卷八九朋黨門徽宗初斥去紹聖黨人。

校識

〔一〕六月丙申朔乙巳　「六」字原作「八」，據續資治通鑑長編拾補卷一六，元符三年六月丙申朔，八月朔在乙未，因據改。又皇宋通鑑長編紀事本末卷一二〇逐惇卞黨人繫其事於丁未，陳瓘言在乙巳，宋大詔令集卷二〇九邢恕落職分司制在丙午。

附載

㊀宋大詔令集卷二〇九邢恕落職分司制：「忠邪辨則内外肅，是非公則勸沮行。有國之經，朕何敢廢。朝散郎、充龍圖閣待制、新差知荆南府邢恕，師縱横之術，倡浮僞之辯。不思守道以來福，惟知行險以僥倖。臧否在口，憎愛由心。敢爲虚詞，以誤朝聽。迺者司馬光、吕公著輒詆先烈，輕變舊章，著在訓詞，以正刑典，用此獲罪，不爲無名。而爾操心傾危，雅意附會。構爲飛語，上累宣仁。既非親聞，且無證左。究其所自，皆出不根。使光、公著被凶悖之名，蒙竄殛之罪。欺天誤國，職爾之由。矧爾於彼二人，實門下士，借譽引重，恩誼非輕。一旦翻然，遽爲讎敵，擠之下石，孰謂虚言。今朕既申彼之冤，還其爵秩，則爾罪惡，何詞以逃。黜貳尚方，往分留務，不獨示朕辨忠讒、公是非之旨，亦使自今傾側反覆之士知所戒焉。朕恩甚寬，爾尚知悔。可特落龍圖閣

待制，依前朝散郎、守少府少監、分司西京，均州居住。」

〔二〕歷代名臣奏議卷一八一載陳瓘奏狀：「臣伏見龍圖閣待制、新差知荊南府事邢恕昨者自謂親聞司馬光所説北齊宣訓事，謂光等有凶悖之意，遂以其語告于章惇。而光及范祖禹等緣此貶竄。又以文及甫私書達于蔡確母明氏，謂劉摯、梁燾、王巖叟皆有姦謀。而摯等家族幾至覆滅。今朝廷赦宥光等，盡復其官。矜恤之恩，遍及存没。則是恕前日之所行，不爲陛下之所信也。按恕嘗以反覆詭詐，得罪先朝。昔者抗疏自列之言，今可考也。恕之得罪於公議，固亦久矣。今寵以華職，付以大藩，中外沸騰，不以爲允。伏望聖慈特降睿旨，原情定罪，以協公議。」

44 七月丙寅朔辛未，右正議大夫、提舉西京嵩山崇福宮范純仁爲中太一宮使。先是，純仁以論救故相呂大防，〔一〕責守隨州。至隨，以失明上章請老。章上，章惇令邸吏不得進，再貶武安軍節度副使，永州安置。命下之日，純仁欣然而往。每諸子怨章，純仁必怒止之。江行赴貶，舟覆，扶純仁出，衣盡濕，顧諸子曰：「此豈章惇爲之哉？」至永州，純仁之諸子聞少師韓維謫均州，其子告惇以少師執政日與司馬光議論多不合得免行，欲以純仁與司馬光議役法不同爲言求歸。白純仁，純仁曰：「吾用君實薦，以至宰相，同列論事不合即可，汝輩以爲今日之言，不可也。有愧而生者，不若無愧而死。」諸子即止。〔二〕上初即位，欽聖皇太后同聽政，純仁自永州先以朝議大夫、光禄卿、分司南京，鄧州居住。蓋二聖欲用純仁矣，遣中使蔡克明至永州，賜茶藥，〔三〕密諭：「皇帝與皇太后甚知相公在先朝言事忠直，今虚位以待相公，不知目疾如何？用何人醫治？只爲左右有不是當人阻隔相公。」純仁頓首謝。又曰：「太后問相公，官家即位行事如何？天下人何説？」純仁曰：「老臣與遠方之人，唯知鼓舞聖德。」又曰：「天下有不便事，但奏來。」純仁曰：「敢不奉詔。」又曰：「鄧州且去否？」純仁曰：「已出望外。如歸鄉里。」又曰：「離闕下日，二聖再三言，太后在宫中，皇帝在藩邸，甚知相公是直臣。」純仁感泣不已。俄進右正議大夫，提舉嵩山崇福宫，許歸潁昌府。至是，還次南京，復觀文殿大學士，爲中太一宫使。又賜詔書，召純仁赴闕供職。純仁已病，捧詔泣曰：「上果用我矣！目明全失，風痺不隨。恩重命輕，死有餘責。」即馳表謝上。行次雍丘，上又遣中使賜銀合茶藥，趣純仁入覲，仍宣諭渴見之意。純仁辭以久抱羸疾，不可勉强。中使曰：「聖上甚欲一見相公，亦自有優待老臣禮數。」〔四〕純仁遂上章力辭，乞賜骸骨歸田里。又遣中使賜銀絹各五百，以繼道路之費。又遣國醫診視，仍戒諭竢純仁疾愈乃得歸。純仁上章謝。〔五〕上以純仁堅乞歸潁昌養疾，不得已許之。上每對輔臣，宣諭曰：「純仁得一識其面足矣。」〔六〕純仁既歸許，詔數問起居安否狀，上批其奏曰：「卿有忠言嘉謀，宜時有陳奏，以副朕眷待耆德求治之意。」純仁表謝，〔七〕疾益甚，〔八〕請老，詔不許。比詔至，〔九〕純仁逝矣。國朝册府畫一元龜甲集卷八九朋黨門徽宗初元祐黨人牽復。

校識

〔一〕純仁以論救故相吕大防　「救」字原脱，據宋宰輔編年録卷一一建中靖國元年正月癸亥條引丁未録補。

〔二〕「命下之日」至「諸子即止」　數句原脱，據宋宰輔編年録卷一一建中靖國元年正月癸亥條補。

〔三〕賜茶藥　「茶」字原脱，據宋宰輔編年録卷一一建中靖國元年正月癸亥條補。

〔四〕「純仁辭以」至「老臣禮數」　數句原脱，據宋宰輔編年録卷一一建中靖國元年正月癸亥條補。

〔五〕「又遣中使」至「上章謝」　數句原脱，據宋宰輔編年録卷一一建中靖國元年正月癸亥條補。

〔六〕純仁得一識其面足矣　「足」字原脱，據宋宰輔編年録卷一一建中靖國元年正月癸亥條補。

〔七〕「詔數問」至「純仁表謝」　數句原脱，據宋宰輔編年録卷一一建中靖國元年正月癸亥條補。

〔八〕疾益甚　此三字前原有「純仁」二字，據文意删。

〔九〕比詔至　「比」字原作「此」，據宋宰輔編年録卷一一建中靖國元年正月癸亥條改。

45 初，哲宗升遐，皇太后召南府，泣諭之曰：「邦家不幸，大行皇帝無子，諸王誰當立者？」惇厲聲曰：「在禮律當立同母弟！」皇太后曰：「當立端王。神宗皇帝諸子，申王雖長，緣有目疾，次即端王，當立。」皇太后又曰：「神宗嘗有聖語，曰『端王有福壽，又仁孝，不同諸王』。」于是，惇不得已承命。皇太后遣中使召端王，王乃即皇帝位。以惇爲大行皇帝山陵使。惇尋求去，上不許。左正言陳瓘以爲不許非也，上疏諫，又連章疏惇罪惡。

其奏曰：按惇獨宰政柄，首尾七年，隨其喜怒，恣作威福。助尊私史則至于薄神考，矜伐己功則至于累宣仁。樂于用兵，大開邊隙。陝西之民愁矣，而進築不已；內府之財竭矣，而輦運不休。斥公論爲流俗，以獻忠爲誹謗。殺張天悅之徒以箝衆口，廣鄒浩之獄以絶言路。天下震駭，人多自危。雖陰謀密計發于蔡卞，而力行果斷，惇實主之。然則卞爲謀主，惇乃罪魁，理不可赦。又況哲宗本意，不爲已甚，故惇之所謀，多不見從。乃者宣訓之説，究治之事，喧播中外，上干宣仁，高氏一門，幾不獲免。主張保全力沮其説者，以哲宗本意不爲已甚故也。元祐大臣，初議誅滅；及其流竄，尚欲剿除。然而臣下之議，竟不得行。梅嶺以南，猶有全活而北歸者，以哲宗本意不爲已甚故也。今事出哲宗者，則託于密贊而掠爲己功；己之所行，則託于稟命而歸之先烈，所可痛心！

既而大行轝至成皋，陷于泥濘，踰宿而行。瓘復奏之。㈠詔落惇左僕射知越州，以惇扈從靈駕不職故也。㈡惇之制，翰林學士承旨蔡京之詞也，有「參陪國是之論」之語。陳瓘益不平，并論之。

其奏曰：京與章惇初無異意，自蔡卞爲執政，而京有觖望，于是與惇睽矣。自林希爲執政，而京始大怨，于是與惇絶矣。睽絶之後，京豈以惇之所行爲是乎？今于麻制之文，特申國是之説。京之設詞，豈特爲惇而已哉？假託制書之言，含藏自便之計。以己好惡，達于天下。巍巍乎蔡氏之門，國是之所出也。敢有以爲非者，則禍必及之矣。此京所以申明國是之本意也。

後瓘攻京不已，京亦竟補永興云。〔一〕宋宰輔編年録卷一一元符三年九月辛未條。

校　識

〔一〕據宋宰輔編年録卷一一，元符三年九月辛未，左僕射章惇依前特進知越州。是爲本條事目。

附　載

㈠宋宰輔編年録卷一一元符三年九月辛未條引陳瓘奏：「今惇等遇雨四散，曾無令狐楚攀駕之心；陷濘不前，尚稽李珏之罰。」

皇宋通鑑長編紀事本末卷一二〇逐惇下黨人載陳瓘奏：「山陵使章惇奉使無狀，以致哲宗皇帝大升轝陷濘不前，露宿於野。願速降指揮，先次罷惇職事，免其朝見，別與差遣，以稱陛下厚於泰陵之意，然後降出臣僚前後章疏，別議典刑。」

㈡宋大詔令集卷七〇章惇罷相責本官知越州制：「門下：奉先者事亡如存，追往者送終爲大。朕祇若先后，率循舊章。考卜因山之陵，夙命秉鈞之使。慮愆有素，職墮弗虔。其孚大庭，以詔多士。特進、尚書左僕射章惇，早以時望，揚于庶工。出逢聖作之時，參陪國是之論。比以宰衡之任，總護容車之行，稽留半塗，暴露通夕。惟邇不任，慨然永懷。累上封章，自陳誠懇，乞還相印，出守州符。深務矜容，俯從勤請。於戲！君臣之分，體欲曲全；朝野之言，咎將誰執？往祇成命，服我寬恩。可特落尚書左僕射，依前特進知越州，仍放謝辭。」

46元符三年九月己卯，詔安惇、蹇序辰並特除名，追毀出身以來文字，放歸田里；文及甫、蔡渭送吏部，與遠小監當。先是，紹聖中，安惇爲中書舍人，建議與蹇序辰編排元祐臣僚章疏，一時搢紳罹其禍者千餘人。元符初，惇爲御史中丞，又請看詳訴理。

惇之奏曰：伏思神宗皇帝勵精求治，明慎庶獄。而元祐之初，陛下未親政事，姦臣乘時議置訴理所，凡得罪於元豐間者，咸爲昭雪。歸怨先朝，收恩私室，呼吸罪黨，用爲己助。未審當時有司如何理雪，儻出姦意，不可不行改正。欲乞朝廷委官，將元祐中理訴所公案看詳。如合改正，即乞申明得罪之意，復依元斷施行。

詔惇與序辰看詳，內元狀陳述及訴理所看詳語言於先朝不順者，〔一〕具名以聞。于是罹其禍者又七百餘人。蔡渭又援證文及甫書，欲以族誅劉摯、梁燾等。至是，左正言陳瓘奏論之。

其奏曰：臣聞周公作立政戒成王曰：「其勿誤于庶獄。」蓋雖成周之盛時，亦以誤獄爲戒。神考熙寧詔書曰：「獄訟非其情歟？」蓋恐天下治獄之吏，有飾辭鍛鍊之失也。夫周公之於庶獄，戒其有誤；神考之於獄訟，慮其失情，先聖、後聖，豈異意哉？臣伏見元符三年六月十八日敕，看詳訴理所改正過元祐訴理之人，依元符三年六月二十五日指揮外，其後來接續奏降指揮，更不施行；其已施行者，並依今來指揮。除言語不順別作一項外，蒙改正者七百餘人。其所洗滌，可謂衆矣。無罪者既蒙洗滌，則看詳之官如蹇序辰、安惇者，安可以不加罪乎？謹按惇奏曰：「凡得罪於元豐之間者，若特出睿斷以勸沮天下，則人臣不當輒爲理雪。或經有司勘斷，必是情法相當，上下方敢施行。」未審當時有司，如何理雪。臣切謂鞫獄斷罪，而使情法相當，若非皋陶作士，不能如是。周公之戒其有誤，神考之慮其罪非情者，正恐情法不能相當故也。今日有司勘斷，必有情法相當，如此則是元豐之時，九州内外爲有司者，皆皋陶也。其爲諂誣，不亦甚乎！且元符有司即元豐有司也，去年鄒浩之獄，在京及新州所連逮者，凡數百人。按法定罪，則浩爲厚誣君父，其黨爲同惡相濟；若言其情，則浩爲盡忠於朝，其黨爲厚於親戚朋友。其情如此，而用法如彼，可以謂之相當乎？安惇官爲執法、職在獻替，尚且率其僚屬，共爲誣諂，而乃謂元豐有司所勘斷者，能使人人情法相當，此可以欺天下乎？又如司馬光「宣訓」之語、究治劉摯等事，或緣凶悖之意，或以姦逆之謀，按法定罪，則幾至赤族；若論其情，則盡出誣罔。然則元符大臣致人以罪，情法相違尚乃如此，而謂元豐有司能使情法相當，孰敢以爲然乎！如曰出於睿斷，以示勸沮臣下，不當輒爲理雪。以理觀之，亦未然也。臣請以近事明之，熙寧、元豐舊例，開封府公事，或情輕法重，或情重法輕，則貼例取旨，或封入請實，臨時輕重，皆出睿斷。自元祐以來，知開封府臣僚請改舊法，不敢貼例，喜怒任情，高下其手。請實得旨之事，雖經睿斷，而故失入，實由開封。如此之類，若復申明改正，又何累聖人之勸沮乎？又有司所勘公事，依例差官録問，有國以來，未之改也。自紹聖四年正月以後，開封府所勘公事，一面畫旨，直行奉斷，更不録問。銜寃之人，或有枉横，既有覆審，何由自達？雖緣本府取旨，事經睿斷，而請録問者，實由有司。如此之類，若復申明改正，又何累聖人之勸沮乎？先帝知其然也，於是改此二法，詣實公事，依舊貼例；而直行奉斷者，依舊録問。自此而後，開封不敢越例而有請，罪人因得審覆而自訴。方此二法未改之時，開封公事勘斷有失，孰敢以爲睿斷之誤乎？蓋人主變通之道，無所膠執，事有未便，改之而已；昔雖未改，今亦當改，此乃今昔相成之道，前作後述之理。是以復行審問，再行貼例，則是哲宗之所以自改也；召還鄒浩，叙復光、摯，則是先朝之所欲改，而今日之所當述也。善繼祖宗之緒，共述一家之美，亦何先後彼此之間乎？以今視昔，則元豐之事因此或改，皆聖人之迹爾。迹不可泥，何獨有司勘斷之事，而必欲保其無誤哉？爲此説者，不過欲讚譽元豐而自以爲盡忠於神考爾。神考盛德大業，高厚如天地，光明如日月，非凡愚譏讚所能加損。况於所讚譽者，元豐有司而已，豈不陋哉？傳曰「善繼人之志，善述人之事」，武王之孝也；「不改父之臣與父之政」，孟莊子之孝也。若以孟莊子爲法，則是元豐之事，皆不可改，非改訴理而已。」若以武王善述爲心，而不泥聖人已陳之迹，則改正看詳訴之事，可謂合於公議矣。蹇序辰、安惇受大臣諷諭，意有所在，因謂訴理之事，形迹先朝，必須如此施行，方名繼述之義，遂使朝廷紛紛之事不已。考之公議，合正典刑。伏望聖慈，特示威斷。

於是中書檢會惇等前後章疏進呈，遂有是命。

敕中書省：「檢會紹聖中中書舍人、同修國史安惇言，切見朝廷前日追正司馬光等姦惡，明其罪罰，以告中外。」紊亂典刑，改廢法度，訕讟宗廟，睥睨兩宮，交通近習，分布死黨。考言觀事，實狀具明。而包藏邪心，蹤迹詭秘，相去八年之間，已有不可備究者。至章疏文字，行遣案牘，又散在有司，莫能會見。若不乘時抽索編類，必恐歲久淪失，或致邪黨交結，有藏匿棄毀之弊。欲望聖慈特賜指揮，選官將昨來貶責過姦臣所言所行事狀，並取會編類，人爲一本，分置三省、樞密院，以示天下後世之大戒。奉聖旨依奏，差除徐鐸、蹇序辰同共看詳。序辰遂將臣僚章疏傅致語言，指爲謗訕先帝不順。除看詳過千餘人已蒙朝廷施行外，乞下三省檢類改正事件，付史官修入實録，并三省、密院編類貶責元祐臣僚所言所行事狀。內有文及甫與邢恕書，蔡渭援以爲證，進奏狀追訴司馬光、吕公著、吕大防、劉摯、梁燾、王巖叟、劉安世、吴安詩、傅堯俞、朱光庭、范祖禹、蘇軾、蘇轍等謀危宗社，乞奪逐人所得子孫恩澤。〔二〕其間存者，乞以反坐之法，投之嶺外，以爲姦臣賊子之戒。三省同奉聖旨，蹇序辰、安惇並特除名，追毁出身以來文字，放歸田里；文及甫、蔡渭並送吏部，與遠小監當。國朝册府畫一元龜甲集卷八九朋黨門訴理之禍。

校識

〔一〕內元狀陳述及訴理所看詳語言於先朝不順者　「看」字原脱，據宋宰輔編年録卷一一元符三年九月辛未條引丁未録補。

〔二〕乞奪逐人所得子孫恩澤　「逐」字原作「遂」，據文意及宋會要輯稿職官六七之三一黜降官四所述安惇奏改。

47 九月辛巳，詔陳瓘罷右司諫，添監揚州糧料院。先是，上疏乞禁止向宗良兄弟交通賓客。〔一〕奏入，內批：「陳瓘累言皇太后尚預國事，其言虚誕不根，送吏部與合入差遣。」遂有揚州糧料之命。〔二〕已而欽聖悔寤，遣中使諭瓘以揚州筦庫之命非本旨，方且開解主上召還矣。賜度僧牒十道，勿遽行。繼遂有無爲之命。瓘以謂蔡京猶在朝廷而牽復，言是非不辨，不肯受。於是蔡京出知永興軍，瓘乃拜命。國朝册府畫一元龜甲集卷八九朋黨門徽宗初斥去紹聖黨人。

附載

㊀宋朝諸臣奏議卷三五陳瓘上徽宗論向宗良兄弟交通賓客：「今者功出聖母，國本既正，唯陛下永思所以圖報而已。大公之報，報之上也。假借外家，豈足以爲報乎？宗良兄弟，依倚國恩，憑藉慈蔭，夸有目前之榮盛，不念倚伏之可畏。所與游者，連及侍從，希寵之士，願出其門。裴彦臣無甚幹才，但能交通内外，漏泄機密，遂使物議籍籍。或者以謂萬機之事，黜陟差除，皇太后至今與也。良由中外關通，未有禁戒，故好事之人，得以溢傳耳。若非皇太后明諭聖意，嚴加約束，則籍籍之口未易塞也。」

㊁宋大詔令集卷二一〇陳瓘罷司諫添差監揚州糧料院制：「敕：諫省之官，以言爲責，達于予聽，當有據依。儻肆誕誣，曷可容貸！爾早有材譽，朕所柬求。不能靖共，以營厥職，輒形剡奏，言涉不根。妄議慈闈，姑從顯黜。往務循省，服我寬恩。可。」

48 又詔龍圖閣待制、河北路轉運使張商英落職知隨州。〔一一〕國朝册府畫一元龜甲集卷八九朋黨門徽宗初斥去紹聖黨人。

校識

〔一〕據皇宋通鑑長編紀事本末卷一二〇逐惇卞黨人、宋會要輯稿職官六七之三一黜降官四，張商英知隨州事在元符三年九月甲申。

49 九月甲申，知江寧蔡卞落職，提舉洞霄宮。㊀龔夬言：「蔡京與卞表裏相濟，天下共知其惡，播于民謠，云：『二蔡二惇，必定滅門，籍没家財，禁錮子孫。』又云：『大惇小惇，入地無門。大蔡小蔡，還他命債。』伏望加採訪，以辨忠邪。」明年，又以少府監分司南京云。

宋宰輔編年録卷一一元符三年五月乙酉條。〔一〕

校識

〔一〕本條於宋宰輔編年録未注明出自丁未録，以同段中含本書元符三年五月乙酉條推知係出丁未録。

附載

㊀宋大詔令集卷二一〇蔡卞落職提舉杭州洞霄宮太平州居住制：「賞罰明則朝廷尊，忠邪辨則遠

近肅。懷諼迷國，法所不容；醜正背公，罪焉可貸。資政殿學士、左正議大夫、知江寧府蔡卞，早被識擢，薦歷要途。爰逮先朝，遂與幾政。莫效匪躬之節，惟存罔上之心。援引姦回，竊據要近。己所不喜，指爲姦朋。構造語言，陷害忠直。擯斥流放，禍及子孫。慘刻之風，寖以成俗。忠厚之政，有愧於時。朕初纘承，姑務含貸。俾分符竹，以便爾私。罪大責輕，難屈公議。特褫近職，仍領真祠。往其省循，無重悔尤，爾自速戾，匪朕無恩。可特落資政殿學士，依前提舉杭州洞霄宮，太平州居住。」

50 十月甲午朔丙午，翰林學士承旨蔡京知永興軍。〔一〕先是，陳瓘因朝會見京視日久而不瞬，嘗以語人曰：「京之精神如此，它日必貴。然矜其禀賦，敢敵太陽，吾恐此人得志，〔二〕必擅私逞欲，〔三〕無君自肆矣。」尋居諫省，遂攻其惡。京聞瓘言，因所親以自解，且致情懇，而以甘言啖瓘。瓘使答之曰：「杜詩『射人先射馬，擒賊須擒王』，不得自已也。」於是攻之愈力。草四章將上，會聞隔對不得見，乃悉繳而奏之。

其奏曰：紹聖之初，哲宗之意本無適莫，章惇雖挾功自恣，然其初猶有兼取元祐之意。〔四〕京自成都而來，與其弟卞共毀宣仁，共欺哲宗。京之得售其說，自役法始，從大改役法以後，事事無不大改。兄弟同朝，塤篪相和，無有一事不如其意，當此之時，不以所聞神考聖訓告于哲宗。至于今日，然後引所自書實録以爲證驗，唱爲不經之論，而欲遷神考于西宫，其爲矯誣，可謂明矣。京以矯誣之筆，妄增實録之事；以矯誣之舌，僞造神考之訓；朝廷用矯誣之言而輕改宗廟，信矯誣之説而力沮言者。臣恐自此矯誣之人，無復忌憚矣！今朝廷大事，又皆委曲遷就，而爲一京之地。公議洶洶，人不敢言。京當紹聖之初，與其弟卞俱在朝廷，導贊章惇，共作威福，卞則陰爲謀畫，惇則果斷力行，且謀且行者，京也。哲宗篤于紹述，一于委任，事無大小，信惇不疑。卞于此時，假紹述之説以主私史；惇于此時，因委任之篤自明己功；京則盛推安石之聖，過于神考，以合其弟。又推定策之功，毁蔑宣仁，以合章惇。惇之矜伐，京爲有助；卞之乖悖，京實贊之。當此之時，言官常安民屢攻其罪，京與惇、卞共怒安民，協力排陷，斥爲姦黨，而孫諤、董敦逸、陳次升亦因論京，相繼黜逐。哲宗晚得鄒浩，不由進擬，寘之言路。浩能忘身徇國，京又因其得罪，從而擠毁。是以七年之間，五害言者，凡所施行，得以自恣，遂使當時之所行，皆爲今日之所改。卞之尊紹王氏，知有安石，豈知有神考？知有金陵，豈知有京師？絶滅史學，一似王衍。重南輕北，分裂有萌。臣之痛心默憂非一日也。陛下融會南北，去卞不疑，然而京尚未去，人實憂之。兄弟一心，皆爲國害，一去一留，失政刑矣！熙寧之末，王安石、吕惠卿紛争以後，天下之士，分爲兩黨。神宗患之，於是自安石既退、惠卿既出之後，不復用此兩人。而兩門之士，則皆兼取而並用之也。當時天下之士，初有王黨、吕黨，而朋黨之禍終不及于朝廷者，用此術耳。自京、卞用事以來，牢籠薦引天下之士，處要路得美官者不下數百千人，其間才智藝能之士，可用之人，誠不爲少，若京去朝廷，則私門之士數百千人者，皆爲朝廷之用矣。京在朝廷，則皆蔡氏之黨也。然則消黨之術，唯在去京而已。國家内外無事一百四十年，亦至於保養陰邪，必成心腹之患。〔五〕

瓘又論哲宗實録不當止以蔡京兼修。疏奏，上甚感其言，密賜瓘黄金百兩。至是，輔臣奏永興闕守。上曰：「除蔡京。」韓忠彦曰：「京雖嘗除兩學士，緣河東與長安不同。兼京罪狀已露，只欲與端明。」上曰：「善。」曾布曰：「京之出，天下所同欲。但昨除河東參差，臣自此不復敢言。今聖意如此，幸甚。」上曰：「朕初不主之，近自陳瓘有言，因詢其交通近習之狀，却有簡與裴彦臣，云：『且煩於皇太后前生長保全。』朕昨逐馮説，止緣京爾。」布曰：「京立朝如此，以理言之，何可使之善去？然而形迹東朝，姑令補外可也。」上曰：「瓘言事極不可得，暫貶亦不久。前日遣人以金百兩賜之，瓘受賜泣下。」布曰：「陛下待遇如此，宜其感泣也。」由是京罷，出知永興軍。國朝册府畫一元龜甲集卷八九朋黨門徽宗初斥去紹聖黨人。

校識

〔一〕按蔡京知永興軍事，皇宋通鑑長編紀事本末卷一二〇逐惇卞黨人及宋史卷一九徽宗紀一繫於十月丙申。

〔二〕吾恐此人得志　「得」字原脱，據宋宰輔編年録卷一一崇寧元年正月庚辰條引丁未録補。

〔三〕必擅私逞欲　「擅私逞欲」四字，宋宰輔編年録卷一一崇寧元年正月庚辰條作「擅欲逞私」。

〔四〕然其初猶有兼取元祐之意　「猶」字原作「尤」，據文淵閣四庫全書本宋宰輔編年録及李攸宋朝事實卷一〇辛相拜罷改。本條與宋朝事實該篇係同源文獻。

〔五〕此奏原脱，據宋宰輔編年録卷一一崇寧元年正月庚辰條補。

51 十月乙卯，〔一〕資政殿學士、通議大夫、知大名府林希降充端明殿學士、知揚州，㊀朝散大夫充龍圖閣待制、知洪州葉祖洽落職如故，以御史中丞豐稷有言也，遂有是命。已而右正言陳祐亦言，希所草呂大防等責詞，皆務求合章惇之意，至有「老姦擅國」之語。詔降希爲太中大夫。國朝册府畫一元龜甲集卷八九朋黨門徽宗初斥去紹聖黨人。

校識

〔一〕乙卯　「卯」字後原衍「卯」，今删。

附載

㈠宋大詔令集卷二一〇林希降職知揚州制：「左右禁近，義當一心。儻或朋姦，朕不敢赦。資政殿學士、通議大夫、知大名府林希，早以才譽，嘗列詞垣。當惇擅朝，曲懷阿附，每形書命，公肆誕誣。掩宣仁聽政之明，蔽永泰知人之鑒。言章亟至，實駭予聞。事上若斯，有愧朝列。不有降黜，人其謂何？特示寬恩，稍從薄責。尚假維揚之重鎮，止裁祕殿之崇資。往體矜容，無忘循省。可特授前官，降充端明殿學士、知揚州。」

52 十一月癸亥朔庚午，改元建中靖國。壬申，太中大夫、守少府少監、分司南京、太平州居住蔡卞降授中大夫，移池州居住。先是，侍御史龔夬言蔡京「交結近習，蹤迹詭祕；自除邊帥，即懷怨望；力丐宫祠，偃蹇不行。願正典刑，以警在位」。遂落京端明殿學士，提舉杭州洞霄宫。㈠京既貶，輔臣乃謂卞責亦輕。詔降卞爲太中大夫、守少府少監、分司南京，依舊太平州居住。而侍御史陳次升、右正言張庭堅尚交疏攻之不已，㈡遂詔降卞中大夫，依前分司，移池州居住。㊂國朝册府畫一元龜甲集卷八九朋黨門徽宗初斥去紹聖黨人。

附載

㈠宋大詔令集卷二一〇蔡京落端明殿學士提舉杭州洞霄宫制：「敕：朕紹庭上下，陟降厥家。小大之臣，成以公選。端人吉士，寘于周行。衆正之路方開，君子之風寖長。則昔之朋邪害政者，朕將懲焉。具官某，擢自神考，際會泰陵，上緣翰墨之華，起居侍從之首，爲惡直醜正之行，捨奉法首公之（下闕）」

㈡皇宋通鑑長編紀事本末卷一二〇逐惇卞黨人載陳次升奏：「蔡卞之與章惇，俱盜權先朝，爲天下害。卞以陰險謀之，惇以凶悍行之，二人同惡相濟，罪當均一。臣謂惇之凶暴，其害物止於一時；卞則又敗壞道術，使不得歸正；疑亂風俗，使不得爲善，其害又流於萬世也：卞之爲害，實不在惇下。惇既以散官安置潭州，而卞則止於近地分司，適遂所欲，何名爲讁？人心未服，公議未厭。」

㈢宋大詔令集卷二一〇蔡卞降官守少府監分司居住制：「王道不平，率由比德；國家之敗，常以官邪。矧身位疑丞，心懷險詖，自干清議，非朕敢私。左正議大夫、提舉杭州洞霄宫蔡卞，早以時才，亟躋邇列，不能勵行以砥節，專爲醜正以分朋。羽翼腹心，借先烈以籍口；捃摭章奏，竊國命以報仇。媢疾善良，肆加誣衊；盤結根柢，惟務中傷。迹其用意之不臧，皆非先帝之本旨。姑從薄責，俾領祠宫。公論沸騰，典刑安在，貶秩數等，分務别都。服我寬恩，無重尤悔。可特授中大夫、守少府監、分司南京，池州居住。」

建中靖國元年（辛巳，一一〇一）

53 先是，純仁疾革，精識不亂，戒諸子曰：「國恩至重，殊乏補報。吾歿之後，葬當從約，不可妄以私事干朝廷。」又口占遺表，凡八事，命門生李之儀次第之。其表曰：伏望陛下深絶朋黨之論，詳察邪正之歸。披抉幽隱，以盡人材。屏斥奇巧，以厚風俗。愛惜生靈，而無輕議邊事。包容狂直，而無易逐言官。若宣仁之誣謗未明，致保佑之憂勤不顯，本權臣務快其私忿，非泰陵實謂之當然。以至未究流人之往愆，悉以聖恩而特叙。尚使存没，猶污瑕疵。表聞，上與皇太后震悼，〔二〕賜白金三千兩，仍宣諭慰撫。諸孤遵守治命，一切不敢干祈，但上表稱謝而已。遺表言「宣仁之誣謗未明」，蓋純仁思所以報宣仁后之託也。諸子以其所言俱朝廷大事，且防後患，以純仁口占畫一繳申潁昌府，用府印，寄軍資庫。純仁將葬，李之儀作行狀，具論平生立朝行己之大節。〔一〕蔡京用事，小人附會言純仁之子正平等撰造中使至永州傳宣聖語以爲遺表，非純仁意也。正平與李之儀皆下御史獄，捶楚甚苦，其後所驗皆實，獄遂解。正平、之儀猶各編管。正平之家死于嶺外者十餘人，獨正平遇赦得歸。不出仕，終身爲選人。初，純仁既卒，有司考行，謚之曰忠宣。鄧忠臣覆議，是之。〔二〕崇寧初，黨禍既作，乃追純仁謚告，其元定覆議官各罰銅十斤。及正平得罪，議者并論鄧忠臣可黜，忠臣由是罷知汝州。純仁性夷寬，嘗曰：「吾平生好學，得之忠恕而已。」自爲布衣至宰相，廉儉如一，俸賜悉以廣義莊。前後任子恩，多先疎族。没之日，幼子、五孫皆未官。曾肇嘗曰：「使純仁之言行于熙寧、元豐時，後必無紛更；盡用于元祐中，必無紹聖大臣仇復之禍云。」〔一〕宋宰輔編年録卷一一建中靖國元年正月癸亥條。

純仁晚年，益以天下自任，尤留意人材。或問其儲蓄人材可爲今日用者，答曰：「陳瓘。」又問其次，曰：「陳瓘自好也。」言瓘可以獨當天下之重也。後瓘爲諫官，於蔡京姦狀未著之前極論，無一不效，故京尤忌畏之，得禍最酷，終以廢死。宋宰輔編年録卷一〇紹聖元年四月壬戌條。

校識

〔一〕上與皇太后震悼　「皇」字前原衍「太」字，據文意删。

〔二〕據宋宰輔編年録卷一一，建中靖國元年正月辛亥，前宰相觀文殿大學士、中太一宮使范純仁卒。是爲本條事目。

附載

㊀范忠宣公文集卷一八至二〇李之儀范忠宣公行狀：「公諱純仁，字堯夫，幼警悟，五歲知讀書，八歲從群兒戲，能以其所授書爲之講説，正席環侍，剖析有理，文正奇之。十一遭楚國喪，哀毁如成人。文正仕漸顯，一時知名士多所延揖，如孫復、石介、胡旦、李覯輩，率命公從之游，乃博通群書，爲文無有長語，切於語事。文正曰：『是必能世吾家。』以文正恩起太常寺太祝。皇祐元年，進士及第，知常州武進縣，辭不行，改許州長葛，復辭。文正曰：『被遠固有名，此纔數舍爾，何辭焉？』公曰：『本不欲去親側，遠近非所恤也。』文正薨，家貧無歸，借官屋以居，僅庇風雨。長兄早得心疾，不省事，門内幾百口，公寔主之。人不堪其憂，而上下無一言之異。服除，始就仕。賈昌朝守大名，辟公掌安撫司機宜文字。公曰：『方此道多事時，彼將以我爲助，義不當免，其如吾兄相與爲命何？』人固彊之，曰：『偕行，何妨耶？』公曰：『兄之疾一作，則數人不能制，未論官守，不得專在側。此去隔大河，萬一中流疾作，則我必與之俱溺矣。』再辭，遂已。宋庠薦公堪館職，召試學士院，公以兄疾辭，再召，又辭，卒不赴。以著作佐郎知汝州襄城縣，民不知蠶。公曰：『是可緩耶！』乃課民種桑，後紡織比他邑爲多。既去，思公不已，至名其地爲著作林。簽

書許州觀察判官事，會昌朝守許，事無巨細，待公而後決。知開封府賈黯辟公知襄邑縣，凡隸官屋舍，無一椽不更，而民不知勞。縣有牧地，衛士歲牧馬，率縱之壞民田，前此莫之禁。或訴於公，即捕而杖之。主校抗聲曰：『令敢爾耶！』遽白其事。詔劾公甚急，公曰：『衛士非令所當杖，然民吾子也。又兵實資田以養，安忍坐視其抑哉！』亟自列以上，尋報免。令遂兼領牧地，蓋自公始。天久不雨，下將艱食，公命賈販者輟他貨，一意積粟，而告之曰：『異時之出，吾當爲爾宰。』果如其計，賴以全活者甚衆，利及旁境。大興學校，號舍飲食，畢自區處，來學者益盛。比自公湖外歸，邑人夾道焚香羅拜，逆挽公舟，唯恐其過之速也。距公去四十餘年矣。擢河南東路轉運判官，召爲殿中侍御史，未拜，遷侍御史。知制誥錢公輔繳詞頭，責滁州團練使。公言：『此其職事也。言雖有過，情則無他。陛下近詔求直言，而侍臣未聞有所獻，得非以公輔爲戒耶？』又言：『自公輔貶謫以來，朝廷除授，寧免失當。臣下不敢言，虧損聖德，無甚於此。』京師大水，公請詔侍從官各上封事，指陳時政闕失，餘官依次轉對如故事，又乞罷秋宴以承天戒。時更定江淮、荆湖、福建路鹽法，公請並依兩浙法減價，并下三司，別定私販之令。又言日進雜學士、待制、修撰太冗，宜立定員數。又乞爲潁王、東陽郡王擇保傅。又言歲上辛祀天南郊，致齋日當壽聖節，乞上壽不用樂，以明克己奉天之意。有詔兩制依典禮議濮安懿王稱號，封册已定，而政府議不同，復有詔權罷。公謂同列曰：『此大事也，不可不辯。蓋將有甚者焉。』乃上疏曰：『陛下昨受仁宗詔命，親許爲仁宗之子。至於封爵，悉用皇子故事，以至纂承大統。天下以陛下爲仁宗之子，與前代入繼之主事體不同。願以大公斷之。』特降詔旨恭依兩制所定。相次果議尊濮王爲皇，夫人爲后。公又疏曰：『仁宗當盛年立陛下爲子，皇太后不避六宮之怨，力贊先帝保育陛下，是皆欲陛下繼統承祧，一意大業。不期陛下率然建爲此議，上則違先帝之意，中則傷太后之心，下則失天下之望！』又奏：『歐陽脩首開邪説，妄引經據，以枉道悦人主，以近利負先帝，請寘于理。』累上章，未報。公遂繳納告身，居家待罪。皇太后俄出手書，申追尊殊號之議，尋降敕命奉行。公言：『此事始因中書之謀，陛下謙慎未行。聞太后曾下手書，切責政府，因此權罷。始末不同，天下將何以取信？此必權臣欲爲非常之事，假母后之命以行其志，或乃出於逼脅。願察臣言，凡繫濮王典禮，陛下自可擇而行之，何必以母后爲説？』既而促公供職，公言：『太后與政府大臣並受先帝顧託，言猶在耳。永昭陵土猶未乾，豈遂忘而弗顧！』再有旨起公，公言：『臣不能早悟陛下，罪益深重，豈可復居言路？臣之心有死無二。』又中書劄子督迫公出，公乃録前後未降出凡九章回申，又申御史臺，殊號之議遂止。公猶未已，乃出公通判安州，移知蘄州，改京西提點刑獄。未到，移陝西。未到，權陝西轉運副使。未到，權京西轉運使，復移陝西。召對，神宗問公曰：『卿在陝西久，必精練邊事，城郭、甲兵、糧儲如何？』公對曰：『城郭粗完，甲兵粗修，糧儲粗備。』上愕然，曰：『卿才如此，朕所倚賴，而職事皆言粗，何也？』公曰：『粗者，未精之辭。然如是足矣。臣願陛下無留意邊事，陛下若留意邊事，則邊臣觀望，要功生事，結釁夷狄，殘害靈，耗竭財用，縻費賞爵。不唯目前之害，又將貽他時意外之憂。願陛下深留聖慮。』公又奏：『王安石變更法度，物議沸騰，人心不寧。書曰：『怨豈在明，不見是圖。』願陛下圖不見之怨。』上曰：『何謂不見之怨？』公曰：『杜牧所謂天下之人不敢言而敢怒者，此不見之怨也。』上曰：『卿才如此，善論事宜，爲朕條陳古今治亂可以爲鑒戒者以聞。』公遂作尚書解以進：『皆堯舜禹湯文武之事也，治天下無以易此，願陛下深究而行之。』除尚書兵部員外郎、兼起居舍人、同知諫院，公辭，不允。邊帥种諤坐擅興謫湖外，俄除秦州都監。公言：『朝廷既許夏人納款，及謂取綏州非本意。今便令諤處邊任，不唯致夷狄疑阻，亦無以戒勵沿邊生事之臣。』又乞催促齎夏國封册詔書，使人進發，所貴朝廷恩數速達異國，而疆埸早得寧静。進集賢院、同修起居注，公五上章辭，不允，乃促公受敕。公既不獲免，益思所以爲報。公嘗謂『人主之勢既重，而又堂陛阻絶，非開廣聰明，則下情無由周察。頃雖有言上，緣一時之事，事過即已。今須推而行之，以防壅蔽』，乃上疏言：『兩府之下則有侍從官，寔古九卿之職，是宜朝夕論思，同國休戚。今則只將主判司存便爲己之職事，寵亞四輔，報同庶僚。人情既習因循，朝廷不知考核，或有時政得失，唯能退有後言，處之不慚，僅同胡越。願降詔督責，朝廷闕失，並須論列，其所上章疏，付政府詮定，量加賞罰。』時上新即位，躬親庶政，公言：『盡心所務、督察細事者，有司之職；經國阜民、選賢任官者，宰相之職；容載如天地，廣大如江河，巍巍蕩蕩，無得而名者，王者之德。願陛下潛晦頤養，擇相而任，廣聽納，察邇言，使愚智效力，上下盡心，自然端拱垂衣，太平可致。』又言：『近日御前揀退年老將校，皆是久歷艱辛，累歲戍邊守之人。既因對御選擇，將來殿前馬步軍司便爲永例，此軍政也，不可不察。望於其間取稍堪部率者，改隸已次軍分，以示人主隱恤知難之意。』知秦州孫永以守邊失策，詔以李師中爲代。公言：『帥臣尤須久任，方能練習事。若屢更則難責其效，而又百事從而變易，兵民無不煩擾。兼永忠謹鎮静，師中任術躁動，不若責永後效，依舊在任。』又請用慶曆中故事，增置諫官以廣言路。又請重定縣令考課之法，以防濫奏。神宗切於求治，臣下多自疎遠召對，延訪得失。公言：『小人之言，聞之似可采，行之必有累。蓋其知小忘大，貪近昧遠，急於奮身，不思害國，願加深察。』又言：『走馬承受妄有論奏，動揺帥臣，過索承奉，其言不可輕信。』又請宣諭執政，如有妄奏邊事及曾惹引生事之人，不得與邊任。又請委監司體量，走馬承受不得於條約外妄陳邊事及言人長短，其所入文字乞降出公行。京東轉運使陳汝羲進羡財，及以官綿折還和買絹價；荆湖北路孔延之進納入官，本户不充則令三四户共買一官，公請重行貶謫，以戒聚斂辱國之臣。富弼再相，輒辭疾家居謝客，屢詔不起。公言：『弼起布衣，仁宗擢爲宰相，先帝暨陛下倚爲舊德，四方士民以爲賢臣。弼當自任天下之重而盡陳其所欲爲，而乃恤己深於恤物，憂疾過於憂邦，致主處身，向背失宜。弼與先臣最厚，臣待罪諫垣，不敢通私謁，以致忠告。願陛下宣示此奏，使弼循省，以供厥職。』又奏：『唐則天以僭竊之政，務求多事，以收人心，廣令臣下舉薦，兼人亦得自舉。選任雖冗，然猶多得人材，故姚崇、宋璟相繼時出，開元之治寔有賴焉。願詔内外之臣，各舉所知，以備選任。』御史中丞吕誨以言事降黜，公言：『誨，正人也，願留之左右，以勸忠良。』又奏：『臣前此面奉德音，令臣具陝西利害，今列十事以進：一，於邠、寧二州移置帥事；二，擇帥府通判，令兼經略判官，專董糧草；三，罷監牧，以其田爲營田；四，委帥臣、監司裁省冗占官兵；五，新城中武藝人於近裏州軍差使，候有警急，旋行勾抽；六，沿邊、次邊鄉村酒場月課不滿二萬貫者並停閉，城寨酒課，不務增羡；七，通解鹽茶馬於轉運司；八，依秦漢軍功爵級置散官及牙校名品，募人入粟，以實邊備；九，沿邊置榷場，以茶並雜貨博易，仍通入解鹽額；十，陝、解、虢、絳四州，歲差夫采斫黄河梢木，並以官錢收買。』神宗一日謂公曰：『取士之法不均。行之雖久，不能無遺才。』命公條其利害。公曰：『祖宗以進士一科爲盛，公卿以降，多此塗出。然所舉之業，東南、川陝之士最工。至禮部只合西北而考之，故東南川陝多得而西北少。設欲明示區别，不無寄資巧僞之弊。願詔郡邑嚴養士之法，每下詔責長吏與學官，取本貫及曾入學滿二百日有行者，於解額中分三分之一送至禮部，則别爲特舉一科，只試論經義。明記路分，考校優立所取之數，至御前賜第亦如之。若是則均矣。』又乞詔政府、臺省、館閣、經筵、監司並數路參取，無拘有無出身。著作佐郎章辟光請岐王出居外第，公言：『親王居外自有故事，豈容小臣僭形間言！萬一岐王聞之，不安其處，則傷陛下友愛。防微杜漸，不可不察。』三司判官張靖論陝西轉運使薛向博買鹽馬不實事，詔靖就劾，而向已前知矣，兑換藏匿，唯意所任。靖至而欺罔之迹已不可得，靖反坐謫，向遷發運使。公上疏極論：『賞罰之失，致天下疑。陛下責君子太重，奬小人太深。靖許風聞言事，即坐左遷；向違法罔上，驟加進用。向在陝七八年，靖一旦體量，不能盡見虚實。責君子太重則忠臣難立，奬小人太深則姦邪易滋。微臣恥枉尺直尋，陛下不可啓寵納侮。望追還二人之命，以正賞罰。』又言：『陛下但愛向小有才可備驅使，其詐佞不足深慮。此臣所以竭力陳論，死而後已。兼臣在陝西，親見其姦，不獨壞法，民寔被害。上有大臣主張，下有小人鼓譽，衆雖深疾，在陛下無由得聞。今又被旨體量之人，遽先坐謫，而小人奬用益深，復使均輸六路，則必增其姦計，巧於前日。且復人人以靖爲戒，誰復有言？是縱裴延齡之詐妄，極皇甫鎛之誅求，爲朝廷斂怨害民，使陛下財聚人散。』又言：『臣曾奉德音，欲修先王助補之政，今乃效桑羊均輸之法，而使小人爲之，必將剖割生靈，斂怨基禍。蓋是中書不合差除，致累陛下聖德。』章十餘上，展轉詳盡，其意欲人主之必聽也。是時，王安石初秉政，置三司條例司，興青苗、助役法，分遣專使詣諸路，搜抉遺利，將盡變祖宗法度。同己者進，異己者逐。富弼、趙抃、唐介日交論於上前，或以疾辭，或以事去，或以至發疽而死。司馬光、吕誨、范鎮章疏論辨，每進對亦必極口指陳，中外紛然。公曰：『君子信而後諫，未信以爲謗己。姑取必於聽納而已。逆耳之言，可遽效耶？不若馴至於深切，則庶能售。』以故公自陝西召對，因事以及安石者，無一疏不反復開曉，至論薛向均輸，則漸至於深切。於是上疏言：『臣自到諫垣，方見陛下進用王安石，與士大夫相慶，以謂儒者得用，必贊陛下行堯舜三代之政，修己安人之務。今安石臺官，天子耳目，將使警察百辟，以防僥倖。今琦等一言柄臣，便蒙降黜，况在廷太半趨附。陛下更以法令驅之，使畏大臣，則其勢將無不至。然而道遠者理當馴致，事大者不可速成，人材不可以急求，積弊不可以頓革，所以景帝削七國之地而晁錯戮，東漢疾横議而黨錮興，宋襄公急於求霸而致喪師，唐文宗急於除姦而訓、注禍作。故帝王之圖治，必顯仁藏用，人材以長育而成，功德以積累而大。通其變，使人不倦；神其化，使人不知。無爲而天下自安矣。』又疏：『六路均輸爲害，借周官賒斂理市之法，謂可以奪兼并百物，其實乃商賈賤買貴賣漁奪之術。久之不免抑配民間，邀求羨息，罔上毒下，有傷盛德。蓋上率下以儉，上化下以勤，上下勤儉，則自然公私有餘矣。願速詔罷之。』公以數言事未見聽，因見上自陳，曰：『臣言可用，願加采納；臣言不可用，願罷臣言職，重行貶竄。』上曰：『官家留卿，不可求去。』公曰：『臣爲言事官，言不信於陛下，雖聖恩隆厚，臣愈難當。』遂居家待罪。上察公不可强，乃罷公諫職，移公管勾國子監。公求去愈堅，執政密遣人謂公曰：『議除知制誥，可出視事。』公曰：『斯言何爲至哉？得用，過於得美官；如不用，萬鍾非所願也。』又再乞早賜責降，不從。公言多激切，神宗每優容，而所上章疏，未嘗降出，左右近臣，亦不得而知，蓋防執政之或聞也。而公每宣乞付中書、樞密院施行。至是，公盡録前後章疏申中書，安石見之怒甚，携以告上，曰：『范某狂妄如此，不可不重貶。』上曰：『范某無罪。』安石争不已，上久之乃曰：『與一善地。』遂以公知河中府，蓋方用安石，故屈公令少避也。未幾，移成都府路轉運使。安石憾不能釋。而謂新法行之民間多不便，公蓋盡論，仍戒州縣不得遽行以待報。安石愈怒，命其客李元瑜爲提舉常平官，且伺察公，將遂害之。鈎索捃摭，無所不盡，卒亦無所得。公竟坐謝景初、李杲卿游宴事爲失覺察，降知和州，移邢州。未到，進龍圖閣，權環慶路經略安撫使、知慶州。因入覲，神宗見公，喜曰：『卿父在慶有威名，卿今繼之，可謂世職也。』公謝曰：『臣不肖，何足繼先臣。』又問曰：『卿兵法必精。』公對曰：『臣儒家，未嘗學兵。』上曰：『卿久隨侍在陝西，必熟邊事。』公對曰：『先臣守邊時，臣尚幼，不復記憶。且今日事體恐不同。』公察上意欲攘夷狄開邊境，徐對曰：『臣不才，陛下若使繕城壘、愛養百姓，不敢辭；開拓侵攘，願别謀才帥。』因堅辭。上曰：『卿才何所不能，但不肯爲朕悉心爾。』公對曰：『臣子之於君父，殺身且不避，豈有不盡心之理？但陛下所問，悉非臣所長，不敢上欺。』公又辭。上曰：『不可。』明日，上謂韓絳曰：『范某論邊事一何疎耶！』絳退而問公，公即以對上之語語絳。絳歎曰：『非我所及也。』上之謀，公、絳適與聞，故及之。慶大飢，道殣相枕藉。公到，遽發常平米賑貸。僚屬願請而後行，以避不用赦原之令。公曰：『報到則無及矣。當獨任其責，何復累君等耶！』民遂蘇復。斂殣爲聚冢。已而懼無以繼，忽蓬結實延袤原野，類粟而甘，食之可飽，境内以足。前此，民謡曰：『飯來即飽。』方公命下，民相告曰：『范果來矣！』至是，民德其祥，仍收所餘，以實倉廩，益市耕牛、穀種，分貸墾殖殆遍，雨暘隨禱而應，歲大熟。或謗公賑發過多，全活不實。朝廷遣使按視，皆曰：『公實活我，其忍累公！』乃相與兼晝夜輸還。使到，已無所負。其窮核至發冢數骨，卒無所中。公知環州，种古執屬羌爲盜，奏流南方，過慶，輒聲冤。公以屬吏，果非盜。古乘間訟公爲挾情變獄，朝廷遣御史制勘，獄急而情不可得。古反誣告，然朝廷終不捨公。會鄜延吕惠卿密奏公擅回宥州牒，坐是落職，知信陽軍。方公召對，合四州之民無慮數萬，遮道涕泣，挽公馬不得前，皆曰：『公擅回宥州牒而反坐獄，我生不如死。』至是，有自投于河者，又有小兒數十號哭，以詩送公，西州至今傳誦。移齊州，或謂公齊俗凶悍，輕爲盜劫屠販，治不峻急不能戢。公曰：『我寬乃性也，矯以猛則不能久。適取玩爾。』獄至不能容，公問其然，則皆不當繫，不敢出。公曰：『不出奈何？』曰：『出則官所病也。』公曰：『終如是，安乎？』曰：『姑待其瘦，用以除民害。』公曰：『是豈天理耶！』盡呼出立庭下，而令曰：『爾等害民紊官，莫不欲爾爲瘦者。苟能自新，我將生爾。』皆扣頭如令。後犯法者至減常歲之半，而獄幾空。以連喪子請宫祠，詔以公管勾西京留司御史臺，再知河中府。保甲教閲甚嚴，非老弱不得在家，諸路專置官提舉，督責按劾，聳動天下。公曰：『妨農無甚於此。』三上疏請輟其力，以應歲事之急，俟其隙，計日補之。遂乞計一歲應教之日，併就閑月，餘日令併歸業，請著爲令。又乞選武藝精熟、人材可觀者，以次選用，其頹墮者刺充軍。録事參軍宋儋年暴卒，公疑其非命。即遣子弟家人與後事，微得其遇毒，乃下吏，果如之，其謀瑣細，悉如公所料。復直龍圖閣，帥慶。哲宗即位，宣仁聖烈皇后權同聽政，詔中外實封言事。公上疏，請凡在官各陳本職事及所經歷利害，無間遠近，仍設科條，須隨事具因革，亦可因之以識其人。時邊事未寧，絶西夏歲賜之物，方議還其所賜，或以謂夏國困弱不足慮，公乃録光武報臧宫、馬武詔書上之。又引孟子『以大事小，可以保天下』之語爲據，并謂邈川首領温溪心所言夏國大旱無苗、難集人馬爲不足信，務欲休兵息民。已而夏人入貢，極恭順，然每頓市物過平日之數，謂恭順爲悔過，市物多爲於我無疑間。公言：『恭順非本情，多市物似不爲頻來計。恐於分畫地界之際，阻兵脅盟。願戒邊臣，益加嚴備。』遷天章閣待制，以兼侍講召。道拜給事中，辭不允。公以謂：『人君當正心誠意，以仁爲體，使邪僻浮薄之説，無自而入，然後發號施令，爲宗廟社稷之福。豈務章通句解，以資口舌之辨哉？』公每進講，必反復開陳，期於人君可行而後已。於是司馬光初相，將盡改熙寧、元豐以來法度。公聞而嘆曰：『先帝勵精求治十九年間，寤寐堯舜三代之君，如旦暮相與紬繹。但大臣用心太過，希合者不計可行與否，趨風迎意，私致先帝寤寐之求，旦暮之遇，轉而之他。今特去其太甚者可矣。又須徐徐經理，乃爲得計。』一時與光同者，多指公爲好名。公聞而嘆曰：『是又一王安石矣！』又曰：『差役一事，尤不可暴。當擇人付之，使之施行，以審利害，方可去取。然而不獨此也，賢者在位，能者在職，法度無不便者。』既見光，光即以所上役書稿示公，公曰：『方欲有請也。』力陳不售。又作書告光，曰：『此法熟議緩行則不擾，急行則疎略而擾。委非其人，其擾滋甚。公忍以擾重毒吾民耶？大不類公所舉，或已奏難回，則可先行一路，以觀其究竟。』光不從，而持之益堅。公曰：『不從容尚有說，遽爾以益堅之請，是使人不得言爾。不言，人孰不能？亦可以贊公苟取容悅者。若果爾，何如少年合介甫以速富，安用彊顏於此，以媚公求合哉！公未可以我心至誠，便爲民受其賜也。不勝憂懼。』光又欲進士得朝臣保任乃許應舉，公曰：『不可。此議已行，人不我同，則虛勞思慮而失宰相體；若遂從，則衆人莫如公者。正人退而諂諛得乘其間；不獨乘間，且將增飾以迎公意。推此以往，何所不至？』既而都堂召公計事，退而上言，曰：『三省、樞密院召臣議邊事，臣已隨問略對矣。欲降詔，則臣對以解仇釋怨、罷兵息民；欲審察敵情，措置事機，則臣對以專委帥臣；欲棄地，則臣對以不可徒然便可與換易陷蕃兵民。此安危所繫，而執政所異同。計陛下深居九重，不易裁決。願賜對上前，使得詳盡。』上尋遣中使賜御膳及實封劄子，問公曰：『夏人自升遐，累遣使入朝，外雖恭順，中則未測。向日所得城寨，守之、棄之，何者可久？』公對曰：『今聞夏人將到，請擇押伴臣僚，使與推誠語，論聖政好生惡殺、捨己從人之德，以索其語。如其意在得地，則以换易諭之；如無說，則以此事付延州趙卨。俟其押生口至界上，乃遷入城寨居人，勾集虜到生口，人與地相交還，然後罷兵息民，以圖無前之利。臣所以乞責之臣下者，慮其言不婉順，有虧國體爾。』又奏乞依嘉祐敕重定案問舉首之法。又奏：『四方讞請大辟案，見依去年十一月二十三日詔書。臣竊校之，降詔以後，比舊斷死者無慮數倍。罪疑惟輕，寧失不經，得失甚明。望委執政，必決於上而降除誤奏之罪，則可無寃濫。』進吏部尚書，公再辭，未報，俄拜中大夫、同知樞密院事。有旨，誥命更不由門下省，徑付外行下。時夏人在廷，上欲公遂任此責，而公與司馬光聯親，慮光引嫌有言，稍稽入院也。公既辭，又指此爲嫌，不允。公知上意所託，乃力陳前議，而同列或難之，持久不下。公偶移賜告，遂上疏具三策以獻：以地易人，一也；留蘭州、定西城，二也；并塞門吴堡、義合二砦與之，三也。又乞還地之外，每送到一漢人，支絹十疋以誘其利心，而人可盡得。章惇得罪去，父年九十歲，議與一便郡。已行矣，而言者遽止之。簾中宣諭三省：今後不得如此似形責戒。公言：『置往咎而念其親，與夫從諫不惑，皆陛下甚盛之德。然戒約之言，君臣之間不免形迹。況二三大臣多是老於患難，進之猶恐不及；若更退之，不免顧避，自防翻怨，無所裨益，而偷合苟容之人進矣。又聞宣諭：假令私家尊長有所怒，卑幼豈容寬解？臣愚以爲不然。人主之量如天地，豈得更有喜怒好惡？臣恐佞人讒間，以惑聰明。』乃引唐魏徵對太宗語『君臣一體，若有形迹，邦之興喪，未可知也』。公自以不次被遇，尤思所以爲報。事雖非所與，必亦竭盡啓沃。知鄧州鄧綰知揚州，言者指綰舊事，論斥甚急。公於簾前極論以爲非，退又上疏言：『綰已經先朝責降，今來因人易地，豈可再有所貶？』三上章，反復開陳，期於必省。又言：『臣曾蒙差知襄州，因綰奏罷。今日之言，蓋上惜朝廷事體，下以安人情反側，尚恐進呈之際，有所移易，不免再三冒瀆。』上遣中使密賜批語，以謂『當時希合者衆，若人人而責，則事無窮已。似非安静之道。欲作一詔書，諭以更不行遣，當各安職業，令改過自新。如何？卿更具可否奏入。』公奏：『臣伏讀批旨，不勝感歎。望只以此意付詞臣潤色，以成訓誥之美。』學士院試館職人，蘇軾草策題，言者論其引用不當。公言：『軾乃臨文周慮不至，本非有罪，而聞言者不已。臣深恐萬一施行，則相與論辨紛紜，不免上煩處畫。望召言者，諭以朝廷置諫官，蓋欲補闕失、辨邪正。人臣小過，本無邪心，不須深論。若其引咎求去，則云朝廷不欲以小事輕去言者。』有司議太皇太后册禮，依明肅皇后故事，御文德殿受。公乞不用此例。又言：『近日以久無雨，上心焦勞，群下利病，寬恤殆遍。獨禁軍教閱，主兵之官，牽於賞罰，不復究察。頗聞嗟怨，有傷和氣。望詔有司並依祖宗故事，各量人力爲石斗，察其偷墮而不繫賞罰，則自然相濟。』公在樞密，以進退人材蓋大臣之事，而地參丞弼，乃不得與聞，遂因旱上疏，言：『古者多因災異求訪直言，所以安導人情，以防壅蔽。陛下即位之初，所得應詔章疏，其中必有可采，願選官置局，隨宜行下。』公奏：『尚書六曹、諸路監司多執文害事，以致冤無所訴，亦宜取索元案看詳，求訪邊防利害、軍民疾苦，務從寬恤。』韓維有旨與外任，公言：『維論議賞罰，直前盡心，未聞别有大過，遽然罷去，必有人譖毁，致誤陛下任賢不終，失進退大臣之節。乞追寢前命。』是後，朝廷議論，稍以朋黨相目。公疏其害，并以歐陽脩朋黨論連進，以明善惡好惡，願上深加照察，無使滋蔓，以敗風俗。諫官王覿以言事忤旨，遂坐朋黨罷。公曰：『覿不免則朋黨興矣。』乃與文彦博、吕公著辨於簾前。上曰：『朋黨甚多，宜早施行，亦恐於卿等不便。』公對曰：『朝廷本無朋黨，但善惡邪正，各以類分，臣已論之詳矣。』又指彦博、公著曰：『是皆累朝舊人，陛下延之左右，豈容雷同罔上，庇護黨人？只如臣向以言事不合，擯棄二十年。陛下拔擢，置之此地。惟一心事上，豈復懷私，自玷家世？臣先因曲謝，曾具奏聞，先臣與韓琦、富弼同爲仁宗柄任，各舉所知，引用忠良。當時造爲飛語，指作朋黨。三人者相繼補外，造之者公然相慶，曰一網打盡。此事未遠，願陛下深以爲戒。』次日，又與彦博、公著、大防等上前斥論。公曰：『彦博、公著以重德老成，特留共政。大防，陛下親自識拔，以爲有聞望可信之人。今同論一諫官差除，久不見納，臣實憂懼。』覿由是得直龍圖閣、知潤州。元祐二年，經冬雨雪不止。明年春，積陰不解，下民失業。公又上疏，言：『君子爲陽，小人爲陰。或慮朝廷之上君子少而小人多，以致陽不勝陰，願詔三省，選用正人，以迎協氣。』公在樞府踰年，邊奏未寧。夏人唯受封册，而不遣使入謝，坤成節亦不貢奉稱賀，全失恭順。公言：『西賊之勢可慮矣，皆臣竊位無效，以致如此。願除臣陜西郡，萬一用兵，則就近可以備任使。』再奏，不報。公既不得去，而議事終不能同。雖罷兵還侵地已決，而慮邊臣不切爲備，議遣中使分詣陝西、河東，拊諭帥臣各盡心，無致因此或失守禦。詔書所云『體量邊事』，公言元議無『體量』二字。若加之，恐失朝廷恩數，宜削去。熙河俘蕃酋鬼章以獻，上御便殿受俘，百官入賀，命從官告裕陵。即遣中使賜公黄金三百兩、犀帶兩條。使者宣諭，以公指蹤有勞，故爾賜賚。公辭所賜，不報。尋議質鬼章塞上，以招其子。公力陳不可。又條十利害事，請正典刑，使四夷聞之：彼雖怙彊如此，卒爲我擒，而其罪必誅無赦也。夏人空國寇鎮戎，諸路赴援，到有先後，故所俘有多寡。議分麾賜銀合茶藥，公曰：『均用命爾，今乃有全不及者，非所以激勸也。請不及麾亦賜。』知熙州劉舜卿因李憲故事，擅支金帶、銀器與立功將佐及走馬承受，朝廷議行戒約。公言：『方委帥臣理節制，而苛細責之，所失不少。』上察公之忠，將以爲相久矣，特以邊事未定，故留公樞密，以責其成。至是，乃拜公太中大夫、守尚書右僕射、兼中書侍郎。是日降三麻，在廷愕然延望，至唱公名，則舉笏相賀，曰：『天下事無慮矣。』公辭至六七，上遣中使促公視事，不得已而就位。公前在樞密，欲誅鬼章以謝天下，同列深不爲然。上亦未決。阿里骨使到，文彦博欲令見之，庶幾其子結兀捉知其父在，僥倖得其心。公曰：『不可。鬼章既就擒，彼國已絶望。阿里骨納款，因已歸罪鬼章矣。若使之見，必別生覬望，而其子以必見爲期；或未見，聞死，則嫌隙再生矣。』又欲以鬼章爲校尉，公曰：『未正藁街之戮，已爲非是。況可官之耶？前日曾以團練使命之，又寵以金帶，且不顧，尚何校尉之能有？方受俘告陵之際，有心之士爲先帝快意，而熙河死事之孤，皆欲就食其肉於刀鋸之下。今乃一切倒置，何所示信？』元豐中，河決小吴口，水遂北流，神宗命因其性而導之。要功之徒乘時射利，輒謂北流害塘濼，請塞小吴，使之東注。文彦博、吕大防是其説。公曰：『水性故未易知，然水性就下則不待講而後信。』彦博、大防不悦。公曰：『上初即位，母后垂簾，是豈宜興大役時耶？』附會者益衆，彦博、大防持益堅，乃議遣使按視，遂以吏部侍郎范百禄、給事中趙君錫爲使。既回，具言東流地高，水不可行，議遂罷。然起事者終不快也，輒密啓，從中批出，再申前議，以河未復故道，終爲河北之患。公言：『先帝因議者以謂夏國微弱，若不早取，必爲北虜所併，亦是從中批出，令邊臣相度。而希旨生事者，謂刻日取勝，遂興雲武之師，後貽永樂之患。今日之議，正與之同。』又言：『大河之役，休戚半天下。不先規度，便欲興工，將來垂成，水勢擁遏，上下危急，公私無備，欲罷不能矣。』又言：『既回之後，不免擁住北下。使之東向，則舊河不能吞納，必致決溢。』附會者既不得逞，乃欲先開減水河，以探水勢。公曰：『此不攻自破也。可回則回，不可則止，何用探爲？必其功料已有所費，萬一不回，則以此爲除破之名爾。』又言：『水官驟乞計置梢草，中書舍人彭汝礪請見其可回，計置未晚。此安民惜費之所同也。』公因奏事，上遽曰：『河事且熟講。』公對曰：『臣前後所論，無所易也。欲望收回批旨，一切付之朝廷。』上遂遣使收回所批，責大臣與水官參議。知漢陽軍吴處厚以蔡確知安州所爲詩解釋而進，以爲譏訕，簾下助之。公曰：『不可長也。句端語隙，輒快私忿，而欲置人於死地，羅織、黨錮之禍，將起於此。』已而章疏交上，所以詆確者，無所不至，遂流確新州。公於簾前具言不可以曖昧不根之過誅竄大臣，今日舉動宜爲將來之法。又上疏言：『臣知蔡確衆議不容，不可以不容之故，行希闊之事。』又謂：『父母之有逆子，雖天地鬼神所不容。至於父母，親置於必死之地，則不免傷恩。』又奏：『以重刑除害，正如以猛藥治病，其過也不能無損，况國體久安，尤重審慎。』明日見上，公再三論列。吕大防曰：『蔡確之黨甚盛，不可不治。』公曰：『朋黨難辨，却恐誤及善人。此事正宜詳審。』公又上疏極論：『朋黨爲國家之患。且如王安石喜同惡異，至今風俗以觀望承迎爲能事。願陛下寢確命，下詔釋附會者之罪，以安反側。』又於上前期於必辨，方論次，同列不顧公而退。王存議與公協，因留存同論，卒不能回。或勸公引去，獨明己之力盡。公曰：『我方慕古人，願爲良臣，不爲忠臣。安得楚楚以自見耶！』言者果復論公，公遂與存俱待罪，不報，繼請補外，竟亦同罷。而宰執内屈，不敢罪公，乃如公請，出公觀文殿學士、知潁昌府。公到潁，水菑之後，官私屋舍例皆漂蕩，井邑蕭然。公極力振補，上下康乂。遂環城築長堤，植榆柳，以防其害。後數年，水復至，堤遂有功。公因請將兵所駐遇水火、盜賊急難之際，協心拯救，仍許長吏不拘常制差使。公才罷相，廟堂復興回河之議，調發入潁昌。公得報，嘆曰：『是可已耶！』上疏言：『堯舜之治，不過知人安民。知人則不輕信，安民則不妄動。小人希功好進，行險生事，以求爵賞。然其利口足以欺罔，勸更法令，則曰君臣千載一遇，時不可失；勸興邊事，則曰將爲北虜所并，時不可失；勸回河，則亦曰河勢方東，時不可失。故臣前日深畏其言而力陳之，今日之舉，又必用時不可失之説，動揺天下，遂欲少快其意，如一路生靈何？如一路民力何？』上曰：『范某之言有理，宜從其請。』議復少緩，其調發猶未已也。會公再相。紹聖初，再遣中書舍人吕希純、殿中侍御史井寬來相視，亦言其不可。公罷，東流之役遂興，搔費半天下，而不閲歲，果大河之北，幾爲一空。天下益以公爲蓍龜也。潁昌歲料河役，每輸七千則免一丁之行，或以爲便，已奏得請。公曰：『此有錢而不出力者之便，有力而無錢者何便之有？且用民之力，於古有限，而今其遠不過五百里，乃一概催之，特在官者與上户爲地爾。』復奏罷之。移鄜延路經略安撫使、知延安府。未行，進大學士，改河東路安撫經略使、知太原府。河東地狹民貧，至吝尺寸地，使死不得葬。公下令葬必如期，又撥官錢殮無主者瘗之。仍檄一路皆如此。熙河分畫地界，邊將以兩不耕地爲控扼而不與，以故持久不決。公請依元約，因上言：『與司馬光陳棄寨之策，與陛下議定大計，以示輕地愛人之德。今邊將蓄疑敗謀，留兩堡之地，將再起事端，以招後患。望詔邊臣，速令界畫悉依已行詔旨。』三上章，並乞録示邊臣。夏人犯麟府神木寨，無所得而去。朝廷猶詰責將吏，公一無所累，上章待罪。上曰：『無所得而去，何罪之有！』公請不已，曰：『非將吏失律，乃臣之罪也。人君賞罰必信，不可爲老臣屈。』乃不得已，降公一官，移河南府，又知潁昌。未幾，上遣中使齎詔撫問，仍賜銀合茶藥召公赴闕，拜通議大夫，再爲右相。公辭六七，不允。又遣中使促公就位，因入謝。簾中驟曰：『卿北來，且與吕大防等同心協力。人言卿必先引用王覿、彭汝勵。』公對曰：『臣方欲薦此二人，望陛下早賜進用。』一日奏事次，簾中曰：『卿父文正公在明肅皇后垂簾之初、仁宗親政之後，忠厚正直，見於始終。卿名望衆人所歸，必能繼紹前人。』公頓首謝，曰：『臣不肖，何足以當陛下奬勸委任之意。』太皇太后崩，所賜遺留物，公再上章辭，不從。則又乞以助山陵之費，亦不報。侍御史楊畏議除諫議大夫，公難之。吕大防曰：『畏曾論公，必無所嫌。』公曰：『初不知也。除目不敢與聞，容上前别有奏請。』三上章，乞避位，哲宗謂大防曰：『范某有時望，不宜去，卿可爲朕留之。』亦遣中使促公歸府第，又遣中使促公入見。有間，上獨問公曰：『先朝行青苗法，如何？』公對曰：『先朝愛民之意本深，但王安石立法過當，激以賞罰，所以官吏急功，故爲民害。』上曰：『當時不須立賞罰。』公對曰：『不唯賞罰不當立，付之尤宜得人。』遂又述此意上疏，引諭精確，卒言『青苗非朝廷所能行，行之終不免擾人也』。是時用二三大臣，皆從中出，而侍從、言事官多不由進擬。公上疏言：『陛下初親政，四方拭目以觀，知人舉直之化，小有失當，其繫不細。』疏奏，上爲之動。而中批之人，類由密啓，上乃以所得姓名質之於公。公曰：『天下治亂實本於此，不可不慎。』又疏言：『舜舉臯陶，不仁者遠；湯舉伊尹，不仁者遠。聖政之初，選用人材，正宜如此。縱未能如古人，亦須極天下之選。』中書省以二疑獄爲不可貸，已畫可，門下省復奏貸之。公曰：『門下非取旨之地，就使未安，亦當各正其職，容無辨耶？』遂上疏言：『二囚一殺舅、一殺妻之父，皆已殺也。情雖可疑，如死者何？若論親黨，則全無渭陽之念，頓戾寡妻之刑，公然背義忘恩，弗思投鼠忌器，尤繫朝廷風教，不可不慎也。請如已畫。』又言：『王存可大用，彭汝礪可任言責。』上曰：『王存如何人？』公曰：『忠厚正直，臣所信也。今年已七十，願早用之。』紹聖元年，言事者交章力排垂簾時事，人情大恐。公曰：『太皇太后保佑聖躬，欲躋天質於堯舜之上，其功烈、其誠心，幽明共所鑒也。今人主初親政，而議者輒自爲計，不恤國是，一何薄哉！』遂以明道二年五月癸酉詔書上之，曰：『望陛下稽仿而行，以戒薄俗。』已而狂人趙天啓作擬試策，傳播中外，御史章疏稍取以爲用。其語何止誣罔也。公曰：『太皇太后勤勞公正，陛下尊奉備至，一旦策題出，小人僥倖臨事，致誤陛下。』又曰：『狂妄詆訐者已多矣，容之則累聖孝，懲之則恐塞言路。不若以詔書禁約，一遵仁宗故事。天啓在元祐中已上書詆熙寧政事，爲非道矣。後見其書，編管鄧州。』上不納公言，亦不許公去。客省副使高士敦以太皇太后恩，特旨改官；蘇轍責知汝州，御史來之邵言士敦任成都鈐轄日不法事，又論轍所謫太近。公言：『之邵爲成都府路監司，士敦有犯，自當按發。轍執政累年，之邵已作御史，亦無糾正，乃繼有二奏，其情可知。』公知不容於時，再上章乞去，語甚懇切。遂以公爲觀文殿大學士，加右正議大夫，知潁昌府。陛辭日，賜坐啜茶，慰勞甚渥。上曰：『卿耆德碩望，朝廷所賴，然堅不肯爲朕留。卿雖在外，兩爲宰輔，凡有所以裨益於時政者，但入文字來，無事形迹。』公曰：『敬受命。』既到官，值興廣武埽役，下潁昌、汝州科梢草一百萬。公曰：『兩處之民不習河役，方荐飢之後，加之道路阻遠，乘此急難，又須數倍之價，何以堪？異時遂以爲例，則永爲深患。』力請至七八方免。然破産失墜，已十三四，有至非命而死者矣。報到，閭巷田野讙呼鼓舞，如脱機穽。方爲公立生祠，會公南遷，畏事者止之。司馬光、吕公著奪恩數，毁墓碑，凡元祐時大臣、侍從官，例皆貶竄。章惇以公嘗斷國論，速以爲黨，而將因其例。上曰：『范某非黨也，但不肯爲朕留爾。』惇曰：『不肯留即黨也！』上勉從其請，降公一官，移知河南府。公以疾辭，改陳。相次大防等竄嶺表。先是，公未罷相，上嘗問公曰：『貶謫之人，幾似永廢。』公察上意甚善，特有所牽制而未果，因致賀曰：『陛下語此，堯舜不如也！今重罪編配之人，尚理期叙復。豈兹等人不與此比？願陛下只用檢舉，候進呈，令依條則。或有言者，亦易裁處，唯在陛下力主之爾。』是歲郊祀，上懷公語，將因赦稍理大防等冤，而惇近測上意，前期奏大昉等難從恩宥，遂以爲永例。公聞而憂憤，乃齋戒累日，奏疏曰：『大防等年老疾病，不習水土，炎荒非久處之地，而又憂慮不測，何以自存？迹其所罪，亦因持心失恕，好惡任情，以異己爲怨讎，以疑似爲訕謗，違老氏好還之戒，忽孟軻反爾之言，誤國害公，覆車可鑒。然牛李之禍數十年淪胥不解，豈可尚遵前軌，靡恤效尤？兼臣與大防等共事，臣有所言，多相排斥，陛下之所親見。臣之激切，只是仰報聖德，不爲其他。兼今夏内地大熱，炎方想不易處。嚮來章惇、吕惠卿雖爲貶謫，不出里居。臣尚曾有言，深蒙陛下開納。又陛下常憫遷謫之人，幾爲永廢，臣測知聖心，亦曾乞用檢舉之説。陛下以一蔡確，嘗軫至念。今趙彦若已死貶所，將不止一蔡確矣。願陛下斷自淵衷，將大防等引赦原放。』奏上，亦感悟，惇持意益堅，反詆公爲同罪未録，遂落職知隨州。方草疏時，或以難回觸怒爲解，萬一得遠謫，非高年所宜。公曰：『我世受國恩，事至如此，無一人上言者。若上心遂回，所繫不小；設有不從，含糊觀望之際，體國愛君，亦曾有人力陳其非者。果得罪死，復何憾耶！』促家人束裝以待謫命。在隨幾一年，州事毫髪必親。客至，談笑終日無倦色。公素苦目疾，忽全失其明，因上表乞致仕。惇戒堂吏不得上，懼公復有指陳，終移上意。遂貶武安軍節度副使、永州安置。命下，公怡然就道，切戒子弟不得少有不平意，曰：『不見是而無悶，爾曹勉之！』間有噫者，則曰：『我兩爲真相，報國無狀。今日之貶，無所憾也。』或謂公近名，公聞而嘆曰：『七十之年，兩目俱喪，萬里之行，豈其欲哉！但區區愛君之心，不能自已。人若避好名之嫌，則無爲善之路矣。』在永三年，人不堪其憂，公處之有餘裕。非醫藥方書未嘗經理，非修身行己不以語人。預作棺衾，以俟瞑目。上即位，皇太后權同聽政。南遷流人，例徙内地，以公爲光禄卿、分司南京、鄧州居住。二聖將復用公，而意若未得伸，乃遣中使至永州就賜銀合茶藥，問勞委曲，曰：『二聖甚知相公在先朝言事忠直，已虚位待相公，不知目疾如何、用何人醫治？只爲左右有不是當人阻隔相公。』公頓首謝。又云：『太后問相公，官家即位行事如何？天下何説？』公對曰：『唯鼓舞聖德。』又云：『天下有何不便，但奏取來。』公對曰：『敢不奉詔。』又云：『鄧州莫且去否？』公對曰：『已出望外，如歸鄉里。』又云：『離闕日，二聖再三命某言，太后在宫中、皇帝在潘邸，甚知相公是直臣。』公感泣不已。俄追公右正議大夫、提舉嵩山崇福宫，許歸潁昌。遂復觀文殿大學士，充中太乙宫使，召赴闕供職，而公病矣。詔書有『豈唯尊德尚齒，昭示寵優；庶幾鯁論嘉謀，日聞忠告』之語，公捧詔感泣，曰：『上果用我矣！目明全失，風痺不隨，恩重命輕，死有餘責。』將至畿内，上又遣中使賜銀合茶藥，促公入覲，仍宣諭渴見之意。公曰：『老臣昏忘，不可勉彊。』中使曰：『朝廷自有優禮。』公曰：『老臣命薄，虚蒙聖眷。』繼又遣中使賜銀絹各五百，以繼道路之費，仍遣國醫診視，醫藥所須，並出内府，一錢不得取於公。又敕須公病愈，乃得歸。公乞免供職，許歸潁昌養疾。上不得已而許。後見輔成，問公安否，乃曰：『范某得一識其面足矣！』久之，上知公决不能起，始命上宰。公既安里第，有間，疾小瘳，念醫者在門，不許受私謝，乃以天寧節所得冠帔，請改其服色。上批其奏曰：『冠帔可留與骨肉，醫者之服色已依所請。卿有忠言嘉謀，宜時陳奏，以副朕眷待耆德求治之意。』公上表謝，遂復告老，尋降詔不允。比詔到，而公薨矣。實建中靖國元年正月二日也，享年七十五歲。正旦，坐受家人賀如平時，明日，若熟寐然，家人視之，則公逝矣。前期，戒諸子殮如古人，周身之外，不得侈一物，葬務至約。口占遺奏，以授諸子，歷叙家世、遭遇、晚彼厚恩，不得一見上爲不足。言不及私，唯指陳切務數端而已。讀者益知公爲不可及也。又令遍别廟堂及侍從諸公、内外知舊書，其大致則欲尊主庇民，竭誠盡瘁，以輔成聖世也。上覽表震悼，時東朝晚出，中外縞素，輔臣進見，語及公，上爲之出涕，尤歎恨不得用公也。得遺書，痛悼嗟惜，益期不負公之囑。潁昌之人，無不揮灑，而遠近來哭者無虚日。上遣中使密賜銀三千兩，且宣諭曰：『非常典也。』拊慰諸孤，索其所須無纖悉。問欲敕葬否，諸孤以治命力辭。尋敕潁昌、河南府給其葬事，賜其墓碑曰『世濟忠直』。添差壻蔡轂通判潁昌府，專督喪轝，及存恤喪家諸孤。卜以四月十日，葬公于河南府河南縣萬安山下文正墓之西北。初，楚國之娠也，夢步月中庭，有兒自月中下，以衣裾承得之，明日生公。既就學，晝夜不少休，夜坐帳中，燈煙所薰，帳頂如墨色。後公貴，魏國出以教子。其在襄城，有貴公子挾進士第，筮仕方初，歆豔一時，公頹然其後。政事之餘，從諸公勸講，賦詠爲樂。嘗賦『秋風吹汝水』，讀者已知爲公輔器也。文正墓碑石未得，而葬之日且逼，公衰服行哭，密有所禱，遽得之道左。逮公將終，潁昌城内外林木俱冰。集賢殿修撰唐義問與公久游且相好也，亦起自謫籍，而歸遇公于鄂，相語甚款。公折簡抵義問，曰：『某非久就木，後事願公證明。』公捐舍館，義問適守潁昌，凡經理陳請，切於己事。雖氣類相求，亦公精誠，前有所託也。方文正即世，遺二稚子，一男一女，甫七八歲。公教養至於成人，男爲名臣，官至龍圖閣直學士，女嫁令族，封和義郡君。又公伯姊嫠居，公爲給事中，請以所得恩典改授冠帔。簾下諭政府曰：『范氏，文正公女，宜特賜，何必改也。』公草謝表，曲盡感遇之意。後亦以公恩，封高平郡太君。公有文集二十卷、臺諫論事五卷、邊防奏議二十卷。公内剛外柔，端亮不撓，其正身齊家，以至許國愛民，皆得之天資而本於平易。不宿怨，不吝過，不苟近利，不邀虚名，未嘗忽細故而不親。常欲以天下如一堂之上，人心如己之心，利害休戚皆欲與之同。嘗曰：『我平生所學，唯得忠恕二字耳。』食不重肉，亦無所擇；衣纔蔽形體，不事華靡。暑月必襲衣，見子孫必冠。所得錫賚，曰手盡散。任子恩必先疎遠，故其仲子垂五十而官未寄禄，幼子與五孫猶未仕也。位宰相，如布衣時，無好惡，不以聲色加人。在政府，賜予纔在門，徑以廣義莊。歸自南遷，家人衣食將不給，所賚金帛均給親族，曰：『上不忘老臣之賜也。幸同此恩。』論事周旋，油油翼翼，唯理之得，唯陳請之通而後已。知無不言，言無不盡，上自人主信其忠，士大夫服其義，武夫悍卒、匹夫匹婦懷其德。外至夷狄，皆知其名。其爲留臺也，一時耆德多在洛，公與司馬光皆好客而家貧，相約爲真率會，脱粟一飯，酒數杯，過從不間一日，洛中詫以爲勝事，而天下唯憂公不起也。方其在永也，天下固未嘗一日忘公；其召而來，天下跂首以望其用；其病而歸也，天下猶幸其復興；至其薨也，莫不嗟咨太息，或至泪下。故其歷事五朝，用捨出入踰五十年，朝廷以行輕重，天下繫其安危，方晉叔向、唐裴度雖近是而彼則不能無少愧矣。夫人王氏，天章閣待制質之女，魏國夫人，卒于永州，今舉已祔。五男：長正民，單州團練判官；次正平，次正思，宣德郎；次正路，次正國。五女：嫁將作監崔保孫，朝請郎、荆湖北路轉運使莊公岳，奉議郎司馬宏，承議郎蔡轂，通直郎郭忠孝。正民、正路、崔氏、馬氏二女皆先公卒。孫七人：直彦，宣義郎；直方，郊社齋郎；直雍、直英、直清、直舉、直孺；女一人，嫁長安李琥。曾孫一人。公雖篤於恩仁，然非其義，纖介不以假人。教子弟，則曰：『六經，聖人之事也，知一字則行一字，要須造次顛沛必於是，則所以謂有爲亦若是，豈不在人耶。』故皆表表自起，士大夫指以爲勸。公嘗曰：『人材難得。欲隨事有用，則緩急無以應手。七年之病，求三年之艾，非儲之以待，其如病者何！』故雖以人材爲己任，每有薦引，必先公議，内舉有所不避；其不可，則人君所主亦必争。元祐中，嘗實封手詔，委公薦士，公具十餘輩上之，後皆進用，亦有至廊廟者。上以爲公知人，性不欲生事，不欲撓人。其歸葬兄也，廊廟先以屬河南府守，將以爲助，公既葬而後見太守。守問公曰：『卜葬定何日？』公曰：『已葬矣。姑一見公而去。』守驚曰：『何不一相及也。廟堂諸公皆有書以見託，今將何以報之？』比其薨也，前飭子弟無以後事累公上，皆取給於私力，而亦不可以煩人也。公之再相也，簾下非特知公之賢，亦將有所託，故其引文正以賞公，其意可知也。公亦感激遭遇，期以身盡，而哲宗亦察公之忠，咨訪眷待，不與他等。然退而寒之者至矣。公雖披見肺肺，上亦無從可知也。嗚呼！之儀既詮次公章疏，每至抑揚論列之際，未嘗不掩卷而嘆，亦或至於墮睫也。蓋無一語不出於誠意，無一事不切於物情，或所指者小而所戒者大，所陳至近而所及至遠。其言而未行也，亹亹如理棼絲，必至於緝而後已也。丁寧反復，愈挫愈勵，甚者如救焚溺。其已行者略，而不行者詳。切以問公子，其子曰：『此先公微意也。已行者，君臣一心而信矣，所以略；不行者，將以示吾君優容聽納，臣下屢瀆而不厭，所以詳。既互見君臣一時相與之盛，而又可以爲來者之勸也。』使公之言行於熙寧、元豐間，必無元祐之更張；盡申於元祐中，必無紹聖、元符之已甚。至是，上虛心，必有待於公，而公病矣。所謂『君子萬年，介爾景福』，與有陰德者，必饗其樂。天下孰不有禱也？而公弗顧以往，其果有命耶，抑物理自有其數也？觀公終始一致，白首不渝，所謂建諸天地而不悖、質之鬼神而無疑，百世以俟聖人而不惑者，於斯可以無憾矣。一時之語，固不得而加損，姑撮其切於事者載之。蓋非其語不見其實，故不得而簡；盡其文不出其事，故不必備。使讀之者聳然必作，而欲有所爲，則如公臨之而致不朽之托。公既有所命矣，或曰：『孔子作春秋，而定、哀之間多微辭，是不能無所避就也。』然則邦有道，危言危行；邦無道，危行言遜。執筆者固當論世而言，亦當知盡萬物不能易己之重，庶幾不負公之記，而異時可以下見於公而無憾也。謹狀。」

㈡皇朝文鑑卷一三五鄧忠臣范忠宣公謚議：「純仁爲大臣之子，布被脱粟而不以爲非；都上公之司，衮衣繡裳而不以爲泰。要終原始，考實求聲，歷事五朝，堅持一節，厚同宗之族，猶葛藟之庇本根；見慢上之人，如鷹鸇之逐鳥雀。凡言責與官守，皆諫行而計從。讜論嘉謀，確乎其不拔；

令名廣譽，闇然而日彰。在畎畮未嘗忘君，思飢溺不獲由己。作尚書解以進，如宋璟之爲元龜；抗濮園議以聞，如師丹之爲黄耇。臨公家之利，知無不爲；得小大之情，矜而不喜。每思捐身而開策，所願休兵而息民。秖知扶危而濟傾，寧恤跋前而疐後？文有黄裳之吉而内美，言無白圭之玷而外華。頃緣秉鈞，適丁連茹。方讒言亂國，而明蔡確之無實；洎姦黨投名，而謂大防之可原。當衆人莫敢言之時，在偏州無所用之地，義形於色，憤發至誠，非止救當時正人端士之織羅，直欲戒後世亂臣賊子之迷罔。徇公忘己，爲國惜賢。興言嗟嘆，使人於邑。父母之國，有時而去；股肱之義，於是或虧。放之江湖，忽如草芥。紉蘭澤畔，更甚屈原之忠；占鵩坐隅，已分賈生之死。惟天知善，惟君知臣，適訪落之初年，講圖舊之新政。側席南望，而决浮雲之蔽；擁節東歸，而詠零雨其濛。公望益隆，恩數彌渥。法座想見其風采，詔書相望於道塗。欲入覲則未能，願養疾者益懇。改元三日，以不起聞。天子於是震悼輟朝，賻贈加等，告其第，開府儀同三司之府；表其墓，賜『世濟忠直』之碑。人臣哀榮，無以尚此。古學有訓，阿衡詎專美乎商？君違不忘，臧孫將有後於魯。古之遺直，今也則亡。謚曰『忠宣』，於義爲允。」

54 二月壬辰朔丁未，武昌軍節度副使、潭州安置章惇爲雷州司户參軍。先是，左正言任伯雨累奏惇簾前異意，乞正典刑，未報。又言之，上於是下其章三省，而三省未即進呈。

伯雨復連章論之，又歷疏惇罪惡，并及蔡卞。

其奏曰：竊以惇、卞姦凶，前古未有。公然誣罔，欲追廢宣仁聖烈皇后。又因哲宗之疑，使非辜廢元祐皇后。夫以太皇太后及皇后可廢，則何所不至！犯上不道，死有餘責。又更誣告元祐大臣，并編排看詳理訴，塗炭衣冠，毒流天下。死黨五人，共成其事，迷誤哲宗，枉受惡名。今若不正惇、卞等罪名，無以明哲宗之心，雪哲宗之謗。蓋卞謀之，惇行之，蔡卞之惡，有過章惇。至紹聖初，蔡卞還朝，以爲宣仁有廢立之意，乞追廢爲庶人。哲宗親政六年，未嘗有他過失，獨此數事，結怨天下，皆卞爲之。今若不正典刑，使哲宗有欲黜太后之謗、廢皇后之惡、殺直言之耻、編管諫官之失、投殛忠良之譏，皆卞謀之，惇行之。〔一〕

至是三省進呈，遂有是命。㊀曾布進曰：「惇罪狀不可不明，又不可指名。乞召中書舍人上官均至政事堂，命以草詞之意，務令微而顯，恐蔡邸不安。」從之。伯雨又言：「臣又風聞虜使言，虜主去年喫食，以聞中國貶黜章惇，虜主不覺放筯跳起曰：『甚好！甚好！南朝錯用此人。』虜使又曰：『何故如此行遣？』以此觀之，惇之姦凶，不獨孟子所謂『國人皆曰可殺』，雖四海九州、夷狄蠻貊，莫不以爲可殺也。」至是，三省取旨，上亦諭三省曰：

「當日簾前厲聲横議，太母以理折之云云。」范純禮進曰：「惇如聖諭不爲過，詞色甚厲。」布曰：「如此，即須過海。」上大笑，曰：「只教這下。」遂以雷州司户處之。〔二〕紹興中，上皇因覽伯雨前章具言惇、卞所以誣詆宣仁狀，於是追貶惇爲昭化軍節度副使，卞爲單州團練副使。國朝册府畫一元龜甲集卷八九朋黨門徽宗初斥去紹聖黨人。

校識

〔一〕此奏原脱，據宋宰輔編年録卷一一元符三年九月辛未條引丁未録補。

〔二〕「伯雨又言」至「司户處之」數句原脱，據宋宰輔編年録卷一一元符三年九月辛未條引丁未録補。

附載

㈠宋宰輔編年録卷一一元符三年九月辛未條載其制：「宰輔之政，當以安社稷爲心。屬時艱難，而包藏姦謀，規撓大計，公肆横議，無所忌憚，蒐慝殄行，作孽自己。雖務矜貸，義何可容！責授武昌軍節度副使、潭州安置章惇，天資險膚，果于凶德。紹聖之初，擢登宰輔，不能以義自克，酬稱恩遇。依勢作威，竊弄權柄，擠仇報德，瀆亂典刑。人神怨恫，達于夷裔。方先帝奄棄天下，中外震驚，迺復于定策之際，陰懷異志，獨倡姦言。賴母后聖明，睿意先定，克正名分，神器有歸。肆朕纂服之初，言章沓至，含容掩覆，抑而不揚。輿論沸騰，囊封繼上，僉以彰善癉惡，出于公義，上承天心，非朕可私。處以常刑，宜在顯戮；投置南嶠，實爲寬恩。」

55 建中靖國元年三月甲申，未幾，陳瓘貶合浦，〔一〕乃著尊堯集，深闢其誣妄，〔二〕以明君臣之義。然猶止以增加之罪，歸于蔡卞。蓋瓘之意以謂安石已死，首宗其説以植私黨者，卞也。救時革弊，當以去卞爲先。若卞去，則庶幾正論可出，私黨可破，〔三〕搢紳之禍可解也。然正論卒不出，私黨卒不破，搢紳之禍卒不解。〔四〕瓘然後直攻安石，以明禍本之所在，復著四明尊堯，自謂蒭蕘改過之書，數萬言。今取其序而著之云。

其序曰：臣聞先王所謂道德者，性命之理而已矣。此王安石之精義也。有三經焉，有字説焉，有日録焉，曰性命之理也。蔡卞、蹇序辰、鄧洵武等，用心純一，主行其教。其所謂大有爲者，性命之理而已矣；其所謂繼述者，以性命之理而一之也；其所謂同風俗者，亦以性命之理而同之也。不習性命之理者，謂之曲學；不隨性命之理者，謂之流俗。黜流俗則竄其人，怒曲學則火其書。故自卞等用事以來，其所謂國是者，皆出於性命之理，不可得而動摇也。臣昨在諫省所上章疏，嘗以安石比于伊尹。伊尹，聖人也，而臣迺以安石比之者，臣於此時，猶蔽於國是故也。又臣所上章疏，謂安石爲神考之師。神考，堯舜也，任用王安石，止於九年而已矣。初用後棄，何嘗終以安石爲是乎？臣迺以安石爲神考之師者，臣於此時，猶蔽於國是故也。臣昨者以言取禍，幾至誅殛，賴陛下委曲保全，賜臣餘命。臣感激流涕，念念循省，得改過之義焉。蓋臣之所以改者，亦性命之理而已矣。孔子曰：「乾道變化，各正性命。」又曰：「地道無成而代有終也。」性命之理，其有以易此乎？臣伏見治平中安石唱道之言曰：「道隆而德駿者，雖天子北面而問焉，而與之迭爲賓主。」自安石唱此說以來，幾五十年矣，國是之淵源，蓋兆於此。臣聞「天尊地卑，乾坤定矣」，定則不可改也。天子南面，公侯北面，其可改乎？今安石性命之理，迺有天子北面之禮焉。夫天子北面以事其臣，則人臣何面以當其禮？臣於性命之理，安得而不疑也？傳曰：「君之所以不臣於其君者二，當其爲祭主，則弗臣也；當其爲師，則弗臣也。」師無北面，則是弗臣之禮也，豈有天子而可使北面者乎？漢顯宗之於桓榮，〔五〕所以事之者，可謂至矣，而所施之禮，亦不過榮坐東嚮而已矣。若乃以君而朝臣，以父而拜子，則是齊東野人之語、龐勳無父之教，以此爲教，豈不亂名分乎？亂名分之教，豈可舉乎？臣既誤學其教，豈可不自悔乎？易「不遠復，無祇悔，元吉」，臣於既往之誤，豈敢祇悔而不改乎？臣昔以安石爲神考之師，是臣重安石而輕神考也；臣昔以安石比伊尹之聖，是臣戴安石而誣陛下也。〔六〕臣爲陛下耳目之官，而妄進輕誣之言，臣之罪惡，如丘山矣。臣若不洗心自新，痛絶王氏，則何以明臣改過之心而已矣。莊子曰：「明此以南嚮，堯之爲臣也；明此以北面，舜之爲臣也。」莊周之道，虚誕無實，不可以治天下，然於名分之際，不敢不嚴也。飛蜂走蟻，猶識上下，豈可以人臣自聖，而至於缺名分哉？孔子曰：「名不正則言不順，言不順則事不成。」安石北面之言，可以謂之順乎？崇此不順之教，則所述熙豐之事，何日而成乎？廢大法而立私門，啓攘奪而生後患，可爲寒心，〔七〕孰大於此？臣請序而言之：昔紹聖史官蔡卞，專用王安石日録以修神宗實録，薄神考而厚安石，尊私史而壓宗廟。臣居諫省，請改裕陵實録；及在都司，進日録辯。當是之時，臣於日録未見全帙，知其爲私史而已，未知其爲增史也。自去闕以來，尋訪此書，偶得全編，遂獲周覽。竄身雖遠，不廢討論，路過長沙，曾留轉藏之語；待盡合浦，〔八〕又著垂絶之文。考詆誣譏玩之言，見蔡卞僞增之意，尚謂安石輒録，皆可憑據，卞之所增，迺有誣僞。當是之時，臣於日録，考之未熟，知其爲增史而已，〔九〕未知其爲悖史也。蓋由臣智識昏鈍，覺悟不早，追思諫省奏章，乃至合浦舊述，語乖正理，隨俗妄談，既輕神考，又誣陛下。若他時後日，陛下以此怒臣，臣何以自救，敢不悔乎？日録云：「卿，朕師臣也。」迺安石矯造之言。又云「督責朕有爲」，豈神考親發之訓？既託訓以自譽，又託訓以輕君。輕君則詆侮譏薄，欲棄名分；自譽則矯蹇陵犯，前無祖宗。其語實繁，聊舉一二。日録云：「朕自覺凡庸，恐不足與有爲。恐古之賢君，皆須天資英邁。」此非託訓以輕君乎？又云：「朕頑鄙，初未有知。自卿在翰林，始得聞道德之説，心稍開悟。」此非託訓以輕君乎？又云：「卿初任講筵，勸朕以講學爲先。〔一〇〕朕意未知以此爲急。」此非託訓以輕君乎？又云：「卿莫只是爲在位久，度朕終不足與有爲，故欲去？」此非託訓以輕君乎？又云：「所以爲君臣者，形而已矣，形故不曾累卿。」此非託訓以輕君乎？詆侮譏薄，欲棄名分，可以略見於此矣。日録又云：「王安石造理深，能見得衆人所不能見。」此託訓以自譽也。又云：「如安石不是智識高遠、精密不易、抵當流俗、天生明俊之才，可以庇覆生民？」此託訓以自譽也。又云：「卿無利欲，無適莫。非朕獨知卿，人亦盡知。若餘人，安可保？」此託訓以自譽也。又云：「卿才德過人，朕知卿了天下事有餘。」此託訓以自譽也。又云：「朕用卿，豈與祖宗時宰相一般？」此託訓以自譽也。驕蹇陵犯，前無祖宗，可以略見于此矣。聖主以奉先爲孝，群臣以承上爲忠，明知其誣，誰敢覈實？〔一一〕則可以箝塞衆口，可以熒惑聖聰，誣脅之術，莫工於此。始則留身乞批，以脅制於同列；終則著書矯訓，以傳述於後人。誣脅臣鄰，何足縷道；上干君父，可不辨乎！自到闕以來，至爲參政之始，不録經筵之款奏，〔一二〕但書七對之遊辭；〔一三〕載神考降問之咨詢，無一問仰及於三代，言神考但慕魏、葛，謂厥身不異皋、伊。〔一四〕仍於供職之初辰，首論理財之不可，恐宣利而壞俗，陳孟子之耻言。凡他人極論之辭，掠爲己説。彼所獻管、商之術，歸過先猷。書神考之謙辭，則曰「以朕比文王，豈不爲天下後世笑」；論太祖之征伐，則曰「江南李氏，何嘗理曲」。姿揮悖躁之筆，盡假烈考之詞，矯誣上天，孰甚於此！祖宗之威靈如在，聖主之繼述日新，〔一五〕若不辨託訓之誣，何以解在天之怒？而况託訓之外，肆詆尤多。神考小心慎微，彼則曰「好察細務」；神考畏天省事，彼則曰「畏慎過當」；神考欲除苛細之法，彼則曰「元首叢脞」；神考欲寬疑似之獄，彼則曰「陛下含糊」；神考體貌勳賢，彼則曰「含容奸慝」；神考嘉納忠直，彼則曰「不懲小人」。又謂「姦罔之徒，陛下能誅殺否」？比忠良於元濟，責神考爲憲宗，謂不可以罷兵，當必勝而後已。神考守祖宗不殺之戒，以天地好生爲心，厭棄其言，眷待寖薄，先逐鄧綰，次出安石。至熙寧之末，而安石前日之所怒者，復見收矣。至於元豐之末，司馬光等前日之所言者，復見思矣。卞等不遵神考末命，但務圖己之私，以專紹安石爲心，以必行誅殺爲事。請于哲宗而哲宗不許，請于陛下而陛下拒之。人心歸仁，天助有德。遂使姦謀内潰，逆黨自彰。卞既不敢居金陵，人亦不復聖安石。悔從王氏，豈獨臣哉？朝廷搢紳，協心以享上。庠序義理，士所同然。科舉藝能，孰肯遽陳其所藴？有用之士，亦將先忍而後爲變。王氏誣君之習，合春秋尊元之義，濟濟多士，何患無人？又况安石所施，其事既往，若不自述於文字，後人安知其用心？著爲此書，天使之也。然安石著書之意，豈是便欲施行？卞所安排，非無次序，自謂舉無遺策，何乃急於流傳，宣示遠近，不太速乎？然則流轉之速，天使之也。天祐我宋，而不助王氏，亦可知也。如臣昔者妄推安石，謂之聖人；如視蟻垤，以爲泰山；如指蹄涔，以爲大海。易言無責，鬼得而誅；駟不可追，齰舌何補？聖人，人倫之至也。傲上亂倫，豈聖人乎？聖人，百世之師也。教人誣僞，豈聖人乎？孔子，集大成者也，尚以不居爲謙；光武，有天下者也，猶下禁言之詔，豈可身處北面人臣之位，而甘受子雱驕僭之名乎！雱爲安石畫像贊曰：「列聖聖教，參差不齊。集厥大成，光乎仲尼。」蔡卞書之，大列于石。與雱所撰諸書經義，並行于世。臣昔以答義應舉，析字談經，方務趣時，何敢立異？改過自新，請自今始。於是取安石日録，編類其語，得六十五段，釐爲八門：一曰聖訓，二曰論道，三曰獻替，四曰理財，五曰邊機，六曰論兵，七曰處己，八曰寓言，事爲之論。又於逐門，總而論之，凡爲論四十有九篇，合二門爲一卷，并序一卷，共爲五卷。臣以憂患之餘，精力困耗，披文索義，十不得一。加以海隅衰陋，絶無賜書；神考御集，無由恭閲。又日録矯誣，與御批、日曆、時政記抵捂同異，無文可考，欲較不得。但專據私書，略分真僞。雖不能盡究底藴，亦可以窺其大概矣。凡臣之所論，以紹述宗廟爲本，以辨明聖訓爲先。蓋所述在彼，則宗廟不尊；誣語未判，則真訓不白。何以光揚神考有爲之心？何以將順陛下述事之志？凡今之士，學古入官，身雖未試於朝廷，心亦不忘於畎畝。戴天履地，寧忍同誣？日拙心勞，徒唱爾僞。犯古今之公議，極典籍之所非，陰奉竊言，顯違恪訓。安石欲置四輔，神考以爲不可；神考欲建都省，安石以爲不然。今則四輔成矣，都省毁矣。道路爲之流涕，聖主能不痛心？人皆獨非於一京，安知謀發於蔡卞？至於宿衛之法，亦敢更張。變亂舊規，創立三衛。用私史包藏之計，據新經穿鑿之文，以畏憚不改爲非，以果斷變易爲是。按書定計，以使其兄。當面贊成，退而切喜。京且由之而不悟，他人豈則其用心？事過而闕，蹤迹乃露，齎咨痛恨，雖悔可追。在私家何足備論，於國家豈宜如此？謂塘濼未必有補，可以決水爲田；謂河北要省民徭，可以減州爲縣。至於言江南利害，則曰州縣可析；論民兵將領，則曰獎拔豪傑。四海本是一家，何爲分彼分此？大法無過宿衛，安得率爾動摇？棄舊圖新，厥意安在？昔元祐更張之始，方安石身殁之初，衆皆歸罪於惠卿。或以安石爲朴野，優加贈典，欲鎮浮薄，司馬光簡尺具存，呂惠卿責詞猶在。深懲在列，曲恕元台，凡同時議論之臣，無一人指點安石，往往言章疑似，或干裕陵，致卞以窺伺爲心，〔一六〕包藏而待，潤色誣史，增污忠賢。凡慍懟曾布之言，與怒罵惠卿之語，例皆刊削，意在牢籠，欲使共述私書，將以濟其大欲。布等在其術内，卞計無一不行。良由議贈之初，不稽其弊，若使早崇名分，何至横流？司馬光誤國之罪，可勝言哉！臣聞熙寧之初，論安石之罪而中其肺腑之隱者，呂誨一人而已矣；熙寧之末，論安石之罪而中其肺腑之隱者，呂惠卿一人而已矣。呂誨之言曰：「大姦如忠，大詐似信，外示朴野，中藏巧詐，驕蹇傲上，陰賊害物。」呂惠卿之言曰：「安石盡棄素學，而隆尚縱横之末數，以爲奇術，以至譖愬脅持，蔽賢黨姦，移怒行狠，方命矯令，罔上要君：凡此數惡，莫不備具，雖古之失志倒行而逆施者，殆不如此。平日聞望，一旦掃地，不知安石何苦而爲此也。謀身如此，以之謀國，必無遠圖，而陛下既以不可少而安之，臣固未易言也。」又曰：「陛下平日以何如人遇安石，安石平日以何等人自任？不意窘急乃至於此。」又曰：「君臣防嫌，豈可爲安石而廢哉？」又曰：「臣之所論，皆中其肺肝之隱。」臣瓘切謂，元祐臣僚於呂誨之言，則譽之太過；於惠卿之言，則毁之太過。此二臣者，趣向雖異，至於論安石之罪，獻忠於神考，則其言一也，豈可專譽呂誨而偏毁呂惠卿乎？偏毁惠卿，此王氏所以益熾也。元祐之偏，可不鑒哉？臣切以天下譬如一舟，舟平則安，舟偏則危。臣之以言取禍，初緣此語。然臣自視此語，猶野人之視芹也，切於愛君，又欲貢獻。前日之欲殺臣者，必益瞋矣。然臣之肝腦，本是報國之物，若愛吝此物，則陛下不得聞安石之罪也；陛下不得聞安石之罪，則人臣之美利何在？欲爲我宋之臣，豈可以不思乎？迺者，天子幸學，拜謁宣尼，本朝故臣，坐而不立，躋此逆像，卞唱之也。輔臣縱逆而養交，禮官舞禮而行諂，僭自内始，達于四方，萬國寒心，外夷非笑。鷲冕夷俟，載籍所無，履加於冠，何以示訓？自有中國以來，五品不遜，未有如此。然則觀此一像，而八十卷之大概，可以未讀而知矣。蔡氏、鄧氏、薛氏，皆塑安石之像祠於家廟，〔一七〕朝拜安石而頌之曰：「聖矣！聖矣！」暮拜安石而頌之曰：「聖矣！聖矣！」國學，風化之首也，豈三家之宗廟乎？臣故曰：「廢大法而立私門，啓攘奪而生後患。可爲寒心，莫大於此。」尊主愛國之士，孰敢以此爲是乎？是非之心，人皆有之，極天下之所非，而可以謂之國是哉？嗚呼！講先王之道，而以咈百姓爲先；論周公之功，而以僭天子爲禮。咈民歲久，蠹國日深；僭語爲胎，遂産逆像。以非爲是，態度日移，廢道任情，今甚於昔。昔者初立國是，使惇行之；惇既竄逐，移是於布；布又竄逐，移是於京：三是皆發於卞謀，三罪同歸於誤國。然則果國是乎？果卞是乎？〔一八〕若以卞是爲是，則操心頗僻、賦性姦回如鄧綰者，不當逐也；若以卞是爲是，則以「塗炭」、「必敗」之語詆誣神考如常立者，不當竄也。神考逐綰，可以見悔用安石之心；哲宗竄卞，可以見斥絶安石之意。兩朝威斷，天下皆以爲至明。陛下光揚，亦以去卞爲先務，掃除舊穢，允協人心，布澤日新，上合天意，樂於將順，搢紳所同。夢鬭馳誠，各恨疎遠。彼元祐、元符之籍，雖漸縱弛，而人未見用；應詔上書之罪，雖以釋放，而士猶沮辱。用者不可復問，未用者自當退藏，其餘雖在朝廷，或非言路，明哲之士，又務保身。縱有彊聒之流，且無私史之隙，唯臣因論私史，禍隙至深。得存餘命，全由獨斷，臣之所以報聖恩者，敢不勉乎？兼臣年老病多，決知處世難久，與其齎志於歿後，寧若取義於生前。義在殺身，志惟尊主，故以臣所著日録論名之曰四明尊堯集云。

紹興四年三月壬子，上皇始謂宰臣朱勝非等曰：「神宗、哲宗兩朝史録，事多失實，非所以傳信後世，當重別修定。著唐鑑范祖禹有子名冲者，已有召命，可促來，令兼史事。」勝非奏曰：「神宗史緣添入王安石日録，哲宗史經蔡卞、蔡京之手，議論多不公。今蒙聖諭，命官删修，足以昭彰二帝盛美，天下幸甚！」已而新除宗正少卿、兼直史館范冲辭免恩命，勝非奏曰：「冲謂史館專修神宗、哲宗史、録，而其父祖禹當元祐間任諫官，後坐章疏議論，責死嶺表，而神宗實録又經祖禹之手。今既令重修，則凡出京、卞之意及其增添者，〔一九〕不無删改。儻使冲干預其事，恐其黨未能厭服。」上曰：「以私意增添，不知當否？」勝非曰：「皆非公論。」上曰：「然則删之何害？紛紛浮議，不足恤也。」勝非曰：「范冲不得不以此爲辭。今聖斷不移，冲亦安敢有請。」上復愀然，謂勝非等曰：「此事豈朕私？頃歲昭慈聖獻皇后誕辰，因置酒宮中，從容語及前朝事，昭慈謂朕曰：『吾老矣，幸相聚於此，他時身後，吾復何患？然有事，當爲官家言之。吾逮事宣仁聖烈皇后，求之古今母后之賢，未見其比。〔二〇〕因姦臣快其私憤，肆加誣謗，有玷盛德。建炎初，雖嘗下詔辨明，而史録所載，未經删改，豈足傳信後世？吾意在天之靈，不無望於官家也。』〔二一〕朕每念及此，〔二二〕惕然于懷，朝夕欲降一詔書，明載昭慈遺言，庶使中外知朕修史之本意。」勝非進曰：「聖諭及此，天下幸甚！」遂奉詔再加删定云。國朝册府畫一元龜甲集卷三六史官門删修神宗實録。

校識

〔一〕按「三月甲申」後疑有脱文。皇宋通鑑長編紀事本末卷一二一禁元祐黨人上擊陳瓘編管廉州(合浦)事於崇寧二年正月乙酉。

〔二〕深闢其誣妄　「誣」字原作「無」，據三朝名臣言行録卷一三之三諫議陳忠肅公引遺事改。

〔三〕則庶幾正論可出私黨可破　「出私黨可」四字原脱，據下文補。

〔四〕搢紳之禍卒不解　「禍」字原作「論」，據上文改。

〔五〕漢顯宗之於桓榮　「桓」字原作「恒」，據四明尊堯集卷一序改。

〔六〕是臣戴安石而誑陛下也　「誑」字原作「誰」，據四明尊堯集卷一序改。

〔七〕可爲寒心　「爲」字原作「謂」，據下文及四明尊堯集卷一序改。

〔八〕待盡合浦　「浦」字原作「涌」，據上文及四明尊堯集卷一序改。

〔九〕知其爲增史而已　「爲」字原作「僞」，據上文及四明尊堯集卷一序改。

〔一〇〕勸朕以講學爲先　「朕」字原作「勝」，據四明尊堯集卷一序改。

〔一一〕誰敢覈實　「覈」字原作「覆」，據四明尊堯集卷一序改。

〔一二〕不録經筵之款奏　「款」字原作「疑」，據四明尊堯集卷一序改。

〔一三〕但書七對之遊辭　「七」字原作「士」，據四明尊堯集卷一序改。

〔一四〕謂厥身不異臯伊　「伊」字原作「陶」，據四明尊堯集卷一序改。

〔一五〕聖主之繼述日新　「繼」字原作「組」，據四明尊堯集卷一序改。

〔一六〕致卞以窺伺爲心　「心」字原作「言」，據四明尊堯集卷一序改。

〔一七〕皆塑安石之像祠於家廟　「塑」字原作「朔」，據四明尊堯集卷一序改。

〔一八〕果卞是乎　「卞」字原作「下」，據四明尊堯集卷一序改，下同。

〔一九〕則凡出京卞之意及其增添者　「凡」字後原衍「欲」，據晁公武郡齋讀書志卷二上「哲宗新實録一百五十卷」條删。

〔二〇〕未見其比　「比」字原作「死」，據郡齋讀書志卷二上「哲宗新實録一百五十卷」條改。

〔二一〕不無望於官家也　「無」字作「先」，據郡齋讀書志卷二上「哲宗新實録一百五十卷」條改。

〔二二〕朕每念及此　「朕」字原作「勝」，據郡齋讀書志卷二上「哲宗新實録一百五十卷」條改。

56 徽宗建中靖國元年三月，詔删修神宗皇帝實録。〔一〕㊀先是，紹聖中，翰林學士承旨曾布奏請以王安石日録付史館。

布之奏曰：臣誤蒙聖恩，承乏史職，比奉詔旨，重行修訂神宗皇帝實録。切見實録所載事迹，於去取之際，誠有所偏，〔二〕如時政記之類，皆當時執政大臣所共編修，往往不以爲信，至司馬光記事及雜録，多得之於賓客或道路傳聞，而悉以爲實，鮮不收載。臣與同修史官，見取索照據文字，參對改定。竊聞王安石秉政日，凡奏對論議，日有記録，皆安石手自書寫，實一時君臣咨諏反復之語。歲月既久，編帙頗多。今其家屬，見居京；書亦見在，欲乞降睿旨下本家，取索盡所有手自編録文字投進。乞降付本院，參合照對編修。所貴一代信史，不失事實。

詔從之。故陳瓘謂布等爲史官，奪宗廟之美，以歸故臣，不可傳信。及居諫省，首論其事。

瓘之奏曰：臣伏聞王安石日録七十餘卷，具載熙寧中奏對議論之語。此乃人臣私録之書，非朝廷之典册也。自紹聖再修神宗實録，史官請以此書降付史院，凡日曆、時政記及神宗御集之所不載者，往往專據此書，追議刑賞。奪宗廟之美，以歸故臣；建掌書之官，以修私史。考之往古，並無此例。唯唐武宗時，宰相李德裕引鄭亞之徒，改修憲宗實録，增損筆削，專美其父。其後宣宗即位，追念憲考，不能平也，故大中三年九月制曰：「委國史於愛婿之手，寵秘文於弱子之身，擅敢改張，罔有畏忌。取他人之懿績，爲私門之令猷。」於是德裕、鄭亞皆從貶竄。蓋以國史、實録，皆欲顯揚宗廟之美，非人臣之所得私也。神考之信任安石，雖成湯之於伊尹，不過如此。安石密贊之言、强諫之語，何必盡宣于外，然後見君臣相得之盛乎？昔者周公之訓曰：「爾有嘉謀嘉猷，則入告爾后于内，爾乃順之于外，曰：『斯謀斯猷，惟我后之德。』」安石日録所載嘉謀嘉猷，既已入告，而發於命令，則斯謀斯猷皆神考之德也，豈可以繼志述事爲名，而專紹人臣之美乎？恭惟陛下，若稽如堯舜，繼述如成王，棄斥人臣不改之小孝，光神考日新之聖緒，〔三〕忍使裕陵之美，皆爲私史所攘？改而正之，理不可緩。所有紹聖神宗實録，願詔史臣，别行删修，以成一代不刊之典。取進止。

上批令國史院將陳瓘所言與實録參考，〔四〕委實有無上件事迹，宜公共議定合如何施行聞奏。於是韓忠彦等上奏，乞委官再加詳定。

其奏曰：臣等准批旨揮將陳瓘所言與實録參考委實有無上件事迹宜公共議定合如何施行聞奏。臣尋依聖旨取到日録、實録，逐一參考，所有陳瓘言「凡日曆、時政記及神宗御集之所不載者，往往專據此書，追議刑賞，奪宗廟之美，以歸故臣」，又云「王安石密贊之言、强諫之語，盡宣于外」。臣等參考得實録中以安石日録添修處甚多，今抄節到一十二册，其間語言未安、事體未順，委有類瓘之所言者。兼檢准紹聖二年正月十三日聖旨指揮，將日録、時政記相照編修。事有與時政記不同者，令修國史院取旨編修；即未知當日曾依上項指揮取旨，又參考得實録中用貼子稱上語無出處、別無照據、不曾施行、勘斷元無答語、常事或事小、文意煩複之類，即將舊文並行删改，即未委後來以安石日録添修時，曾與不曾，一依上件體例。兼照會得朱字處，雖貼子稱以安石日録添修，緣亦係與時政記、日曆、御集及其他朝廷文字并舊文，移併參録在内。若不委官取會，應于文字子細詳定，則無由見得合存之文。取進止。

貼黄：神宗朝政事，如除罷執政、侍從，黜陟臺諫、使者，制置三司條例司，分遣諸路提舉官，青苗，平糴，勸農，助役，淤田水利，〔五〕河防，轉漕，市易，免行，〔六〕坐倉，議折二錢，茶、鹽利害，裁定三宫宗室恩澤，省併營校，廢隸州縣，論定科舉，崇尚經術，興建學校，試法，堂試，吏禄倉法，設中書屬官，置審官西院，立七路就差條，增宫觀員闕，教閱禁旅，保甲，蕃兵，義勇，弓社，經畫河朔、陝西、熙河、南北江邊事，與夫禮樂用捨、刑賞重輕、詔令行格。蓋初出神宗睿斷，然後臣下奉行。進呈之際，君臣固同商略。若據新添日曆之文，則往往因王安石建白：其事出於後，則曰「先是，王安石白上云云」；其事出於前，則曰「其後，王安石白上云云」；其事甲子同，則曰「是日，王安石白上云云，故有是詔」、「固有是命」、「故寢其奏」之類。其用人有功，則顯著王安石反復爭辨之語；其用人無效，則并見神宗與他臣主張之意。恐日録係私自撰述，或有增損乎其間，更乞聖意詳酌施行。

又貼黄：頃聞周穜嘗乞差官將王安石日録編修。今來陳瓘亦云「建掌書之官以修私史」。恐是史院久來體例，不當如此。合具奏之。

至是得旨，令史院看詳，内有合取者，一面删修，重行修寫，進納入内，抽换舊本。後用左正言范致虚，〔七〕㈡遂詔前降參取元祐實録及陳瓘乞删除王安石日録等旨揮更不施行。〔八〕

時十月乙巳也。國朝册府畫一元龜甲集卷三六史官門删修神宗實録。

校　識

〔一〕按删修神宗實録事，宋大詔令集卷一五〇重修神宗實録詔繫於六月戊戌。

〔二〕誠有所偏　「偏」字原作「備」，據宋宰輔編年録卷八熙寧九年十二月丙午條引曾布奏疏改。

〔三〕光神考日新之聖緒　「光」字原作「先」，據宋朝諸臣奏議卷六〇陳瓘上徽宗乞别行删修紹聖神宗實録改。

〔四〕上批令國史院將陳瓘所言與實録參考　「與」字原作「典」，據下韓忠彦奏疏改。

〔五〕淤田水利　「淤」字原作「於」，據文意改。

〔六〕免行　「行」字原作「得」，據文意改。

〔七〕後用左正言范致虚　此句文意不完，「范致虚」後當有「言」或「奏」字。

〔八〕遂詔前降參取元祐實録及陳瓘乞删除王安石日録等旨揮更不施行　「參」字後原衍「言」字，據玉海卷四八藝文「元祐神宗實録」條删。

附　載

㈠宋大詔令集卷一五〇重修神宗實録詔（參宋會要輯稿運暦一之二九修實録）：「朕惟序言紀事，

莫嚴一代之書；尊制揚功，是爲天子之孝。恭以神宗皇帝，厲精爲治，十有九年，圖任忠賢，修起法度。內之立政以安百姓，外之經武以威四夷。更新條綱，剗革弊蠹。盛德大業，三代比隆。而日者史官或懷私見，議論去取，各有所偏，參錯異同，未歸至當。不惟無以傳信於萬世，亦恐屢以招致於人言。朕夙夜以思，不遑啓處。爰命加於論撰，慮尚謬於見聞。夫熙寧、元豐，事實具備；元祐、紹聖，編録具存。訂正討論，其在今日。筆則筆，削則削，宜公乃心；是謂是，非謂非，無忝厥職。庶稱朕丕揚先烈、昭示無窮之意。其令修史官取索元祐、紹聖實録，應于文字討論事迹，依公參詳去取。務要所書，不至失實。故茲詔示，想宜知悉。」

㈡太平治迹統類卷二四元祐黨事本末下載范致虛奏：「神宗一代信史，缺然未立。元祐之書，先朝以其詆誣，遂廢弗用。紹聖之書，今朝以其掩蔽，復別論撰。夫爲史而至於紛更，何以傳信？臣謂非紹聖無以察正元祐之詆毁，非今日無以察正紹聖之掩蔽。臣願陛下詔飭史官，書成而筆削不公，皆以輕重坐之。元祐詆誣已係先朝考正行遺外，紹聖掩蔽，理合條具，昭示天下後世以陛下孝思之意。」

57 蘇軾字子瞻，老蘇先生洵之長子也。嘉祐二年中進士第，時歐陽修考試禮部，疾時文之詭異，思有以救之。梅聖俞與其事，得公論刑賞以示文忠，文忠驚喜，以爲異人。欲以冠多士，疑門下曾子固所爲，置之第二。復以春秋對義，居第一。殿試中乙科。軾以書謝諸公，〔一〕文忠見書，以書語聖俞曰：「老夫當避此人，放出一頭地。」士聞之始譁不厭，久乃信服。六年，試中制科。初，父洵來遊京師，翰林歐陽修一見，大稱歎，以其所獻文著於朝，由是名動京師，士爭誦其文。時王安石名始盛，黨與傾一時，修亦善之，勸洵與安石遊，安石亦願交於洵。洵曰：「吾知其人矣，是不近人情，鮮不爲天下患。」作辨姦論以刺之。文既出，安石始銜洵。至是軾中制科，安石問吕公著：「見蘇軾制策否？」公著稱之。安石曰：「全類戰國文章。若安石爲考官，必黜之！」故安石修英宗實録，亦言洵策有戰國士縱横之學。〔二〕㊀太平治迹統類卷三五蘇軾立朝大概。

校　識

〔一〕復以春秋對義居第一殿試中乙科軾以書謝諸公　「復以春秋對義居第一殿試中乙科軾」十五字原脱，據適園叢書本太平治迹統類補。

〔二〕據皇宋十朝綱要卷一六，建中靖國元年七月丁亥，朝奉郎蘇軾卒。是爲本條事目。

附　載

㊀欒城後集卷二二亡兄子瞻端明墓誌銘：「予兄子瞻，謫居海南。四年春正月，今天子即位，推恩

海内，澤及鳥獸。夏六月，公被命渡海北歸。舟至淮、浙。秋七月，被病，卒於毗陵。吳越之民相與哭於市，其君子相弔於家；訃聞四方，無賢愚皆咨嗟出涕。太學之士數百人，相率飯僧慧林佛舍。嗚呼，斯文墜矣！後生安所復仰？公始病，以書屬轍曰：『即死，葬我嵩山下，子爲我銘。』轍執書，哭曰：『小子忍銘吾兄！』公諱軾，姓蘇氏，字子瞻，一字和仲。世家眉山，曾大父諱杲，贈太子太保。妣宋氏，追封昌國太夫人。大父諱序，贈太子太傅。妣史氏，追封嘉國太夫人。考諱洵，贈太子太師。妣程氏，追封成國太夫人。公生十年，而先君宦學四方，太夫人親授以書，聞古今成敗，輒能語其要。太夫人嘗讀東漢史，至范滂傳，慨然太息。公侍側，曰：『軾若爲滂，夫人亦許之否乎？』太夫人曰：『汝能爲滂，吾顧不能爲滂母耶？』公亦奮厲有當世志。太夫人喜曰：『吾有子矣。』比冠，學通經史，屬文日數千言。（按此下接「嘉祐二年……久乃信服」，見於本條正文，此削去。）丁太夫人憂，終喪。五年，授河南福昌主簿。文忠以直言薦之祕閣。試六論，舊不起草，以故文多不工。公始具草，文義粲然，時以爲難。比答制策，復入三等。除大理評事、簽書鳳翔府判官。長吏意公文人，不以吏事責之。公盡心其職，老吏畏伏。關中自元昊叛命，人貧役重，岐下歲以南山木栰自渭入河，經底柱之險，衙前以破産者相繼也。公徧問老校，曰：『木栰之害，本不至此，若河、渭未漲，操栰者以時進止，可無重費也。患其乘河、渭之暴多方害之耳。』公即修衙規，使衙前得自擇水工，栰行無虞。仍言於府，使得係籍。自是衙前之害減半。治平二年，罷還，判登聞鼓院。英宗在藩聞公名，欲以唐故事召入翰林，宰相限以近例，欲召試祕閣，上曰：『未知其能否，故試。如蘇軾，有不能耶？』宰相猶不可，及試二論，皆入三等，得直史館。丁先君憂，服除，時熙寧二年也。王介甫用事，多所建立，公與介甫議論素異，既還朝，寘之官告院。四年，介甫欲變更科舉，上疑焉，使兩制、三館議之。公議上，上悟曰：『吾固疑此，得蘇軾議，意釋然矣。』即日召見，問：『何以助朕？』公辭避久之，乃曰：『臣竊意陛下求治太急，聽言太廣，進人太鋭。願陛下安静以待物之來，然後應之。』上竦然聽受，曰：『卿三言，朕當詳思之。』介甫之黨皆不悦，命攝開封推官，意以多事困之。公決斷精敏，聲問益遠。會上元，有旨市浙燈，公密疏舊例無有，不宜以玩好示人，即有旨罷。殿前初策進士，舉子希合，争言祖宗法制非是。公爲考官，退擬答以進，深中其病。自是論事愈力，介甫愈恨。御史知雜事者爲誣奏公過失，窮治無所得。公未嘗以一言自辨，乞外任避之。通判杭州。是時，四方行青苗、免役、市易，浙西兼行水利、鹽法。公於其間，常因法以便民，民賴以少安。高麗入貢，使者凌蔑州郡。押伴使臣皆本路管庫，乘勢驕横，至與鈐轄亢禮。公使人謂之曰：『遠夷慕化而來，理必恭順。今乃爾暴恣，非汝導之，不至是也。不悛當奏之。』押伴者懼，爲之小戢。使者發幣於官吏，書稱甲子。公却之曰：『高麗於本朝稱臣，而不禀正朔，吾安敢受！』使者亟易書稱熙寧，然後受之。時以爲得體。吏民畏愛，及罷去，猶謂之學士而不言姓。自杭徙知密州。時方行手實法，使民自疏財産以定户等，又使人得告其不實。司農寺又下諸路，不時施行者以違制論。公謂提舉常平官曰：『違制之坐，若自朝廷，誰敢不從？今出於司農，是擅造律也，若何？』使者驚曰：『公姑徐之。』未幾，朝廷亦知手實之害，罷之。密人私以爲幸。郡嘗有盜竊發而未獲，安撫轉運司憂之，遣三班使臣領悍卒數十人，入境捕之。卒凶暴恣行，以禁物誣民，入其家争鬭，至殺人，畏罪驚散，欲爲亂。民訴之，公投其書，不視，曰：『必不至此。』潰卒聞之少安。徐使人招出，戮之。自密徙徐。是時，河決曹村，泛于梁山泊，溢于南清河。城南兩山環繞，吕梁、百步扼之，匯于城下，漲不時洩。城將敗，富民争出避水。公曰：『富民若出，民心動摇，吾誰與守？吾在是，水決不能敗城。』驅使復入。公履屨杖策，親入武衛營，呼其卒長，謂之曰：『河將害城，事急矣，雖禁軍，宜爲我盡力。』卒長呼曰：『太守猶不避塗潦，吾儕小人效命之秋也。』執梃入火伍中，率其徒短衣徒跣持畚鍤以出。築東南長堤，首起戲馬臺，尾屬於城。隄成，水至隄下，害不及城，民心乃安。然雨日夜不止，河勢益暴，城不沉者三板。公廬於城上，過家不入，使官吏分堵而守，卒完城以聞。復請調來歲夫增築故城，爲木岸，以虞水之再至，朝廷從之。訖事，詔褒之，徐人至今思焉。徙知湖州，以表謝上。言事者摘其語以爲謗，遣官逮赴御史獄。初，公既補外，見事有不便於民者，不敢言，亦不敢默視也，緣詩人之義，託事以諷，庶幾有補於國。言者從而媒蘖之，上初薄其過，而浸潤不止，是以不得已從其請。既付獄，吏必欲寘之死，鍛煉久之不決。上終憐之，促具獄，以黄州團練副使安置。公幅巾芒屩，與田父野老相從溪谷之間，築室於東坡，自號東坡居士。五年，上有意復用，而言者沮之。上手札徙汝州，略曰：『蘇軾黜居思咎，閲歲滋深，人材實難，不忍終棄。』未至，上書自言有飢寒之憂，有田在常，願得居之。書朝入，夕報可。士大夫知上之卒喜公也。會晏駕，不果復用。至常，以哲宗即位，復朝奉郎，知登州。至登，召爲禮部郎中。公舊善門下侍郎司馬君實及知樞密院章子厚，二人冰炭不相入。子厚每以謔侮困君實，君實苦之，求助於公。公見子厚，曰：『司馬君實時望甚重。昔許靖以虚名無實見鄙於蜀先主，法正曰：「靖之浮譽，播流四海，若不加禮，必以賤賢爲累。」先主納之，乃以靖爲司徒。許靖且不可慢，況君實乎？』子厚以爲然。君實賴以少安。既而朝廷緣先帝意，欲用公，除起居舍人。公起於憂患，不欲驟履要地，力辭之，見宰相蔡持正自言，持正曰：『公徊翔久矣，朝中無出公右者。』公固辭。持正曰：『今日誰當在公前者？』公曰：『昔林希同在館中，年且長。』持正曰：『希固當先公耶？』卒不許。然希亦由此繼補記注。元祐元年，公以七品服入侍延和，即改賜銀緋。二月，遷中書舍人。時君實方議改免役爲差役。差役行於祖宗之世，法久多弊，編户充役不習，官府吏虐使之，多以破産，而狹鄉之民或有不得休息者。先帝知其然，故爲免役，使民以户高下出錢，而無執役之苦。行法者不循上意，於雇役實費之外，取錢過多，民遂以病。若量出爲入，毋多取於民，則足矣。君實爲人，忠信有餘而才智不足，知免役之害而不知其利，欲一切以差役代之。方差官置局，公亦與其選，獨以實告，而君實始不悦矣。嘗見之政事堂，條陳不可。君實忿然，公曰：『昔韓魏公刺陝西義勇，公爲諫官，争之甚力，魏公不樂，公亦不顧。軾昔聞公道其詳。豈今日作相，不許軾盡言耶？』君實笑而止。公知言不用，乞補外，不許。君實始怒，有逐公意矣，會其病卒，乃已。時臺諫官多君實之人，皆希合以求進，惡公以直形己，争求公瑕疵。既不可得，則因緣熙寧謗訕之説以病公，公自是不安於朝矣。尋除翰林學士。二年，復除侍讀。每進讀，至治亂盛衰、邪正得失之際，未嘗不反覆開導，覬上有所覺悟。上雖恭默不言，聞公所論説，輒首肯喜之。三年，權知禮部貢舉。會大雪苦寒，士坐庭中，噤不能言。公寬其禁約，使得盡其技。而巡鋪内臣伺其坐起，過爲凌辱。公以其傷動士心、虧損國體奏之。有旨送内侍省撻而逐之，士皆悦服。嘗侍上讀祖宗寶訓，因及時事，公歷言今賞罰不明，善惡無所勸沮；又黄河勢方西流，而强之使東；夏人寇鎮戎，殺掠幾萬人，帥臣掩蔽不以聞，朝廷亦不問。事每如此，恐寖成衰亂之漸。當軸者恨之，公知不見容，乞外任。四年，以龍圖閣學士知杭州。時諫官言前宰相蔡持正知安州，作詩借郝處俊事以譏刺時事，大臣議逐之嶺南。公密疏言：『朝廷若薄確之罪，則於皇帝孝治爲不足；若深罪確，則於太皇太后仁政爲小累。』謂宜皇帝降敕置獄逮治，而太皇太后内出手詔赦之，則仁孝兩得矣。宣仁后心善公言而不能用。公出郊未發，遣内侍賜龍茶、銀合，用前執政恩例，所以慰勞甚厚。及至杭，吏民習公舊政，不勞而治。歲適大旱，饑疫並作，公請於朝，免本路上供米三之一，故米不翔貴。復得賜度僧牒百，易米以救飢者。明年方春，即減價糶常平米，民遂免大旱之苦。公又多作饘粥、藥劑，遣吏挾醫，分坊治病，活者甚衆。公曰：『杭，水陸之會，因疫病死比他處常多。』乃裒羡緡得二千，復發私橐，得黄金五十兩，以作病坊，稍畜錢糧以待之。至于今不廢。是秋，復大雨，太湖泛溢害稼。公度來歲必饑，復請于朝，乞免上供米半，又多乞度牒以糴常平米，并義倉所有，皆以備來歲出糶。朝廷多從之。由是吴越之民，復免流散。杭本江海之地，水泉鹹苦，居民稀少。唐刺史李泌始引西湖水作六井，民足於水，故井邑日富。及白居易復浚西湖，放水入運河，自河入田，所溉至千頃。然湖水多葑，自唐及錢氏，歲輒開治，故湖水足用。近歲廢而不理，至是湖中葑田積二十五萬餘丈，而水無幾矣。運河失湖水之利，則取給於江潮，潮渾濁多淤，河行闤闠中，三年一淘，爲市井大患，而六井亦幾廢。公始至，浚茅山、鹽橋二河，以茅山一河專受江潮，以鹽橋一河專受湖水，復造堰閘，以爲湖水畜洩之限，然後潮不入市。且以餘力復完六井，民稍獲其利矣。公間至湖上，周視良久，曰：『今欲去葑田。葑田如雲，將安所寘之？湖南北三十里，環湖往來，終日不達，若取葑田積之湖中，爲長堤以通南北，則葑田去而行者便矣。吴人種菱，春輒芟除，不遺寸草，葑田若去，募人種菱，收其利以備修湖，則湖當不復堙塞。』乃取救荒之餘，得錢糧以貫石數者萬。復請於朝，得百僧度牒以募役者。堤成，植芙蓉、楊柳其上，望之如圖畫，杭人名之『蘇公堤』。杭僧有净源者，舊居海濱，與船客交通牟利，船至高麗，交譽之。元豐末，其王子義天來朝，因往拜焉。至是源死，其徒竊持其畫像附舶往告，義天亦使其徒附舶來祭。祭訖，乃言國母使以金塔二祝皇帝、太皇太后壽。公不納，而奏之曰：『高麗久不入貢，失賜予厚利，意欲來朝矣，未測朝廷所以待之薄厚，故因祭亡僧而行祝壽之禮。禮意埶薄，蓋可見矣。若受而不答，則遠夷或以怨怒；因而厚賜之，正墮其計。臣謂朝廷宜勿與知，而使州郡以理却之。然庸僧猾商，敢擅招誘外夷，邀求厚利，爲國生事，其漸不可長，宜痛加懲創。』朝廷皆從之。未幾，高麗貢使果至。公按舊例，使之所至吴越七州，實費二萬四千餘緡，而民間之費不在，乃令諸郡量事裁損。比至，民獲交易之利，而無侵撓之害。浙江潮自海門東來，勢如雷霆，而浮山峙於江中，與漁浦諸山犬牙相錯，洄洑激射，歲敗公私船不可勝計。公議自浙江上流地名石門，並山而東，鑿爲運河，引浙江及谿谷諸水二十餘里以達于江，又並山爲岸，不能十里，以達于龍山之大慈浦，自浦北折抵小嶺，鑿嶺六十五丈以達于嶺東古河，浚古河數里以達于龍山運河，以避浮山之險，人皆以爲便。奏聞，有惡公成功者，會公罷歸，使代者盡力排之，功以不成。公復言：『三吴之水，瀦爲太湖，太湖之水，溢爲松江以入海。海日兩潮，潮濁而江清，潮水嘗欲淤塞江路，而江水清駛，隨輒滌去，海口嘗通，則吴中少水患。昔蘇州以東，公私船皆以篙行，無陸挽者。自慶曆以來，松江大築挽路，建長橋以扼塞江路，故今三吴多水。欲鑿挽路、爲千橋，以迅江勢。』亦不果用，人皆恨之。公二十年間，再莅此州，有德於其人，家有畫像，飲食必祝，又作生祠以報。六年，召入爲翰林承旨，復侍邇英。當軸者不樂，風御史攻公。公之自汝移常也，受命於宋，會神考晏駕，哭於宋，而南至揚州。常人爲公買田書至，公喜，作詩有『聞好語』之句。言者妄謂公聞諱而喜，乞加深譴。然詩刻石有時日，朝廷知言者之妄，皆逐之。公懼，請外補，乃以龍圖閣學士守潁。先是，開封諸縣多水患，吏不究本末，決其陂澤，注之惠民河，河不能勝，則陳亦多水。至是，又將鑿鄧艾溝與潁河並，且鑿黄堆，注之於淮，議者多欲從之。公適至，遣吏以水平準之，淮之漲水高於新溝幾一丈，若鑿黄堆，淮水顧流浸州境，決不可爲。朝廷從之。郡有宿賊尹遇等數人，群黨驚劫，殺變主及捕盗吏兵者非一。朝廷以名捕不獲，被殺者噤不敢言。公召汝陰尉李直方，謂之曰：『君能擒此，當力言於朝，乞行優賞；不獲，亦以不職奏免君矣。』直方退，緝知群盗所在，分命弓手往捕其黨，而躬往捕遇。直方有母年九十，母子泣别而行。手戟刺而獲之，然小不應格，推賞不及。公爲言於朝，請以年勞改朝散郎階，爲直方賞。朝廷不從。其後吏部以公當遷，以符會公考。公自謂已許直方，卒不報。七年，徙揚州。發運司舊主東南漕法，聽操舟者私載物貨，征商不得留難。故操舟者富厚，以官舟爲家，補其弊漏，而周船夫之乏困，故其所載率無虞而速達。近歲不忍征商之小失，一切不許，故舟弊人困，多盗所載，以濟飢寒，公私皆病。公奏乞復故，朝廷從之。未閲歲，以兵部尚書召還，兼侍讀。是歲，親祀南郊，爲鹵簿使，導駕入太廟。有貴戚以其車從争道，不避仗衛，公于車中劾奏之。明日，中使傳命申敕有司嚴整仗衛。尋遷禮部，復兼端明殿、翰林侍讀二學士。高麗遣使請書於朝，朝廷以故事盡許之。公曰：『漢東平王請諸子及太史公書，猶不肯與。今高麗所請，有甚於此，其可予之乎？』不聽。公臨事必以正，不能俯仰隨俗，乞守郡自效。八年，以二學士知定州。定久不治，軍政尤弛，武衛卒驕惰不教，軍校蠶食其廩賜，故不敢呵問。公取其貪汙甚者配隸遠惡，然後繕修營房，禁止飲博。軍中衣食稍足，乃部勒以戰法，衆皆畏伏。然諸校多不自安者，有卒史復以贓訴其長，公曰：『此事吾自治則可，汝若得告，軍中亂矣。』亦決配之，衆乃定。會春大閱，軍禮久廢，將吏不識上下之分，公命舉舊典，元帥常服坐帳中，將吏戎服奔走執事。副總管王光祖自謂老將，耻之，稱疾不出。公召書吏作奏，將上，光祖震恐而出，訖事，無敢慢者。定人言：『自韓魏公去，不見此禮至今矣。』北戎久和，邊兵不試，臨事有不可用之憂，惟沿邊弓箭社兵與寇爲鄰，以戰射自衛，猶號精鋭。故相龐公守邊，因其故俗立隊伍將校，出入賞罰，緩急可使。歲久法弛，復爲保甲所撓，漸不爲用。公奏爲免保甲及兩税折變科配，長吏以時訓勞，不報。議者惜之。時方例廢舊人，公坐爲中書舍人日草責降官制，直書其罪，誣以謗訕，紹聖元年，遂以本官知英州。尋復降一官。未至，復以寧遠軍節度副使安置惠州。公以侍從齒嶺南編户，獨以少子過自隨，瘴癘所侵，蠻蜒所侮，胸中泊然無所蔕芥。人無賢愚，皆得其歡心，疾苦者畀之藥，殞斃者納之竁。又率衆爲二橋以濟病涉者，惠人愛敬之。居三年，大臣以流竄者爲未足也，四年，復以瓊州别駕安置昌化。昌化非人所居，食飲不具，藥石無有，初僦官屋以庇風雨，有司猶謂不可。則買地築室，昌化士人畚土運甓以助之，爲屋三間。人不堪其憂，公食芋飲水，著書以爲樂，時從其父老遊，亦無間也。元符三年，大赦，北還。初徙廉，再徙永，已乃復朝奉郎，提舉成都玉局觀，居從其便。公自元祐以來，未嘗以歲課乞遷，故官止於此。勳上輕車都尉，封武功縣開國伯，食邑九百户。將居許，病暑暴下，中止於常。建中靖國元年六月，請老，以本官致仕，遂以不起。未終旬日，獨以諸子侍側，曰：『吾生無惡，死必不墜。慎無哭泣以怛化。』問以後事，不答，湛然而逝，實七月丁亥也。公娶王氏，追封通義郡君。繼室以其女弟，封同安郡君，亦先公而卒。子三人：長曰邁，雄州防禦推官，知河間縣事；次曰迨，次曰過，皆承務郎。孫男六人：簞、符、箕、籥、筌、籌。明年閏六月癸酉，葬於汝州郟城縣釣臺鄉上瑞里。公之於文，得之于天。少與轍皆師先君，初好賈誼、陸贄書，論古今治亂，不爲空言。既而讀莊子，喟然嘆息曰：『吾昔有見於中，口未能言，今見莊子，得吾心矣。』乃出中庸論，其言微妙，皆古人所未喻。嘗謂轍曰：『吾視今世學者，獨子可與我上下耳。』既而謫居於黄，杜門深居，馳騁翰墨，其文一變，如川之方至，而轍瞠然不能及矣。後讀釋氏書，深悟實相，參之孔、老，博辯無礙，浩然不見其涯也。先君晚歲讀易，玩其爻象，得其剛柔、遠近、喜怒、逆順之情，以觀其詞，皆迎刃而解。作易傳未完，疾革，命公述其志。公泣受命，卒以成書，然後千載之微言，焕然可知也。復作論語説，時發孔氏之祕。最後居海南，作書傳，推明上古之絶學，多先儒所未達。既成三書，撫之嘆曰：『今世要未能信，後有君子，當知我矣。』至其遇事所爲詩、騷、銘、記、書、檄、論、撰，率皆過人。有東坡集四十卷、後集二十卷、奏議十五卷、内制十卷、外制三卷。公詩本似李、杜，晚喜陶淵明，追和之者幾徧，凡四卷。幼而好書，老而不倦，自言不及晉人，至唐褚、薛、顔、柳，髣髴近之。平生篤於孝友，輕財好施。伯父太白早亡，子孫未立；杜氏姑卒未葬。先君没，有遺言。公既除喪，即以禮葬姑。及官可蔭補，復以奏伯父之曾孫彭。其於人，見善稱之，如恐不及；見不善斥之，如恐不盡；見義勇於敢爲，而不顧其害。用此數困於世，然終不以爲恨。孔子謂伯夷、叔齊古之賢人，曰：『求仁而得仁，又何怨。』公實有焉。」

58 徽宗建中靖國元年八月，〔一〕以右司員外郎陳瓘知泰州。先是，瓘以都司兼權給事中，時何執中爲禮部侍郎，一日以簡抵瓘，〔二〕曰：「早見貴人，公即真矣。」瓘即呼其子正彙，示之告，曰：「吾與丞相議事多不合，今所聞乃爾，是欲以官爵相餌也。若受其薦進，而復有異同，則公議、私恩兩有愧矣。吾有一書，將投之以決去就，汝爲我書之。」又曰：「郊祀不遠，彼必不相亮，則失汝恩澤，能不介意乎？」正彙再拜，願得書，瓘乃大喜。明日，袖而見布，不竢坐定，即出書爲獻。

其書曰：尊私史而壓宗廟，緣邊費而壞先政，此二事者，閣下之所過也。違神考之志，壞神考之事，在此二者，天下所共知，而聖主不得聞其説，蒙蔽之患，孰大於此？瓘所撰日録辨一篇，嘗以進之于上，閣下試一讀之，則所謂尊私史而壓宗廟者，可以見矣。瓘去年所論陝西、河東事，未甚詳悉。近守無爲，奉行朝廷詔敕，乃知天下根本之財，〔三〕皆已運之于西邊。比緣都司職事，看詳内降劄子，因述其事，名曰國用須知，亦以進之于上。閣下試一讀之，則所謂緣邊費而壞先政者，可以見矣。主上修繼述之政，固將求繼述之效，閣下乃違志壞事，以爲繼述。自今日以往，其效漸見，所以誤吾君者，不亦大乎！效之速者，尤在邊費。熙寧條例司之所講、元豐右曹之所掌，舉朝公卿，無如閣下最知本末。今閣下獨擅政柄，首壞先烈，〔四〕彌縫壅蔽，人未敢議。他日主上因此兩事，以繼述之效問于閣下，將何以爲對？當此之時，閣下雖有腹心之助，〔五〕恐亦不得高枕而卧也。

布讀之大怒，辨論移時，瓘指事叙言，詞色不撓，堂吏比肩聳觀。布怒甚，翹足肆坐，語浸驕慢。瓘雍容起白，曰：「瓘之所論者國事，是非當付之公議，未宜失待士之禮也。」布整儀無語，瓘遂退。瓘又嘗爲日録辨、國用須知以進。

其進日録辨狀曰：瓘去年五月十日對紫宸殿，〔六〕奏劄子云：「臣伏聞王安石日録七十餘卷，具載熙寧中奏對議論之語，〔七〕此乃人臣私録之書，非朝廷之典册也。自紹聖中再修神考實録，史官請以此書降付史院，〔八〕凡日録、時政記、神宗御集之所不載者，往往專據此書追議刑賞，奪宗廟之美，以歸故臣。願詔史臣别行删修，以成一代不刊之典。」其日蒙批付三省，後不聞施行。蓋紹聖史臣請以日録降付史院者，今爲宰相故也。臣位下人微，輕議大典，誠以宗廟至重，義不敢默。恭惟神宗皇帝，體道用極，憲天有爲，自得師臣，授以政柄，雖尹躬暨湯，咸有一德，無以復異，而嘉謀嘉猷，實出我后。以言乎經術，則微言奥義，皆自得之；以言乎政事，則改法就功，取成於心：是則神考之獨志，而安石之所以歸美者也。用事之臣，闇于此理，託奉宗廟，獨宗安石，假紹述於詔令，寓好惡於刑賞。至於纂紀私言，如嗣考事，遂使密贊之語，宣揚於外，而一朝大典，祖述故臣，但專美於尹躬，不歸德於我后。凌壓宗廟，以植其私，事之乖謬，無大於此！豈惟負神考在天之靈，抑亦失安石事道之意。〔九〕臣所以惓惓而不能已也，因以所見，成日録辨一篇，謹具狀繳進以聞。

其日録辨曰：臣竊考自有天下者，雖三代之盛，百年間必有禍亂。惟我聖朝，自太祖革命之初至神考嗣位之始，内外無一事，一百八年，太平之久，古無有也。當是之時，必有明聖更張，然後可救習翫因循之弊。神考監此，於是作而有爲，孟子曰：「將大有爲之君，必有所不召之臣。故湯之於伊尹，學焉而後臣之，故不勞。」而王安石以伊尹之道，遭值聖時，君臣同心，近古無有焉。當時學士大夫，多以徇俗爲是，耳目之所聞見，忽異故常，驚駭切議。安石嶷立而不懼，神考虚受而不疑，有爲之功，由是而立。自時厥後，安石功成而引去，神考獨覽而自爲，念念緝熙，日日通變，至元豐之末，而天下之事異今熙寧者多矣。蓋方熙寧之時，士弊於俗學之日久矣，神考憫焉，以經術造士，乃命儒臣，訓釋厥旨，書成以賜太學，布之天下。訓詩之詞、爲書之義者，臣雱也；董周官之書者，臣安石也。若夫操此以驗物，考此以决事，微言奧旨，既自得之，改法就功，取成於心，則是神考之獨美，雖安石不得而參也。詩曰：「豈弟君子，遐不作人。」言太王、王季之作人也，當是之時，雖有賢臣，而作人之美獨歸於人主。又曰：「周王壽考，遐不作人。」言文王之作人也，當是之時，雖有賢臣，而作人之美亦獨歸於人主：此君臣之大義，萬世之通法也。棫樸之序曰：「文王能官人。」其詩曰：「勉勉我王，綱紀四方。」當是之時，能官人者，文王而已，群臣無與焉。非無賢臣也，而綱紀四方，我王而已。蓋人惟一王，道無兩我。成王之時，周公爲相，臣聖而君賢，尚不及其下。考之於書，則曰：「旁作穆穆迓衡。」蓋所謂「旁作」，輔而作之也。周公之道至矣，然上尊其君，則旁作而已：亦君臣之大義，萬世之通法也。蓋主柄不可分，故君作其臣，則其權必歸於我王；主道不可過，故臣作其君，則其言必謂之旁作。熙寧末，安石以表謝神考曰：「秋水方至，固知海若之難窮；大明既升，豈宜爝火之不熄。」以此觀之，安石之心，則亦可以述神考之事矣。乃自紹聖初以來，號令雖以繼述爲名，而其實則專以纂紹安石爲主，則日録之事是也。臣聞安石自執政之初，以至再罷政柄，凡上所詢謨、身所啓沃，及與臣僚議論之語，一一記之，謂之日録，凡七十餘卷，藏之私家。自紹聖以來，元祐史官既得罪於是，改命史臣重修實録，而熙寧事迹，凡日曆、時政記及神考御集之所不載，往往專據此書追議刑賞。臣切以謂神考以至德妙道出應帝王之業者十有九年，〔一〇〕其見於天下、載於史册之者，緒餘之迹爾。安石以不召之臣，出佐休運，其見於事爲、形於日録者，亦緒餘之迹爾。若夫精神之運、心術之動，目擊於一堂之上，〔一一〕而化馳乎萬里之外者，非文字之所能形容也。離乎文字，則史之所言，果足以盡其妙乎？取諸日録以完新書者，亦朝廷一時之事爾。官書既完，則宜掌之于史局；私書已用，則當還之於私家。乃於實録已成之後，又命它官别修私史，臣之所以有疑也。古者天子有二史，後世兩省有左右，簪筆持橐，立于殿陛之側，其所記事，謂之起居注。唐長壽中，用宰相姚璹之言，復於中書門下修時政記，而正元之末，朝廷政令著於日曆。朝廷既用長壽、正元故事，又於樞密院修時政記，蓋自秦漢以來至於本朝，史官之書，其名雖異，皆主於記人君之言動而已矣。在日録者，豈當記乎？仁祖即政之初，出真皇政要以示群臣，至於泣下。元豐史官上兩朝新史，神考立而受之，顧瞻永懷，再拜興慕。以祖宗之言動，載於其上，盡孝敬以事之，如入宗廟而見神銜也。配享臣僚列於外廡，心雖不忘，禮則有殺，故君臣之分，尤不可以不明者，正在於一言一動之間。主柄之一與不一，威權之分與不分，繹其端由，或原於史。古人之論此者，非不詳也；史爲重事，其亦久矣。豈有張局置史，以掌官書爲名，而以修史爲職乎？唐堯之時，舜爲相，堯言動載於二典之外，别無私史。虞舜之時，禹爲相，舜之言動載於典謨，典謨之外，别無私史。商湯之時，伊尹爲相，湯之言動載於湯誓、湯誥，誥誓之外，别無私史。高宗之時，傅説爲相，高宗言動載于説命三篇，〔二三〕三篇之外，别無私史。成王之時，周公爲相，成王言動載於周書，其篇最多，其事不一，或以王命告左右之臣，則召誥之類是也；或以王命告邦國之臣，則康誥之類是也；或以王命告多士，或以王命告多方，若無逸、立政、周官，又皆因事而作，爲王而言；此書之外，别無私史。然則史之所載，人君之言動而已矣。蓋人君之言既載於史，則臣下之語默亦隨而附焉；元首之動静既載于史，則股肱之動静亦隨而附焉。夫然後史出一家，國無二體，若於實録之外，又修日録，則事之一者，析而爲二矣。易曰：「天下之動正夫一。」言出於一，則天下之言正矣；動出於一，則天下之動正矣。若夫不召之臣有過物之道，待之以不純臣之禮，責之以不待唱之言，教誨其君，則伊尹、傅説是也。然而教誨言語，未嘗細述於訓誥誓命之文，惟密於當時，是以無傳於後世。其無傳也，所以爲訓也。

貼黄：人主之言動既載于史，則人臣之言動自隨而附焉，何必更修私史，形迹神考，然後見安石之聖賢哉！朝廷過舉，上干宗廟，無大於此。此事發於蔡卞而曾布請之。前代名臣，建功立事，其君臣相與之言，往往退而省録，筆於私書。本朝名臣，亦多如此。皆所以記遺忘，備復習而已。若使子孫、門人一在高位，則贊治之官皆令掌此，何史事之紛紛也。臣嘗讀安石所撰舊進三經義序，極其贊誦，以盡人臣歸美之意。神考却而不受，以著聖人撝謙之德，上下明明可見。於是以此揆彼，則日録所載忠嘉之語，附先烈而自見安石之心也。斂衆美而獨歸者，豈安石之志乎？且神考有爲之初，君臣相與之際，有一語而便行者，有屢言而未聽者。屢言而未聽，則必反復敷陳，有犯無隱。神考虚心而嘉納，安石任道而直前，北面盡敬。雖曰君臣之有方，切切過中，實同朋友之無間。有方之訓，復何賴於私史？無間之語，自不貴於廣傳。況安石私録之書，在先朝不曾奏御，則安石既殁之後，豈聖嗣所當奏行？昔周公既殁，成王引周公之訓以戒君陳，曰：「爾有嘉謀嘉猷，則入告爾后于内，爾乃順之于外，曰：『斯謀斯猷，爲我后之德。』」蓋周公未殁之時，以事成王者，出於此道，故周公既殁之後，成王以此爲君陳之戒。安石所以事神考而訓後人者，豈異此乎？今則斯謀斯猷，皆以爲出於日録，違君陳之義，非安石之訓。伊尹之言曰：「惟尹躬暨湯咸有一德。」安石所以事神考者，豈有異於此乎？但專美尹躬，非阿衡之本意；不歸德於我后，異君陳之嘉謀。天下之所以生疑，人心之所以未順者，亦以此也。周頌曰：「文王之德之純，假以溢我，我其收之。駿惠我文王，曾孫篤之。」駿之爲言大也，惠之爲言順也。蓋以後順先，以下順上，溥天下之下，同然皆順，此其所以爲大順也。

夫武王之所以奉先，有志在於大順。而天下之人，或有未喻，則亦示之以好惡而已矣。示以所好，則皆向王面；示以所惡，則無敢反側。好惡不分於臣下，愛敬專在於文王，武王所以得萬國之懽心，而周公所以將順武王之美者，皆以致一于文王而已。故曰：「武王、周公其達孝矣乎！」其善繼者，豈他人之志乎？其所述者，豈他人之事乎？神考之德之純，可謂至矣；其流有衍而餘波及於今日，順而收之，在陛下爾，豈可以駿惠日録而已乎？借先朝之書，有如周官治典者，亦土苴而已，况非先朝之治典，乃故臣之私書。事事歸美於建言之初，字字奉行於時過之後，述神考日新之緒，其爲如此，臣切以爲過矣。所謂神考日新之緒者，臣請言之，蓋熙寧之政，更革而始新；元豐之事，改爲而既就。其始新也，出於安石之弼成；其既就也，成於神考之獨運。故安石熙寧之所取捨，至元豐而神考薄之者有矣。取捨厚薄，先合而後異，初定而終改，因時制變，在我神考，孰敢爲非？坤之用六，安石之職也，一吐其言，終身不變；乾之用九，神考之道也，變其往事，無所不可。如上天寒暑之變，或霜或雨，在我而已，運而無積，歲功乃成。故曰：「王省爲歲。」豈與四時固守一節而已哉？蓋以天言之，則四時分守，合而成歲功；以人言之，則臣下執節，變而爲主道。主道可變，臣道不可變。故熙寧弼成之緒，神考變之，天下以爲可；元豐獨運之緒，元祐變之，天下以爲不可。此已往之事，可以鑑矣。而乃專述日録，追取兩紀之前已往已陳之迹，一言一事，皆欲求合。凡神考之所以變者，却行追改；凡神考之所欲罷者，復議施行，其所爲如此，無乃失神考所以法天道之變通者乎？且道法自然，而聖人法天，神考所以法天而變者，欲其日新而無弊也。繼志述事，但當致一以續此而已。一失此緒，則昔之新者，時復弊矣。蓋新新之美，成於中道，而天下之弊，生乎太過。朝廷紹復之意，常務止於中道，而大臣奉行日録，則欲過於神考。遵德樂道之意，不可過也。漢之曹參問惠帝曰：「陛下自察，聖武孰與高帝？」曰：「朕安敢望先帝？」參曰：「陛下之言是也。」惠帝非三代之君，曹參非聖哲之輔，然君臣之所相成者，推遜其先，以謙爲孝。維我祖宗，亦有此語。真宗曰：「二聖功業英睿，朕安敢上擬？」蓋以太祖、太宗爲不可及也。神考之不可及，何異二聖？聖嗣之不敢過，何異真宗？今乃追敬舊弼，力欲過於神考，非所以崇謙遜之道，而增前人之光也。天下之患，生于衆人所不見之地，惟陛下念之而已。神考以京師爲宅，安石以金陵爲家。安石雖尊，不可過神考，亦猶金陵雖重，不可以先京師也。以此比况，其理甚明，惟陛下念之而已。

貼黄：臣切惟神宗皇帝聖學高明，以道制變，尊敬安石而不泥其語。考之日録，可以見矣。安石曰：「陛下欲討滅夏國。夏國誠爲衰弱，可以掃蕩。」神考敬聽其語。然自五路大舉之後，未嘗終守掃蕩之説也。舉安石者，語熙寧塞河之功，則專美安石；言永洛之事，則獨議神考。偏而不敬，可謂甚矣！又或謂，唱言邊事，呂惠卿一人而已，亦豈公平之論乎？安石曰：「不意呂公著懷姦，乃至如此。」又曰：「用富弼智略扶危救溢，必誤天下。」又曰：「歐陽脩以韓琦爲社稷臣，不免附麗邪人。」又曰：「陳襄姦邪，附下罔上。」自是神考敬聽此語。然所以待琦、弼者，存終始之恩。晚年用公著爲執政，而襄亦老于侍從，不終棄也。以此觀神考，尊敬安石而未嘗終泥其語。化而裁之，以合乎變，聖學之所以光明，主柄之所以不分也。蔡卞得安石之糟粕，寶而用之。讀桓公之書，斥輪人之議，趨時應變，專考陳編，事事追美於建言之初，字字奉行於時過之後。遂至於失君臣之分，〔一三〕壓宗廟之美。朝廷過舉，其有大於此乎？臣昨在諫省，以此爲言，亦據臣所見而已。所謂蒭蕘之言，用與不用，在朝廷爾。區區之忠，但爲推尊神考，豈有他哉？然紹聖史官請以日録付史院者，諱言其事，此史事之所以紛紛也。

其進國用須知狀曰：臣聞神考有爲之叙，始於修政。政事立而財用足，財用足而根本固，此國家萬世之利，而今日之所當繼述者也。臣近緣職事看詳内降劄子，裁減吏員冗費，以防加賦之漸，爲民遠慮，天下幸甚！然今日朝廷之計，正以乏財爲患。西邊雖已罷兵，費用不可卒補。遂至耗天下根本之財，壞神考理財之政，加賦之漸，兆於此矣。臣昨守無爲，奉行詔令，切見一年之内，連下五敕，而天下諸路三十年蓄藏之物，皆已運之于西邊矣。隳先政於罷兵之後，資國計於冗費之餘。譬如决江河之大防，蓄溝澮之小潤，非曰無涓涓之助，何以補湯湯之流？大違神考之心，殊乖繼述之義。臣職事所及，理不可默。今撰到國用須知一本，謹具狀繳進以聞。

貼黄：訪聞李昭玘、向訓昨在都司，能以國用爲憂，因具出累年邊費之數，以禀宰相。二人由此取怒。臣今不敢申禀，所以直具奏聞。三路闕乏州軍，因朝廷諱言闕用，多不敢以虚實聞奏。根本之地，蒙蔽養禍，非祖宗所以存保三路之意。伏望朝廷，及早覺悟。

其國用須知曰：臣伏見仁祖之時臣僚上言：「周制冢宰制國用，唐宰相兼鹽鐵轉運使，或判户部、度支。然則宰相制國用，從古然也。今中書主民，樞密主兵，三司主財，各不相知。故財已匱而樞密益兵不已，民已困而三司取財不已。中書視民之困，而不知使樞密院減兵、三司減財以救民困者，制國用之職不在中書故也。」臣謂當仁祖之時，官制未立。自元豐以來，制國用之職在三省矣。户部右曹之所掌，乃天下財用之根本也。神考理財之政，所以法先王而憲萬世。元祐之臣，雖有紛更，然天下所積錢物，朝廷不敢妄用。紹聖之時，大作邊事，然天下所積錢物，朝廷不敢妄取。今則一年之内，連下五敕，凡提舉司所積錢物，取之殆盡。耗天下根本之財，壞神考理財之政，繼志述事，豈有宜然哉？今具五次朝旨下項。

貼黄：朝廷應副邊事，虚内事外，非一日也。故五敕之所取，雖有別用之處，然前後相因，以致匱乏。至于今日，遂耗天下根本之財者，初緣邊事也。

一、元符三年九月初八日，敕府界、諸路見管坊場錢樁留出本路一年合支外，將剩數留一半准備支用，餘一半特令起發上京，應副朝廷支用。

一、元符三年十一月十九日，敕府界、諸路見管常平免役錢樁留出本路一年合支散錢外，將剩數更留一半準備支用，餘一半特令起發上京，〔一四〕應副朝廷支用。

一、建中靖國元年二月二十三日，敕諸路提舉司將見在抵當息錢並起發上京，應副朝廷支用。

一、建中靖國元年三月初二日，〔一五〕敕諸路提舉司將見在量添酒錢依抵當息錢已得旨揮施行，今後支使不盡錢數並封樁，准備朝廷支用。

一、建中靖國元年三月初二日，敕府界、諸路提舉司所管錢物，除依旨揮起發及樁留出本路一年合支散外，餘剩更留一半，錢數不多，深慮闕少糴本。今已於元祐中所納助役錢內，撥一半充常平糴本，餘一半許榷貨務召人入便，或計置起發上京，兑那往三路添助常平糴本。

臣切惟神考立法之意，取民之財，還以助民，故天下諸路州州縣縣各有蓄積，將以待非常之用，不使有偏乏之處。故右曹錢物，不得與別司交雜，違條輒用者，徒二年。〔一六〕自元豐七年以常平等積剩錢補助邊費，歲取二百萬緡爲額，只以三年爲期，〔一七〕蓋不欲多費天下民財以資邊用。神考愛民之慮，可謂深矣。今當繼述此意，豈宜取三十年間根本蓄藏之物，一旦大違成憲而偏用之於一方乎？且上件五敕所取之數，以天下計之萬數，不少於此數。內河東、陝西、京東三路支撥與提刑司者，〔一八〕其數幾何？河北路支撥與置糴便司者，其數幾何？川陝四路具樁管數目關報鄰路召人入便及與茶馬司對數交兑者，其數幾何？臣謂凡此八路那移兑撥，皆主於邊費而已；其餘路分起發入京而飛於塞下者，又不知其數幾何。然則天下蓄積之物，皆運之于邊矣。若使一勞而久佚，暫費而永寧，則三十年積之而一日用之，猶足以濟一時之權，誠不得已之計。今則不然，但剗刮諸路以補一方之瘡痍而已，臣恐一方瘡痍補之未合，而天下乏財之患，有不可勝言者矣。臣生長南方，不能周知四境之事；且爲東南慮之，西邊財用匱竭，則供億調度必取諸東南積剩之物。〔一九〕今於無事之時，既巧取而偏用之矣；或東南意外不廷之患，又將取之於向地乎？〔二〇〕臣切考唐自武德以後，開拓邊境，地連西域，〔二一〕置都督，列州縣，開元中置五節度以統之。軍城戍邏，萬里相望。然而當此之時，糗糧出於屯田，馬牛出於監牧，戍卒繒帛皆取足於山東而已，未嘗罄天下之積以從事於一方也。今五敕之所取，非歲入常有之數。〔二二〕大臣充位之時，賴此以紓目前之急，廟堂久遠之慮，當如之何？制國用者既不恤此，議棄地者又執偏見，不詢衆庶之論，不盡邊臣之説，各以私意自復其言，因循相失，馴致大患；縱以闕乏爲憂，不過請行鬻爵之類爾。神考創法，比隆三代，彼中世之陋法，如鬻爵之類，乃熙寧初議之所不取也。當時條例司臣僚參與議論者，今爲輔相，忍不爲陛下一言之乎？又况神考自有爲之初，以至法度之成，憂勤不倦，非一日之積也，所以建子孫萬世之業，爲四海無疆之慮，何意今日繼述先緒，乃復遽取中世之陋法而行之乎？若使財用有餘，則朝廷議論，自不至此。然則神考十九年焦勞之慮，特爲今日之費爾，豈不痛哉！

貼黄：捐官收廩，以實帑藏，此乃裴延齡富國之術也；減損俸廩，以佐國用，此乃皇甫鎛足用之法也。前史書之，後世非之，豈足法哉？今不述神考元豐之緒，而乃效德宗建中之政，不亦陋乎？宰相諱言闕乏，誰敢不以爲然？又聞獻議之臣欲裁損州郡供給，減削官吏請受，以佐國用，而樞密院減罷陝西諸路准備官員數，以節冗費。此不得已之計，非無毫髮之助也，然使神考理財之政，不爲廟堂所壞，〔二三〕則臣僚議論，亦不至此。此等不得已之事，不免漸漸爲之，則算間架、除陌錢、貸富人錢穀、賣御史告身之類，安保其不漸爲也？主議大臣既去之後，設有此事，則聚斂之謗欲何人當之？故凡户部不得已之下策，頻改大有爲之初意，〔二四〕名曰建中而偏爲過甚之舉，名曰繼述而大違神考之緒，甚矣其可痛也！臣願陛下詔宰臣制國用，修户部右曹之政，明提舉官覆奏之法，委官選吏，會計五敉所起。

瓘又以此繳申三省，曰：「上件文字論宗廟之體，言繼述之事，二十三日詣尚書省投書，蒙中書相公面諭其詳，謂瓘所論爲元祐單見淺聞之説，兼言『天下未嘗乏財』。雖有十書，布亦不動』。蒭蕘之言，不達治體，議論乖錯，觸忤大臣。除具申御史臺乞賜彈劾外，伏望特賜敷奏，劾瓘妄言之罪，早行竄黜，以戒妄言之士庶，〔二五〕使無人異論，國是歸一。瓘見今不敢供職，待罪聽候旨揮。」於是布携以見上，曰：「瓘責臣『尊私史以壓宗廟，緣邊費而壞先政』，皆非是。」上令責瓘，韓忠彦、陸佃曰：「瓘之言誠當，若責瓘，則瓘更因此得名。曾布當能容之。」詔瓘與郡，遂有海陵之命。〔二六〕國朝册府畫一元龜甲集卷三七上史官門删修神宗實録。

校識

〔一〕據皇宋通鑑長編紀事本末卷一二九陳瓘貶逐，陳瓘知泰州事在建中靖國元年八月乙卯，皇宋十朝綱要卷一六繫於八月癸丑。

〔二〕一日以簡抵瓘　「抵」字原作「祗」，據皇宋通鑑長編紀事本末卷一二九陳瓘貶逐改。

〔三〕乃知天下根本之財　「財」字原作「則」，據下文、岳珂桯史卷一四陳了翁始末及太平治迹統類卷二四元祐黨事本末下改。

〔四〕首壞先烈　「首」字原作「手」，據桯史卷一四陳了翁始末及皇宋通鑑長編紀事本末卷一二九陳瓘貶逐改。

〔五〕閣下雖有腹心之助　「雖」字原作「須」，據桯史卷一四陳了翁始末及皇宋通鑑長編紀事本末卷一二九陳瓘貶逐改。

〔六〕瓘去年五月十日對紫宸殿　「十日」，皇宋通鑑長編紀事本末卷一二九陳瓘貶逐作「十八日」。

〔七〕具載熙寧中奏對議論之語　「議論」原倒，據下文、皇宋通鑑長編紀事本末卷一二九陳瓘貶逐及歷代名臣奏議卷二七六國史陳瓘奏乙正。

〔八〕史官請以此書降付史院　「此」字原脱，據皇宋通鑑長編紀事本末卷一二九陳瓘貶逐、宋史全文卷一四建中靖國元年三月戊寅條及歷代名臣奏議卷二七六國史陳瓘奏補。

〔九〕抑亦失安石事道之意　「道」字，皇宋通鑑長編紀事本末卷一二九陳瓘貶逐作「君」。

〔一〇〕臣切以謂神考以至德妙道出應帝王之業者十有九年　「九」字原作「一」，據下文「神考十九年焦勞之慮」改。

〔一一〕目擊於一堂之上　「目」字原作「日」，據文意改。

〔一二〕高宗之時傅説爲相高宗言動載于説命三篇　「之時傅説爲相高宗」八字原脱，據文意補。

〔一三〕遂至於失君臣之分　「至」字原作「致」，據文意改。

〔一四〕餘一半特令起發上京　「特」字原作「將」，據文意、宋朝諸臣奏議卷一〇三陳瓘上徽宗進國用須知及皇朝編年綱目備要卷二六建中靖國元年八月陳瓘罷條改。

〔一五〕建中靖國元年三月初二日　「二」字，宋朝諸臣奏議卷一〇三陳瓘上徽宗進國用須知作「一」。

〔一六〕徒二年　「二」字原作「一」，據宋朝諸臣奏議卷一〇三陳瓘上徽宗進國用須知改。

〔一七〕只以三年爲期　「年」字原作「十」，據宋朝諸臣奏議卷一〇三陳瓘上徽宗進國用須知及皇朝編年綱目備要卷二六建中靖國元年八月陳瓘罷條改。

〔一八〕内河東陝西京東三路支撥與提刑司者　「與」字原作「是」，據文意及宋朝諸臣奏議卷一〇三陳瓘上徽宗進國用須知改。

〔一九〕則供億調度必取諸東南積剩之物　「調」字原脱，據宋朝諸臣奏議卷一〇三陳瓘上徽宗進國用須知補。

〔二〇〕又將取之於向地乎　「又」字原作「文」，據宋朝諸臣奏議卷一〇三陳瓘上徽宗進國用須知改。

〔二一〕地連西域　「域」字原作「城」，據宋朝諸臣奏議卷一〇三陳瓘上徽宗進國用須知改。

〔二二〕非歲入常有之數　「常」字原作「嘗」，據宋朝諸臣奏議卷一〇三陳瓘上徽宗進國用須知改。

〔二三〕不爲廟堂所壞　「廟」字原作「廣」，據宋朝諸臣奏議卷一〇三陳瓘上徽宗進國用須知改。

〔二四〕頻改大有爲之初意　「頻」字，宋朝諸臣奏議卷一〇三陳瓘上徽宗進國用須知作「頓」。

〔二五〕以戒妄言之士庶　「士」字原作「上」，據文意改。

〔二六〕遂有海陵之命　「海」字原作「悔」，據三朝名臣言行録卷一三之三諫議陳忠肅公引遺事改。

59 清臣與時浸不合，移疾甚懇，故有是命。〔一〕㊀宋宰輔編年録卷一一建中靖國元年十月乙未條。〔二〕

校識

〔一〕據宋宰輔編年録卷一一，建中靖國元年十月乙未，右光禄大夫、門下侍郎李清臣爲資政殿大學士、知大名府。是爲本條事目。

〔二〕此零句於宋宰輔編年録未注明引丁未録，以同段中含本書崇寧元年閏六月壬午條之文推知係出丁未録。

附載

㊀宋宰輔編年録卷一一建中靖國元年十月乙未條載其制：「朕纂承大業，屬濟艱難。圖惟舊人，作我輔弼。孜孜夙夜，惟二三執政是賴。庶幾相與有爲，發明朕心，以昭前人之功。具官李清臣頃在元豐，嘗登貳政，聰敏明達，夙爲神考知遇。肆朕初服，亟命召還。旋陟東臺，共圖機務。方期報稱，遽請閑官。顧惟股肱之臣，朕所禮貌，弗違爾志，特厚寵光。錫密殿之崇名，爲北門之巨屏。毋分内外，勉靖兵民。服我休恩，尚收來效。」

崇寧元年（壬午，一一〇二）

60 崇寧元年正月己卯，資政殿大學士、右光禄大夫李清臣卒，晁補之狀其行。㈠卒時年七十一，贈金紫光禄大夫。宋宰輔編年録卷一一建中靖國元年十月乙未條。〔一〕

清臣字邦直，大名府臨清人。少力學問，韓琦以其兄之子妻之。皇祐間，朝廷方行制舉，轉運使何郯即以才識兼茂明於體用科薦之。歐陽修見其文，大奇之，曰：「蘇軾之流也！」以治平二年試祕閣，試文至中書，未發也，修迎語曰：「主司不置李清臣第一則謬矣！」開視，果第一。考官韓維亦曰：「李清臣有荀卿筆力。」公未壯，連擢科第。一篇之出，後生爭傳去爲式。宋宰輔編年録卷八元豐六年八月辛卯條。

韓絳宣撫陝西，〔二〕即奏掌機密文字，就遷太子中允、檢正中書公事。絳貶，清臣曰：「我不負韓公者。」因求還所遷秩補外。古今合璧事類備要後集卷六十九機宜「不負韓公」條。

校識

〔一〕本條於宋宰輔編年録未注明引丁未録，以同段中含本書崇寧元年閏六月壬午條之文推知係出丁未録。

〔二〕韓絳宣撫陝西　「韓絳」前原有「李清臣字邦直」六字，知與宋宰輔編年録卷八所引同出，史源爲晁補之資政殿大學士李公行狀，據「公未壯」三字知此處用行狀文。

附載

㈠晁補之濟北晁先生雞肋集卷六二資政殿大學士李公行狀：「公少孤，七歲自知讀書，日數千言，所暫經目輒誦，已能戲爲文章。客有自都來道浮圖火者，公立兄旁，言曰：『是所謂災，非火也。或者其蠹已甚，天固警之乎。』作浮圖災解，類成學，兄大驚。年十有四，預鄉書高等，其試禮部，家人抱以送，群目盡傾。忠獻公韓琦異焉，妻以其兄之子。中皇祐五年進士第，調邢州司户參軍。內丘令李鼎以事械州獄，而實誣也。吏阿守意，掠使服，公辨其誣守前，以狀抵使者，移訊得釋。遷晉州和川令。（按此下接「時朝廷方崇制舉……荀卿筆力」，見於正文，此削去。）時大雨霪京師，亘異數見，言者多咎濮邸議。及廷試，同發策者四人。或語公，宜以五行傳『簡宗廟，水不潤下』爲證，則必優等矣。公曰：『此漢儒説，以某異應某事，清臣不能知。民間得無疾痛不樂可上者乎？』因言：『天地之大，譬之于人腹心肺腑，有所攻塞則五官不寧。民人生聚，天地之腹心肺腑也。日月星宿，天地之五官也。善止天地之異者，不止其異，而止民之疾痛不樂者而已。』又以謂：『縣官百須，皆出于農。比者陳、鄧、許、亳飢，農民皆死，而他業之人自如也。今爲令雜征苛取，使出於它業之人，則農勸。』又論吏而奪農與商，以其彊力遍爲之而不役不征甚者，願還之於農商，無以爲吏，則吏警。且欲崇禮制，黜無功。然竟以不附時議，在次等。授祕書郎，簽書蘇州節度判官。初，公以和川考滿，舉者踰十人，應改官矣，而轉運使薛向以争驛事未可，用判流内銓。張掞曰：『何不以狀白？無用向削。』公曰：『人以家保己，而己捨之，薄矣。願待之。』掞離席，曰：『能如是，安可量。』然公竟自以制舉遷。英宗皇帝記公姓名，嘗語王廣淵曰：『韓琦固是忠臣，但於避嫌太審。如李清臣，公議當用，尚數以親抑之。』既而詔舉堪館閣之選者，文忠歐陽公乃首薦公。會遭陳夫人喪，服除，始詔試。神宗皇帝内出孟子爲政本農桑論，并學士院所策，皆入三久虚等也。擢集賢校理，編修觀文殿御覽，同知太常禮院。久之，齋宿於南郊，參知政事韓絳攝事，客去，留公曰：『學士平居不及執政門，形厚而神深，貴人也。』未幾，絳宣撫陝西，即奏公掌機密文字。就遷太子中允、檢正中書吏房公事。故事，賞軍功給空名宣敕，或留不填。至是，宣撫司以爲請，務信且速。潞國公文彦博以爲不可給，公亦執故事白絳，而好事者因詆公不當與韓公異。會慶州兵亂，其家屬應誅者凡九指揮。公言慶兵造意，初不謀妻子，宜用恩州故事，配隸將士爲奴婢。絳從之。絳之貶也，公尚以中允爲檢正官。公曰：『我豈負韓公者！』因求還所遷秩補外。復以祕書郎通判海州。會直舍人院孫洙出守海州，與洙同制科、館職，一時觴詠傳淮海爲盛事。寬役法，免漕渠夫，去而民思之。遷太常丞，復同知禮院。忠獻韓公薨，公被旨祭奠，因爲其行狀。神宗謂王珪曰：『李清臣叙韓琦事甚典麗，良史才也。』時公請補外，得知宿州。上復謂宰相王安石曰：『可與一路。』乃除提點京東西路刑獄。建言創凉牢，寒則窒之。遂遍行天下。京東盜賊爲天下劇，公設耳目方略，購捕且盡。遷太常博士，召充國史院編修官。初，劉攽以史官召，而侍御史蔡確言其不可，執政復擬他官以進。上曰：『朕有人矣，李清臣可。』既對，上曰：『卿博通古今，近時罕卿比。史官，朕妙選也，卿其悉意。』因賜五品服。公爲河渠、律曆、選舉等志，文覈事詳，人以爲不減八書十志。初，安南用師，公在京東，因撰平蠻書，言漢以來用事於南者上之。會郭逵奏大軍已至桄榔村，上以語近臣，頗不能知。上曰：『桄榔至某所五十里而近，至某所百里而遠。』嶮夷迂直，如指諸掌，左右皆驚。孫洙以書抵公，曰：『上比論安南事，近臣不知，頗思通洽士矣。』公然後知上於奏牘無不覽，且采其説矣。無幾何，遂召，仍權判太常寺。一日，公方召客飲，而中貴人踵門。客曰：『中貴人何爲來哉？』俄呼曰：『傳宣李學士。』公遽出拜，則有旨撰楚國夫人墓銘。楚國夫人者，英宗乳母也。時孫洙、王存、顧臨在坐，曰：『内制不以屬代言者，而以命子，異眷也。』尋差詳定郊廟禮文，正其訛繆數十事。事具禮閣新編。時安燾使高麗，修起居注闕，上復批出，曰：『可李清臣權。』俄即真，兼直舍人院。後延和殿侍立，上顧益温，蓋載訪以禮樂之事。公于經訓成誦，敷奏尤悉，上亦自言古先述作之義，窮本極要，與講磨久之，慨然有意三代之英矣。踰年，召試，以右正言知制誥。上又嘗與公言：『前人文章，自漢以來不復師經。唐一韓愈名好古，亦不過學漢文章耳。』

公對如上旨。會上以府左右院暨司録獄無以雜合訊辨三司混金穀，視獄不專。詔曰：『稽參故事，宜屬理官。』初置大理寺，命公爲記。公以謂王者立政，以詔天下，必辭尚體要，則書爲近，乃仿古立言所以導事者，詞灝噩奇甚。其載上訓之略曰：『五教未訓，五法亟下，是曰暴民，治用弗格，以成上德，意先教後法之序。』既進，上曰：『卿文逼近經誥，所增三十四字，非不完也。崔台符等願挂名其間耳。』既命撰修都城記，公又變其體以進，詞尤宏放。上益喜，曰：『與大理記文頓異，自成一家。』假龍圖閣直學士使大遼，會御史獄簿責公唱和詩事甚急，且辭。上曰：『卿，朕所自知，遠行無用此戚戚。』獄具，有司猶欲寘公重比。上曰：『詞臣難得。孫洙没後，止此一人。』迺第令贖金。既還，爲翰林學士，時錢藻充慈聖光獻皇后山陵頓遞使，又以公權知開封府。上分命近臣草答高麗詔，既奏，上曰：『王徽答詔已用卿者。』上欲厚慈聖光獻皇后家，封曹佾郡王，謂公曰：『卿何日當直？欲宣佾麻。異姓而王，非例也，爲朕述此意。』其寵異於它學士如此。上欲更定官制，公具言所以損益者，上曰：『亟編類以進。』尋差詳定官制。寄禄官承議郎，視正言，執政擬公本官試吏部尚書。上諭宰相王珪曰：『安有尚書而猶承議郎者？』乃授朝奉大夫。故事，宰相與參知政事同進擬差除，官制獨中書省取旨，而尚書、門下不預。持權者病之，數于上前言聞會之迂。公請對具，陳尚書、門下所以不便之意。上乃命公仍領官制，有疑滯就質之。執政怒，摘前奏中語，謂公有不當議者，欲出之。上惜其去，復俾贖金。既入謝，因許以大任。遷朝散大夫，上復曰：『吏部掌銓衡，閲人才多，卿宜具姓名以聞。』公即以德行、政事、文學、論議爲四等百餘人以進，後頗收用。而公絶口不言，人亦莫知之也。元豐六年，拜中大夫、守尚書右丞。初，御史中丞舒亶嘗以事劾公，至是，亶以用官燭飲食過常數，吏議從贓坐。執政惡亶，是吏議。公獨以謂亶誠有罪，非贓也。同列曰：『清臣黨亶耳。』公曰：『亶固不愛臣，臣何爲黨之？』其論事持平類如此。神宗不豫久，執政入問。公行語門下侍郎章惇曰：『延安郡王何不來侍藥？』清臣將出白之。』惇曰：『未可。恐壞大事。』退，集都堂，公又語惇曰：『相公在此，門下侍郎何不早定議？』惇連問王珪曰：『如何？』珪徐曰：『上自有子。然須垂箔。』議既定，公復曰：『若臨事有異者，鼎鑊所不敢避也。』遽命取紙書延安郡王爲皇太子，又取紙書皇太后權同聽軍國事，俱入稟。哲宗即位，遷大中大夫。神宗祔廟，遷通議大夫，徙尚書左丞。時元豐九年也。初，神宗以上聖之資而躬問學，未明求衣，欲繼三代絶迹，制度文理，燦然一新。而吏推行久，元祐初，大臣欲有所損益，公自以終始遭遇，報上之意，發於誠心，固争簾前。雖與時議忤，然官制、免役、將法、保甲、冬教亦不復議。而言者攻之益急，遂罷爲資政殿學士、知河陽，又知河南府。歲飢，奏給祠部牒振籌食者，所活以萬計。畿右倉粟不足支一月，又奏乞轉江、淮米助經費，仍請自省曹擇官，會一路歲費，計其所不足，仰給中都官。朝廷從之，爲歲給二十萬緡，謂之陵寢錢。至今畿右賴之。移知永興軍，兼永興軍路安撫使，治尚夷易，不務奇聲近效，而民亦不敢犯。雍人爲之立生祠。召還，爲吏部尚書。給事中姚勔駁之，改知真定府，兼真定府路安撫使。真定，公舊遊，人聞其來也，老穉迎者夾道，自欒鄗屬邢相。有王宗正者，使臣也，盗公庫物。安撫使謝景温發之，宗正忿，陰走其妻詣使者，告前後帥饋送踰例，逮獄至數百人，道路洶洶。公至，立奏罷之，除宗正名，竄千里外。其治如治雍，而尤號無事。復以户部尚書召爲宣仁聖烈皇后山陵禮儀使。未還，拜正議大夫、中書侍郎。時元祐八年也。姚勔復駁之，上詔他官讀，趣行下。紹聖元年，執政官及近臣繼出補外，或得罪去，而章惇自提舉杭州洞霄宫起爲宰相，嫉元祐用事者，稍加貶逐。後復籍太師文彦博、司空吕公著已下三十餘人，欲盡竄嶺外。公乃與一二同列争上前，以謂更先帝法度，不爲無過，然彦博、公著等皆累朝舊老，若從惇言，必駭物聽，非聖世所宜。因出舍它館，懇請避位。上敕行李無出東府門，命中貴人蘇珪趣赴省供職。惇持議如前，上曰：『豈無中道？如吕公著，更無預渠事也。』於是，始議敕牓朝堂，有『餘置不問』之語。西夏兵入鄜延，破金明寨去，經略使吕惠卿遣將襲逐，而張輿戰没。奏至，惇怒，曰：『失主將，全軍斬。』蓋應斬者四千人。公曰：『亡將亦多端，或先登争利，輕身與敵。今全軍斬，異時亡將，全軍降虜矣。』上於是令下吕惠卿隨宜裁處，後得惠卿奏，誅牙兵十六人而已。初，宰相吕大防等貶荆湖間，踰年應期叙。公令中書檢舉，議復沮不行。後同列與公進當貶人姓名，或指姚勔，曰：『此南方博徒也。』意勔嘗再駁公除召，以激之。公徐前曰：『勔或所見不同，豈可以臣故重之？』上以爲然。劻罪得薄。公在中書，既論數不合，有飛語構大獄，意在中公。公懼，復丐罷政。章六上，賴哲宗察其無他，拜資政殿大學士、知河南府。又移知成都府。不行，嫉公者猶風指監司窺公，而公謹審，至無隙以伺，迺摘中書舊事，奪公大學士。初，宰相蔡確貶死，至是，母明令其孫渭上書訟確冤。前此宰相劉摯等亦貶矣，因爲奇禍誣摯等以自解。書留中不出。渭又請待漏訴之，公心知其誣，而念渭嘗以聞矣，却之不可，乃封其狀省中，而嫉者竟以是擠之，復知真定府，兼真定府路安撫使。今皇帝即位，以禮部尚書召。覃恩復大學士，遷左正議大夫。月餘，拜門下侍郎。時紹聖四年也。哲宗祔廟，遷右光禄大夫。時太常議，父子曰世，兄弟曰及。事下給事中、舍人等議，或異太常，以謂今天子承哲宗統，則哲宗自當爲一世。公上疏，是太常議，迺定。上欲息朋黨論，開天下以至公，詔士大夫以無彼時此時之異，乃改建中靖國元年，而同時大臣與公叶謀，以輔上意，盡還諸遷者，除瑕累，起滯廢，稍復其舊恩數秩品，士氣爲平。公一日在府第坐胡床假寐，夢爲春詞，詞甚美，却有『返遼東』之語，遽書以示子祥，愀然曰：『非佳證也。』因移疾甚懇，復拜資政殿大學士、知大名府、兼大名府路安撫使。無幾何，薨，有大星晝隕阜昌門外，蓋公所生第側，『遼東』之詞驗焉。享年七十有一。即其年四月甲子，葬于相州安陽縣蔡村之原。公性恬夷曠達，將啓手足，却左右掖者而坐，以手整巾，猶索紙筆作字，付從姪襗，而顧子祥，曰：『速辨！速辨！』問日蚤莫，或報申時矣，即閉目不復言而逝。公三爲執政，遍踐三省，勳、封爵至上柱國、開國公，食邑、實封所共加至六千九百户。爲人寬大中和而容物。事陳夫人及兩兄盡孝敬。人所難堪者，處之常易。在窮約時所遵家訓，至富貴不改也。家人之老者云，見其三十年間未嘗厲聲色。居官奉法循理，要在愛民。至守節秉義，則不可撓以私。臨大事，則常辯且勇。其學務探聖人意，以修身治心，而記覽文章爲餘事。尤蚤爲忠獻韓公、歐陽文忠公所器異。（按此下接「未壯……傳去爲式」一句，見於正文，此削去。）既知制誥、爲史官，代言之體、叙事之法，高文典册，瓌雄雅奥，曄然一代之俊也。其小心事主，出入省闥，白首無過，故神宗終始眷遇，造次訪問，而公亦自以得君，無不盡其平生。奏議蓋多至數十百篇，而世亦莫之知也。本其總吏部選，被旨薦士至百餘人，頗見收用，而皆若出於上所自拔，人臣不得專者。知其於清慎不矜最隆也。嗚呼！其可謂善則稱君，古之良臣者耶！……所著策論、記、序、古律詩、制誥、册文、銘誌一百卷，奏議三十卷，平南事鑒二十卷，藏于家。補之出公門下，故於序次公世家、爵里、行事，義不得辭。謹狀。」

61 任伯雨除左正言，所上一百八疏皆係天下治亂，關宗廟宫禁，細故不論也。〔一〕新編翰苑新書前集卷一二諫院「言天下治亂」條。

校識

〔一〕李幼武皇朝名臣言行續録卷一任伯雨：「時紹述之論已興，公居言職僅半載，所上一百八疏皆係天下治亂安危、宗廟宫禁，細故不論。曾布方用事，公欲擊之，布覺，乃出公知虢州。」據皇宋十朝綱要卷一六，崇寧元年三月丙戌，左正言任伯雨知虢州。是爲本條事目。

62 徽宗崇寧元年五月，尚書左僕射韓忠彦爲觀文殿大學士、知大名府，〔一〕以右正言王能甫言「元符之末，變神宗之法、逐神考之人者，韓忠彦也」，遂罷相。㊀國朝册府畫一元龜甲集卷九〇朋黨門崇寧黨禍上。

忠彦進左僕射，而曾布爲右相，不協。諫官吴材、王能甫助布排忠彦，遂以觀文殿大學士知大名府。初，忠彦爲相，稍復元祐之政，天下翕然望治。至是，論者稱：「元祐之初，哲宗踐祚之始，大臣變亂神考之法度，斥神考之人材者，忠彦、李清臣爲之首。〔二〕願示懲戒。」乃有是命。未幾，言者復論其「變亂紹述之政，復還皋戾之黨，比之元祐，抑又甚焉。乞罷職名，以厭士論」，遂罷觀文殿大學士。宋宰輔編年録卷一一崇寧元年正月庚申條。

校識

〔一〕據皇宋十朝綱要卷一六及宋史卷一九徽宗紀一，韓忠彦知大名府事在崇寧元年五月庚申。

〔二〕此處疑有脱文。皇朝編年綱目備要卷二六崇寧元年五月韓忠彦罷條：「左司諫吴材、右正言王能甫……之言大略云：『哲宗踐祚之初，退托不言，大臣因緣爲姦，變神考之法度，逐神考之人才者，司馬光、吕公著。陛下踐祚之初，退托不言，大臣因緣爲姦，變神考之法度，逐神考之人才，韓忠彦、李清臣。』」

附載

㈠宋大詔令集卷七〇韓忠彦罷左僕射除觀文殿大學士知大名府制（參宋宰輔編年録卷一一崇寧元年正月庚申條）：「門下：入則經體贊元，允釐庶績；出則承流宣化，以迄外庸。若時元臣，往殿近服。用猷告於多士，其孚命於大廷。具官韓忠彦，躬受美材，世載令問。被遇神考，冠于儀曹；受知泰陵，長兹樞府。爰始嗣服，延登宰司。斯奉若于先王，以克紹于乃辟。然士有覆出之惡，而人無事上之忠。匪大猷之是經，誰執其咎；賴朕志之先定，不潰於成。封奏繼來，人言荐至。其解鈞衡之重，俾司留鑰之嚴。仍寵其行，用加厥職。於戲！進退以禮，無用舍之殊；出處惟均，何内外之異。無替朕命，往哉惟休。可。」

63 寶文閣待制、知鄧州賈易落職，知滁州。先是，王同老自言其父有定策之功。易謂同老誕謾乞改更。〔一〕哲宗親政，侍御史來之邵復奏論賈易之言非是，詔送國史院。至是，言者復疏易於元祐中附會劉摯，變更神宗法度。因劉摯與韓忠彦結黨，〔一〕易遂爲論列文彦博攘韓琦定策之功，彦博請去，遂降易章下院，以掩蔽神宗元豐三年所降手詔。前日忠彦執政，首引易爲諫議大夫以報之。遂詔易落寶文閣待制，知滁州。〔二〕國朝册府畫一元龜甲集卷九〇朋黨門崇寧黨禍上。

校識

〔一〕因劉摯與韓忠彦結黨　「劉」字原作「流」，據文意改。

〔二〕按國朝册府畫一元龜甲集卷九〇將賈易知滁州事繫於崇寧元年五月庚申後、五月庚午前，因置於此。

附載

㊀ 續資治通鑑長編卷四三七元祐五年正月載賈易奏：「國子監博士王同老上疏，自言其父堯臣在仁宗朝嘗任參知政事，于至和三年，仁宗不豫，罷朝七十餘日，内外寒心，堯臣與宰臣文彦博、富弼數陳宗社大計，求立英宗皇帝爲嗣，又率同列各求罷免，必冀開納，仁宗感悟許之。彦博令堯

臣草制，定立英宗爲嗣，既而仁宗漸安，事遂少緩。其後，韓琦卒因堯臣、文彦博、富弼論議緒餘，決定大議。又自言罷任趙州過北都，文彦博道及此事，且曰：『彦博與先君及富弼皆當日協心論議之人，難于自發明。』故同老又言：『今惟文彦博、富弼同知此事本末，所有先臣親筆撰立英宗皇帝爲嗣制草及劄子草本共三道，謹緝綴封進。』于是神宗皇帝因文彦博入對，詔問其事，令作文字進呈。彦博劄子言：『至和三年正月六日，仁宗服藥，罷朝兩月餘，至四月初，仁宗聖體康寧，堯臣乃與臣及劉沆、富弼竊議曰：朝廷根本不可不早定。臣以堯臣久居禁近，因謂之曰：必得賢嗣，以壓人心。堯臣曰：豈不知素育于宮中者？堯臣以指書案，作下貫字。臣等各言：無易此矣！至上前伏奏得請，此大事，不可如常例退殿廬令堂吏書聖旨。劉沆云：沆欲袖紙筆于上前親書。翊日，于垂拱堂，臣等四人具奏：春中服藥，内外人情非常憂恐。蓋謂儲副未立。仍引西漢故事，人主初即位即建儲。今當以時立嗣，以固根本。仁宗淵默寡言，欣然嘉獎曰：知卿等盡忠。然此大事，朕更熟思之。臣等再三論奏，乃曰：知子莫如父，嘗選賢者育于宮中，計無易此。仁宗雖淵默，而首肯之。是日晚，臣等再聚議，謂翊日必得旨，請堯臣密作詔意，欲進呈施行。堯臣歸草詔意，然未及示臣等。既登對，復申前請，堯臣越次而奏曰：願陛下早定此意，付外施行。仁宗曰：朕意已定矣，卿等無憂。臣等既得此意旨，謂無疑矣。是年八月，乞召韓琦充樞密使，蓋以琦忠義，必能當此重事，仁宗可之。自後繼有議論，未幾，臣得請判河南府，堯臣尋卒。』竊尋同老之言，謂：『仁宗不豫七十餘日，内外寒心，堯臣與文彦博、富弼求立英宗皇帝爲嗣，又率同列求罷免，仁宗感悟許之。彦博令堯臣草制，定立英宗爲嗣，而仁宗漸安，遂少緩。』彦博則言：『仁宗服藥罷朝兩月餘，至四月初，聖體康安，堯臣乃與臣及劉沆、富弼竊議，朝廷根本不可不早定，因問堯臣必得賢嗣之言，堯臣以指書案，作英宗藩邸舊名。翊日，臣等具奏，以時立嗣，仁宗欣然嘉奬。臣等再三論奏，嘗選賢者育于宫中，計無易此，仁宗首肯之。退令堯臣密作詔意。翌日，復申前請，仁宗曰：朕意已定矣，卿等無憂。』是説與同老之言前後牴牾，自相矛盾，灼然易見。兼詳彦博所陳，則仁宗未嘗拒而不納，何因堯臣率同列求罷免，以必冀開納？此固不可信者一也。又所草詔意，將有待于得請而進呈以行也，彦博言仁宗云『朕意已定矣』，同老亦云『仁宗感悟許之』，則彦博、堯臣等何爲不奏知已草詔意，乞遂行之？此固不可信者二也。且建請立宗室爲皇嗣，天下之事無大于此者，其危疑機會，間不容髮，肯容大臣方共謀議，已竊草詔命而藏之私家，殆如兒戲？此固不可信者三也。又四月建請，而仁宗言『朕意已定』，彦博所言『臣等得此意旨，謂無疑矣』，何至八月乞召韓琦爲樞密使，欲當重事，而繼有議論，直至彦博補外、堯臣身死，而竟無定議？則所謂仁宗『欣然嘉奬』、『朕意已定』者，皆爲何事耶？此固不可信者四也。同老又言：『道過北都，彦博語及堯臣忠義，乃言與富弼皆當日協心論議之人，難于自發明。』推迹此言，恐涉相期附會之意，此固不可信者五也。又富弼于治平中辭免進官表云：

『竊聞制詞敘述陛下即位時，以臣在憂服，無可稱道，乃取嘉祐中臣在中書日，嘗議建儲，以此爲效，而推今日之恩。嘉祐中，臣雖曾泛議建儲之事，仁宗尚秘其請，于陛下則如茫昧杳冥之中，未見形象，安得如韓琦等後來功效之深切著明也？』如弼此言，則何有至和三年與堯臣、彥博堅請立英宗皇帝爲嗣之事？此固不可信者六也。又韓琦初作宰相日，有劄子言：『近歲已來，内外忠孝之臣，皆以陛下臨御四海三十餘年，而皇嗣未育，天下無所繫心，乞于宗室中擇幼而可教者，權以爲嗣。臣愚竊怪陛下何疑而不行之？然兹事至大，當獨斷于聖心。如陛下素有所屬，已得其人，則望宣示中書、樞密院，使奉而行之，以慰中外之望。』觀琦此奏，方以擇宗室爲嗣，且言『如已得其人，望宣示而行之』，則至和中决無定議明矣。同老乃以琦謙挹不自有其功，謂聖意先定，遂取以爲其父之功，何其不仁之甚，狂妄之極耶！又李清臣狀琦之行，曰：『仁宗春秋高，繼嗣未立，天下以爲憂，雖或有言者，而大臣莫敢爲議首。公數乘間乞選立皇子。他日，復進曰：惟萬世之業，不可不慮。臣備位冢宰，思所以報陛下爲無窮計，宜莫先此。上顧曰：後宫一二欲就館，卿其無亟。後誕育皆皇女。公一日挾孔光傳進對曰：漢成帝立二十五年，無繼嗣，立弟子定陶王爲皇太子。成帝中材常主，猶能之，以陛下之聖，何難乎此哉？太祖爲天下長慮，福流至今，况宗子入繼，則陛下真有子矣。惟陛下以太祖之心爲心，則無不可矣。仁宗感悟，始以英宗判宗正寺。英宗力辭，公復啓曰：陛下屬之以大任而不肯當，蓋其沉遠詳重，識慮有以過人，非有他也。且名未正，尚得以辭；名體一定，父子之分明，則浮議亦不復得揺矣。仁宗欣然曰：如此，則宜乘明堂大禮前，亟立爲皇子。又詔學士爲詔書，學士亦請對，然後進藁。』由此觀之，堯臣輒草詔意藏之私家，以天下大事爲兒戲然，豈亦常竊議而妄作之，終不敢建言而死，故其遺藁雖在，亦何足爲功！但足彰其愚妄之罪爾。用此欲以揜琦之大勳，天下之人固未有信之者，况天地鬼神臨之在上，豈可欺也？加以神考聖作之碑，最著于天下，其略曰：『仁宗在位四十二年，皇嗣未立，天下共以爲憂。大臣顧避，莫敢爲上言，公乘間進曰：皇嗣者，天下安危之所繫，自昔禍亂之起，由策不早定也。他日，又言：漢成帝在位二十五年無子，立弟之子定陶王爲子。陛下聰明睿智，奈何久不决也？始以英宗判宗正寺。英宗懇辭不就命，仁宗以問公，公曰：名分之未定，去就之所難也，臣竊憂之。帝悟，遂立爲皇子。』由此論之，謂因堯臣論議緒餘，决定大議者，妄也。又太常謚議，謂琦『素藴忠義，尊立明聖，固天下之本，延生民之命，顧大臣所不敢議，而身先之』。彦博自爲祭琦之文，亦曰『正朝廷于指顧，定社稷于須臾』。然則琦之殊勳偉烈，雖平、勃、霍光不足比倫，而堯臣碌碌備位之人，曾何足算，顧足預于此乎？若夫包拯、范鎮、司馬光、吕誨、王陶則皆能抗論激切，以天下爲憂。包拯則曰：『方今大務，惟根本一事。根本若固，則枝葉之患何恤？』吕誨則曰：『周爰忠讜，審擇宫邸，以親以賢，稽合天意。』范鎮則曰：『太祖捨其子而立太宗，陛下宜擇宗室賢者，以繫天下人心。』司馬光則曰：『爲人後者，爲之子也。漢成帝即位二十五年，年四十五，以未有繼嗣，立弟之子定陶王欣爲太子。今陛下即位之年及春秋，皆已過之，豈可不爲宗廟社稷深慮哉？況今亦未使之正東宫之名，但願陛下自擇宗室仁孝聰明者，養以爲子，使天下皆知陛下意有所屬，以係遠近之心。』王陶則曰：『去歲，陛下發德音，稽故事，擇宗室，使知宗正寺。厥後成命稍稽，四方觀聽，豈免憂疑？』是數人者，則皆憂國忘身、攄意敢言之人，其言則著聞于世，非如同老所訟堯臣私竊計議，而未嘗敢發之事，妄欲希覬恩賞，而欺誣白日者也。」

64 是月庚午，司馬光而下四十有四人，追奪黜降有差。司馬光降授右正議大夫，吕公著、文彦博、吕大防、劉摯等皆追奪外，韓維、孫固係神宗潛邸人，已復職名及贈官，免追奪。㊀宋宰輔編年録卷一一崇寧元年五月庚申條。

附　載

㊀宋大詔令集卷二一〇故責授雷州别駕化州安置追復左中散大夫梁燾降授朝請大夫故責授鼎州團練副使新州安置追復左中散大夫劉摯特降授右朝議郎追貶雷州别駕追復朝奉郎王巖叟特降授寧遠軍節度行軍司馬追貶清海軍節副追復太子太保司馬光特授右正議大夫太子少傅致仕追

復河東節度使太師開府儀同三司文彦博特降太子少保依前潞國公制：「敕：尊主庇民，人臣之職。其事上則不敬，其謀國則不忠。犯義干刑，孰大於此！爾等遭時艱疚，身處廟堂，垂簾則惟奉淵嘿，退朝則妄議宗廟，紛亂綱紀，廢毁典章。凡以行之法度，靡不變更；所進之人材，靡不斥逐。以道聽塗説，施之政事，而不恤於民情；以朋比謟諛，自謂諒直，而罔稽於士論。蓋内懷怨望好勝，遂外而忘君臣之義。推原罪慝，其可勝誅！紹聖躬攬萬機，首加竄逐。朕入纘大服，與物更新。朋邪之人，適復在位，甄叙眷恤，靡不過優。言路交章，謂宜追改。稍從裁削，姑示至公。尚其有知，膺此明命。可。」又故責授舒州團練循州安置追復右光禄大夫吕大防特授太中大夫故觀文殿大學士右正議大夫中太一宫使范純仁落職餘如故制：「敕：尊主芘民，人臣之職。其事上則不敬，其謀國則不忠。犯義干刑，孰大於此。爾等遭時艱疚，身處廟堂，垂簾則惟奉淵嘿，退朝則妄議宗廟，紛亂綱紀，毁廢典常。凡所用之人材，靡不斥逐；已行之法度，靡不變更。迨宣仁寢疾彌留，泰陵年已及冠，而委政閹寺，莫肯以復辟爲言。輕視長君，處之虚器。推原罪慝，何可勝誅！紹聖躬攬萬機，甫加竄逐。朕入纘大服，與物更新。而朋邪之人，適復在位，甄叙眷恤，靡不過優。言路交章，謂宜追改。稍從裁削，姑示至公。尚其有知，膺此明命。可。」又故朝奉郎蘇軾降授崇信軍節度行軍司馬制：「敕：爾蚤繇藝文，擢置儒館，嘗以謗訕抵罪，神考赦而不誅。元祐之間，躐登華近，扶持親黨，鼓倡群邪，肆爲詆誣，以逞怨望。紹聖投之荒裔，聊正典刑。昨乃以誤恩，復還朝著。推原罪慝，在所當誅。追削故官，置之冗散。庶其黨類，知所創懲。可。」又安燾降職制：「敕：廊廟宗工，義當體國。或私懷怨望，傾摇事功。此而不懲，何以厲世。觀文殿學士、左光禄大夫、知河南府安燾，被遇神考，擢秉樞衡。泰陵以其媢附元祐用事之人，常加貶斥。朕嗣位之始，召還舊服。固宜益圖忠藎，以報寵靈。而首倡姦言，動摇邊計，凡厥舊政，務爲紛更。朕體貌邇臣，退之以禮，而未加顯黜，公議靡容。降職近班，尚居政輔之列。服我寬宥，往自省循。可依前官降充端明殿學士，差遣如故。」又王覿降職制：「朕嗣位之始，悉收放逐之士，還置近列，冀其自新。龍圖閣學士、朝散郎、知潤州王覿，服采于朝，寔居華要。而不自悛悔，附會如初。近守藩州，未加顯責。稍從貶削，姑厭群言。服我寬恩，往自循省。可依前朝散郎，降充龍圖閣直學士，差遣如故。」又豐稷降職制：「敕：爲人臣而不知所以事君之義，居禄位而不知所以爲政之方，以是繩之，何以勝責。樞密直學士、朝散大夫、知越州豐稷，頃繇元祐，致位近班。泰陵察其用心，屏居外服。朕於在宥之始，選擢不次。中司八座，靡不踐更。而進對之間，首倡異論。以善政良法，爲可改廢；以附會姦黨，爲時忠賢。變亂是非，深駭朕聽。矧元豐之際，嘗居言路，於政事法度，未嘗有所建明。語默異時，可見朋比。出守藩翰，姑遂其請。而未知典刑，寔鬱公議。降秩内閣，尚居從官。往服寬恩，益自循省。可依前朝散大夫，降充寶文閣待制，差遣如故。」

65 乙亥，詔三省籍記蘇轍而下五十有四人，更不得與在京差遣。宋宰輔編年録卷一一崇寧元年正月庚申條、國朝冊府畫一元龜甲集卷九〇朋黨門崇寧黨禍上。

丙子，敕榜朝堂，應元祐并元符末今來責降人，除韓忠彦曾任宰臣，安燾依前任執政官，王覿、豐稷見在侍從外，蘇轍、范純禮、劉奉世、劉安世等，令三省籍記姓名，更不得與在京差遣。

詔曰：昔在元祐，權臣詆誣先烈，肆爲紛更。紹聖親覽政機，灼見群慝，斥逐流竄，具正典刑。肆朕纂承，與之洗滌，悉復收召，寘諸朝廷。而締交彌固，唯以沮壞事功，〔一〕報復仇怨爲事。必欲一變熙寧、元豐之法度爲元祐之法而後已。凡所論列，深駭朕聽。至其黨與，則遷叙不次，無復舊章。乃擇其尤者，第加裁削，餘一切釋而不問。宋宰輔編年録卷一一崇寧元年正月庚申條、國朝冊府畫一元龜甲集卷九〇朋黨門崇寧黨禍上。

校識

〔一〕唯以沮壞事功　「沮」字原作「阻」，據皇宋通鑑長編紀事本末卷一二一禁元祐黨人上、宋大詔令集卷一九五諭内外詔及宋會要輯稿刑法六之二一矜貸改。

66 己卯，尚書左丞陸佃知亳州。㊀國朝冊府畫一元龜甲集卷九〇朋黨門崇寧黨禍上。

附載

㊀宋宰輔編年録卷一一崇寧元年五月己卯條載其制：「執政大臣，朕所親信，而是非去就，宜厭服中外。苟異于是，公議難逃。具官陸佃，頃爲史官，以朋黨得罪，名在責籍。元符之末，遷叙過優。朝廷以近嘗降詔，置而不問。再爲執政，始未奉行。處之安然，殊不引避。豈止昧于廉隅，亦無悔過戴恩之意。其罷綱轄，尚假州麾。勉服訓詞，毋忘循省。」

67 閏六月，尚書右僕射曾布以觀文殿大學士知潤州。〔一〕初，曾布於元符末，欲以元祐兼紹聖而行，〔二〕故力排蔡京，逐出之。至崇寧初，知上意有所向矣，又欲力排韓忠彦而專其政。無何，蔡京爲左相，大與布異。會布擬陳祐甫爲户部侍郎，京於榻前奏曰：「爵禄者，陛下之爵禄也。奈何使宰相私其親？」曾布之婿陳迪，祐甫之子也。布忿然争辯久之，聲色稍厲，於是温益叱之曰：「曾布，上前安得失禮！」上不悦而罷。翌日，殿中侍御史錢遹上章論之：「曾布呼吸立成禍福，喜怒遽變炎凉，鈎致齊人之疑言，欲破紹聖之信史。」〔三〕布由是連章乞罷，遂有是命。國朝冊府畫一元龜甲集卷九〇朋黨門崇寧黨禍上。

校 識

〔一〕據宋宰輔編年録卷一一及皇宋通鑑長編紀事本末卷一三〇久任曾布，曾布知潤州事在崇寧元年閏六月壬戌。

〔二〕欲以元祐兼紹聖而行 「紹」字原作「詔」，據皇宋通鑑長編紀事本末卷一三〇久任曾布及宋宰輔編年録卷一一崇寧元年閏六月壬戌條改。

〔三〕此奏原脱，據宋宰輔編年録卷一一崇寧元年閏六月壬戌條補。

68 丁卯，知河南府安燾提舉嵩山崇福宫。國朝册府畫一元龜甲集卷九〇朋黨門崇寧黨禍上。

69 戊辰，龍圖閣學士、知定州曾肇落職知和州。先是，左丞陸佃罷，而制詞著其史事之過。肇自以亦嘗預修史，上章待罪。

肇之奏曰：臣亦嘗預修神宗寔録。雖紹聖初得罪降職，比佃稍異，而佃今日所坐，又自以身爲執政，不能引避。然臣備位從官，嘗以史事被謫。〔一〕今佃既罷政，臣以豈敢自安？伏乞明正典刑，以厭公論，謹録奏聞，伏候敕旨。

遂有是命。國朝册府畫一元龜甲集卷九〇朋黨門崇寧黨禍上。

校識

〔一〕嘗以史事被讁　「讁」字原作「譎」，據宋會要輯稿職官六七之三八黜降官四改。

70 辛未，寶文閣待制、新差知越州鄒浩責授衡州別駕，永州安置。先是，元符二年，浩坐論立后事，已送新州羈管。上即位，皇太后垂簾同聽政。元符后乃復上疏自辨。至是，上欲再貶浩，而三省求浩元疏，不獲，下浩取藁。浩奏以元藁不存。陳瓘聞而嘆曰：「若後日有撰惡語而進者，將何以自明？」已而，蔡京果僞爲浩疏，〔二〕袖以進。

其僞疏曰：臣觀陛下之所爲，愈於商紂而甚於幽王也。殺卓氏而奪之子，欺人可也，詎可欺天耶？卓氏何辜哉？廢孟后而立劉后，快陛下之意則可也，奈天下耳目何？劉氏何德哉？祖宗有唐虞堯舜之德，而子孫有商紂、幽王之行，不識陛下寢餗安乎？今聞陛下欲立劉氏，是章惇之策也。臣今諫陛下罷立后之醜行，而行復后之賢德。聽臣之直諫而黜章惇之姦言，使天下再睹日月光明於盛大之世。不然祖宗百有餘年基業，顛覆於陛下之手矣。

上於是下詔貶浩，遂有永州之命。國朝册府畫一元龜甲集卷九〇朋黨門崇寧黨禍上。

閏六月辛未，詔：「朕仰惟哲宗皇帝元符之末，是生越王。奸人造言，謂非后出。比閱臣僚舊疏，適見椒房訴章，載加考詳，咸有顯證。殺母取子，實爲不根，詆誣欺罔，罪莫大焉。其鄒浩可重行黜責。仍檢會鄒浩元奏劄子，宣示中外。」

其劄子云：臣聞仁宗皇帝在位四十二年，邦國無流離之患，邊境無征伐之苦，黎民繁庶，萬邦咸寧。當是時，可以嬉遊後宫，非焦心勞思之秋也。而謂宰相寇準曰：「朕觀自古亂天下、敗國家者，未嘗不因女子，是以褒姒滅周，妲己亡商。朕之後宫女子，巧媚百生，朕未嘗顧盼焉。」然則仁祖之意，豈不欲垂裕後昆邪？奈何陛下遽亡其業乎。臣觀陛下之所爲，愈於桀紂，甚於幽王也。殺卓氏而奪之子，欺人可也，詎可欺天乎！卓氏何辜哉？得不愈於桀紂也？廢孟氏而立劉氏，劉氏何德哉？得不甚於幽王也？臣觀祖宗有唐堯虞舜之德，而陛下有桀紂幽王之行，不識陛下寢饒安乎？頃年彗出西方，災譴爲大，陛下避正殿以塞天變，減常膳以銷天譴。宰相章惇謂陛下曰：「未足以損陛下盛德。」又聞江西數奏累年饑饉，陛下責以宰相燮理之功，宰相章惇謂陛下曰：「天災流行，無世無之。」且以「堯有九年之水，湯有七年之旱」爲解。惇爲輔弼，忍發此言？今聞陛下欲立劉氏，惇之策也。直諫而出，惇之奸言，使天下之臣，共睹日月之光，盛大之世。不然，祖宗百有餘年基業，將顛覆於陛下之手矣。昔唐褚遂良諫高宗立武昭儀，不聽，叩頭流血，以笏置殿階，曰：「還陛下此笏，丐歸田里。」今臣諫陛下，不願歸田里力農灌園，爲亂世之民。願膾臣心以獻惇，丐惇之首，以謝天下！

於是以寶文閣待制、新差知越州鄒浩責授衡州別駕、永州安置。㈠元符皇后上疏稱謝，㈡並詔送史館。浩之本章，紹聖間即焚之。今降者，蔡京使其黨僞爲浩疏也。郝隨使館客作。

道鄉先生鄒忠公文集卷二三諫哲宗立劉后疏注。

校識

〔一〕蔡京果僞爲浩疏　「蔡京」二字，皇宋通鑑長編紀事本末卷一二九鄒浩貶逐原注引丁未録作「章惇」，李燾按語：「惇元符三年九月八日已罷相，僞鄒浩者乃蔡京也。」

附載

㈠宋大詔令集卷二一一鄒浩衡州別駕永州安置制：「仰惟哲宗皇帝，嚴恭寅畏，克勤祇德。元符之末，是生越王。奸人造言，謂非后出。比閱臣僚舊疏，適見椒房訴章。載加考詳，咸有顯證。是時兩宮親臨撫視，嬪御執事在旁。何緣外人，得入宮禁，殺母取子？實爲不根。弗示憲章，曷昭公議！通直郎充寶文閣待制、新差知越州鄒浩，内懷誑誕，靡究是非，借諭古今，肆行詆毀。有必誅不赦之罪，無改過自新之心。比因匪人，引作奸黨。固欲干流俗之譽，意在重泰陵之非。朕爲人弟，繼體承祧，豈使沽名之賊臣，重害友恭之大義！罔上之惡，已不容誅。聊從竄投，用示寬貸。不特稱朕昭顯前人之意，而又以戒爲臣之不忠。往務省循，毋增後悔。可特責授衡州别駕，永州安置。」

㈡續資治通鑑長編卷五一五哲宗元符二年九月甲子條載元祐皇后謝表：「伏覩詔書布告中外，責鄒浩誣罔故越王非妾生等事，以正朝廷之風化，以叶泰陵之聖德。銜寃上訴，俟明命於三年；頒詔，亟行示信，恩於四海，下以稱在廷之公議，上以慰哲廟之神靈，仰荷睿明，惟知感泣。伏念妾本京輦良家之子，玷先朝侍御之聯，雨露既及於凡材草木焉。知其帝力屬越王載誕之後，適長秋虚位之時，被兩宫之玉音及群臣之僉議，旋加册命，進長後宫，非天克相，以誰爲在，妾何緣而自至姦邪。横逆指愛子作他人，中外動摇，視詔詞爲誕語，於妾身而敢恨，顧先帝以何如？亦嘗自反，以人言信出不根之私語，且以元祐皇后因逐一尼，遂唱事端，逮從制勘禁書圖畫之備露，御史録案之甚明，自取彝刑，俄聞廢命，卷牘固存，於朝論推原，豈本於妾身？方群小之肆誣，實衆尤之難辨。逮陛下承祧之始，當欽聖垂簾之閒，泣血書辭，呼天雪憤，庶幾中外備見始終。豈其元祐之朋邪，競蓄前朝之怨憾，喜聞人過，肯驗是非，增飾煩言，更加傷害，方且擬議以深斥，尚何封章之可行。妾所痛者，慮傷先帝之明恩；妾所重者，恐亂後世之信史。惟大事之若是，曷小己之足論。終期群枉之冰銷，果賴至仁之洞察，奮英謀而獨斷，紹列聖以御圖，邪正剖分，黑白明著。姦言僞説，難逃聖覽之明；巧詆深寃，灼見沽名之賊。曲刊丹悃，昭示四方，此蓋伏遇皇帝陛下堯、舜相承，文、武善繼，上追兄弟友愛之義，下憐母子孤露之情。辨百年疑似之非，正萬世彰明之典。妾殞身何報，没齒知榮，生當竭節以答聖恩，死亦無憾而見哲廟。」

71 閏六月壬午，〔一〕寶文閣待制、知潤州王覿奪職知海州。㈠故資政殿大學士、右光禄大夫李清臣追貶武安軍節度副使。〔二〕先是，元符中，清臣爲門下侍郎，嘗上疏力數章惇罪。至是，有詔謂臣僚所論章惇多誕謾無實狀，遂有是命。㈡言者又以清臣與韓忠彦、黄履執政日，請復元祐皇后，義非所安，再貶雷州司户參軍。國朝冊府畫一元龜甲集卷九〇朋黨門崇寧黨禍上。

校識

〔一〕閏六月壬午　五字原脱，據宋宰輔編年録卷一一建中靖國元年十月乙未條補。該段文字亦見於宋宰輔編年録。

〔二〕右光禄大夫李清臣追貶武安軍節度副使　「武安」二字原倒，據宋宰輔編年録卷一一建中靖國元年十月乙未條乙正。

附載

㈠宋大詔令集卷二一一降授承議郎充寶文閣待制知潤州王覿落職依前官知海州制：「敕：刑罰者，聖人之所矜慎，取捨重輕之際，必期于至當而後已。比因人言，凡在責籍而牽叙過優者，悉銓次而裁抑之。乃有差次不倫，害於平直。載加訂議，始協厥中。降授承議郎充寶文閣待制、知潤州、輕車都尉、永安縣開國伯、食邑九百户、賜紫金魚袋王覿，曩因朋附，得罪先朝。逮予纘承，猶罔悛悔。朕將爾貸，公論豈容！褫職近班，尚司民社。省愆毋怠，祇服寬恩。可落寶文閣待制，特授依前降授承議郎知海州。」

㈡宋大詔令集卷二一二李清臣追貶安遠軍節度副使制：「敕：明罰慎刑，亶惟先烈；繼志述事，粤在朕躬。既辨厚誣，宜申常憲。雖失幸生之罔，用誅既死之姦。故資政殿大學士、右光禄大夫李清臣，懷狠愎之資，挾傾邪之志，諂附權要，包藏禍機。旋還貳於近司，遂肆馳於大憝。被遇永泰，得罪是容；幸災元符，乘釁而作。欲逞怨懟不滿之志，適會艱難未濟之時，夤緣黜臣，醜詆往政，謂皆忮忍殺伐之事，用爲輔導開迪之端。受禍者一千餘家，餓死者數十萬計。斬頸拔舌，釘足剥膚。如其所陳，知乃非道，在當時固未嘗有，雖路人亦不忍聞。妄恣誕謾，恬無忌憚。爲臣如是，省己若何。鬼得而誅，不亡奚待！人言可畏，雖蓋益彰。按劾孔昭，廢黜已晚。尚其未泯，庶或有慚。可特追貶安遠軍節度副使。」按李清臣所貶，宋史全文卷一四及宋史卷一九徽宗紀一皆同本書作武安軍，詔令集作「安遠軍」當誤。

72 是日，又詔新知常州豐稷責授海州團練副使，滁州安置；〔一〕新知鄂州張舜民責授楚州團練副使，商州安置。㊀國朝册府畫一元龜甲集卷九〇朋黨門崇寧黨禍上。

校識

〔一〕滁州安置 「滁州」，皇朝編年綱目備要卷二六崇寧元年閏六月追貶李清臣竄豐稷張舜民條、皇宋十朝綱要卷一六、宋大詔令集卷二一一豐稷責授海州團副睦州安置制及宋會要輯稿職官六七之三八黜降官四皆作「睦州」。丁未録誤。

附載

㊀宋大詔令集卷二一一豐稷責授海州團副睦州安置制：「敕：直道而行，古人所貴；因心則友，朕豈敢忘。既審核於鉅姦，宜布昭於明憲。朝散大夫、新差知常州豐稷，欺愚而干譽，飾詐以盜名。外示静恬，中懷險詖。被遇神考，薦爲臺閣之華；受知泰陵，屢除侍從之要。在汝何負？於時極榮。俄緣汲引之私恩，乃肆傾邪之横議。初諫垣之進擢，忽奏牘之上聞。妄託説於元豐，皆借□

於紹聖。謂不爲容悦，逢君之惡；謂不懷觀望，陰害忠良；謂不以聲色爲常事，以醉上心；謂不以淫巧爲末務，以蕩上意。至論黜臣之過，尤加往政之愆。遂謂顛倒是非，變亂名寔，拔擢群小，毒流四方。慘刻陰邪，感動天變。公爲指斥，巧致媚諛。朋誣滋蠹政之基，鄉原實害德之賊。姑從薄責，例假遠麾。惟罪惡之貫盈，忽封章之交至。咎將誰執？戚寔自貽！往副州團，無忘内訟。可特責授海州團練副使，睦州安置。」又張舜民責授楚州團練商州安置制：「敕：直道而行，古人所貴；因心則友，朕豈敢忘。既審核於鉅姦，宜布昭於明憲。朝奉大夫、新差知郢州張舜民，姦邪飾智，激訐釣名。永泰惡而不誅，曲加函貸；元祐幸其有變，遂肆誕謾。領袖庶頑，羽翼群枉。熙寧立政，凡更張皆見於厚誣；紹聖黜幽，謂畢竟不知其何罪。欺惑愚衆，諂附貴權。已而接武於禁林，宜爾秉心於中道。乃剡奏牘，深包禍心。輕嚴父之孝思，託言念祖；衒鍊石之邪説，無路補天。言皆險膚，志在指斥。姑從薄責，俾假遠麾。惟罪惡之貫盈，忽封章之交至。咎將誰執？戚寔自貽！往副州團，無忘内訟。可特授楚州團練副使，商州安置。」

73 七月，寶文閣待制、新知定州葉祖洽降集賢殿修撰、提舉建州冲祐觀。〔一一〕㊀國朝册府畫一元龜甲集卷九〇朋黨門崇寧黨禍上。

校識

〔一〕據宋大詔令集卷二一二葉祖洽降授集賢殿修撰提舉冲祐觀制及宋會要輯稿職官六七之三八黜降官四，其事在崇寧元年七月乙酉。

附載

㊀宋大詔令集卷二一二葉祖洽降授集賢殿修撰提舉冲祐觀制：「敕：忠以事君，亶惟近厚；過則稱己，庸詎飾非？苟肆嘐嘐進取之狂，而忘業業小心之慎。談何容易，孽豈可違。朝請大夫充寶文閣待制、新差知定州葉祖洽，還擢天官，出分閫寄。顧内外之任雖異，然文武之用靡殊。曾是不思，遽茲妄發。名老成而誇大，託正統以怒張。縱能辨罪以明非，猶貴安時而處順。大言則望大利，況有道之不容；公事而爲公言，奚留中之敢請。辭皆躁忿，位罔靖共。更援弼臣之薦論，將要人主之宣問。自貽伊慼，夫復何求。往典祠宫，尚班書殿。其思循省，以體寬矜。可降授集賢殿修撰、提舉冲祐觀。」

74 觀文殿大學士、知潤州曾布落職，提舉亳州太清宫，太平州居住，〔一〕用侍御史陳過言也。國朝册府畫一元龜甲集卷九〇朋黨門崇寧黨禍上。

時侍御史錢遹言：「曾布初與韓忠彦、李清臣結爲死黨。既登相位，析交離黨，日夜争勝。不及半月，首罷市易，變法之論，相因而至。于是范純粹乞差衙前，〔二〕以害神考之免役；李夷行乞復詩賦，以害神考之經術。力引王古爲户書，以掌開闔斂散之權；王覿爲中丞，以定是非可否之論。」又奏布與宦官閻守懃等相交結，使門人李士京通道言語，及諷金山寺獻地以應讖記等事。遂有是命。㈠宋宰輔編年録卷一一崇寧元年閏六月壬戌條。〔三〕

校　識

〔一〕據宋會要輯稿職官六七之三八黜降官四，曾布太平州居住事在崇寧元年七月三日（丙戌）。

〔二〕于是范純粹乞差衙前　「前」字原作「校」，據皇宋通鑑長編紀事本末卷一三〇久任曾布改。

〔三〕此數句於宋宰輔編年録未注明引丁未録，以同段中含本書崇寧元年閏六月壬戌條之文推知係出丁未録。

附　載

㈠宋大詔令集卷二一〇曾布落職提舉亳州太清宫太平州居住制：「敕：輔弼之任，職靡容私；賞罰之權，義無縱惡。儻辜寄委，難逭譴訶。觀文殿大學士、左銀青光禄大夫、知潤州曾布，被遇先朝，進參樞筦。逮予纘服，擢貳宰衡。初無純美之誠，以相繼述之志。所好雖儇浮必録，所惡雖正直弗容。指縱異意之人，幾壞揚功之政。迨其軋已，始務改圖。朕方虚宁仰成，聽其悔過，庶收後效，待以不疑。遂專威禍之權，盡引腹心之黨。勢可炙手，門如沸湯。曾微獻替之忠，屢驗矯誣之迹。至使子壻，縱横市恩。假託姻親，密交婦女。妄謂朋游之舊，潛通賄賂之私。坐合附下之圖，更起無名之役。苟知護田而障水，弗思蠹國而害民。開力馬河數百里間，費予邦財四十萬計。地變陸海，利入私門。無魯相拔葵之風，有漢臣專利之横。頃言荐興，按驗不誣。大臣若此，咎將誰執。尚以久從左右，姑務含容，止鐫祕殿之華資，往即祠宫之休使。盍思内訟，罔蹈後艱。可。」

75 尚書左丞蔡京爲尚書右僕射。〔一〕先是，元符末，哲宗升遐，上即位，欽聖太后垂簾同聽政，召范純仁於永州，虚宰席以待。純仁病不能朝，乃拜韓忠彦爲左僕射，曾布爲右僕射。其年改建中靖國。〔二〕欽聖太后上仙，布爲山陵使，布乃密諭中丞趙挺之建議紹述。還朝，與忠彦勢相敵，漸逐忠彦薦引之士，盡復紹聖、元符之政。忠彦怨布，於是曰：「布之自爲計者，紹述耳。吾當用能紹述者勝之。」遂召京用之。京之用，自韓忠彦始。起居郎鄧洵武又爲愛莫助之之圖以獻，〔三〕其説以爲「陛下方紹述先志，群臣無助之者」。其圖如史書年表，〔四〕列爲旁通，〔五〕分爲左右，自宰相、執政、侍從、臺諫、郎官、館閣、學校，分爲七隔，左曰紹述，〔六〕右曰元祐。左序紹述者曰：「宰相、執政中，温益一人而已。」其餘每隔止三四人，如趙挺之、范致虚、王能甫、錢遹是也。右序舉朝輔相公卿百執事皆在其間，至百餘人。又於左序别立一項，用小貼子揭云：「曾布密稟揭去臣僚姓名。」上曰：「洵武言非相蔡京不可，不與卿同，故揭去。」布曰：「洵武所陳，既與臣所見不同，不當議。」遂以其圖付温益。益欣然奉行，乞籍記異論之人，於是上决意用京矣。至是，遂以京爲右僕射。〔一〕國朝册府畫一元龜甲集卷九〇朋黨門崇寧黨禍上。

自京爲相，即召知揚州蔡卞爲中太一宫使兼侍讀，徙雷州司户章惇爲舒州團練副使，睦州居住。宋宰輔編年録卷一一崇寧元年七月戊子條。

校　識

〔一〕據皇宋通鑑長編紀事本末卷一三一蔡京事迹，蔡京爲尚書右僕射事在崇寧元年七月戊子。

〔二〕其年改建中靖國　「其」字，宋宰輔編年録卷一一崇寧元年七月戊子條引丁未録作「明」。

〔三〕起居郎鄧洵武又爲愛莫助之之圖以獻　「圖」字原作「團」，據宋宰輔編年録卷一一崇寧元年七月戊子條引丁未録改。

〔四〕其圖如史書年表　「史書年表」四字，宋宰輔編年録卷一一崇寧元年七月戊子條引丁未録作「司馬遷年表例」。

〔五〕列爲旁通「通」字，宋宰輔編年録卷一一崇寧元年七月戊子條引丁未録作「行」。

〔六〕左曰紹述「紹述」二字，宋宰輔編年録卷一一崇寧元年七月戊子條引丁未録作「元豐」。

附載

(一)宋大詔令集卷五八蔡京除右僕射：「門下：文昌萬物之源，源清而流潔，僕射百僚之表，表正而景端。若昔保邦，敷求俊德。肆予共政，厥有舊人，咸造于庭，明聽朕訓。中大夫、尚書左丞蔡京，才高而識遠，氣粹而行方，蚤逢聖旦之有爲，遍歷儒林之妙選，徊翔滋久，趣操益醇。出殿侯藩，入居翰苑，適草元符之末命，預聞翼室之多艱，去就甚明，忠嘉具在。人之艱矣，動以浮言，天實臨之，賚予良弼。是用延登右揆，總領西臺，超進文階，增陪井賦。慨念熙寧之盛際，闢開端揆之宏基，弛役休農，尊經造士，明親疎之制，定郊廟之儀，修義利之和，聯比閭之政，國馬蕃乎汧渭，洛舟尾乎江淮，周卿率屬以阜民，禹迹播河而入海。經綸有序，威德無邊。而曲士陋儒，罔知本末；强宗巨黨，相與變更。凡情狃於尋常，美意從而蠹壞。賴遺俗故家之未遠，有孝思公議之尚存。愼圖厥終，正在今日。於戲！武王繼志，昭哉文考之功；曹參守規，藹若蕭何之迹。其輔台德，永孚于休。可特授通議大夫、守尚書右僕射。」

76 是月丁酉，布降中大夫，守司農少卿、分司南京。錢遹言：「陛下入繼大統，太母垂簾。曾布乞獨班奏事，力引韓忠彦、李清臣、豐稷、曾肇之徒，鱗集於朝。忠彦引陳瓘、龔夬，曾布引陳次升、李清臣、豐稷，合黨締交，造端設計，睥睨宫禁，莫敢誰何。欲變亂當時事實，以誣毁哲廟。李勣乃布、肇姻家，率爾上書，乞廢元符皇后。伏望重行竄殛。」布遂責降。㈠忠彦崇福宫，㈡清臣、肇、稷等皆貶責。宋宰輔編年録卷一一崇寧元年閏六月壬戌條。〔一〕

校識

〔一〕本條於宋宰輔編年録未注明出自丁未録，以同段中含本書崇寧元年閏六月壬戌條之文推知係出丁未録。

附載

㈠宋大詔令集卷二一二曾布中大夫司農卿分司南京依舊太平州居住制：「敕：朕承祧而弟及，纘服以君臨。永泰上賓，當盡始終之義；長秋正位，孰爲興廢之謀。彼締交合黨以何心，皆樂禍幸災而妄作。追懷往烈，用厚群倫。具官曾布，昔位元樞，機專大政，適會垂簾於東殿，誠求奏事於獨班。詭祕莫聞，傾邪罔測。嗟先朝之奚負，肆悖德之敢爲！菆塗尚新，陵土未復，輒借資於外議，將謀廢於中宫。面具奏陳，恬無忌憚。生而臣主，没則寇讎。乃使有志名教之徒，而形不保妻子之嘆。是可忍也，人其謂何！發政施仁，猶恤孤之是急；繼志述事，豈同父之可忘。徐思其言，重惻朕志。宜伸明罰，用慰在天。尚示寬矜，其加循省。可特授中大夫、司農卿、分司南京，依舊太平州居住。」

㈡宋大詔令集卷二一二韓忠彥降授正議大夫提舉西京崇福宮制：「敕：朕承祧而弟及，纘服以君臨。永泰上賓，具存謨訓；長秋正位，曲盡禮經。彼締交合黨以何心，皆樂禍幸災而妄作。追懷往烈，用厚群倫。具官韓忠彥，世受異恩，身爲上宰，嗟先朝之奚負，肆悖德之敢爲！菆塗尚新，陵土未復，輒借資於外議，將謀廢於中宮。面具奏陳，恬無忌憚。生而臣主，没則寇讎。乃使有志名教之徒，而形不保妻子之嘆。是可忍也，人其謂何！發政施仁，猶恤孤之是急；繼志述事，豈同父而可忘。徐思其言，重惻朕志。宜伸明罰，用慰在天。尚示寬矜，其加省循。可特授右正議大夫、提舉西京崇福宮。」

77 主管亳州明道宮張耒責受房州別駕，黃州安置。〔一〕㈠國朝册府畫一元龜甲集卷九〇朋黨門崇寧黨禍上。

校識

〔一〕據皇宋通鑑長編紀事本末卷一二一禁元祐黨人上及皇宋十朝綱要卷一六，張耒黃州安置事在崇寧元年七月庚戌。

附載

（一）宋大詔令集卷二一二張耒散官黃州安置制：「敕：欺愚惑衆，罪不容誅；敗俗亂常，刑茲無赦。自昔害熙豐之政事，至今稱軾轍之姦雄。爾賴以進身，利其爲地。因狐趍而諂附，肆烏合以脅從。固未嘗受業於門墻，夫安得託名於弟子？朕初臨御，時屬艱難，由群枉潛萌于詭謀，謂二凶必至於大用。謟揚孽欲，蕪穢正途，陰通拳拳之誠，力結嚬嚬之黨。私相尊大，誕取詆誣。於其喪亡，遽形號慟，妄意青氈之舊，言旋黃閫之華。偃蹇怙終，虛驕稱譽。借曰有師之道，猶爲無服之喪。豈有在位長民，職當宣化，朝垂紫綬，晝服白衣！蔑視搢紳，傳呼師弟。考以人情而非當，稽諸古訓而不經。動搖喜異之凡民，歆豔背公之醜類。其謗訕先烈，曾不知朝廷之可尊；而扶持邪心，反僞指師資之宜敬。嗟無父無君而已甚，顧不仁不義以云何！按驗既明，竄殛斯允。姑仍散秩，俾處遐邦。往體寬恩，益思前咎。」

78 八月，鹿敏求、高士育、呂彥祖、何大正各追前所授官。（一）先是，元符末，敏求等以應詔上書班賞，敏求自韶州仁化縣令，特改承事郎；士育以左班殿直，特換承務郎；大正以太學上舍生，特賜同進士出身，爲真州司法參軍；彥祖亦補初等官，爲淄州司户參軍。士育、敏求仍召對。至是，言者論之，（一）遂有是命。國朝册府畫一元龜甲集卷九〇朋黨門崇寧黨禍上。

校識

〔一〕按據皇宋通鑑長編紀事本末卷一二三編類元符章疏及皇宋十朝綱要卷一六，追鹿敏求等所授官事在崇寧元年八月乙丑。又宋會要輯稿職官六七之四〇黜降官四繫其事於八月二十八日（庚辰）。

附載

㊀皇宋通鑑長編紀事本末卷一二三編類元符章疏載臣僚上言：「前日詆訕先朝、動揺法度、罪不容誅之人，比者追貶而顯黜之，皆板鏤所陳章疏，且頒降手詔，著所以罪之之由，俾中外洞知本末，此真與衆棄之之美意也。臣愚尚以爲陛下踐阼之始，淵默不言，嘗開獻書之路，而以書獻者，有自布衣取甲科以令百里，或加秩一等，或解武弁而寄寺、監、丞、簿之禄。天下之士，不知彼所論列爲何等語言，往往懷疑，迄今不釋。欲望出其所上封事，布之四方，果其言有補國是，則至公之議，帖然自厭。脱或志在覬望，倖僥名器，無忠嘉一定之論，有姦憸兩可之語，附下罔上，累光烈而害初政，則于此時，豈可以置而不問？如以臣言可採，望早賜施行。」

79 九月乙未，〔一〕詔具元符三年上書臣僚姓名。

敕中書省開具元符三年臣僚章疏姓名如左：

正等上：鍾世美等六人；

正等中：耿毅等十一人；〔二〕

正等下：許奉世等二十二人。

承務郎以上邪等：

邪等上尤甚：鄧考甫等十人；

邪等上：梁寬等八人；

邪等中：王望之等五十九人；

邪等下：王革等一百三人。

選人邪等：

邪等尤甚：范柔中等三十一人；

邪等上：李珪等三十五人；〔三〕

邪等中：王忠恕等八十五人；

邪等下：朱紘等二百二人。〔四〕國朝冊府畫一元龜甲集卷九〇朋黨門崇寧黨禍上。

校識

〔一〕九月乙未　四字原脱，據宋宰輔編年録卷一一崇寧元年七月戊子條引丁未録補。

〔二〕耿毅等十一人　「一」字，皇宋通鑑長編紀事本末卷一二三編類元符章疏作「三」。

〔三〕李珪等三十五人　「李珪」，皇宋通鑑長編紀事本末卷一二三編類元符章疏及宋會要輯稿職官六八之二黜降官五所載名籍皆無，其「邪中」類有「李圭」。

〔四〕朱紘等二百二人　「朱紘」，皇宋通鑑長編紀事本末卷一二三編類元符章疏及宋會要輯稿職官六八之二黜降官五所載名籍皆無，其「邪下」類有「朱肱」，疑是其人。

80 九月丁酉，〔一〕貶謫韓忠彦、曾布、李清臣、黄履、曾肇、豐稷、陳瓘、龔夬、閻守懃、張琳、馮説、曹蓋、葛茂宗、〔二〕楊琳、蘇昞、劉謂、兗公適、柴衮、趙天佑、馮百藥、洪羽，合二十一人，以嘗議元符皇后故也。

敕中書省：臣僚上言：「臣竊追觀元符末命，陛下入繼大統，太母垂簾聽政，陛下退託不言，權臣用事。曾布乞獨班於内東門幄殿奏事，計議詭秘，衆莫預聞。布内懷異意，仰俯經畫，呼吸群助。於是力引韓忠彦、李清臣、豐稷、曾肇之徒，鱗集於朝。内挾私恨，共濟姦謀。韓忠彦引陳瓘爲正言，龔夬爲殿中侍御史，曾布引陳次升爲侍御史，李清臣引豐稷爲中丞，合黨締交，造端設計，睨睥宫禁，莫敢誰何。以閻守懃等爲内應，以豐稷、陳瓘、龔夬等爲外援，議廢元符皇后，欲變亂當時策立大事，實以誣毁哲廟，行路之人所不忍聞，忠臣義士莫不扼腕涕泗。異議一出，流傳四方，孰敢不信？以至朝奉郎、知眉州李積中上書論列，其略曰：『切聞臣僚上言，有欲廢元符皇后者。哲宗臨御天下十有六年，泰陵之廟未祔，而曾不得保其妻子。』忠義憤懣，抗論激切，聞者流涕。使朝廷大臣初無是議，積中又安得有是聞乎？既有是聞，人安能保其無是事乎？此遠近聽聞所以驚嗟而震駭也。陛下如不見其形，當察其影矣。臣切仰惟先帝在御，焦勞圖治，恢復境土，紹休神考，可謂持盈守成之賢主矣。元符皇后篤生越王，大臣廷議，稽考舊章，乃正位中宫，母儀天下。不識忠彦、清臣、布、肇之徒，明爲而建此議乎？仰賴陛下孝友神明，照破姦謀，使不敢作曲，全先朝之美，天下不勝幸甚！萬一當時誤有聽納，使姦臣之計得行，則傷敗風俗，傳笑四夷，可追悔耶！」國朝册府畫一元龜甲集卷九〇朋黨門崇寧黨禍上。

校識

〔一〕九月丁酉 「丁酉」二字原脱，據宋宰輔編年録卷一一崇寧元年七月戊子條引丁未録補。

〔二〕葛茂宗 「葛」字原作「郭」，據宋會要輯稿職官六八之二黜降官五及下文元祐黨人名籍改。

81 己亥，詔具黨籍姓名進入。

敕中書省：應係元祐謫籍，并元符末叙復過當之人，各具元籍定姓名人數進入，仍常切契勘，不得與在京差遣。中書開具姓名。

文臣曾任宰相、執政官：文彥博、呂公著、司馬光、安燾、呂大防、〔一〕劉摯、梁燾、〔二〕王巖叟、范純仁、韓忠彥、王珪、王存、鄭雍、傅堯俞、趙瞻、韓維、孫固、范百禄、胡宗愈、李清臣、蘇轍、劉奉世、范純禮、陸佃。

曾任待制已上官：蘇軾、范祖禹、王欽臣、姚勔、顧臨、趙君錫、馬默、孔武仲、王汾、孔文仲、朱光庭、吳安持、〔三〕錢勰、李之純、孫覺、鮮于侁、趙彥若、趙卨、孫升、李周、劉安世、韓川、賈易、呂希純、曾肇、王覿、范純粹、楊畏、呂陶、王古、陳次升、豐稷、謝文瓘、鄒浩、張舜民。

餘官：秦觀、湯馘、杜純、司馬康、宋保國、吳安詩、張耒、歐陽棐、呂希哲、〔四〕劉唐老、晁補之、黃庭堅、黃隱、畢仲游、常安民、孔平仲、王鞏、張保源、汪衍、余爽、鄭俠、常立、程頤、唐義問、余卞、李格非、商倚、張庭堅、〔五〕李祉、陳佑、任伯雨、陳郛、朱光裔、蘇嘉、陳瓘、龔夬、吕希績、歐陽中立、吴儔、吕仲甫、徐尚、〔六〕劉當時、馬琮、謝良佐、陳彦默、劉昱、魯君貺。

内臣：張士良、魯燾、趙約、譚扆、〔七〕楊偁、陳詢、張琳、裴彦臣、韓跋。〔八〕

武臣：王獻可、張巽、李備、胡田。國朝册府畫一元龜甲集卷九〇朋黨門崇寧黨禍上。

校識

〔一〕吕大防　「吕」字原作「吴」，據宋宰輔編年録卷一一崇寧元年七月戊子條引丁未録及本書崇寧二年九月辛丑條改。

〔二〕梁燾　「梁」字原作「劉」，據宋宰輔編年録卷一一崇寧元年七月戊子條引丁未録及本書崇寧二年九月辛丑條改。

〔三〕吴安持　「持」字原作「恃」，據本書崇寧二年九月辛丑條及續資治通鑑長編拾補卷二〇崇寧元年九月己亥條改。

〔四〕吕希哲　「吕」字原作「吴」，據本書崇寧二年九月辛丑條及續資治通鑑長編拾補卷二〇崇寧元年九月己亥條改。

〔五〕此下原衍「鄭佑」二字，據本書崇寧二年九月辛丑條、續資治通鑑長編拾補卷二〇崇寧元年九月己亥條及宋會要輯稿職官六八之九黜降官五删。

〔六〕徐尚 「尚」字，續資治通鑑長編拾補卷二〇崇寧元年九月己亥條作「常」。

〔七〕譚扆 「扆」字原作「房」，據本書崇寧三年四月甲辰并六月壬寅條、續資治通鑑長編拾補卷二〇崇寧元年九月己亥條改。

〔八〕韓跋 按續資治通鑑長編拾補卷二〇崇寧元年九月己亥條，韓跋在餘官類。

82 丙午，詔徐勣落職，其告令所在官司收掌，候服闋，與小郡。以其前草責章惇潭州安置誥詞過甚也。國朝册府畫一元龜甲集卷九〇朋黨門崇寧黨禍上。

83 丁未，内侍張琳等十二人編配、居住有差。國朝册府畫一元龜甲集卷九〇朋黨門崇寧黨禍上。

84 十月壬子朔癸丑，知泗州李夷行特勒停。國朝册府畫一元龜甲集卷九〇朋黨門崇寧黨禍上。

85 甲寅，任伯雨、張庭堅各編管，曾紆、吴則禮并勒停，陳次升濠州居住。國朝册府畫一元龜甲集卷九〇朋黨門崇寧黨禍上。

86 乙亥，降授右正議大夫、提舉西京嵩山崇福宮韓忠彦降授太中大夫，懷州居住。㊀國朝冊府畫一元龜甲集卷九〇朋黨門崇寧黨禍上。

附載

㊀宋大詔令集卷二一二韓忠彦降授太中大夫依舊提舉西京崇福宮懷州居住制：「敕：名隸謫籍，無引咎之心者不赦；言誤朝聽，有欺君之心者必誅。右正議大夫、提舉西京嵩山崇福宮韓忠彦，頃在元符，入持大柄，方時多故，乘朕不言，輒有狂生。敢陳邪説，妄謂竊人之子，力成不道之謀。欲輕廢於中宮，仍厚誣於先帝。當從逐斥，爾預進呈。顧公牘之且存，乃朕躬之親察。抗章自辨，罔上何多！矧言者以爾不孝不忠、不仁不義，兼兹衆慝，寔駭予聞。是宜貶秩之刑，以懲迷國之耻。往加惕厲，服我寬恩。可。」

87 十月丙子，廢黜周常等二十有七人。〔一〕

敕：臣僚上言：「元祐之初，共成黨與、變壞法度等人，朝廷已施行。所有元符之末，共成黨與、變更法度、復爲元祐等人，伏望詳酌施行。」奉聖旨，知越州周常落寶文閣待制，管勾江寧府崇禧觀，婺州居住；知廬州龔原管勾成都府玉局觀，和州居住；知徐州劉奉世管勾西京嵩山崇福宮，沂州居住；知郢州吕希純管勾南京鴻慶宮，汝州居住；知海州王覿管勾江州太平觀，江州居住；知隨州王古管勾台州崇道觀，温州居住；知濮州謝文瓘管勾洪州玉隆觀，洪州居住；提舉西京嵩山崇福宫劉安世，光州居住；管勾南京洪慶宫范純粹，鄂州居住。知滑州陳師錫、知蔡州歐陽棐、知邢州吕希哲、知果州晁補之、黄庭堅、黄隱、畢仲游、常安民、孔平仲、王鞏、張保源、陳郛、〔二〕朱光裔、蘇嘉、余卞、鄭俠、胡田、孟在，並宫觀嶽廟、外軍州居住，仍依宫觀新格，遵守不同在一州居住旨揮。國朝册府畫一元龜甲集卷九〇朋黨門崇寧黨禍上。

校　識

〔一〕廢黜周常等二十有七人　「七」字原作「九」，據本條所列落職名録及宋宰輔編年録卷一一崇寧元年七月戊子條引丁未録改。

〔二〕陳郛　「陳」字原作「張汝」，據本書崇寧二年九月辛丑條及續資治通鑑長編拾補卷二〇崇寧元年十月丙子條改。

88 十一月壬午朔壬辰，詔黨人子孫，不許擅到闕下。國朝册府畫一元龜甲集卷九〇朋黨門崇寧黨禍上。

89 癸巳，降授中大夫、守司農少卿、分司南京、太平州居住曾布責授武泰軍節度副使，衡州安置。〔一〕㊀國朝册府畫一元龜甲集卷九〇朋黨門崇寧黨禍上。

布嘗薦學官趙諗，而諗叛。宋宰輔編年録卷一一崇寧元年閏六月壬戌條。〔二〕

校　識

〔一〕按宋會要輯稿職官六八之四黜降官五以其事在二十一日（壬寅），皇宋通鑑長編紀事本末卷一三〇久任曾布誤以此事在九月壬寅。

〔二〕此零句於宋宰輔編年録未注明引丁未録，以同段中含本書崇寧元年閏六月壬戌條之文推知係出丁未録。

附　載

㊀宋大詔令集卷二一二曾布責授武泰軍節度副使衡州安置制：「敕：罔上之奸，法所不赦；滔天之罪，義無可容。降授中大夫、守司農卿、分司南京、太平州居住曾布，頃被國恩，嘗居相位，專權

自恣，黷貨無厭。交通近習之私，顯有開邪之迹。公行問遺，密達語言。捨他人之田，以矯報親恩；請有識之地，以自圖己福。雖云剡奏，寔駭予聞。既收可用之才，輒薦逆謀之首。逮茲獄具，曾不自陳，遽寬假於衆人，務覆藏於私慝。至東朝奏事，力請獨班。俾衆莫聞，厥心安在？啓後世難防之弊，隳本朝有定之規。罪不勝誅，刑其可緩。姑貶從於散秩，用投置於遐州。往務省循，無重尤悔。」

90 甲辰，上書人范柔中等停降有差。

詔曰：元符末，下詔求直言，蓋欲廣朕聞見，裨益政治。比以所上章疏，付之有司，考其邪正。今具名來上，其間昌言讜議，指陳闕失，皆所嘉納，不能釋手。至其言當於理，又力陳父子兄弟繼述友恭之義者四十一人，悉令旌擢，用勸多士。外有附會姦慝、誣毀先帝政事者，總五百四十一人。然言有淺深，罪有輕重。取其詆誣謗斥言甚者三十人，覽之流涕，不忍再觀。得罪宗廟，朕不敢貸。可責逐遠方。〔一〕次等四十一人，其言多詆誣，各與等第，降官責遠小處監當，以戒爲臣之不忠者。國朝冊府畫一元龜甲集卷九〇朋黨門崇寧黨禍上。

校　識

〔一〕「取其詆誣謗斥」至「可責逐遠方」　宋宰輔編年録卷一一崇寧元年七月戊子條引丁未録作「取其詆謗指斥邪等中尤甚者三十人，係范柔中等，並逐處羈管」。

91 十二月辛亥朔癸丑，責韓忠彥濟州、安燾漢陽軍，各安置；㊀曾布賀州别駕，蔣之奇落職，范純禮徐州，陳次升臨江軍，〔一〕各居住；都貺送吏部，錢景祥、秦希甫各監當，以棄湟州也。國朝冊府畫一元龜甲集卷九〇朋黨門崇寧黨禍上。

校　識

〔一〕陳次升臨江軍　「江」字原作「監」，據宋會要輯稿職官六八之五黜降官五改。

附　載

㊀宋大詔令集卷二一二韓忠彥責散官濟州安置制：「朕惟河湟故壤，外制氐羌。神考眷謀，常命經理。紹聖繼志，克成厥功。而蠹政害能之臣，爲蹙國資寇之計。幅員千里，舉而棄之，恤將覆軍，禍逮生齒。興言及此，彌以衋然。黷害先猷，朕不敢赦。降大中大夫、提舉西京嵩山崇福宫韓忠彥，憑籍世資，冒至宰輔，本懷異意，終不革心，濟惡朋姦，無所忌憚。廢徹竟土，誅戮將臣，

快彼敵情，沮我士氣。彈章沓至，稽驗咸實。往副戎節，處於濟南。玆爲寬恩，其務循省。可特責授崇信軍節度副使，濟州安置。」

92 己亥，新知海州吕仲甫除直龍圖閣、知徐州。〔二一〕先是，役法新舊差募二議，〔二二〕俱有弊。王安石主雇役，司馬光主差役。范純仁、蘇軾俱光門下士，亦以差役爲未便。章惇，安石門下士，尚以雇役爲未盡。〔二三〕純仁、軾、惇雖賢否不同，然悉聰明曉吏事，兼知南北風俗，其所論甚公，各不私其所主。元祐初，光復差役改雇役，惇議曰：「保甲、保馬一日不罷，有一日害。如役法，則熙寧初以雇役代差役，講之不詳，行之太速，故後有弊。今復以差役代雇役，當詳議熟講，庶幾可行。而限止五日，太速，後必有弊。」光不以爲然。惇對太皇太后簾下與光爭辯，語不遜，太后怒，惇以罪去。蔡京時知開封府，用五日限盡改畿縣雇役之法爲差役，至政事堂白光。光喜曰：「使人人如待制，何患法之不行？」紹聖初，惇入相，復議以雇役改差役，置司講論，召縣令之知民事者，外以李深爲編敕所看詳利害文字，專一看詳役法。除蔡京爲户部尚書、兼提舉，於是，京欲掩塗元祐迎合之迹，乃白惇曰：「取熙寧、元豐法施行之耳，尚何講爲？」惇信之，遂請人額、雇直一從元豐舊法。李深持不可，曰：「先帝月窮歲□，以故司農有所謂更改册，猶敕令之有續降敕令，可詳重定修，而役法獨爲不可耶？官府使令，執役者有以自活，足矣。何事箕斂爲民蠹，然後爲雇役耶？」争之不能得，乃移書執政論之，又移書御史，出通判通遠軍。建中靖國初，復召深爲司農寺丞，專領户部役法。〔四〕深於是取出錢之重者，悉申明蠲減之。至是，蔡京復用事，黨禍再作，〔五〕坐仲甫以前議役法，降知海州。仲甫訟于朝，曰：「臣前所申明，李深强臣也。」國朝册府畫一元龜甲集卷九〇朋黨門崇寧黨禍上。

校識

〔一〕按國朝册府畫一元龜甲集卷九〇將吕仲甫知徐州事繫於崇寧元年十二月，然是年十二月無己亥。據宋會要輯稿食貨六五之七三免役二，吕仲甫落職海州事在崇寧二年十月二日，三年二月二日臣僚又言吕仲甫降職還徐州事，則吕之再貶徐州必在崇寧二年十月二日之後。考崇寧二年十月至三年正月之間有兩己亥，一爲二年十一月二十三日，一爲三年正月二十四日。據本條内文言吕仲甫「訟於朝」爲在海州事，則三年正月下旬嫌太近，則吕仲甫之貶徐州似應在崇寧二年十一月己亥。

〔二〕役法新舊差募二議　「議」字原作「事」，據宋宰輔編年録卷一一崇寧元年七月戊子條引丁未録改。

〔三〕尚以雇役爲未盡　「盡」字原作「便」，據宋宰輔編年録卷一一崇寧元年七月戊子條引丁未録改。

〔四〕專領户部役法　「領」字原作「令」，據宋宰輔編年録卷一一崇寧元年七月戊子條引丁未録改。

〔五〕黨禍再作　宋宰輔編年録此下作「李深送吏部與合入差遣」。

崇寧二年（癸未，一一〇三）

93 二年正月辛巳朔乙酉，鄒浩、王覿、豐稷、陳次升、謝文瓘、張舜民並逐州軍居住，〔一〕任伯雨、陳瓘、龔夬、馬涓、陳祐、李深、江公望、張庭堅並編管。

敕中書省：任伯雨奏爲：「章惇、蔡卞公然誣罔，欲廢宣仁聖烈皇后。又因哲宗之疑，使以非辜廢元祐皇后，犯上不道；又使哲宗有欲黜太皇之謗、廢皇后之惡、殺直言之耻、編管諫官之失、投殛忠良之譏，皆卞唱之、惇行之。若不正其罪，則姦邪得志、黨類相營，至不敢言，非國之利。」

左正議大夫、知樞密院蔡卞劄子奏：「切見近自元符末以來，臣僚章疏劄子言涉邪罔事理，大者悉從黜責；其間造言之臣，言臣之過，無所不至。既蒙陛下照察，臣復何所辨明？唯諫官任伯雨奏言臣公然誣罔，欲廢宣仁聖烈皇后，謂太皇太后可廢，則何所不至。又稱使哲宗有黜太皇之謗，皆臣唱之。此事上累先朝，臣何敢受其黯闇而不自辨之？臣在紹聖間，備位執政，切靚睹元祐群臣敢謗神考變亂法度，上贊先帝，明正典刑，以戒後世，臣實有之。至於宣仁保佑之功，則臣初未嘗有一言議論。以至朝廷命令之出，亦未嘗有一語妄及宣仁也。不知伯雨何所據而爲此言。況臣紹聖初還朝時，宣仁既已上賓。則議廢之謀，何自而發？誣罔詆欺，莫此爲甚！」國朝册府畫一元龜甲集卷九〇朋黨門崇寧黨禍上。

先是，中書舍人曾肇勸上求言，〔一〕三月辛卯，遂下求直言之詔。〔二〕于是，李深上疏，極論章惇姦邪，願暴其惡而流竄之。未幾，惇罷相出知越州。未至，責授武昌軍節度副使、潭州安置，再貶雷州司户參軍。百姓歌之曰：「大惇、小惇，入地無門。」小惇謂安惇。其爲人所嫉如此。崇寧初，黨禍再作，三省檢會嘗言元符后事者悉加竄逐，而深於此疏有「章惇内謀廢置，固結陰助」之語，詔深除名勒停，送復州編管。同貶者鄒浩、任伯雨、陳瓘、龔夬等合十有三人云。宋宰輔編年録卷一一元符三年九月辛未條。

校識

〔一〕鄒浩王覿豐稷陳次升謝文瓘張舜民并逐州軍居住　「住」字原作「任」，據宋宰輔編年録卷一一崇寧元年七月戊子條引丁未録改。

附載

㈠曾文昭公集集二上徽宗皇帝乞脩轉對之制詔百官民庶極言時政：「恭惟皇帝陛下，聰明恭儉，天質夙成，孝友慈仁，形於言動。自出居邸第，雖未能有所施爲，而天下稱頌，以爲賢主。及踐祚數日，弛張廢置，出於獨斷者，莫不曲盡物情，大慰民望，則又天下歡呼，以爲英主。此誠宗廟社稷之福、夷夏生靈之慶也。然臣以謂四海之遠，非一人視聽之所能周；萬幾之衆，非一人思慮之所能給。必須合天下之目爲之視，合天下之耳爲之聽，合天下之心爲之思慮，如是則陛下不視而明，不聽而聰，無思無爲而天下治矣。夫爲此者非他，在開言路而已。言路開則上無不聞之事，下無不達之情，以之振舉敝壞，蠲除疾苦，考覈能否，判别忠邪，唯陛下之所欲爲，無施而不可也。昔者以舜繼堯，所守一道，然猶明四目、達四聰。及禹繼舜，亦拜昌言。在漢宣帝始親政事，則詔民上書，去其副封，以防壅蔽。唐太宗初即位，孫伏伽以小事諫，太宗厚賜勉之，以誘言者。至於本朝，可謂平治，而祖宗以來，數詔百官，使以次對。神考舉而行之於熙寧之初，以興起事功，爲後世法。臣願陛下遠觀舜禹成康之所行，近迹神考之故事，修轉對之制，下不諱之令，明詔百官，下及民庶，使得極言時政，無有所隱。然後陛下擇其所善者而行之，且報之以賞，大則加以爵秩，小則予之金帛；其言不足采，若狂妄抵牾者，一切置之不以爲罪。庶以鼓動天下敢言之氣，紓發鬱堙壅塞之情。當今先務，莫大于此，願陛下亟行之。」

㈡宋大詔令集卷一五五日變求直言詔（參曾文昭公集卷一元符日食求言詔）：「朕以眇身，始承天序，任大責重，罔知攸濟。永惟四海之遠、萬幾之煩，豈予一人所能遍察。必賴百辟卿士，下及庶民，敷奏以言，輔予不逮。矧太史前告，天將動威。日有食之，其在正月。變異甚鉅，殆不虛生。夙夜以思，未燭厥理。將以彌綸初政，消弭天災，非藥石之規，孰開朕聽。況今周行之內，人有所懷；芻蕘之中，言亦可採。凡朕躬之闕失，若左右之忠邪、政令之否臧、風俗之媺惡，朝廷之德澤有不下究，閭閻之疾苦有不上聞，咸聽直言，毋有忌諱。朕方開讜正之路，消壅蔽之風，其於鯁論嘉謀，唯恐不聞；聞而行之，唯恐不及。其言可用，朕則有賞；言而失中，朕不加罪。朕言唯信，非事空文，尚悉乃心，毋憚後害。應中外臣僚以至民庶，各許實封言事。在京於合屬處投進，在外於所在州軍附遞以聞。布告遐邇，咸知朕意。」

94 益資詭譎，始以潛邸舊僚進，而阿附二蔡，持論不正，深爲物議所貶。〔一〕宋宰輔編年録卷一一崇寧元年正月庚辰條。〔二〕

校識

〔一〕據宋宰輔編年録卷一一，崇寧二年正月壬寅，中書侍郎温益卒。宋史卷一九徽宗紀一繫其事於正月壬辰。

〔二〕此零句於宋宰輔編年録未注明引丁未録，以同段中含本書元符三年十月丙午條之文推知係出丁未録。

95 己酉，責范純粹常州别駕，鄂州安置。國朝册府畫一元龜甲集卷九〇朋黨門崇寧黨禍上。

96 癸卯，〔一〕詔追奪李階出身。階，陳瓘之甥、深之子也。是歲，階以南宫第一人賜第。而特奏名安忱對策曰：〔二〕「李階乃黨人李深子，使魁多士，無以示天下後世。」蔡京取以呈上，曰：「安忱言是，階之父誠黨元祐，其母兄陳瓘又爲日録辨，毁謗王安石。階亦預議，當黜。」遂詔奪階出身。安忱特附第四甲末。是時，陳瓘已南竄合浦，遺階以書，具言所以爲階累者，日録也。國朝册府畫一元龜甲集卷九〇朋黨門崇寧黨禍上。

校識

〔一〕據宋史卷一九徽宗紀一，追奪李階出身事在崇寧二年三月癸卯。

〔二〕而特奏名安忱對策曰　「特」字原作「時」，據皇朝編年綱目備要卷二六崇寧二年三月親試舉人條及太平治迹統類卷二八祖宗科舉取人改。後同。

97 四月己酉朔戊寅，通直郎致仕程頤近以入山著書，竊慮妄及朝政，特追毀出身以來文字除名。國朝冊府畫一元龜甲集卷九〇朋黨門崇寧黨禍上、宋宰輔編年録卷一一崇寧二年正月丁亥條。〔一〕

校識

〔一〕國朝冊府畫一元龜僅具月日及「通直郎致仕程頤特除名」一句。本條於宋宰輔編年録未注明引丁未録，以同段中含本書崇寧二年至四年諸條之文推知係出丁未録。

98 五月己卯朔丙戌，曾布責廉州司户參軍，依舊衡州安置；〔一〕曾紆永州編管。㊀國朝冊府畫一元龜甲集卷九〇朋黨門崇寧黨禍上。

校識

〔一〕依舊衡州安置　此六字據宋宰輔編年録卷一一崇寧元年閏六月壬午條補。

附載

㊀宋大詔令集卷二一〇曾布廉州司户制：「宰相之任，所以儀刑百辟，表正風俗。苟或自迪匪彝，

邇貨遠義，挾私淪愛，害于政事。責成之旨，不亦悖乎。責授賀州别駕、衡州安置曾布，久秉樞機，進宅端揆，陰縱諸子，交通賂遺。流言沸騰，彈章交上，疑駭朕聽。嘗試辨之，簡乎靡竟。狼籍斯得，覽牘憮然。重竄荒裔，薄示褫削，尚安故居，愈其省循，服我寬宥。可特責授廉州司户參軍員外置，依舊衡州安置。」

99 甲午，停降上書詆訕人梁安國等二十有二人。〔一〕國朝冊府畫一元龜甲集卷九〇朋黨門崇寧黨禍上。

校識

〔一〕停降上書詆訕人梁安國等二十有二人　「詆訕」二字原脱，據宋宰輔編年録卷一一崇寧二年正月丁亥條補。

100 七月戊寅朔，降授朝奉大夫、提舉舒州靈仙觀、岳州居住曾肇責授濮州團練副使，江州安置。國朝冊府畫一元龜甲集卷九〇朋黨門崇寧黨禍上。

101 甲辰，楊畏落職。國朝册府畫一元龜甲集卷九〇朋黨門崇寧黨禍上。

102 八月丁未朔，降責龔夬等一十一人有差。㊀國朝册府畫一元龜甲集卷九〇朋黨門崇寧黨禍上。

附載

㊀皇宋通鑑長編紀事本末卷一三九收復湟州載其詔：「湟州近已收復，其元行廢棄及迎合議論、沮壞先烈之人，理當更加降黜。曾布已責廉州司户參軍、衡州安置外，龔夬移送化州，張庭堅送象州，並編管。責授崇信軍節度副使韓忠彦責授磁州團練副使，依舊濟州安置；責授定國軍節度副使、漢陽軍安置安燾責授祁州團練副使，依舊漢陽軍安置；右正議大夫、知杭州蔣之奇降授中大夫，依舊知杭州；降授朝請大夫、少府少監、分司南京、徐州居住范純禮責授静江軍節度副使、徐州安置；除名勒停人陳次升移送循州居住；降授承議郎、權發遣坊州都既降授宣義郎，添差監撫州鹽礬酒税務，任滿更不差人；錢景祥、秦希甫並勒停；李清臣身死，其男祉當時用事，移送英州編管；降授復州防禦使姚雄特勒停，光州居住。」

103 戊申，尚書左丞張商英知亳州。先是，李昭叙守定襄，得嘉禾。商英作嘉禾篇以頌美之。㈠至是，御史中丞石豫、殿中侍御史朱諤、〔一〕余深論商英前作嘉禾篇，不當以司馬光、文彦博等比周公，并疏其他事。又聞嘗作宣仁聖德頌，其言紛紜，上及宗廟者，無所不至。〔二〕言者又取商英爲開封府推官日爲本府撰祭司馬光文，繳以進呈。㈡詔：「商英秉國政機，議論反覆；加之自取榮進，貪冒希求。元祐之初，詆訾先烈。臺憲交章，豈容在列！可特落職，依前通議大夫知亳州。」國朝冊府畫一元龜甲集卷九〇朋黨門崇寧黨禍上。

校識

〔一〕殿中侍御史朱諤　「諤」字原作「謡」，據宋宰輔編年録卷一一崇寧二年八月戊申條改。宋宰輔編年録該條原注云取自續資治通鑑長編，而與本條幾同，而與皇宋通鑑長編紀事本末卷一三一張商英事迹所載此事文大異。且此朱諤，皇宋通鑑長編紀事本末及皇朝編年綱目備要卷二六崇寧二年八月張商英罷條皆作朱紱，是諤前名。是知宋宰輔編年録該條實取丁未録而非續資治通鑑長編。

〔二〕「又聞嘗作」至「無所不至」　此句原脱，據宋宰輔編年録卷一一崇寧二年八月戊申條補。

附載

㈠程史卷七嘉禾篇條載其文：「維元祐丁卯十月，定襄守臣得禾，異畝同穎。部使者臣張商英作嘉禾篇。神宗既登遐，嗣皇帝冲幼，中外震懼，罔知社稷攸託。惟太母晦聖德于深宮五十有四年，克莊克明，克仁克簡。肆膺顧命，保佑神孫，以總大政。既臨延和，乃告于侍臣，曰：『嗚呼！先皇帝聰明文武，宏規偉圖，軼于古先。丕惟曰禹貢九州之域，久封裔壤，埳于殊俗，豺狼野心，終不可豢，序弗底平，時以憂貽，于我後昆。迺備材力，迺督事功，務除大害，不恤小怨。今既墜厥志，罹家多艱，其弛利源，與民共之。所不欲一切蠲罷，庶事肇革，衆志未孚，新故相刑，愛惡相反，議論乘隙，紛綸互建。疑生于弗親，忿生于弗勝，其睽成仇，其合成黨，盈庭睢盱，震于視聽。』惟聖母燭以純静，斷以不惑，去留用捨，不歸于偏，歸于是。越三載，群慝斯嘉，群乖斯和，群異斯同。馨聞于上帝，風雨時若，英華豐美，被于草木，發珍祥于兹嘉禾，厥本惟三，厥壠惟五，厥穗惟一。臣聞曰：在昔成王冲幼，周公居攝，近則召公不悦，遠則四國流言。成王灼知忠邪之情，誅伐讒慝，卒以天下，聽於周公。時則唐叔得禾，異畝同穎以獻。推古驗今，迹雖不同，理或胥近。臣商英敢拜手稽首，旅天之命，曰：嗚呼！先民有言，衆賢和於朝，萬物和於野，和氣致祥，乖氣致異。治平之時，君臣罔不咸有一德。在虞舜時，百僚師師；在文王時，多士濟濟。降及幽王，小人在位，君子在野，其詩曰：『潝潝訿訿。』又曰：『噂沓背憎。』嗚呼！卿士庶尹，敬之哉！曲直之辯，是非之判，罔或不異，如禾之本，終以合穎，利害之當，予奪之中，罔或不同，如禾之穎，非離於本，無有作同，害于而公。」

㈡桯史卷七嘉禾篇條載其文：「公在熙寧，謫居洛京。十有五年，資治書成。帝維寵嘉，以子登瀛。方渴起居，而帝在天。太母垂簾，保祐神孫。疇咨在庭，屬以宗社。介特真淳，無易公者。公來秉鈞，久詘而伸。五害變法，十科取人。孰敢弗良，孰敢弗正。有傾其議，必以死争。日月徂征，思速用成。心剿形瘵，胡衛餘生。嘉謀嘉猷，百未有告。訃音夜奏，九重震悼。爵惟太師，開國于温。莫惠我民，門巷煩冤。乃命貳卿，葬其先原。公殮具資，一給于官。悠悠蒼天，從古聖賢。損益盛衰，與時屢遷。功虧于簣，志奪于年。古也如斯，豈公獨然？已矣温公，夫何憾焉。」

104 辛卯，責上書詆誣進士，各入自訟齋聽讀。〔一〕凡一千三百八十八人。敕：「中書省檢會應元符末上書進士，類多詆誣。未欲遽正典型，可具姓名，下本貫州並勾收入自訟齋。俟在學及一年，若能革心從正，仰本州保明，申提舉學事司，提舉官保明，申太學，將來許令取。應如不革前非，當議屏之遠方，終身不齒。」奉聖旨：「應上書進士，言涉誣訕及異論，已充三舍生及有考察之人，具名下太學，並罷三舍，遣歸本貫。依前旨揮施行。」國朝册府畫一元龜甲集卷九〇朋黨門崇寧黨禍上。

校　識

〔一〕按崇寧二年八月無辛卯。宋宰輔編年録卷一一崇寧二年正月丁亥條引丁未録亦作八月。據宋史卷一九徽宗紀一，其事實在七月辛卯，丁未録誤。下條「是日」疑亦是七月辛卯。

105 是日，又詔朱紱落寶文閣待制，提舉杭州洞霄宫。國朝册府畫一元龜甲集卷九〇朋黨門崇寧黨禍上。

106 庚申，張商英入黨籍。〔一〕國朝册府畫一元龜甲集卷九〇朋黨門崇寧黨禍上。

校　識

〔一〕按宋史卷一九徽宗紀一，詔張商英入元祐黨籍事在崇寧二年八月辛酉。

107 九月丁丑朔甲申，籍記黨人子弟。令吏部告示應責降人子弟候參選及射闕日，並于家狀内供父親兄弟係與不係籍記之人。應上書邪等人，知縣已上資序並與宫觀嶽廟；選人不得改官，及不得注縣令。國朝册府畫一元龜甲集卷九〇朋黨門崇寧黨禍上、宋宰輔編年録卷一一崇寧二

年正月丁亥條。〔一〕

校識

〔一〕國朝册府畫一元龜僅具月日及「籍記黨人子弟」一句。本條於宋宰輔編年録未注明引丁未録，以同段中含本書崇寧二年至四年諸條之文推知係出丁未録。

108 辛丑，頒降黨人姓名，下監司長吏廳刻石。

臣僚上言：「欲乞特降睿旨，具列姦黨，以御書刻石端禮門，姓名下外路州軍，於監司長吏廳立石刻記，以示萬世。」奉聖旨依。

宰臣：文彦博、吕公著、司馬光、吕大防、劉摯、范純仁、韓忠彦、王珪。〔一〕

執政：梁燾、王巖叟、王存、鄭雍、傅堯俞、趙瞻、韓維、孫固、范百禄、胡宗愈、李清臣、蘇轍、劉奉世、范純禮、陸佃、安燾。

待制以上：蘇軾、范祖禹、王欽臣、姚勔、顧臨、趙君錫、馬默、孔武仲、王汾、孔文仲、朱光庭、吴安持、錢勰、李之純、孫覺、鮮于侁、趙彦若、趙卨、孫升、李周、劉安世、韓川、賈易、吕希純、曾肇、王覿、范純粹、楊畏、吕陶、王古、陳次升、豐稷、謝文瓘、鄒浩、張舜民。

餘官：秦觀、湯馘、杜純、司馬康、宋保國、吴安詩、張耒、歐陽棐、〔二〕呂希哲、劉唐老、晁補之、黄庭堅、黄隱、畢仲游、常安民、孔平仲、王鞏、張保源、汪衍、余爽、鄭俠、常立、程頤、唐義問、余卞、李格非、商倚、張庭堅、李祉、陳佑、任伯雨、〔三〕陳郛、朱光裔、蘇嘉、陳瓘、龔夬、呂希績、歐陽中立、吴儔。國朝册府畫一元龜甲集卷九〇朋黨門崇寧黨禍上。

校識

〔一〕王珪　「王珪」二字原脱，據宋宰輔編年録卷一一崇寧二年正月丁亥條補。

〔二〕歐陽棐　「棐」字原作「裴」，據本書崇寧元年九月己亥條、皇宋通鑑長編紀事本末卷一二一禁元祐黨人上及宋會要輯稿職官六八之九黜降官五改。

〔三〕任伯雨　「任」字原作「陳」，據本書崇寧元年九月己亥條、皇宋通鑑長編紀事本末卷一二一禁元祐黨人上及宋會要輯稿職官六八之九黜降官五改。

109 乙巳，文及甫、楊康國、呂陶並奪職。國朝册府畫一元龜甲集卷九〇朋黨門崇寧黨禍上。

110 十月丁未朔，黨人領祠者，並放罷。國朝册府畫一元龜甲集卷九〇朋黨門崇寧黨禍上。

111 辛未，知成都府郭知章提舉西京嵩山崇福宮。國朝册府畫一元龜甲集卷九〇朋黨門崇寧黨禍上。

臣僚言：郭知章掌制命，曾布罷，乃託爲王言，過爲溢美，有「從容應物，有王佐之才；慷慨立朝，得仁者之勇」，知章遂罷。宋宰輔編年録卷一一崇寧元年閏六月壬戌條。〔一〕

校識

〔一〕此段於宋宰輔編年録未注明出自丁未録，以同段中含本書崇寧元年閏六月壬戌條之文推知係出丁未録。

112 十二月丙午朔己未，詔黨人子弟不許以功賞遷改。國朝册府畫一元龜甲集卷九〇朋黨門崇寧黨禍上。

113 庚申，詔不許黨人擅到闕下。國朝册府畫一元龜甲集卷九〇朋黨門崇寧黨禍上。

114 壬戌，詔與黨人子弟外路宫觀、嶽廟差遣。國朝册府畫一元龜甲集卷九〇朋黨門崇寧黨禍上。

崇寧三年（甲申，一一〇四）

115 正月甲午，通直郎、鴻臚寺丞蔡攸賜進士出身，爲校書郎，仍賜金紫。攸，左僕射京子也，以趙存誠、許份例召對，除館職。京言攸未始登科，非存誠、份之比，再辭，不許。宋宰輔編年録卷一一崇寧二年正月丁亥條。〔一〕

校識

〔一〕本條於宋宰輔編年録未注明出自丁未録，以同段中含本書崇寧二年至四年諸條之文推知係出丁未録。

116 崇寧三年正月丙子朔辛丑，詔榜朝堂。國朝册府畫一元龜甲集卷九〇朋黨門崇寧黨禍上。

117 丙午，〔一〕降責修改役法人王古而下。〔二〕

臣僚上言：切惟免役之法，始於熙寧，成於紹聖、元符末。官吏觀望，欲以私意變亂舊條。户部侍郎王古，首先建言，乞委本部郎中及舉官，同共看詳删修役法之未盡、未便者，遂以李深同郎官程筠等刊修。凡改更諸路役法，增於元豐舊制五百九項，故户部侍郎吕仲甫，正緣改寬剩一條，特蒙黜責；據户部尚書虞策，輒更先帝舊制，衝改役法五百項之多，豈宜寬貸？王古、李深今已謫居遠州，編入黨籍。其程筠、虞策、吕益柔、周純、周彦質等，伏望詳酌，嚴行降黜。

奉聖旨：王古責授衢州别駕，温州安置；樞密直學士、新知成都府虞策降充龍圖閣直學士；吕益柔罷中書舍人，提舉杭州洞霄宫；新知應天府周純落直閣，管勾舒州靈仙觀；周彦質罷江南運副，管勾建州武夷山冲祐觀；知隨州程筠差監兖州東岳廟。國朝册府畫一元龜甲集卷九〇朋黨門崇寧黨禍上。

校識

〔一〕按國朝册府畫一元龜甲集卷九〇將責降王古等事繫於崇寧三年正月，然是年正月無丙午。據皇宋十朝綱要卷一六，責降王古等人事實在二月丙午。宋宰輔編年録卷一一崇寧二年正月丁亥條載此事作正月，知宋宰輔編年録所據爲丁未録，而丁未録實誤。據此知此下己酉、乙卯、丙辰等日事亦在二月。

〔二〕降責修改役法人王古而下　「改」字原脱，據宋宰輔編年録卷一一崇寧二年正月丁亥條補。

118 己酉，章惇、王珪入籍。國朝册府畫一元龜甲集卷九〇朋黨門崇寧黨禍上。章惇、王珪以爲臣不忠，别爲一籍，仍依元祐姦黨指揮施行。宋宰輔編年録卷一一崇寧二年正月丁亥條。〔一〕

校識

〔一〕此句於宋宰輔編年録未注明出自丁未録，以同段中含本書崇寧二年至四年諸條之文推知係出丁未録。

119 乙卯，故給事中張問入籍。國朝册府畫一元龜甲集卷九〇朋黨門崇寧黨禍上。

120 丙辰，前諫議大夫李茂直入籍。國朝册府畫一元龜甲集卷九〇朋黨門崇寧黨禍上。

121 四月甲辰朔，具列停、降黨人姓名。

尚書省劄子：勘會黨人子弟，不問有官、無官，並令在外居住，不得擅到闕下。

今具逐路責降、安置、編管等臣僚姓名下項：

除名勒停編管人：王庭臣、崔昌符、吉師雄、李愚、〔一〕錢盛、李嘉亮、李祉、張庭堅、鄒浩、范正平、郭子旂、龔夬、潘滋、陳瓘、任伯雨、趙庭臣、曹蓋、柴衮、曾元明、〔二〕葛茂宗、陳祐、馬涓、陳琳、洪羽、李驤、李之儀、蘇昞、李茂直、鄭居簡、曾燾、裴彥臣、李積中、尹材、張琳、金極、王化基、李賁、石芳、黃策、〔三〕鄧世昌、趙希德、張夙、趙天祐、李穆、馮百藥、安信之、郭執中、王貫、甯景、王察、李僴。

除名勒停羈管人：趙禹臣、〔四〕李深、趙子遵、賈侑、李公弼、李酌、王化臣、高公應。

除名羈管人：曾紆、蔡克明、杜師益。

勒停編管人：孫琮、〔五〕高漸、鄧考甫、胡端脩、趙峋、吴安遜、周永徽、張集、封覺民、李新、衡鈞、趙令時、李傑。

勒停居住人：馮説。

除名勒停居住人：陳次升、謝文瓘、豐稷、張舜民、王覿。

除名勒停人：周誼、吕諒卿。

勒停安置人：江公望。〔六〕

除名勒停罷配本州牢城人：王履、〔七〕王化基。

除名勒停編管永不得收叙人：王道、〔八〕范柔中。

安置人：范純粹、安燾、曾布、閻守懃、朱師服、張耒、曾肇、章惇。

别駕居住人：王古。

落職宫觀居住人：徐勣、龔原、劉安世、楊畏、劉奉世、張士良、吕希哲、蘇轍。

落職知州人：蔣之奇。

責授人：梁寬、黄安期、都貺、譚扆、趙越、楊懷寶、陳并、滕友、張恕、曹興宗、倪直孺、〔九〕周諤、蕭刓、洪芻、沈千、陳師錫、劉勃、范純禮、陳唐。國朝册府畫一元龜甲集卷九〇朋黨門崇寧黨禍上。

校識

〔一〕李愚 「愚」字原作「惠」，據本書崇寧三年六月丁巳條及皇宋通鑑長編紀事本末卷一二二禁元祐黨人下改。

〔二〕曾元明 皇宋通鑑長編紀事本末卷一二二禁元祐黨人下無此人。

〔三〕黄策 「策」字後原衍「一」字，據本書崇寧三年六月丁巳條、皇宋通鑑長編紀事本末卷一二二禁元祐黨人下及陸心源元祐黨人傳卷四黄策傳删。

〔四〕趙禹臣 「趙」字，皇宋通鑑長編紀事本末卷一二二禁元祐黨人下作「顧」。

〔五〕孫琮 「琮」字原作「综」，據本書崇寧三年六月丁巳條及皇宋通鑑長編紀事本末卷一二二禁元祐黨人下改。

〔六〕江公望 「江」字原作「王」，據本書崇寧三年六月丁巳條及皇宋通鑑長編紀事本末卷一二二禁元祐黨人下改。

〔七〕王履 「王」字後原衍「庭」字，據本書崇寧三年六月丁巳條及皇宋通鑑長編紀事本末卷一二二禁元祐黨人下删。

〔八〕王道 「道」字原作「通」，據本書崇寧三年六月丁巳條及皇宋通鑑長編紀事本末卷一二二禁元祐黨人下改。

〔九〕倪直孺 「孺」字原作「儒」，據本書崇寧三年六月丁巳條及皇宋通鑑長編紀事本末卷一二二禁元祐黨人下改。

122 五月己卯，右銀青光禄大夫、守尚書左僕射、兼門下侍郎蔡京爲守司空、尚書左僕射、兼門下侍郎，封嘉國公，以撫定鄯、廓推賞也。尋詔去「守」字，改「行」字作「兼」字。制詞云「特超五等」。宋宰輔編年録卷一一崇寧二年正月丁亥條。〔一〕

校識

〔一〕本條於宋宰輔編年録未注明出自丁未録，以同段中含本書崇寧二年至四年諸條之文推知係出丁未録。

123 六月壬寅朔丁巳，詔元符黨人通入元祐籍。

勑：元符末姦黨，更不分三等，應係籍姦黨已責降人，各依舊。除今來入籍人數外，餘並出籍。今後臣僚更不得彈劾奏陳。令學士院降詔。

元祐姦黨：

文臣曾任宰臣、執政官：司馬光故、文彦博故、吕公著、〔一〕吕大防故、劉摯故、范純仁故、韓忠彦、曾布、梁燾故、王巖叟故、蘇轍、王存故、鄭雍故、傅堯俞故、趙瞻故、韓維故、孫固故、范百禄故、胡宗愈故、李清臣、〔二〕劉奉世、范純禮、安燾、陸佃故、黄履故、張商英、蔣之奇故。

曾任待制以上人：蘇軾故、劉安世、范祖禹故、朱光庭故、姚勔故、趙君錫故、馬默故、孔武仲故、孔文仲、吴安持故、錢勰故、李之純故、孫覺故、鮮于侁故、趙彦若故、趙卨、王欽臣故、孫升故、李周故、王汾故、韓川故、顧臨故、賈易、吕希純、曾肇、王覿、范純粹、吕陶、王古、豐稷、張舜民、張問故、楊畏、鄒浩、陳次升、謝文瓘、岑象求、周鼎、徐勣、路昌衡故、董敦逸故、上官均、葉濤故、郭知章故、楊康國、龔原、朱紱、葉祖洽、朱師服。

餘官：秦觀故、黄庭堅、晁補之、張耒、吴安詩、歐陽棐、劉唐老、王鞏、吕希哲、杜純故、張保源、孔平仲故、湯馘故、〔三〕司馬康故、宋保國、黄隱、畢仲游、常安民、汪衍、余爽、鄭俠、常立故、程頤、唐義問、余卞、李格非、陳瓘、任伯雨、張庭堅、馬涓、孫諤故、陳郛、朱光裔、蘇嘉、龔夬、王回故、吕希績故、歐陽中立故、〔四〕吴儔故、尹材故、葉伸故、李茂直、吴處厚、李積中、商倚故、陳祐、虞防、李祉、李深、李之儀、范正平、曹蓋、楊琳、蘇昞、葛茂宗、劉謂、柴衮、洪羽、趙天祐、李新、衡鈞、衮公適故、馮百藥、周誼、孫琮、范柔中、鄧考甫、王察、趙峋、封覺民故、胡端脩、李傑、〔五〕李賁、趙令時、郭執中、石芳、金極、高公應、安信之、張集、黄策、吴安遜、周永徽、高漸、張夙故、鮮于綽、吕諒卿、王貫、朱紘、〔六〕吴朋故、梁安國、王古、蘇迥、檀固、何大受、王箴、鹿敏求、江公望、曾紆、高士育、鄧忠臣故、种師極、韓治、都貺、秦希父、錢景祥、周紵、何大正、吕彦祖、梁寬、沈千、曹興宗、羅鼎臣、劉勃、王拯、黄安期、陳師錫、于肇、黄遷、莫仲正、許堯甫、楊朏、胡良、梅君愈、〔七〕寇宗顔、張居、李脩、逄純熙故、高宗恪、〔八〕黄才、曹盥、侯顧道、周遵道、林膚、葛輝、〔九〕宋壽岳、王公彦、王交、張溥、許安脩、劉吉甫、胡潛、董祥、楊懷寶、倪直孺、蔣津、王守、鄧允中、梁俊民、王陽、張裕、陸表民、葉世英、謝潛、陳唐、劉經國、〔一〇〕扈充故、張恕、陳并、洪芻、周諤、蕭刓、趙越、滕友、江洵、方适、許端卿、李昭玘、向紃、陳察、鍾正甫、高茂華、楊彦璋、廖正一、李夷行、彭醇、梁士能。

武臣：張巽、李備故、王獻可故、胡田、馬諗改名宇、王履、趙希夷、任濬、郭子旂、錢盛、趙希德、王長民、李永、〔一一〕王庭臣、吉師雄、李愚、吴休復故、崔昌符、潘滋、高士權、李嘉亮、李珖、劉延肇、姚雄、李基。

内臣：梁惟簡故、陳衍故、張士良、梁知新故、李倬故、譚扆、竇鉞、趙約、黄卿從、馮説、曾燾、蘇舜民、楊偁、梁弼、陳恂、張茂則、〔一二〕張琳、裴彦臣、〔一三〕李偁、〔一四〕閻守懃、

王紱、李穆、蔡克明、王化基、王道、鄧世昌、鄭居簡、張祐、王化臣。〔一五〕

爲臣不忠，曾任宰相：王珪故、章惇。

上於是親書刻石于文德殿之東壁，又下詔暴白之。

詔曰：朕嗣位之始，恭默未言，往歲姦朋，復相汲引，倡導邪説，實繁有徒。或據要路而務變更，或上封章而肆詆毁，同惡相濟，非止一端。推原其心，豈勝誅殛？比詔編類，具列姓名，乃下從班，博盡衆議，仍爲三等。各竭所聞，庶幾僉同，〔一六〕罔有漏失。惟邪慝之復起，蓋源流之相承，迹其從來，本於元祐，得罪宗廟，寧分等差。悉已親書，通爲一籍，載刊諸石，寘在朝堂。爲臣不忠，附見其末。所麗雖異，其罪惟均。朕方以仁恩，〔一七〕遍覆天下，前既譴紬，弗忍再行。亦有可矜，出於籍外。自時厥後，已定弗渝，群聽式孚，毋敢輒論。〔一八〕其元符末姦黨，並通入元祐籍，更不分三等；〔一九〕應在籍姦黨已責降人，並各依舊。除今來入籍人數外，餘並出籍。〔二〇〕今後臣僚，更不得彈劾奏陳。〔二一〕故兹詔示，想宜知悉。

又命尚書左僕射蔡京書之，令刑部差人模勒頒下，諸路於監司及州軍長吏廳立石。

京之奏曰：恭惟皇帝嗣位之五年，旌别淑慝，明信賞刑，黜元祐害政之臣，罔有佚罰。乃命有司，夷考罪狀，第其首惡與其附麗者以聞，〔二二〕得三百九人。皇帝書而刊之石，置於文德殿之東壁，永爲萬世臣子之戒。又詔臣京書之石，〔二三〕將以頒之天下。〔二四〕臣切惟陛下仁聖英武，遵制揚功，彰善癉惡，〔二五〕以光先烈。臣敢不對揚休命，仰承陛下孝悌繼述之志。〔二六〕司空、尚書左僕射、兼門下侍郎蔡京謹書。〔二七〕

長安當立石，乃召石安民者刊之。〔二八〕安民辭曰：「安民愚人，不知朝廷立碑之意，但元祐大臣如司馬相公者，天下稱其正直。今謂之姦邪，安民不忍鐫也。」府官怒，欲罪之。安民曰：「被役，不敢辭。乞不刻『安民鐫』字於碑後，恐後世并以安民爲罪也。」國朝册府畫一元龜甲集卷九〇朋黨門崇寧黨禍上。

校識

〔一〕呂公著　皇宋通鑑長編紀事本末卷一二一禁元祐黨人下「呂公著」下注「故」字，當補。

〔二〕李清臣　皇宋通鑑長編紀事本末卷一二一禁元祐黨人下「李清臣」下注「故」字，是。然宋宰輔編年録卷一一崇寧二年正月丁亥條載此事仍注明李清臣爲「見存者」。

〔三〕湯馘　「湯」字原作「楊」，據本書崇寧二年九月辛丑條及皇宋通鑑長編紀事本末卷一二一禁元祐黨人下改。

〔四〕歐陽中立　「立」字原作「正」，據本書崇寧二年九月辛丑條及皇宋通鑑長編紀事本末卷一二二禁元祐黨人下改。

〔五〕李傑　「傑」字原作「桀」，據本書崇寧三年四月甲辰條及皇宋通鑑長編紀事本末卷一二二禁元祐黨人下改。

〔六〕朱紘　「紘」字原作「絃」，據本書崇寧元年九月乙未條及皇宋通鑑長編紀事本末卷一二二禁元祐黨人下改。

〔七〕梅君愈　「愈」字，皇宋通鑑長編紀事本末卷一二二禁元祐黨人下作「俞」，當是。

〔八〕高宗恪　「宗」字，宋史全文卷一四崇寧三年六月甲辰條作「遵」，當是。

〔九〕葛輝　皇宋通鑑長編紀事本末卷一二二禁元祐黨人下「葛輝」下注「故」字。

〔一〇〕劉經國　皇宋通鑑長編紀事本末卷一二二禁元祐黨人下「劉經國」下注「故」字。

〔一一〕李永　皇宋通鑑長編紀事本末卷一二二禁元祐黨人下「李永」下注「故」字。

〔一二〕張茂則　皇宋通鑑長編紀事本末卷一二二禁元祐黨人下「張茂則」下注「故」字。

〔一三〕裴彥臣　「裴臣」二字殘損，據皇宋通鑑長編紀事本末卷一二二禁元祐黨人下補。

〔一四〕李偁　皇宋通鑑長編紀事本末卷一二二禁元祐黨人下「李偁」下注「故」字。

〔一五〕王化臣　「臣」字原脱，據本書崇寧三年四月甲辰條并崇寧四年八月乙亥條及皇宋通鑑長編紀事本末卷一二二禁元祐黨人下補。

〔一六〕庶幾僉同　「僉」字殘損，據皇宋通鑑長編紀事本末卷一二二禁元祐黨人下、宋大詔令集卷一九六元祐臣僚不得彈劾詔補。

〔一七〕朕方以仁恩　「方」字原作「万」，據皇宋通鑑長編紀事本末卷一二二禁元祐黨人下、宋大詔令集卷一九六元祐臣僚不得彈劾詔改。

〔一八〕毋敢輒論　「敢」字，皇宋通鑑長編紀事本末卷一二二禁元祐黨人下、宋大詔令集卷一九六元祐臣僚不得彈劾詔皆作「復」。

〔一九〕更不分三等　「三」字殘損，據皇宋通鑑長編紀事本末卷一二二禁元祐黨人下、宋大詔令集卷一九六元祐臣僚不得彈劾詔補。

〔二〇〕除今來入籍人數外餘並出籍　「入籍」「數外餘」五字殘損，據皇宋通鑑長編紀事本末卷一二二禁元祐黨人下、宋大詔令集卷一九六元祐臣僚不得彈劾詔補。

〔二一〕更不得彈劾奏陳　「陳」字殘損，據皇宋通鑑長編紀事本末卷一二二禁元祐黨人下、宋大詔令集卷一九六元祐臣僚不得彈劾詔補。

〔二二〕第其首惡與其附麗者以聞　「聞」字殘損，據元祐黨籍碑拓本補。

〔二三〕又詔臣京書之石　續資治通鑑長編拾補卷二四崇寧三年六月壬戌條載此文據諸書校訂者無

「石」字。

〔二四〕將以頒之天下　「之」字殘損，據元祐黨籍碑拓本補。

〔二五〕彰善癉惡　「癉」字殘損，據元祐黨籍碑拓本補。

〔二六〕仰承陛下孝悌繼述之志　「陛下」二字殘損，據元祐黨籍碑拓本補。

〔二七〕司空尚書左僕射兼門下侍郎蔡京謹書　「下侍」二字殘損，據元祐黨籍碑拓本補。又「蔡京」前，元祐黨籍碑有「臣」字，當是。

〔二八〕乃召石安民者刊之　林駉新箋決科古今源流至論續集卷四温公之學原注記此事，文與此句略同，其於「石」字後有「工」字，當是。

124 七月己酉，〔一〕詔黨人親屬不許充三衞官。〔二〕國朝冊府畫一元龜甲集卷九〇朋黨門崇寧黨禍上。

校識

〔一〕據皇宋通鑑長編紀事本末卷一二八三衞及宋會要輯稿職官三三之一〇三衞，其事實在崇寧四年二月己酉（初十日）。此「七月」誤。

〔二〕詔黨人親屬不許充三衞官　「許充衞官」四字殘損，據國朝冊府畫一元龜甲集上欄小字、皇宋通鑑長編紀事本末卷一二八三衞及宋會要輯稿職官三三之一〇三衞補。

崇寧四年（乙酉，一一〇五）

125 四年三月戊戌朔辛卯，〔一〕詔□許邪正□□更不分輕重等第。國朝册府畫一元龜甲集卷九〇朋黨門崇寧黨禍上。

校識

〔一〕按崇寧四年三月無辛卯。

126 七月丙申朔丁巳，詔上書羈管人放還鄉里。㈠國朝册府畫一元龜甲集卷九〇朋黨門崇寧黨禍上。

附載

㈠宋大詔令集卷二一七上書羈管編管人放還詔：「朕嗣承先烈，夙夜究懷，罔敢怠忽，嘗懼弗及。乃者詢謀逮下，而士輒乘間詆訕，無所忌憚。朕父子兄弟之分，於義有害，在法靡容。已屈常刑，止從遠竄。然士流於俗，見利忘義久矣。朕甚憫焉。蓋行法則明教，宥過則示恩，貸其終身不齒之罪，俾之自新。朕之遇士厚矣。應上書奏疏見羈管編管人，可特與放還鄉里，仰州縣長吏及監司取責親屬，保任其身。仍令三省量輕重具名定法聞奏。」

127 八月乙丑朔乙亥，〔一〕詔黨人羈管、編配、安置、居住者，各與輕量移。〔二〕

奉御筆手詔：元祐姦黨，詆誣先帝，罪在不赦，曩屈常憲，〔三〕貸與之生，斥之遠方，故無還理，終身貶所，豈不爲宜。今先烈紹興，年穀登稔，鑄鼎以安廟社，〔四〕作樂以協神民。嘉祥發臻，〔五〕和氣昭格，〔六〕肆頒赦宥，覃及萬方。興言邦誣，久責遐裔；一夫失所，朕尚惻然。〔七〕用示至仁，稍從内徙，服我寬恩，其革爾心。〔八〕應姦黨羈管、編配、安置、居住，在廣南者，〔九〕□□□湖南北，〔一〇〕在荆湖者移江淮，其餘並移近裏，惟□□□四輔畿内。〔一一〕

姦黨羈管編配安置量移居住人：鄒浩、陳次升、余爽、范柔中、黄庭堅、陳瓘、任伯雨、張庭堅、龔夬、李祉、王道、梁弼、陳恂、馬諗、後名字。〔一二〕王履、郭子旂、趙希德、〔一三〕王□□、〔一四〕張琳、范純□、〔一五〕□□□、〔一六〕王化基、曾布、劉安世、孫琮、馬涓、李深、曾紆、蔡克明、鄭居簡、韓忠彦、范純禮、安燾、曾肇、王古、朱師服、張耒、劉奉世、吕希純、〔一七〕王覿、豐稷、張□□、〔一八〕謝文瓘、龔原、馮説、〔一九〕章惇、吴安遜、梁安國、〔二〇〕王箴、曾燾、裴彦臣、〔二一〕朱紱、李穆、鄧世□、〔二二〕王化臣、李之儀、〔二三〕江□□、〔二四〕陳祐。

國朝册府畫一元龜甲集卷九〇朋黨門崇寧黨禍上。

校識

〔一〕按詔黨人各與量移事，皇宋通鑑長編紀事本末卷一二四追復元祐黨人、宋大詔令集卷二一七元祐黨人移徙詔及宋會要輯稿刑法六之二二矜貸皆繫此事於九月己亥（初五日）。宋宰輔編年録卷一一崇寧二年正月丁亥條繫此事於八月，知宋宰輔編年録所據爲丁未録，而丁未録實誤。

〔二〕各與輕量移　「輕」字，宋宰輔編年録卷一一崇寧二年正月丁亥條無。

〔三〕曩屈常憲　「屈」字原作「出」，據皇宋通鑑長編紀事本末卷一二四追復元祐黨人、宋大詔令集卷二一七元祐黨人移徙詔及宋會要輯稿刑法六之二二矜貸改。

〔四〕鑄鼎以安廟社　「廟」字原作「廣」，據皇宋通鑑長編紀事本末卷一二四追復元祐黨人、宋大詔令集卷二一七元祐黨人移徙詔及宋會要輯稿刑法六之二二矜貸改。

〔五〕嘉祥發臻　「發」字，皇宋通鑑長編紀事本末卷一二四追復元祐黨人、宋大詔令集卷二一七元祐黨人移徙詔及宋會要輯稿刑法六之二二矜貸皆作「荐」，當是。

〔六〕和氣昭格　「和氣」「格」三字殘損，據皇宋通鑑長編紀事本末卷一二四追復元祐黨人、宋大詔令集卷二一七元祐黨人移徙詔及宋會要輯稿刑法六之二二矜貸補。

〔七〕一夫失所朕尚惻然　「一夫失所朕」五字殘損，據皇宋通鑑長編紀事本末卷一二四追復元祐黨人、宋大詔令集卷二一七元祐黨人移徙詔及宋會要輯稿刑法六之二二矜貸補。

〔八〕其革爾心　「革爾心」三字殘損，據皇宋通鑑長編紀事本末卷一二四追復元祐黨人、宋大詔令集卷二一七元祐黨人移徙詔及宋會要輯稿刑法六之三三矜貸補。

〔九〕在廣南者　「者」字殘損，據皇宋通鑑長編紀事本末卷一二四追復元祐黨人、宋大詔令集卷二一七元祐黨人移徙詔及宋會要輯稿刑法六之三三矜貸補。

〔一〇〕□□□湖南北　「湖」前三字殘滅，據宋大詔令集卷二一七元祐黨人移徙詔當是「與移荆」。

〔一一〕惟□□□四輔畿内　「惟」字殘損，據皇宋通鑑長編紀事本末卷一二四追復元祐黨人、宋大詔令集卷二一七元祐黨人移徙詔及宋會要輯稿刑法六之三三矜貸補。「惟」後三字殘滅，皇宋通鑑長編紀事本末與宋大詔令集作「不得至」，宋會要輯稿刑法六之三三作「不得在」。

〔一二〕後名字　「字」字殘損，據本書崇寧三年六月丁巳條及皇宋通鑑長編紀事本末卷一二四追復元祐黨人補。

〔一三〕趙希德　「德」字殘損，據皇宋通鑑長編紀事本末卷一二四追復元祐黨人補。

〔一四〕王□□　「王」後二字殘滅，據皇宋通鑑長編紀事本末卷一二四追復元祐黨人當是「長民」二字。

〔一五〕范純□　「純」後一字殘滅，據皇宋通鑑長編紀事本末卷一二四追復元祐黨人當是「粹」字。

〔一六〕□□□　此三字殘滅，據皇宋通鑑長編紀事本末卷一二四追復元祐黨人當是「閻守懃」。

〔一七〕呂希純　「純」字殘損，據皇宋通鑑長編紀事本末卷一二四追復元祐黨人補。

〔一八〕張□□　「張」後二字殘滅，據皇宋通鑑長編紀事本末卷一二四追復元祐黨人當是「舜民」二字。

〔一九〕馮説　「説」字殘損，據皇宋通鑑長編紀事本末卷一二四追復元祐黨人補。

〔二〇〕梁安國　「梁安國」三字殘損，據皇宋通鑑長編紀事本末卷一二四追復元祐黨人補。

〔二一〕裴彦臣　「裴」「臣」二字殘損，據皇宋通鑑長編紀事本末卷一二四追復元祐黨人補。

〔二二〕鄧世□　「世」後一字殘滅，據皇宋通鑑長編紀事本末卷一二四追復元祐黨人當是「昌」字。

〔二三〕李之儀　「儀」字殘損，據皇宋通鑑長編紀事本末卷一二四追復元祐黨人補。

〔二四〕江□□　「江」後二字殘滅，據皇宋通鑑長編紀事本末卷一二四追復元祐黨人當是「公望」二字。

128 十二月，詔上書羈管編管人放還鄉里，其誣謗最重除范柔中、鄧考甫不放外，餘並放。〔一〕宋宰輔編年録卷一一崇寧二年正月丁亥條。〔二〕

校識

〔一〕據皇宋通鑑長編紀事本末卷一二一禁元祐黨人下，其事在崇寧四年十二月癸巳。

〔二〕本條於宋宰輔編年録未注明出自丁未録，以同段中含本書崇寧二年至四年諸條之文推知係出丁未録。

崇寧五年（丙戌，一一〇六）

129 五年正月，通議大夫張商英知鄂州。〔一〕未幾，言者論商英謝表誣謾，得罪。

其表曰：不圖堯舜之治復見于今，遂令昪鏄之謀罔知攸措。

又曰：莫非帝臣，咸削黨籍。

又曰：豈使清時，陷爲牛李之黨；庶幾黄壤，尚預夔龍之游。宋宰輔編年録卷一一崇寧二年八月戊申條。

校識

〔一〕據皇宋通鑑長編紀事本末卷一三一張商英事迹，張商英知鄂州事在崇寧五年正月丁酉。

130 五年正月，詔毁黨碑，仍一再下戒諭之詔。

詔曰：符、祐邪臣，乘間擅權，變亂政事，朕竄斥累年，不忍終棄，是用差以叙復，畀之禄秩。

又曰：朕以星文譴告，是用敷澤寬宥，已降指揮，除毁元祐姦黨石刻，及與係籍人叙復注擬差遣。

又詔：除上書邪等尤甚外，罷上書邪等三指揮。

又令劉摯而下叙復有差：曾任宰執官，重第一等：劉摯、李清臣、王巖叟；輕第二等：韓忠彦、曾布、范純仁、〔一〕安燾並提舉宫觀；劉奉世、章惇及輕第三等黄履，並叙復管勾宫觀，其餘罪戾之人並次第與出籍。宋宰輔編年録卷一一崇寧二年正月丁亥條。〔二〕

校識

〔一〕范純仁　據皇宋通鑑長編紀事本末卷一二四追復元祐黨人，「仁」字當作「禮」。

〔二〕本條於宋宰輔編年録未注明出自丁未録，以同段中含本書崇寧二年至四年諸條之文推知係出丁未録。

大觀元年（丁亥，一一〇七）

131 大觀元年八月，太中大夫、提舉西京嵩山崇福宫曾布卒，〔一〕贈觀文殿大學士，謚文肅。宋宰輔編年録卷一一崇寧元年閏六月壬戌條。〔二〕

校　識

〔一〕據宋史卷二〇徽宗紀二，曾布卒於大觀元年八月乙卯。

〔二〕此零句於宋宰輔編年録未注明出自丁未録，以同段中含本書崇寧元年閏六月壬戌條之文推知係出丁未録。

132 大觀元年十月，京復相，商英遂自提舉嵩山崇福宮責授安化軍節度副使、歸州安置。〔一〕㊀宋宰輔編年録卷一一崇寧二年八月戊申條。

校　識

〔一〕據皇宋通鑑長編紀事本末卷一三一張商英事迹，張商英歸州安置事在大觀元年十月乙丑。

附　載

㊀宋大詔令集卷二一〇張商英散官安置制：「居下訕上，法獨難容。迷國懷諼，義當共棄。宜申邦憲，用警官邪。通議大夫、提舉西京嵩山崇福宮張商英，賦性凶回，禀資險愎，挾反覆亂常之材，有悖惡敢爲之志。陰比姦慝，包藏禍心。譏斥上及於君親，蓄憾輒形於表奏。以一時之紹述，不與建明；謂百端之紛更，肆爲非毁。彈章來上，輿論未厭。朕憐爾緣姦作邪，失計忘本，祠宫優

逸，何顔冒居！投竄遠方，尚從散秩。祇思寬典，毋蹈後諐。可特責授安化軍節度副使，歸州安置。」

大觀四年（庚寅，一一一〇）

133 蔡京再罷相，遂以張商英爲右僕射，商英乃辭而後受。㈠初，蔡京既貶，人心大悦。是時方久旱，彗出奎婁間，及商英視事之明日，大雨，彗不見，上亦喜甚，書「商霖」二字賜之。於是唐庚作内前行以紀其事。

其詩曰：内前車馬撥不開，文德殿下宣麻回。紫微侍郎拜右相，中使押赴文昌臺。旄頭昨夜光照牖，是夕收芒如秃帚。明日化爲甘雨來，官家唤作調元手。周公禮樂未要作，致身姚宋也不惡。鄉時兩翁當國年，民間斗米三四錢。〔一〕宋宰輔編年録卷一二大觀四年六月乙亥條。

校識

〔一〕據宋宰輔編年録卷一二，大觀四年六月乙亥，守中書侍郎張商英爲通奉大夫、守尚書右僕射、兼中書侍郎。是爲本條事目。

附載

㈠宋宰輔編年録卷一二大觀四年六月乙亥條載其制：「朕獲承至尊，嗣有令緒，永思萬事之統，孰共濟於始終；亦惟一德之臣，以克相於左右。眷言近輔，夙著殊庸，宜中倚注之誠，俾正弼諧之次。誕揚顯號，孚告明廷。具官張商英，敦大而裕和，直方而通敏。學貫聖言之藴，爲時儒宗；才周世務之微，實古王佐。蚤受知於神考，繼被遇於泰陵，薦更中外之榮，居有賢勞之助。肆予總覽，首預褒延，粤由從班，擢陪政路。八年去國，雖備歷於險夷；一節還朝，曾無移於忠亮。自再膺於圖任，方允賴於將明。謀惟具臧，言期有補，朕憂勤既治，戒懼無虞，上焉思先烈之承，下則懷民隱之恤。法度修矣，而尚資於總核；夷狄服矣，而尤切於撫綏。人材既衆，而待原省之方；邦國雖豐，而急均節之度。欲輔台德，疇可享於天心；莫如汝諧，庶幾熙於帝載。其進登於右揆，仍蔽自於予衷，邇求厥寧，勉成爾績。於戲！惟守正可以式百辟，惟同寅可以經大猷，往服訓辭，以對休命。」

134 晁補之字無咎，爲吏部郎中，有嶺外尉爲獲盜八人，法當改官，考功謂獲盜不同處，曲沮其賞，持之不決。尉客京久，窘甚，詣公訴之，公憫然。一日當奏，即爲上之，七日，得遷官。於是吏畏服，部無留事。〔一〕古今合璧事類備要後集卷二十七六部門「部無留事」條。

校識

〔一〕此所引係采自晁補之傳，據張耒集卷五八祭晁無咎文及同書卷六一晁無咎墓誌銘，大觀四年九月庚寅，知泗州晁補之卒。是爲本條事目。

附載

㈠張耒集卷六一晁無咎墓誌銘：「公諱補之，字無咎，幼豪邁英爽不群，七歲能屬文，日誦千言。年十三，從王安國于常州學官。安國名重天下，于後進少許可，一見公，大奇之。公從皇考于杭之新城，公覽觀錢塘人物之盛麗，山川之秀異，爲之作文以志之，名曰七述。今端明蘇公軾通判杭州，蘇公蜀人，悦杭之美而思有賦焉。公謁見蘇公，出七述，公讀之，歎曰：『吾可以閣筆矣。』蘇公以文章名一時，士争歸之，得一言足以自重，而延譽公如不及，自屈輩行與公交，由此公名藉甚于士大夫間。舉進士，禮部別試第一，而考官謂其文辭近世未有，遂以進御。神宗見之，曰：『是深于經，可革浮薄。』于是名重一時，遂中第。調澶州司户參軍。召試學官，時試者累百，而所取五人，公中其選。除北京國子監教授，又爲衛州教授。未行，除太學正。哲宗即位，右丞李清臣舉公館職。召試學士院，除祕書正字，俄遷校書郎。以親老求補外，除祕閣校理、通判揚州。有逃卒用貨得户部判，至淮南理逋負，公辨其姦，事既决，一府不敢欺。召爲著作佐郎，又遷祕書丞，又遷著作郎，官制檢討官。于是公爲祕書省官十五年矣，而怡静樂道，未嘗近權要，士論高之。遂知齊州。境有群盗，白晝掠塗人。公默得其姓名，囊橐皆審。一日，因宴客，召捕吏以方略授之。酒行未終，悉擒而還。一府大驚，郡爲無警。歲飢，河北民流，道齊境不絶。公請粟于朝，得萬斛，乃爲流者治舍次，具器用。人既集，則又爲具糜粥、藥物，公皆躬臨治之，凡活數千人。又擇高原以葬死者，男女異壚。使者頗媢其功，欲有以撓之。既至境按視，乃更歎服。紹聖元年，朝廷治黨人，公亦坐，累降通判應天府，以親嫌通判亳州。復落職，監處州酒務，中途丁母憂，毁瘠幾不勝喪。服除，監信州酒。公治職事甚力，了無遷謫意。今上即位，移簽書武寧軍節度判官，賜緋衣、銀魚。尋復通判河中府，未行，召爲著作佐郎，俄遷尚書吏部員外郎。除哲宗實録院檢討官，改禮部郎中，又改神宗國史編修官。公皆以非才辭避再三，不允，又力請外官，復留以爲吏部郎中。異日，事有留滯無究治者，吏緣爲姦。嘗有嶺外尉捕獲盗八人，法當改官，而考功謂獲盗不同處，曲沮欲壞其賞。吏持之不决。尉客京師久，窘甚，詣公訴之，公憫然曰：『當奏。』即爲上之，七日而得遷官，于是吏畏服，部無留事。俄除知河中府，郡當大河，扼三門，有浮梁久且壞。公視事，亟欲營繕，有司難之。公乃預爲鳩材，既集，則爲規畫，一日而成。城中歡呼，民爲畫像立祠。徙知湖州，其治如河中。又徙知密州，尤用前政，累送吏部，授知果州，不行，因得管勾江州太平觀，又改管勾西京嵩山崇福宮，又管勾南京鴻慶宮。居鄉閭，以學行爲鄉人所敬，而尤好晉陶淵明之爲人。其居室廬園圃，悉取淵明歸去來詞以名之。其講學至老不廢。大觀四年，由近制誥部，授知達州，未行，擢知泗州。到官無幾何，以疾卒，年五十八。公于文章，蓋其天性，讀書不過一再，終身不忘。自少爲文，即能追考左氏、戰國策、太史公、班固、揚雄、劉向、屈原、宋玉、韓愈、柳宗元之作，促駕而力鞭之，務與之齊而後已。其凌麗奇卓，出于天才，非醞釀而成者。自韓愈以還，蓋不足道也。性剛且果敢，勇于爲義。其事親、友兄弟、睦姻族，有人所不能爲者。家素貧，先大夫没時，有女未嫁者五人。公力貧營辦，皆以時嫁，爲士人妻。與人交，無隱情，見事有不當于義者，必直告之，而受人之盡言，亦未嘗愠也。公既于書内外無所不觀，下至于陰陽術數，皆研極其妙，其禍福往來先言之。卒之夕，有大星殞于州廨之燕寢，人驚視之，公已奄然矣。公少好讀莊老書，通其説。既自以爲未至，學于佛，而求之其心，泰然若有得也。及屬纊，精爽不亂。」

135 大觀四年十一月戊寅，詔通州安置人陳瓘與自便。初，瓘自合浦放還，居四明。而其子正彙幹至餘姚，適聞蔡崇盛詫蔡京有動摇東宫之語，正彙即日自陳于杭帥蔡嶷。嶷方是時結蔡京爲死黨，遂執正彙送京師，而飛書告京，俾預爲計。事下開封制獄，知開封李孝稱，酷吏也，乃并下明州捕瓘。士民哭送之，瓘不爲動。既就獄，顧其子，笑曰：「不肖子，煩吾一行！」孝稱脅瓘，使證正彙之妄。瓘曰：「正彙聞京將不利於社稷，傳於道路，遽自陳告。瓘以所不知棄子之恩，而指其爲妄，則情所不忍；挾私情以符合其説，又義所不爲。況不欺不貳，平昔所以事君教子，豈於利害之際有所貪畏，自違其言乎。蔡京姦邪，必爲國禍，瓘固嘗論於諫省，亦不待今日語言間也。」時内侍黄經臣監勘，聞所對，失聲嘆息，謂瓘曰：「主上正欲知實狀，右司第依此置對。」其後獄具，竟坐正彙以所言過實，流竄海島，而瓘亦有通州安置之命。

瓘之謝表曰：脱死幽縲，置身善地，上恩曲逮，孤泣横流。伏念臣投竄之餘，年齡已暮，皆有自詒之戚，天實譴之，災非無妄，而來人誰矜者？議律難逃於常憲，原情獨賴於清衷。積感彌深，論報無所，此蓋伏遇皇帝陛下則堯之大，用舜之中，宥罪每發于深慈，施刑寧失於過厚。不遺疎遠，咸與并包。臣敢不上體寬仁，静思愆咎，終於屏迹，益堅愛主之誠；死而有知，尚圖結草之報。

瓘留通久之。至是，方許其自便。

瓘謝表曰：恩由獨斷，澤被孤忠。刑部之執守雖堅，天子之福威無壅。乃公朝之盛事，豈小己之私榮？恭叙感悰，仰瀆高聽。伏念臣昨蒙善貸，賜以生還，萍迹孤蹤，久寄食於異縣；華門幹蠱，常委事於長男。所營不足以藩身，其出每緣於糊口。去庭闈者累月，聞道路之一言。耳受而輒行，親危而不顧。緣帥司深疾其多事，故傳者多指爲病狂，萬口嗷嗷，兩路洶洶。狐突教子，素存不貳之風；曾參殺人，寧免至三之惑？事既匿而難曉，時寖久而並疑。制所深嚴，就逮於重江之外；獄辭平允，閲實於片言之中。矜其無罪之可書，許以還家而自便。出闤扉而涕感，瞻魏闕而神留。尋沐寬恩，移置近地。海島萬里，不如無子之無憂；淮壖一身，彌覺有身之有患。擢髮不足以數臣之罪，瀝血不足以寫臣之心。羔羊之性自公，犬馬之情愛主。忘身殉國，初無悔吝之私；抱疾呼天，惟恃精誠之格。忽因詔諭，特免拘維。此蓋伏遇皇帝陛下堯大并容，舜明洞照，人人皆使之得所，事事惟恐其太偏。繼志用神考之心，應天以格王之實。舊弊若冰之將釋，新慶如川之方流。家國平康，内外交泰。遂使赦無留令，昔阻隔而今行；士有宿愆，始棄置而終宥。全家荷德，無路酬恩。螻蟻之力至微，但知恭順；蒲柳之身已老，尚可縻捐。望天雖隔于戴盆，嚮日敢忘于傾藿！皇宋通鑑長編紀事本末卷一二九陳瓘貶逐。

政和元年（辛卯，一一一一）

136 徽宗政和元年九月，〔一〕詔陳瓘特勒停，送台州羈管。先是，呂惠卿既反目於王安石，乃進安石二手簡。又進日録四卷，四卷之内，俱鋪陳執政以後歸美之迹，自明其忠，故當時安石毁之之説，不復見信於神宗，而安石由是重得罪。安石所著八十卷，乃效惠卿四卷爲之也。瓘謂：「安石此書詆訕宗廟，誣薄神考，蓋著撰日録在退居鐘山懟上熱中之時，〔二〕讀其書，論其事，不考其時，可乎？熙寧中，〔三〕瓘貶廉州，乃著合浦尊堯集，以日録詆誣之罪，歸于蔡卞，而不忍以安石爲非。〔四〕其後，蒙宥北歸，謂安石曰：〔五〕『瓘昨在諫省，嘗以王荆公比伊尹。伊尹未嘗詆湯，胡可比也？又嘗以荆公爲神考之師，神考，堯舜，用荆公亦止九載，何嘗終以其人爲是乎？瓘之前言，可謂過矣。過而未改，心之愧悔，未嘗一日敢自恕也。』於是復著四明尊堯之書，痛絶王氏，以發揚熙寧用捨宰臣本末之緒，而自明區區改過之心。書成，藏之于家。會右僕射張商英請『以熙寧、元豐政事，類而編之，目曰皇宋政典，爲萬世不刊之書，以章紹述之實。如宗廟、官制、新省、差除、三舍、導洛、回河、保甲、將兵、免役、青苗、吏禄之類，臣所定篇目大綱如此。每篇如尚書之有序，序其所以某法緣此事、此意爲此設，當時詔旨、看詳、申明等，類撮其機要而載集之，庶使天下知其本原，罔敢懷異』。〔六〕詔從之。於是商英即尚書省令廳置局典領之，又畫旨下瓘，取索尊堯集。瓘以爲此書之語，大違國是，不敢先達外廷，乃具表以黄帕封題，繳申政典局，乞進入，於御前開拆。或謂瓘當徑申局中而通書丞相，瓘曰：『瓘所恨，在不能直達乙夜之覽耳，豈可通書耶！彼爲宰相，有所施爲，不於三省公行，乃置局建官，若自私者，又將懷疑而生忌，正恐尊堯至而彼已動摇矣。遠其迹猶恐不免，况通以書耶？』」繼而悉如瓘言。商英既罷黜，左僕射何執中乃上奏，請治尊堯之罪。詔：「陳瓘自撰尊堯集，語言無緒，盡係詆誣。不行毁棄，送與張商英，要行用。特勒停，送台州羈管。令本州當職官常切覺察，不得放令出城；月具存亡申尚書省。」〔七〕蓋辟雍初成之日，而執中爲吏部尚書，請開學殿，使都人士女縱觀安石坐像。而瓘於尊堯集序表中嘗論及之，以故執中銜瓘。既貶，朝旨不下司，峻甚。〔八〕所歷郡縣率令以甲兵護防之，又起遷人石悈知州事，且令赴闕之官，士論危恐。悈視事之明日，果即下瓘所居，取責四鄰防守狀，又置邏卒數人，監察巡視，鄉書家問，一皆阻絶。瓘之謫合浦，進謝表，而台州戒郵吏，却不與通。瓘前以上言曾布謫守海陵，蔡薿時爲太學生，爲長書遺瓘，稱瓘「諫疏婉而有理，似陸宣公；剛而不撓，似狄梁公；文章淵源，發明正道，則韓文公其人也」。明年，蘋以對策魁多士，所陳時務，頓異前書。於是愧悔，欲殺瓘以滅口。密贊京黨，出力尤甚。瓘意㦸必當受蘋風旨，且將因事搜檢其家，取其書。瓘乃預爲封事，具陳爲石㦸凌虐與所以得罪於蔡蘋、何執中者，繳連謝表，封緘於篋，題以「臣瓘謹封」。未幾，如瓘所料，一日遣兵官突至所居舍，大索其行李，攝瓘至郡。郡庭垂簾，列五木，如制獄狀，欲以刑獄怖瓘。瓘知其意，遽問曰：「今日之事，被旨耶？」㦸非所料，失措而應曰：「有尚書省劄子。」卷簾出示之。特取尊堯集副本耳，乃謂「詆誣之書，合行焚毁」。瓘謂石㦸曰：「然則朝廷取瓘尊堯集耳，追瓘何爲？」因曰：「君知『尊堯』所以立名乎？蓋以神考爲堯，而以主上爲舜。助舜尊堯，何謂詆誣？何丞相學術淺陋，名分之義，未甚講求。故爲人所使，請治尊堯之罪，將以結黨固寵也。君所得於彼者幾何，乃亦不畏公議，干犯名分乎！請以瓘語申朝廷，瓘將顯就誅戮，不必以刑獄相怖。」㦸不待瓘語畢，屢揖瓘退。尋語人曰：「不敢引其説尚耳，良可畏也。」㦸既發瓘篋，得其所上封事，不知其爲訟己也，弟見其題以「臣瓘」，不敢開視，遂進以聞。石㦸既以瓘表并封事同進，何執中、蔡蘋大怒，罷㦸台州。或問瓘：「公何以審其必然？」瓘曰：「吾於蘋，初無它故。蘋懷遺書之愧，而其黨未必知，納忠相捃，實自爲計。

今顯其迹，則使蘖之術不行矣。」蓋瓘所議京、卞，〔九〕皆搜摘其用心，故得禍比他人最酷。特以上保全，不至死也。國朝册府畫一元龜甲集卷三七上史官門删修神宗實録。

校識

〔一〕據皇宋通鑑長編紀事本末卷一二九陳瓘貶逐，其事在政和元年九月辛巳。

〔二〕蓋著撰日録在退居鐘山懟上熱中之時　「熱」字原作「執」，據皇朝編年綱目備要卷二八政和元年九月再竄陳瓘條及宋史全文卷一四政和元年原注改。

〔三〕熙寧中　「熙寧」二字，宋宰輔編年録卷一二大觀四年六月乙亥條引丁未録同。王瑞來謂當從宋史全文作「崇寧」，是。

〔四〕而不忍以安石爲非　「而不忍以安石爲非」八字原脱，據宋宰輔編年録卷一二大觀四年六月乙亥條引丁未録補。

〔五〕謂安石曰　「安石」二字，皇朝編年綱目備要卷二八政和元年九月再竄陳瓘條及宋史全文卷一四政和元年原注作「劉安世」，當是。

〔六〕「爲萬世不刊之書」至「罔敢懷異」　數句原脱，據宋宰輔編年録卷一二大觀四年六月乙亥條引丁未録補。

〔七〕月具存亡申尚書省　「亡」字，皇宋通鑑長編紀事本末卷一二九陳瓘貶逐及皇朝文鑑卷七一陳瓘台州羈管謝表作「在」。

〔八〕峻甚　三朝名臣言行録卷一三之二諫議陳忠肅公引遺事爲此數句史源，該句作「行移峻急」。

〔九〕蓋擢所議京卞　「卞」字原作「下」，據文意改。

政和二年（壬辰，一一一二）

137 是年二月戊午朔，〔一〕詔降授太子少保致仕蔡京復太師，在京居住。先是，大觀末，上頗厭京，因星變出之。又以飾臨平之山、決興化之水等事，謂其有不利社稷之心，貶太子少保，居杭州。上用張商英爲右相，商英藐視同列，間言並興。上不樂，罷之。京密結納内臣童貫，因貫使大遼歸，詐言虜主問蔡京何在，上信之。遂召京復太師，仍舊楚國公致仕，又賜詔書開諭之。㈠宋宰輔編年録卷一二政和二年五月己巳條。

校識

〔一〕是年二月戊午朔　按政和二年二月戊子朔，「午」字當是「子」之誤。

附載

㈠皇宋通鑑長編紀事本末卷一三一蔡京事迹載其詔：「太子太師致仕蔡京，兩居上宰，輔政八年，首建紹述，勤勞百爲。降秩居外，薦歷歲時。況元豐侍從被遇神宗者，今則無幾，而又累經恩霈，理宜優異。可特復太師，仍舊楚國公致仕，於在京賜第居住。」按皇宋通鑑長編紀事本末繫此事于政和三年，誤。

宣和三年（辛丑，一一二一）

138 熙寧初，王荆公薦章惇，召爲中書檢正，被命爲夔、峽、湖北路察訪相度蠻事。夔之監司、知州被其凌辱，俱不堪，相與謀曰：「有知渝州南川縣事張商英者，其才辨可與章公敵。」一日召於末坐，商英著道士服來，長揖就坐。惇好大言，商英又爲大言以勝之。惇喜，歸朝薦商英於荆公。以中書檢正官召，商英自此進。熙寧五年，加監察御史裏行，事神宗，厲精政事。商英言：「陛下即位以來，更張數十百事，而最大者有三：曰免役，曰保甲，曰市易。三者得其人，緩之即爲利。非其人，急之即爲害。陛下與大臣宜安静休息，擇人而行之，則太平可以立致。」哲宗嗣位，除開封府推官，時朝任稍更新法之不便民者，商英上書，謂：「三年無改於父之道，今先帝陵土未乾，奈何議更變乎？」紹聖元年，〔一〕以右正言召，遷左司諫。商英觀望時政，言蘇軾論合祭天地非是，乞加罪；又言吕大防、梁燾、范祖禹、吴安詩、劉唐老、孫升、韓川，皆坐貶；言司馬光、文彦博負國；呂公著不當謚正獻云云。及商英爲相，務更蔡京所行事，省六路上供錢鈔，改當十錢爲當三，罷内藏，出剩鹽鈔歸之有司。天下翕然推重。時内侍楊戩提舉後苑興作，有勞，除節度使，商英不可，奏曰：「祖宗法，内侍皆寄資，無至團練使者。有大勳勞，則別立昭宣、宣政、宣慶等使以寵之，未聞建節鉞也。」戩銜之。會御史中丞張克公劾商英狠傲弗恭等罪，除觀文殿大學士、知河南府。商英慨慷敢言事，然詭譎不常。在元祐時，獻嘉禾頌，以文彦博、呂公著比周公。至紹聖間，乃極言其短。嘗作祭司馬光文，極其稱美，已乃追論其罪。始也排擊元祐諸人甚力，迨爲相，則從而引用之。蔡京置之黨籍中，其實繇熙豐進也。大觀之政，矯革時弊，天下稱之。平生學浮屠法，號無盡居士。卒年七十八。〔二〕宋宰輔編年録卷一二政和元年八月丁巳條。

校識

〔一〕紹聖元年　「聖」字原作「興」，據文淵閣四庫全書本宋宰輔編年録改。

〔二〕據皇宋通鑑長編紀事本末卷一三一張商英事迹，宣和三年十一月壬午，觀文殿大學士、提舉崇福宮張商英卒。是爲本條事目。

宣和六年（甲辰，一一二四）

139 初，太學博士林自用蔡卞之意倡言於太學，曰：「神考知王荆公不盡，尚不及滕文公之知孟子也。」士大夫皆駭其言。於是，瓘謁章惇求外任，因具以告惇。惇大怒，召自而罵之，章、蔡由是不咸。瓘自爲小官時，即特立敢言。紹聖初，章惇以宰相召，道過山陽，與瓘適相遇，〔一〕隨衆謁之。惇素聞瓘名，獨請登舟，共載而行，訪以當世之務，曰：「計將安出？」瓘曰：「請以乘舟爲喻，偏重其可行乎？或左或右，其偏一也，明此則可行矣。」惇默然未答。瓘復曰：「上方虚心以待公，公必有以副上意者，敢問將欲施行之序，以何事爲先，何事爲後？何事當緩，何事當急？誰爲君子，誰爲小人？諒有素定之論，願聞其略。」惇復竚思良久，曰：「司馬光姦邪，所當先辨，無急於此。」瓘曰：「相公誤矣！此猶欲平舟勢而移左以置右也。果然，將失天下之望矣。」惇厲色視瓘曰：「光輔母后，獨宰政柄，不務纂紹先烈，肆意大改成緒，誤國如此，非姦邪而何！」瓘曰：「不察其心而疑其迹，則不爲無罪。若遂以爲姦邪，而欲大改其已行，則誤國益甚矣。」乃爲之極論熙、豐、元祐之事，以爲「元豐之政，多異熙寧，則先志固已變而行之。温公不明先志，而用母改子之說，行之太遽，所以紛紛至於今日。爲今之計，惟當絶臣下之私情，融祖宗之善意，消朋黨，持中道，庶乎可以救弊。若又以熙豐、元祐爲説，無以厭服公論，恐紛紛未艾。」瓘辭辯淵源，議論勁直，惇雖迕意，亦頗驚異。遂有「兼取元祐」之語，留瓘共飯而别。惇到闕，召瓘爲太學博士。瓘聞其與蔡卞方合，知必害於正論，遂以婚嫁爲辭，久而赴官，於是三年不遷。瓘爲太學博士，薛昂、林自之徒爲正録，皆蔡卞之黨也。競推尊安石而擠元祐，禁戒士人不得習元祐學術。卞方議毀資治通鑑板，瓘聞之，因策士題，〔二〕特引序文，以明神考有訓。於是林自駭異而謂瓘曰：「此豈神考親製耶？」瓘曰：「誰言其非也？」又曰：「神考少年之文爾。」瓘曰：「聖人之學，根於天性，有始有卒，豈有少長之異乎？」林自辭屈愧歉，遽以告卞，乃密令學中置板高閣，不復敢議毀矣。瓘又嘗爲别試主文，林自復謂蔡卞曰：「聞陳瓘欲盡取史學而黜通經之士，意欲沮壞國是而動摇吾荆公之學。」〔三〕卞既積怒，謀將因此害瓘而遂禁絶史學，計畫已定，惟候瓘所取士，求疵立説而行之。瓘固預料其如此，乃於前五名悉取談經及純用王氏之學者，卞無以發。然五名之下，往往皆博洽稽古之士也。瓘常曰：「當時若無矯譎，則勢必相激，史學往往遂廢矣。故隨時所以救時，不必取快目前也。」此據丁未録陳瓘傳增入，不知作傳者係何人。〔四〕續資治通鑑長編卷四八五紹聖四年四月乙未條。

校識

〔一〕與瓘適相遇　「與」字原脱，據宋宰輔編年録卷一〇紹聖元年四月壬戌條引丁未録補。

〔二〕因策士題　「因」字原作「用」，據宋宰輔編年録卷一〇紹聖四年閏二月壬寅條引丁未録改。

〔三〕意欲沮壞國是而動摇吾荆公之學　「是」字原作「事」，據宋宰輔編年録卷一〇紹聖四年閏二月壬寅條引丁未録改。

〔四〕據皇宋通鑑長編紀事本末卷一二九陳瓘貶逐，宣和六年二月辛丑，承事郎、管勾太平觀陳瓘卒。是爲本條事目。按陳瓘卒年有宣和二、四、六年及靖康元年四説，見張其凡宋代人物論稿卷六陳瓘年譜。

宣和七年（乙巳，一一二五）

140 孝慈淵聖皇帝，道君太上皇帝長子，母曰惠恭皇后王氏，以元符三年四月十三日生于坤寧殿。九月，賜名亶，授檢校太尉、山南東道節度使，韓國公。建中靖國元年六月，遷開府儀同三司、興德軍節度使，進封京兆郡王。崇寧元年二月，改賜名烜，八月，又改賜今名。大觀元年十一月，詔曰：「朕荷天眷佑，景命有僕，承家之慶，是生多男。年近學幼，未親師友，因嚴以教，宜及其時。京兆郡王桓、高密郡王楷，可於來年春擇日出就外學。其輔導講讀之官，宜以端亮鯁直有文學政事人充選，以稱朕意。記室、翊善，可如王友例，令王答拜。」於是以祕書監蔡崈爲翊善，左司員外郎沈錫爲侍講，國子司業汪澥爲記室，安德軍觀察留後、知入内内侍省楊震提舉管勾本位。大觀二年正月，遷司空、武昌軍節度，進封定王。八月，以國子祭酒汪澥爲翊善，起居郎翟汝文爲侍講，起居舍人俞㮚爲記室。俞㮚遷起居郎，石公弼代之。會惠恭皇后崩，至政和元年二月，始詔太史擇日，以三月己丑出就資善堂聽講讀，以光禄少卿李詩爲翊善，辟雍司業耿南仲爲侍講，司門員外郎蘇脩爲記室。甲寅，詔宰臣、執政官許就資善堂見定王桓、嘉王楷。王迎揖於門，升堂就坐。王西向，宰臣、執政官東向。送亦如之。二年九月，侍講鄭居中因奏事講筵，乞講讀官至資善堂見二王，許之。四月，蘇脩卒，以左司員外郎張叔夜爲記室。叔夜罷，以符寶郎陳鍔代之。三年正月，改官制，授少保。四年二月甲戌，行冠禮於文德殿。或云福寧殿。先是，御製冠禮降議禮局，載五禮新儀之首，至是始舉行焉。三月辛卯，詔曰：「若昔明王，誕受厥命，建立儲貳，以係天下之心。朕嗣無疆大曆，荷天之休，誕育元良，是居冢嫡。長子桓，年逮志學，冠于治朝，百辟具瞻，主器之長。永惟宗廟之重，父子之恩，考循舊章，正位東宮，明兩作離，爲國大本。可以來春出閤，立爲皇太子。其建宮室，設官屬，與儀物制度，宜令有司討論前禮，前期辦具以聞。邦家之慶，與四海共之。」十一月己亥，詔皇太子會慶上壽押百僚班，又詔皇太子謁廟，特許宗室陪禮。五年二月乙巳，制曰：「若昔先王，必建儲貳，以隆萬世之統，以係四海之心。朕撫世承平，念國大本，遹追來孝，垂裕後昆，永惟承宗之艱，莫如主器之長。咨爾萬方，聽予一人之告猷：皇長子少保、武昌軍節度使、定王，孝友得於天資，温良成於日就，出學外傅，率履無違。既冠阼階，其儀可象。方景命有僕，介壽考之萬年；而明兩作離，兆本支之百世。蔽自朕志，格于天心，孚告大廷，申錫顯册，夫慎乃德，惟忠惟孝，欽汝止，惟幾惟康，用克相於我家，以對揚於休命，可立皇太子，仍令所司擇日備禮册命。」丁未，出閤，詔改其閤爲府。甲寅，有司備法駕儀仗，列于大慶殿，文武百官各服朝服，立班于廷。百執事官入就位，皇帝服通天冠、絳紗袍御殿。皇太子冠遠遊冠、衣朱明衣，執桓圭以入，受册于廷。以翰林學士承旨强淵明爲禮儀使，翰林學士王黼撰册文。册文缺。或云劉正夫撰。審如是，則禮儀使亦當用執政。宣和殿學士蔡攸書册，殿中監高伸書寶。禮畢，太師、魯國公蔡京率百官稱賀，賀訖，又詣東宮賀皇太子，如故事。以户部尚書劉炳、翰林學士承旨强淵明爲賓客，中書舍人蔡靖、陳邦光並爲詹事，祕書監李詩爲顯謨閣待制，左庶子、兼侍讀、宗正少卿耿南仲爲徽猷閣待制，右庶子、兼侍讀，祕書少監蘇烜改名燁爲左諭德，太常少卿葛次仲爲右諭德，國子司業曾楙、殿中侍御史華寔並爲舍人，知入内内侍省楊震、董愨提舉左、右春坊事，内侍楊客機、黎景年、全淵、張彦卿、周珣、王若冲、王珂管勾左右春坊事，劉淵爲家令，皇甫僅爲承受。丁巳，備法駕謁太廟，奏免乘金輅及用鹵簿，止依常儀乘馬至太廟，易朝服行禮，又奏乞免宫僚稱臣，並從之。戊午，奏：「臣竊觀自昔東宫建司設局，張官置吏，往往竊有所擬，無所不備。考其職事，實無毫末，顯是慕爲虚名，徒費廪食。書曰：『慎乃儉德，惟懷永圖。』臣立身之始，敢不念兹。伏望聖慈詳察，應東宫官吏，不必具備；諸司庶局，頗令兼攝。至於閑徒冗卒，舊例有者，亦可蠲除，務從儉約。如此，則不惟臣少安私分，仍得清心省事，專精問學，仰副君父教育之意。」又奏：「臣昨就資善堂聽讀，尋須候邇英經筵已開，方取旨定日。共惟聖學高妙，群臣莫及，躬御經筵，但欲遵用祖宗故事，非待儒臣講説，修輔聖明。如臣之愚，正當力學，不可曠日，豈應擬視經筵？兼臣問安視膳之外，遇還府第，綽有餘暇。况不同往日，深在禁嚴，出入不敢自便。今欲乞聖慈許令每日不拘早晚，但稍有間隙，即請學官赴廳講讀，所貴文學日益，有以副聖慈眷遇之意。」並從之。三月乙酉，詔皇太子遇天寧節，赴垂拱殿上壽，於親王前别爲一班。家令劉淵罷，以梁平代之。六年四月，以禮部尚書白時中、刑部尚書慕容彦逢爲賓客，吏部侍郎劉渙、給事中方會爲詹事，太常少卿賈安宅爲舍人，内符寶郎馮楊爲家令。六月乙亥，詔納故少傅、恩平郡王朱伯才女孺人朱氏爲妃，令所司備禮册命。是月癸未，親迎。癸丑，詔自今車駕行幸，皇太子免起居從駕。七年十月，生子，爲嫡皇孫，封秩比皇子。以起居郎李弥大、起居舍人趙野爲舍人。弥大、野辭，以太常少卿高樂爲右文殿修撰，國子司業魏憲直龍圖閣，專其事。八年，劉渙、方會罷，以左庶子李詩、右庶子耿南仲爲詹事。宣和元年，以祕書少監曾楙、祕書監王易簡爲舍人。曾楙遷，以國子司業程振代之。七年，李詩卒，以禮部侍郎王易簡爲顯謨閣直學士充詹事、兼侍讀。上聰明仁孝，好學而善文，自以地偪而望崇，每懷兢畏。講讀之暇，惟以鬃器貯魚而觀之，他事一不關懷，人莫能測也。宣和七年十二月，皇太子除開封牧。二十一日，差内侍梁邦彦、黄僅押賜皇太子碾玉龍束帶一條，不許辭免。二十二日，閣分大内娘子用小轎十餘乘入東宫府議事。二十三日申時候，入内内侍官黄僅等傳聖旨，宣押皇太子入殿内，續有快行親從官十餘人催上馬入殿，至夜不出。至五更，太上皇帝徑出殿，往龍德宮，寧德皇后出往擷景園，改充寧德宮。是日，皇太子登寶位。先是，太上皇帝御玉華閣，先召宰執及給事中吴敏等。日晡，内禪之意已決，擢吴敏爲門下侍郎，草傳位詔，召百官班垂拱殿下，宣手詔旨。是夕，命皇太子入居禁中，覆以御袍。皇太子俯伏感涕，力辭，因得疾，召東宫官耿南仲視醫藥。至夜半，少蘇。翌日，又固辭，不從。因即大位，御垂拱殿，見宰執百官，大赦天下。宣和七年十二月二十三日庚申，皇帝即位，改元靖康元年。二年冬，粘罕、斡离不再犯京師。閏十一月，城破。四月北狩，在虜地三十五年。至是報升遐焉。三朝北盟會編卷二二八炎興下帙紹興三十一年五月二十二日條。〔一〕

校識

〔一〕三朝北盟會編本條原注用丁未録及欽宗實録，此條係參用二書修成。暫擬宣和七年十二月庚申欽宗即位爲事目。宋史卷二三欽宗紀載欽宗即位於十二月辛酉。

欽宗靖康元年（丙午，一一二六）

141 先是，熙寧中，王安石爲政，盡退故老大臣，用新進少年，盡變祖宗法，行新法。元豐間，神宗悔之，欲復祖宗舊制，更用舊人。乃因官制書成，自禁中帖定圖本，先謂宰輔曰：

「官制將行，欲取新舊人兩用之。」又曰：「御史大夫非司馬光不可。」蔡確進曰：「國是方定，願少遲之。」至七年秋，資治通鑑書成，特拜光資政殿學士，賜帶如二府儀。一日，又語宰輔曰：「來春建儲，以司馬光、吕公著爲師保。」意以謂非光、公著不可以託聖子。安石雖在金陵，不易也。嗚呼！天下不幸，未及建儲而帝升遐，此後世所以有朋黨之禍也。元祐初，或謂光曰：「元豐舊臣如章惇、吕惠卿輩俱小人，他日有以父子之義間上，則朋黨之禍作矣，不可不懼。」光正色曰：「天若祚宋，必無此事！」遂改之不疑。宣仁又嘗宣諭輔臣曰：「他日還政之後，任用左右，常得正人，則與今日用心無異。若萬一姦邪復進，眩惑動摇，則反覆可憂。」劉摯時爲中書侍郎，深念宣諭之言，退而奏疏。

摯疏曰：臣料其離間之計，一曰先朝造法爲治，而皇帝以子繼父，一旦聽臣民之言，有所更改。二曰先朝之臣多不任用，如蔡確等受顧命，有定策之功，亦棄於外，以謂改父之道、改父之臣，是讒間之説也云云。

及蔡確之貶新州，范純仁又謂吕大防曰：「此路荆棘久矣，吾曹開之，恐自不免。」大防不聽。是時，既斥章惇輩於閑地，俱銜怨刺骨。而劉安世、賈易、吕陶諸賢不悟，自分黨相毁，至有川黨、朔黨、洛黨之語。一旦宣仁上僊，章惇入相，蔡京兄弟翕然俱進，纂述王安石，爲主託繼述之文，借朋黨之説，以屏逐異己之人，同指以爲元祐黨，盡竄嶺海之外。吕大防，秦人，無黨；范祖禹，蜀人，師司馬光，不立黨，亦不免竄逐以死。徽宗即位，於是陳瓘首以「立賢無方，往事可監」爲上言。

瓘之奏曰：臣竊見自熙寧以來，至今三十餘年，天下之事，已經四次更改。熙寧改治平，元豐改熙寧，元祐改神考，紹聖改宣仁。逐一開陳本末，願以前事爲鑒。神考獨任王安石，宣仁獨任司馬光，可謂合天下之心矣。然其末流，不能無弊。神考末年，復思司馬光；宣仁末年，復相范純仁，蓋有救弊之意也。獨任賢人，猶不能無弊，而況於獨任一悖乎？

明年，改元建中靖國，蓋上意欲建中道而無間於熙、豐、元祐也。其後，蔡京用事，改元崇寧者，崇熙寧也，朋黨之禍再作矣。至是，夷虜亂華，徽宗禪位。上乃下詔司馬光、范仲淹可贈太師，㊀張商英可贈太保，㊁元祐黨籍、元祐學術指揮更不施行。〔一〕㊂宋宰輔編年録卷一三靖康元年二月壬寅條。

校識

〔一〕據宋宰輔編年録卷一三，靖康元年二月壬寅，詔故任資政殿學士、户部侍郎、贈太師、進封楚國公、謚文正范仲淹，可特追封魏國公」；故追復右正議大夫司馬光，可特贈太師」；故任觀文殿大學士、通奉大夫、贈少傅張商英，特贈太保。應元祐黨籍、元祐學術指揮更不施行。是爲本條事目。

附　載

㊀靖康要録卷三靖康元年三月二日制：「庇民尊主，繄賢哲之遠猷；崇德報功，實帝王之先務。昭揭群倫之丕範，遠旌希世之偉人。爰錫恤章，式孚衆聽。故任資政殿學士、户部侍郎、贈太師、追封楚國公、謚文正范仲淹，清明而直諒，博大而剛方，早以名世之才，出贊寖昌之運。危言驚世，高誼薄乎雲天；直道立朝，勁氣貫乎金石。入議大政，有功斯人。沛膏澤於下民，繄嘉猷之告后。山有伏猛，則藜藿至於不採；朝知强本，則精神爲之折衝。當夏賊之跳梁，總師干而捍禦。料敵制勝，機謀若神；弭變消萌，酋渠褫魄。聲名暴於夷貊，功烈著於鼎彝。故歛衽廟堂，緝熙乎帝載；運籌帷幄，振張乎天威。文武維憲萬邦，風采想見天下。太山北斗，學士仰其高明；景星鳳凰，人皆快於瞻覩。嘗規皇基億載之業，宜建金城萬雉之謀。功成於元豐，效見於今日。屬纂臨於初政，彌歎想於宏謀，思有褒揚，聳兹遐邇。命圭華衮，已位上公之槐；胙土苴茅，載賜全魏之履。豈特賞當賢而臣下勸，庶幾褒有德而萬方懷。英爽如存，寵靈斯享。可特追封魏國公，餘如故。」同書卷三靖康元年三月二日制：「大臣本道術以事君，舉明主比隆於三代；王者揆人心而發政，褒有德用懷於萬方。緬想一代之宗臣，昔爲天下之大老。嗃乎不可尚矣，民到于今稱

之。惟勛德之俱高，顧褒崇之未極。追頒慜册，用慰輿情。故追復右正議大夫司馬光，剛大而惠和，清直而寬裕。勇於義，果於德，孟軻名世之才；以斯道，覺斯人，伊尹天民之任。早由公望，横翊要途，知無不爲，言底可績，誠開金石，節貫松筠。逮登揆路之崇，允副巖瞻之寄。除苛解嬈，致治庶幾成康；陳善閉邪，耻君不及堯舜。勛在王室，澤潤生民，聲聞播於四夷，畫像遍於比屋。群心奮義，生也榮而死也哀；千載聞風，頑夫廉而懦夫立。究觀圖籍所載，是謂社稷之臣。屬丕績於正經，思大明於國是。勗奬四朝之舊弼，茂揚萬世之清流。寵陟帝師，永標人範。昔抗浮雲之志，何有華衮之褒；庶明欽慕之誠，益勵敦龐之俗。可特贈太師，合得恩數，令吏部檢舉申。」

㈡靖康要録卷三靖康元年三月二日制：「朕撫有嘉師，紹隆聖緒，思褒明德之佐，以厚風俗之原。永惟舊弼之良，夙高當世之望。肆頒閔策，用協師言。故任觀文殿大學士、通奉大夫、贈少傅張商英，器博而用閎，識周而才敏。鈎深探遠，有經邦國之文；析微研幾，有達天人之學。早培休運，薦揚顯途。入告謀猷，忠嘉合皋稷之美；出宣政事，果藝兼由求之能。逮居丞轄於中臺，克振紀綱於庶務。巖瞻益峻，輿論攸宗。衮繡之歸周公，孰效斧斨之缺；鹽梅之得傅説，終膺夢卜之求。慎名器以清仕途，抑浮靡而節邦用。朝有百揆之序，時歌六府之修。去織拔葵，躬礪公儀之節；徹騶減樂，人推楊綰之清。悵功業之未成，不期月而已去。金石益堅於晚節，風波屢出於危途。天不假於慭遺，人遽悲於殄瘁。屬惟新於庶政，肆加賁於殊勳。錫以命圭，超陞槐位，刻之密印，交換泉扃。遐想高風，尚歆休命。可特贈太保，餘如故。」

㊂靖康要録卷二靖康元年二月六日手詔：「朕以不德，獲奉宗廟，即政累日，大金擁兵，遂抵京城。于四方賢才，未暇遠有號召也。永惟國家大政事，已詔三省、樞密院盡遵復祖宗法，而近世名臣，未有褒録，何以示朕意？司馬光、范仲淹可贈太師，張商英可贈太保，應元祐黨籍、元祐學術指揮，並不施行。布告天下，咸使聞知。」

142 欽宗靖康元年六月，詔蔡懋降充中大夫、秘書少監、分司南京，亳州居住。〔一〕先是，政和末，蔡京以太師領三省，與宰臣鄭居中每議論輒不相下。及居中將除母喪，京恐居中復相位，乃收用懋，使論其父確定策功、傾王珪，以沮居中。蓋居中，王珪婿也。徽宗信之，至拜懋同知樞密院事；贈確清源郡王；封確愛妾爲郡夫人；〔二〕御製確傳以賜之，立石墓下；贈碩待制；諸弟、〔三〕諸子、諸孫、諸婿爲侍從、爲郎、爲監司，一門貴震當世。至是，中書舍人顔岐始論懋誣罔宣仁，〔四〕㊀請逐之。詔懋落職，與宮祠。中書舍人安扶以爲懋罪未正，願加投竄，㊁遂有是命。㊂其後，諫議大夫楊時、吏部侍郎馮澥、户部侍郎邵

溥，相繼論列。㊃

溥之奏曰：元豐間，蔡確以起獄至于輔相。神宗上賓，〔五〕懼司馬光、呂公著之還朝不容己也，造爲曖昧不根之言，〔六〕誣詆宣仁聖后，志在要功，以固寵禄。其後，群凶資以爲姦。紹聖間，章惇欲因蔡確之功以自大，繼王其説。是時，同列大臣如韓縝、安燾等尚在，初未聞有此議。政和間，蔡京借王珪以沮鄭居中之爲相，〔七〕故命史官述哲宗之紀。宣和間，〔八〕蔡懋因蔡京以規蔡確之封王，故謂請上皇作蔡確之傳。〔九〕宣仁，〔一〇〕神宗之母也。九月祀神宗于明堂，宣仁忌辰在散齋之内。上皇既不受慰，〔一一〕在廷之臣無一人詣景靈者。尊神宗而卑神宗之母，可見蔡京之無忌憚也。上皇，宣仁之孫也，以一蔡確之故，用一蔡懋之説，親作主母之謗史，可見蔡懋之無忌憚也。在昔神宗皇帝奉事兩宫，孝德彰聞，友愛諸弟，止處東宫，而確、惇、京、懋乃敢蔑視宣仁，掩神宗十九年之聖孝。范純仁遺表曰：「若宣仁之誣謗未明，致保佑之憂勤不顯，本權臣務快其私忿，非泰陵實謂之當然。」是豈哲宗之意哉？哲宗之紀、蔡確之傳，非元豐三省、樞密院時政記所載，無有據依，皆出蔡懋臆説。甚者託以祖母明氏之言，〔一二〕不獨厚誣宣仁，又且上累欽聖，是豈上皇之意哉？

詔下侍從官議定聞奏。而諫議大夫徐秉哲又取新史繳奏之，乞將紀、傳重行删修。

秉哲之奏曰：伏聞哲宗皇帝既即位，蔡確、章惇疾王珪爲首相，恐其專有扶持夾輔之功，乃造作語言，詆誣宣仁，以謂當神廟不豫之時，屬意在雍王而不在哲宗，自稱其有策立之力。天下不平之久矣！確因弟碩贓汙事發，罷相補外，至安陸，不自省循，謗訕君親。投竄嶺表，當時謫詞曰：「先皇與子，孰云定策之功？〔一三〕太母立孫，乃敢貪天之力！」其旨意明矣。上皇謫章惇，〔一四〕惇有謝表，亦云「盡力遏徐王覬覦之謗，一心明宣仁保佑之功」，則惇已悔前日誣言之非矣。況當日門下省時政記，乃惇所録進，未嘗有他語也。元祐四年，左正言劉安世亦嘗論列，且曰：「不若早爲辨正，以解天下之惑。臣恐異日爲朝廷之患。」觀今日之紛紛不已，安世之言驗矣。蔡懋初與蔡京不相能，屢爲竄逐。自政和中，遂通京賄賂，厚相結納。懋稱京知開封府日，入至殿下，有定策之功。京素誕誇，以功名自任，乃極力佐懋之説。〔一五〕初，除懋徽猷閣待制。明年，進直學士，又引令上殿，面陳誣罔之語。確遂封王爵，懋陞延康殿學士，〔一六〕而爲尚書，爲府尹，爲執政。其叔碩贓敗免死，亦贈待制。諸弟、諸子、諸孫、諸婿、諸女、諸妾，或爲侍從，或爲郎官，或爲監司，或加封號，門户華耀，氣燄炙手。

猶以爲慊，末乃誣撰哲宗皇帝紀，與宣仁、雍王二傳，欺罔上皇，以帝紀爲御製，使人不得擬議，玆尤可駭。臣自筮仕以來，聞長老爲臣言宣仁之誣謗，及臣僚所論章疏，固非一事，臣未敢决其是非。今觀懋所撰謗史，以帝紀及二傳參考，所謂宣仁保佑之功，蔡懋父子誣罔之迹，較然自明，豈非豐功大烈，自有神物護持，姦臣賊子，終不得而掩没。臣請摭一二辨白：謹按哲宗帝紀曰：「三月朔，輔臣入，太子立簾外。皇太后諭王珪等：『太子精俊好學，已誦論語七篇，略不好弄。』珪等再拜賀。是日，改今名。」若謂宣仁意在雍王，豈有盛稱太子之美於未立之前耶？是日建儲、改名，今謗史不言建儲、止言改名者，是掩其因宣仁褒稱而建儲也。又按宣仁列傳曰：「神宗感疾，太子手書佛經以祈福。既正儲位，因輔臣奏事，后令簾前出前書經示之，〔一七〕曰：『太子聰哲，社稷之慶。』」使宣仁意不在哲宗，何於未踐祚之前，盛稱儲君之美？以謗史考之，哲宗建儲、踐祚，盡出宣仁之意先定，昭昭乎如日星之不可掩，又何假於外助？此理曉然，士庶具知，〔一八〕雖懋之姦巧，且不可得而改易。〔一九〕臣又按哲宗帝紀曰：「太子立，皇后謝，皇太后抵后胸曰：『事遂矣。』其後數指胸示哲宗，〔二〇〕曰：『痛猶在。』後確母入禁中，后示其擊痕尚在。」又宣仁聖烈傳曰：「神宗疾，雍王顥數穿帷入白后，后卒不果。及皇太子立，手抵向后胸曰：『事畢矣！』」臣讀此，不覺淚之横也。宣仁身爲天下母，保佑哲宗，正位天極，垂簾十年，〔二一〕陰功厚德，滲漉四海，女后之賢，前古所無。姦臣賊子，妄稱父功，僥倖恩賞，乃以閭巷所不爲之事，〔二二〕上誣聖母，玆尤可痛！前曰「以手抵胸」，中曰「痛猶在」，後曰「擊痕尚存」，是何毒手尊拳若是之甚者！懋等但欲其言之深切，使人以爲可信，不知其自抵梧也。又況上皇乃宣仁之孫也，揚美不揚惡者，子孫之職。借使果有是事，自當爲尊者諱。〔二三〕況事無其寔，盡出詆誣，何可書也！懋等乃敢欺罔上皇，託以御製，〔二四〕傳之後世，使人得以議上皇播揚祖母之惡。臣恐上皇不知帝紀所載之文如是爾，若或知之，必不肯借御製之名也。懋欲竊取寵禄，〔二五〕榮耀其私家，使宣仁、上皇負謗天下，於懋安乎？陛下爲人子孫，所不忍聞也。又帝紀曰：「蔡確以建儲問左僕射王珪，珪不答。〔二六〕輔臣韓縝、安燾、張璪、李清臣陰拱無一言，確獨約門下侍郎章惇爲助，惇怒曰：『言之是則從，不然偕死！』珪始曰：『上自有子，何議之有？』」臣觀宣仁三月朔稱美太子「精俊好學」之若是，意斷可識矣，何待珪等有語？珪答以爲「上自有子，何議之有」，珪爲首相，其語如是，事無疑矣，輔臣復何異論？當時大臣不知以何罪而例遭遠竄。若謂「確獨約章惇爲助」，觀惇所進門下省時政記，叙其建立之事，未嘗有他語。惇被責，謝表之詞已自明，自是惇初雖惡珪，妄爲此語，寔未嘗助確也。又帝紀曰：「會確母入禁中，皇后使諭確，託主兵官燕達等輔立。」又雍王傳曰：「會確母入禁中，皇后使諭外，託主兵官燕達、知開封府蔡京輔立。」臣切考元豐七年秋宴之日，太子出見君臣，神宗與子之意定矣。次年三月朔，太子立於簾外，宣仁立孫之意定矣。燕達、蔡京何與爲！朝廷大事，自有宰輔大臣，何關於殿前司、開封府乎？懋託達者以主兵，〔二七〕明其將有變故事，欲大其事也；必稱託京者，懋欲京之助己，乃以輔立之事悦之，冀出力爾。蔡京素多姦數，懋之姦數，又出其上。又觀紀、傳所載，〔二八〕必言確母宣諭，又言以擊痕示確母。方此危疑之時，確母安得數入宫禁？此又懋之姦詐，欲稱確母之功。然懋非獨稱確母之功，又且確以大事未定，歸詢其母，有妾預議，遂乞封爲夫人，乃蔡莊所生也。封告之文，尚未稽考。〔二九〕懋欲揚其祖母、父妾爲助於定策，〔三〇〕仍陷宣仁於非義，豈得不爲之痛心乎！臣又聞帝紀曰：「確請擇忠謹内侍十人，於皇太子左右翊衛，以備非意。」臣觀宣仁之保佑哲宗，恩義盡矣，何非意之可備？言而及此，詆誣益又甚焉。臣又聞蔡京所以助懋成此誣罔之説，非特爲納懋之賂，揚己之功，其意蓋在於鄭居中也。居中，王珪之婿。方蔡京爲太師，居中爲宰相，論議多不協。京欲排去居中，未有寅緣，故顯詆王珪爲不忠，將并其婿而逐之。京欲用私意，而厚誣宣仁，海外之竄，未足以當其罪。然臣今日之論，止以謗史所載者爲之辨正，不復取他説以浼天聰。今别録帝紀及二傳所載建立之事同進，伏望陛下留神乙夜之覽。仍乞取元豐八年三月一日章惇所進門下省時政記、元祐四年五月二十二日趙瞻所纂樞密院時政記，及劉摯所進三省時政記，參驗其説，然後知臣所論爲不妄矣。如天意洞達，灼見情狀，伏望再行删修，焚謗史，絶其根源；正懋之罪，重賜誅殛；追確王爵，毁拆碑樓，凡其家子弟、中外親屬及諸婦、諸妾緣此所得恩數、所賜田産房廊等物，並行追奪；秉筆史官，亦先斥逐。庶慰宣仁在天之靈，使三十年之鬱憤，一日得以昭雪，豈不快天下之心！昔東海枉殺一孝婦，猶致三年大旱，况天下之母爲姦臣賊子誣謗，上天豈不震怒？今日之事，正在陛下盡子孫之職，成父祖之美，昭示萬世，厥功大矣。願陛下留神。取進止。

未報。秉哲又言之，詔令從官一就集議。嗚呼！未及施行，而北狩之禍作矣！太上皇帝即位之明日，〔三二〕始下詔闡揚宣仁保佑之功。

詔曰：宣仁聖烈皇后保佑哲宗，有安社稷大功。姦臣懷私，誣蔑聖德，著在國史，以欺後世。可令國史院別差官摭寔刊修，播告天下。其蔡卞、邢恕、蔡懋，三省取旨行遣。仍不得引用建炎元年五月一日赦。

於是追貶蔡確、蔡卞、邢恕爲散官，而懋亦以散官，安置嶺南。天下咸仰英斷焉。國朝冊府畫一元龜甲集卷三七下史官門乞刪修哲宗實録。

校識

〔一〕據皇宋十朝綱要卷一九，其事在靖康元年六月癸亥。續資治通鑑長編卷三五二元豐八年三月甲午條原注謂在二十三日（戊午）。

〔二〕封確愛妾爲郡夫人　「封」字原作「對」，據宋宰輔編年録卷一三靖康元年二月癸卯條引丁未録改。

〔三〕諸弟　二字原脱，據宋宰輔編年録卷一三靖康元年二月癸卯條引丁未録補。

〔四〕中書舍人顔岐始論懋誣罔宣仁　「岐」字原作「歧」，據宋宰輔編年録卷一三靖康元年二月癸卯條引丁未録及續資治通鑑長編卷三五二元豐八年三月甲午條改。

〔五〕神宗上賓　「賓」字原作「濱」，據續資治通鑑長編卷三五二元豐八年三月甲午條改。

〔六〕造爲曖昧不根之言　「根」字原作「恨」，據續資治通鑑長編卷三五二元豐八年三月甲午條改。

〔七〕蔡京借王珪以沮鄭居中之爲相　「相」字原作「祖」，據續資治通鑑長編卷三五二元豐八年三月甲午條改。

〔八〕宣和間　「間」字原作「同」，據續資治通鑑長編卷三五二元豐八年三月甲午條改。

〔九〕故謂請上皇作蔡確之傳　「請」字原作「謂」，據續資治通鑑長編卷三五二元豐八年三月甲午條改。

〔一〇〕宣仁　「仁」字原作「乍」，據續資治通鑑長編卷三五二元豐八年三月甲午條改。

〔一一〕上皇既不受慰　「受」字原作「愛」，據續資治通鑑長編卷三五二元豐八年三月甲午條改。

〔一二〕甚者託以祖母明氏之言　「託」字原作「記」，據續資治通鑑長編卷三五二元豐八年三月甲午條改。

〔一三〕孰云定策之功　「孰」字原作「熟」，據續資治通鑑長編卷三五二元豐八年三月甲午條改。

〔一四〕上皇謫章惇　「章」字原作「草」，據續資治通鑑長編卷三五二元豐八年三月甲午條改。

〔一五〕乃極力佐懋之説　「佐」字，續資治通鑑長編卷三五二元豐八年三月甲午條作「主」。

〔一六〕懋陞延康殿學士　「陞」字原作「陛」，據續資治通鑑長編卷三五二元豐八年三月甲午條改。

〔一七〕后令簾前出前書經示之　「令」字，續資治通鑑長編卷三五二元豐八年三月甲午條作「于」。

〔一八〕士庶具知　「具」字原作「且」，據續資治通鑑長編卷三五二元豐八年三月甲午條改。

〔一九〕且不可得而改易　「改」字原作「攻」，據續資治通鑑長編卷三五二元豐八年三月甲午條改。

〔二〇〕其後數指胸示哲宗　「指」字原作「旨」，據續資治通鑑長編卷三五二元豐八年三月甲午條改。

〔二一〕垂簾十年　「簾」字原作「廉」，據續資治通鑑長編卷三五二元豐八年三月甲午條改。

〔二二〕乃以閭巷所不爲之事　「不」字原作「以」，據續資治通鑑長編卷三五二元豐八年三月甲午條改。

〔二三〕自當爲尊者諱　「諱」字原作「韓」，據續資治通鑑長編卷三五二元豐八年三月甲午條改。

〔二四〕託以御製　「製」字原作「謗」，據續資治通鑑長編卷三五二元豐八年三月甲午條及文意改。

〔二五〕懋欲竊取寵禄　「竊」字原作「切」，「寵」字原作「龐」，據續資治通鑑長編卷三五二元豐八年三月甲午條改。

〔二六〕珪不答　「答」字原作「合」，據續資治通鑑長編卷三五二元豐八年三月甲午條改。

〔二七〕懋託達者以主兵　「懋」字後，續資治通鑑長編卷三五二元豐八年三月甲午條有「稱」字。

〔二八〕又觀紀傳所載　「載」字原作「裁」，據續資治通鑑長編卷三五二元豐八年三月甲午條改。

〔二九〕尚未稽考　「未」字，續資治通鑑長編卷三五二元豐八年三月甲午條作「可」，疑是。

〔三〇〕懋欲揚其祖母父妾爲助於定策　「母父」二字原倒，據續資治通鑑長編卷三五二元豐八年三月甲午條乙正。

〔三一〕太上皇帝即位之明日　「太上皇帝」四字，宋宰輔編年録卷九元祐元年閏二月庚寅條引丁未録作

「今上」。

附載

（一）續資治通鑑長編卷三五二元豐八年三月甲午條原注引中書舍人顏岐繳蔡懋詞頭狀（參三朝北盟會編卷四八靖康中帙二三）：「臣僚上言：謹按蔡懋天資險薄，臨事傾邪，諂附蔡攸，結爲死黨。攸在樞府，邀求宰相，知懋尹京，可以頻對，使懋日論王黼罪惡。黼雖罷相，道君皇帝察攸素無學術，不命以相。而攸尚引懋爲樞密，以報助己之力。當金賊擾攘，京城圍閉時，懋在本兵之地，卒無一言以助計畫，陛下當自知之。今陛下以邊事未寧，雖在盛暑，日再御殿，訪納孜孜，至忘寢食。而懋爲大名帥，不恤民情，不憂邊事，日用妓樂飲燕，廣造舞衣戲衫，酣醉優雜，殊無體國之意，軍民皆不堪命，欲殺之言，喧於道路。大臣如是，可謂辱國。又按懋昔以父確事迹妄加增飾，誣詆宣仁聖烈皇后垂簾，欺罔道君皇帝，乞御製確傳，載懋誣詆之詞，伸其父勞。中外讀之，無不痛泣，此懋可誅之大罪也。陛下政事，盡法祖宗之舊，而宣仁聖烈皇后保佑前朝，功德甚高，爲懋誣詆，言不可讀，忠臣義士，氣拂其膺，願早昭洗，陛下尚未暇及，臣所以甚惑也。今懋猶帶學士，均逸宮祠，陛下何以示天下？何以勸忠孝？臣伏望睿慈，落懋非據之職，治其莫大之罪，授以散官，投於嶺嶠，永不放還，仰慰宣仁在天之靈，天下幸甚。」

（二）續資治通鑑長編卷三五二元豐八年三月甲午條原注引中書舍人安扶繳蔡懋詞頭狀：「臣竊見所

降臣僚章疏上言，懋身爲舊輔，任當元帥，方邊事未寧，陛下憂懃旰食之時，而乃日事飲宴，至軍民怨望，有欲殺之言，已合重行竄斥。又况所論詆誣宣仁聖烈皇后、欺罔道君太上皇帝，二罪之重，孰大於此！按懋所著父確事迹，一出私意，妄加增飾。自古姦臣愚弄矯誣，未有敢如此之甚者。蓋其天性凶暴，輕蔑朝廷，居之不疑，中外無不憤歎。陛下臨御以來，雖匹夫之冤有不得伸者，必爲之昭雪，而宣仁聖烈皇后爲臣下所誣，負謗抑者有年矣，陛下可不爲之動心乎？今懋乃止於落職宫祠，豈足以正誣詆欺罔二聖之罪哉？伏望睿斷，明正懋罪，亟行投竄。」

㊂續資治通鑑長編卷三五二元豐八年三月甲午條原注載其制：「敕：爲臣之惡，孰大於矯誣；事上之愆，莫先於欺罔！宜從顯黜，用愜衆情。資政殿學士、通奉大夫、提舉西京崇福宫蔡懋，肆敢爲之凶，挾必取之術，公詆訕於聖烈，力蔽蒙於上皇。妄云明父之勳，實遂媒身之計。但欲冒朝廷之寵，不思黷宗廟之尊。逮輔政之罔功，俾守藩而自效。乃忘體國，靡務恤民，惟日事於宴遊，致人情之怨望。言章沓至，公論弗容。邦憲稍申，豈特爲垂世之戒；宿姦既露，亦少慰在天之靈。往服寬恩，無重後悔。」

㊃續資治通鑑長編卷三五二元豐八年三月甲午條原注載楊時上殿劄子：「竊惟宣仁聖烈皇后保佑哲宗皇帝，枉被誣謗，久而未明。臣謹具本末於左：昔元豐之末，伏見神宗皇帝不豫，哲宗皇帝幼沖，宣仁聖烈皇后有旨，令二王非宣召不得入内，其關防之慮深矣。是時，王珪首建大議，請立

延安郡王爲皇太子，餘人無言者。退批聖語在中書，仍關實録院衆臣簽書，本末詳具。天地鬼神，臨之在上，質之在旁，不可誣也。至元祐中，蔡確以罪去，其黨始造爲姦謀，冀邀異日之福。紹聖初，章惇、蔡卞用事，欲中傷舊臣，報復私怨，遂實其説，上誣聖母，而以大逆之名加王珪，以定策之功歸蔡確，而己亦與焉。其爲此謀，非私於蔡確也，其實自爲，因以中元祐之人耳。天下銜冤積憤幾四十年。伏遇陛下嗣守神器，如大明之無隱不燭，而臣幸得備員諫省，不得不爲陛下言之也。凡元祐政事，著在甲令者，皆以焚毁，則當時所批聖語在中書者，必無遺矣。所幸紹聖中所修時政記具在，祕書國史案猶可考也。此天實存之以遺陛下。伏乞下祕書國史案，取索元祐時政記，一賜觀覽，足以具見事實，昭洗王珪爲臣不忠之名，追奪蔡確冒受褒贈之典。濫恩所被，悉行改正，以釋天下積年憤鬱之氣。」又馮澥上殿劄子：「臣恭惟宣仁聖烈皇后以盛德大恩保佑哲廟，八九年間，盡其心力，天地神明，所共昭鑒。功施社稷，德被區宇，日月光明，安可蔽翳！而元豐姦慝，輒加誣詆，妄興廢立之議，興造事端，迫脅不肖子弟以爲證佐，上下共知，人臣同憤，三十年間，無敢言者。陛下孝通神明，明並日月，方在潛邸，熟知其事。今奉承宗廟，嚴恭祭享，豈容神靈久被誣謗？伏覩近日責降蔡懋制書，蓋亦言其略矣。然行遺未盡，人神未厭。伏望睿斷，明下詔書，述宣仁聖母保佑之功，正蔡確父子奸罔之罪，追其贈典，斵其碑石，播告中外，咸使聞之。上慰九廟在天之靈，下紓四海積年之憤。」

143 ※誅童貫。〔一〕㊀

校識

〔一〕郡齋讀書附志卷上「丁未録二百卷」條云下帙迄於誅童貫，是爲本書末條。據續資治通鑑長編拾補卷一五五，靖康元年七月辛卯，詔誅童貫。

附載

㊀三朝北盟會編卷五〇靖康中帙二五載其詔：「童貫罪十：首薦朱勔，起花石；引趙良嗣滅契丹；修延福宫等；朕在東宫，屢爲揺動；策立之時，有異語；不俟敕命，擅去東南；差留守不受命；東京解圍，聞之而去；家中有非法之物；私養死士。前項罪不容誅，差監察御史張澂將帶開封府公人前去追童貫，隨所至州軍行刑訖，函首赴闕。當議齎送宣撫司軍前一行人漏泄者，依軍法。其子孫已降指揮送吉陽軍編管；見隨童貫子孫，仰張澂交割與所在州軍，選差官多差兵級管押前去。如在别州軍，即移文監司，依此施行。」

未知事目及存疑部分

一、未知事目部分

1 蘇軾徙汝州，過金陵，因訪王安石。軾曰：「軾欲有言於公。」安石色動。軾曰：「所言天下事也。」安石色定，曰：「姑言之。」軾曰：「西方用兵，連年不解，東南數起大獄，公獨無一言以救之乎？」安石舉兩指示軾曰：「二事悉惠卿啓之，安石在外安敢言？」軾曰：「固也，然在朝則言，在外則不言，事君之常禮爾。上所以待公者非常禮，公所以事上者，豈可以常禮乎？」安石厲聲曰：「安石須説！」又曰：「出在安石口，入在子瞻耳。」蓋安石猶畏惠卿也。宋宰輔編年録卷八熙寧七年四月丙戌條。

2 可見安石晚益謬也。安石尋被疾，又明年，而安石亦死。宋宰輔編年録卷八熙寧九年十二月丙午條。

3 光居洛十五年，再任留司御史臺，四任提舉崇福宮。宋宰輔編年録卷九元豐八年五月戊午條。

4 自宣仁上賓，改元紹聖，三省首爲上言蔡確新州之冤，累經恩赦，遂追復右正議大夫，尋再追復觀文殿學士，贈特進。上以章惇定策有功，召除尚書左僕射。范純仁遂自右僕射出知潁昌府。時吕惠卿亦自建州安置復資政殿學士。于是詔黄履爲御史中丞，蔡卞爲翰林學士、知制誥、兼侍讀，林希爲中書舍人。履等交章論吕大防、劉摯、蘇轍。〔一〕于是大防等皆降授，而蘇軾亦責知寧遠軍節度副使、惠州安置，又責授瓊州别駕、昌化軍安置。履等又論梁燾、劉安世、吴安詩、韓川、孫升等，皆落職降授。宋宰輔編年録卷一〇紹聖元年四月壬戌條。〔一〕

校　識

〔一〕本條於宋宰輔編年録未注明出自丁未録，據其同段中所含本書紹聖元年七月及十二月各條之文推知係出丁未録。

附載

（一）皇宋通鑑長編紀事本末卷一〇一逐元祐黨上載黃履奏：「觀文殿大學士、知永興軍呂大防，觀文殿學士、知青州劉摯，資政殿學士、知鄆州梁燾，當垂簾日，俱爲柄臣。燾先鼓唱邪説，吳居厚繼陳注、劉安世等遂共攻之。執政既主於中，仍投蔡確嶺外，累遇恩沛，不令生還，家有慈親，終不得見，死非其辜，中外憤嘆。自陛下躬臨機務，洞照奸誣，寢復確官，賁於泉壤。切謂遭橫逆者既伸忠憤，力排陷者未正典刑，宜加顯斥，以允公議。」

5 范百禄遷刑部侍郎，奏獄，門下省多駁正。當貸者，百禄屢以告，執政言：「上有詔例在有司者，悉取還中書。」百禄上疏論之，悉如所請。自是例復歸刑部矣。古今合璧事類備要後集卷三十一六部門「上疏請例歸刑部」條。〔一〕

校識

〔一〕本條未繫年且失事目，據續資治通鑑長編卷三五八元豐八年七月甲寅條原注引范百禄新傳：「遷刑部侍郎，……具元豐六年至元祐二年死者、貸者之數以聞。明年，奏獄，門下省多駁正，當貸者皆欲殺。百禄屢以告執政，執政言于上，有詔：『例在有司者，悉收還中書。……』百禄請去，且上疏論之，悉如所請。自是例復歸刑部矣。」又據續資治通鑑長編卷四〇二，范百禄以元祐二年六月戊子爲吏部侍郎，則本條係元祐二年事。

6 崇寧三年六月，籍元祐黨人，以司馬光爲首，凡三百九人，刻石於文德殿門東壁，復詔天下州郡各立石。莆預是籍者六人：陳次升坐前後爲諫官言事，及辯宣仁誣謗，略見「疏彈子厚」及「當時有德」條、朱紱坐辨范純禮、劉安世、吕希純、張舜民不當屏黜等事。文多不載、王回坐與鄒浩交通，見「賢士交游」條、黄隱坐向司馬光學術，見「學尊司馬」條、林豫坐二蘇所薦，見「名公論薦」及「忠談蘇軾」條、方适坐對策乞復元祐後，及上書譏切時政，略附見「當時有德」條。五年，詔除中外黨碑。通鑑長編、黨籍傳、丁未録。莆陽比事卷四「元祐黨籍」條。

7 方适字彦周，少隸籍於大學。元祐后廢，适對策殿廷，曰：「始陛下之迎后於西宮也，天下之人，舉欣欣然而相告者，無他，得君母也。及陛下之遷后於北宮也，天下之人舉蹙額然而相告者，無他，失君母也。臣誠願陛下力排群議，還后於西宮，則道路籍籍之言息矣。」詳定所以聞。會上特命收留，而考試官竟抑之。時陳瓘覆考，歎曰：「是何舉人，敢直言如此邪！」及徽宗即位，適瓘因論事，復對上誦前語，上謂之曰：「卿力搜訪其人。」

适竟不肯自達，瓘亦莫知其姓名。後復上書，譏切時政，入元祐黨籍。終宣義郎。通鑑長編、崇寧黨録、丁未録、元祐黨籍傳參出。莆陽比事卷四「當時有德」條。

8 宋孫阜、姚從道、蘇預、張羔、周鼎、蔣可久、楊烈。以上七人皆元符上書言事者，時預名者千餘人，其後蔡京分等定罪，潤之士有此七人焉。至順鎮江志卷一九人材。

二、存疑部分

1 時士大夫多言新法不便，往往與宰執抗論于都堂。經進東坡文集事略卷二一擬進士廷試策注。

2 熙寧二年正月十三日辛巳，詔曰：「國家置兵，本備戰守。主兵之官，率多冗占。帥臣監司，其察所部，敢有冗雜影占者，以名聞。」經進東坡文集事略卷二一擬進士廷試策注。

3 熙寧二年二月庚子，王安石參知政事，始行新法。置三司條例司，以安石與樞密陳升之領之。經進東坡文集事略卷二四上神宗皇帝萬言書注。

安石既置三司條例別爲一局，聚新進之士數人如曾布、呂惠卿輩，與相謀議。經進東坡文集事略卷二四上神宗皇帝萬言書注。

自王廣廉而下凡四十一人，並提舉其事，或爲同管當官。經進東坡文集事略卷二四上神宗皇帝萬言書注。

時大臣如富鄭公弼、曾魯公公亮皆以議論不合求去，故弼罷相判亳州，公亮亦罷爲集禧觀使。經進東坡文集事略卷二四上神宗皇帝萬言書注。

4 熙寧二年閏十一月，〔一〕提舉侯叔獻言，開封府界夾汴河公私廢田，乞置斗門泄其餘水，分爲支渠，及引京、索河并三十六陂水以灌溉之，則環畿甸間歲可得穀百萬斛。乃命叔獻提舉開封府界。經進東坡文集事略卷二四上神宗皇帝萬言書注。

校　識

〔一〕據宋會要輯稿食貨七之一九水利上，其事在閏十一月十五日(戊申)。

5 農田利害條約云：「言事人並籍定姓名事件，候施行訖，隨功利大小酬獎。其興利大者，當議量材録用。」至四年六月，詔應管幹官等，妄有沮廢，並重行黜降，亦不在去官及赦原之限。又云：「用工致多縣分，若知縣材力不辦，即許申奏對換，或別舉官，或替下官。」經進東坡文集事略卷二四上神宗皇帝萬言書注。

6 司農寺畫一陳請云：「坊郭等第及未成丁、單丁、女户、寺觀、品官之家有産業物力者，自來不著名役。於理合令隨等第均出助役錢。」經進東坡文集事略卷二四上神宗皇帝萬言書注。

7 熙寧二年三月，〔一〕詔以常平倉錢斛斗出俵青苗。經進東坡文集事略卷二四上神宗皇帝萬言書注。俵散青苗條制云：「不願請者不得抑配。」經進東坡文集事略卷二四上神宗皇帝萬言書注。

校識

〔一〕據宋會要輯稿食貨四之一六青苗上，行青苗法在熙寧二年九月。

8 熙寧二年七月，條例司言：「發運使實總六路之賦入，宜假以錢貨，繼其用之不給。

凡糴買稅斂上供之物，皆得徙貴就賤，用近易遠，從便變轉蓄買，以待上令。所有本司合置官屬，許令辟舉。」並從之。先是，草澤魏繼宗請置市易於京師，遂下詔委三司詳定，以判官呂嘉問爲提舉，仍出中御府錢一百萬緡爲市易本。經進東坡文集事略卷二四上神宗皇帝萬言書注。

9 王荆公安石行新法，一時希合者皆力薦于上，驟加遷擢。如李定，以一選人竟除監察御史，其他可見。經進東坡文集事略卷二四上神宗皇帝萬言書注。

10 熙寧二年十一月甲戌，詔裁宗室授官法，唯宣祖、太祖、太宗之子孫，擇其後各封國公，世世不絕。其餘元孫之子將軍以下，聽出外官。祖免之子更不賜名、授官，許令應舉。熙寧元年九月，兩制詳定裁減恩澤，詔並依所定施行。至三年十二月，〔一〕再裁定后妃、公主及臣僚蔭補恩澤。經進東坡文集事略卷二四上神宗皇帝萬言書注。

校識

〔一〕至三年十二月　按皇宋十朝綱要卷九及宋史卷一四神宗紀一，其事在熙寧二年十二月。

11熙寧中，每内閲諸軍，時加旌賞。經進東坡文集事略卷二四上神宗皇帝萬言書注。

12時監察御史裏行何中正摘公表中「知其愚不適時，難以追陪新進；察其老不生事，或能牧養小民」數語，以爲妄自尊大，□權監察御史舒亶亦繳進公印行詩册，御史中丞李定，王安石客也，定不服母喪，公以爲不孝，惡之。定以爲恨，劾公作詩謗訕，故自湖州下公御史獄。經進東坡文集事略卷二五湖州謝表注。

13初，太皇太后垂簾，登用一時耆舊，復祖宗法，每有號令，天下人謂之「快活條貫」。華夷稱爲「女堯舜」。經進東坡文集事略卷二五登州謝表注。

14元祐元年三月戊午朔辛未，詔起居舍人蘇軾免試爲中書舍人，軾辭，不允，乃謝而就職。㊀經進東坡文集事略卷二五謝中書舍人表注。

附　載

㊀蘇軾文集卷二三辭免中書舍人狀：「伏念臣頃自貶所起知登州，到州五日，而召以省郎，到省半

月，而擢爲右史。欲自勉强，少酬恩私。而才無他長，職有常守。出入禁闥，三月有餘；考論事功，一毫無取。今又冒榮直授，躐衆驟遷。非次之陞，既難以處；不試而用，尤非所安。願回異恩，免速官謗。所有告身，臣不敢祗受。」

經進東坡文集事略卷二五謝中書舍人表：「先皇帝道冠百王，法垂萬世，建六官而修故事，闢三省以待異人。典章一新，名實皆正。遂申明於四禁，俾分領於六曹。遠則追直閣之司，近則通檢正之任。雖未聞政而聞事，蓋須有德而有言。如臣之愚，無一而可。草創潤色，既非鄭國之材；除書德音，又乏唐人之譽。忽當此選，莫測其由。此蓋伏遇皇帝陛下，將聖與仁，能哲而惠。雖在三年不言之際，已有十日並照之光。而臣日侍邇英，親聞訪道。仰天威之甚近，知聖鑒之難逃。謂臣嘗受先朝之知，實無左右之助。棄瑕往昔，責效將來。臣敢不益勵素心，無忘舊學。上體周公煩悉之誥，助成漢家深厚之文。苟無曠官，其敢言報。」又：「聖神獨斷，出成命於省中；衰病增光，溢虚名於朝右。訓詞之重，士論所榮。……臣本受知於裕陵，亦嘗見待以國士，嘉其好直，許以能文。雖竄謫流離之餘，決無可用；而哀憐收拾之意，終不少衰。抱弓劍以長號，分簪履之永棄。豈期晚遇，又過初心。矧外制之深嚴，極西垣之清要。在唐之盛，以馬周、岑文本爲得人；近世所傳，有楊億、歐陽脩之故事。不試而用，于今幾人？遂超同列之先，遠繼前修之末。夫何頑鈍，有此遭逢。此蓋伏遇太皇太后陛下，憂國忘身，愛民如子。憂深故任其事者重，愛極故爲之慮也長。敷求哲人，以遺嗣聖。所以兼收而並用，庶幾有得於其間。臣敢不盡其所能，期於無愧。始終自誓，故常以道而事君；夷險不同，則必見危而授命。」

15 紹聖元年四月壬子，知定州蘇軾落端明、翰林二學士，知英州，以侍御史來之邵言其所作誥詞語涉譏訕故也。㈠經進東坡文集事略卷二六英州謝表注。

附載

㈠宋大詔令集卷二〇六蘇軾落職降官知英州制：「訕上之惡，衆慤厥愆；造言之誅，法謹於近。矧彈章之荐至，孰公議之敢私？爰正常刑，以警列位。端明殿學士、兼翰林侍讀學士、左朝奉郎、知定州蘇軾，行污而醜正，學辟而欺愚。頃在先朝，稍躋清貴。不惟喻德之義，屢貢懷諼之言。察其回邪，靡見聽用。遂形怨誹，自取斥踈。肆予纂服之初，開以自新之路，召從方郡，服在近班。弗訖爾心，覆出爲惡。輒於書命之職，公肆誣實之辭。凡茲立法造令之大經，皆曰蠹國害民之弊政。雖託言於外，以責大臣；而用意之私，寔害前烈。顧威靈之如在，豈情理之可容。深惟積辜，宜竄遠服。祇奪近職，尚臨一邦。是爲寬恩，無重來悔。可特落端明殿學士、兼翰林侍讀學士，依前左朝奉郎知英州。」

16紹聖元年八月甲子，敕中書省：「臣僚入劄子言，軾雖已責降，未厭輿論。」六月五日，三省同奉聖旨，蘇軾可責授寧遠軍節度副使，惠州安置。㊀經進東坡文集事略卷二六惠州謝表注。

附　載

㊀宋大詔令集卷二〇六蘇軾散官惠州安置制：「左承議郎、新差知英州蘇軾，元豐間，有司奏軾罪惡甚衆，論法當死。先皇帝特赦而不誅，於軾恩德厚矣。朕初嗣位，政出權臣，引軾兄弟以爲己助。自謂得計，罔有悛心，忘國大恩，敢以怨報！若譏朕過失，何所不容？仍代予言，誣詆聖考，乖父子之恩，害君臣之義。在於行路，猶不戴天。顧視士民，復何面目！乃至交通閹寺，矜詫倖恩。市井不爲，搢紳所耻。尚屈典章，但從降黜。今言者謂軾指斥宗廟，罪大罰輕。國有常刑，非朕可赦。宥爾萬死，竄之遐服。雖軾辯足惑衆，文足飾非，自絶君親，又將奚懟。保爾餘息，毋重後悔。可特責授寧遠軍節度副使，惠州安置。」

17哲宗元祐四年冬十月戊申，翰林學士蘇轍奏：「神宗御集五十卷又四十卷，皆所賜手札，言攻守秘計，爲別集，不許頒行。且請依故事，於西清建閣以藏。」乃詔御集藏於寶文閣。經進東坡文集事略卷二八答李寶文啓注。

18 熙寧二年十一月壬子，〔一〕置諸路提舉常平等官，行青苗法，應郡縣每歲春秋未熟，據民等以常平及廣惠倉錢斂散收息，其息以二分爲率。經進東坡文集事略卷二九再論時政書注并同書卷二二擬進士廷試策注。

校識

〔一〕按熙寧二年十一月無壬子。據王稱東都事略卷八神宗本紀，此係閏十一月事。

19 熙寧三年三月，詔併龍猛八指揮爲六。舊三百五十人爲額，今以三百人爲額。自康定、慶曆以來，諸軍間有併廢。至熙寧中整軍額，有就而合者，如龍衛三十九指揮併爲二十；有以全都附隸者，如宣威併入威猛、廣捷而宣威廢罷，契丹撥入神騎而契丹直廢罷；有併營而增額，併爲十二指揮，五百人爲額；〔一〕有就而易名者，如驍猛四指揮，以第四十指揮改充驍雄，〔二〕存三指揮。經進東坡文集事略卷二九再論時政書注。

校識

〔一〕有併營而增額併爲十二指揮五百人爲額　「增額」二字下疑有脱文，皇宋通鑑長編紀事本末卷六六議減兵雜類「增額」下有「如宣武二十指揮四百人額」十一字，是。

〔二〕以第四十指揮改充驍雄「十」字，皇宋通鑑長編紀事本末卷六六議減兵雜類作「一」，是。

20 先是，元祐元年，司馬光請罷提舉官，依舊常平法，上從之。既而青苗斂散之法行之如初，於是左司諫王巖叟、右司諫蘇轍、御史中丞劉摯、監察御史上官均交疏争之十數，不報。遂合臺奏論之，西省亦連名同上。三省乃進呈司馬光前所上章，云：「今欲續降指揮下諸路告示州縣，並須候人户自執狀結保赴縣乞請常平錢之時，方得勘會依條支給。」詔如光請行下，而中書舍人蘇軾不肯書行。遂上此奏。會光疾，間起視事，亦請罷之。上感悟，遂即日行光奏焉。經進東坡文集事略卷三一乞不給散青苗錢斛狀注。

21 熙寧三年八月癸未，給公吏人重禄，行倉法。經進東坡文集事略卷三一乞不給散青苗錢斛狀注。

22 元祐七年七月辛酉，〔一〕司馬光言：「爲政之要，莫如得人。然人材各有所能，雖臯、夔、稷、契，止守一官，况於中人，安可求備？乞設十科舉士，曰行義純固，可爲師表；曰節操方正，可備獻納；曰智勇過人，可備將帥；曰公正聰明，可備監司；曰經術精通，可備講讀；曰學問該博，可備顧問；曰文章典麗，可備著述；曰善聽獄訟，盡公得實；曰善治財賦，公私俱便；曰練習法令，能斷疑讞。應侍從以上，歲舉三人。」從之。經進東坡文集事略卷三一論每事降詔約束狀注。

校識

〔一〕按續資治通鑑長編卷三八二繫此事於元祐元年，「七年」之「七」字係「元」之訛。

23 初，邈川首領、武威郡王董氊以阿里骨爲相。阿里骨，本于闐人，復得幸于董氊之妻。至是，董氊死，其妻矯命，以阿里骨爲養子，而篡其位。經進東坡文集事略卷三二論擒獲鬼章稱賀太速劄子注。

元祐元年正月丁丑，〔一〕詔以阿里骨爲河西軍節度，封寧塞郡公。㊀經進東坡文集事略卷三二因擒鬼章論西羌夏人事宜劄子注。

校識

〔一〕按元祐元年正月無丁丑。據續資治通鑑長編卷三六六及宋大詔令集卷二三九，其事在元祐元年二月丁丑。

附　載

㈠宋大詔令集卷二三九西蕃阿里骨起復河西節度制：「先王成磐石之固，立封疆之界以相維；君子不奪人之親，爲金革之事則無避。睠河湟之重屏，罹苫塊之大憂。稽帥厥常，起授以位。故西蕃邈川首領、河西軍節度押蕃落等使、武威郡王董氈男銀青光禄大夫、檢校工部尚書、使持節肅州諸軍事、肅州刺史、充本州防禦使、兼御史大夫、上柱國阿里骨，材謀俊偉，器識宏深，翼戴本朝，長雄諸部。粤自先正，服勤王家。玉帛走乎中原，旌麾固於吾圉。興言濟美之嗣，蚤有教忠之聞。用擢從衔恤之中，付畀維藩之寄，錫之舊履，寵以高牙。總金鉞以治戎，服墨縗而從政。視秩空土，衍賦爰田。於戲！河山之固永存，勿忘賜誓；弓矢之傳猶在，來助專征。益懋忠嘉，以對恩渥。可起復冠軍大將軍、右金吾衛大將軍員外置同正員、檢校司空、使持節涼州諸軍事、涼州刺史，充河西軍節度、涼州管内觀察處置押蕃落等使、西蕃邈川首領、封寧塞郡開國公、食邑二千户、食實封一百户。」

24　初，夏人之入寇也，行半道，聞鬼章被擒，遽還，摽掠鎮戎，無所得。數日，即遁去。公意其且必請和修貢，上疏請難之。經進東坡文集事略卷三二因擒鬼章論西羌夏人事宜劄子注。

25 初，神宗於熙河路增置蘭州，鄜延路增置塞門、安禮、米脂、浮屠、葭廬五寨。哲宗即位，夏國纔遣使賀登極，還，未出境，又遣使入界。朝廷知其有請地之意，然棄守之議未決。於是論難紛然，遂降詔，除中國及西蕃舊地外，候送到陷没人口，委邊臣給賜。經進東坡文集事略卷三二因擒鬼章論西羌夏人事宜劄子注。

26 熙寧五年十月丙午，〔一〕以王韶收復鎮洮軍爲熙州，以熙、河、洮、岷、通遠軍爲一路。㊀韶又城武勝，賜名鎮洮軍。經進東坡文集事略卷三二乞詔邊吏無進取及論鬼章事宜劄子注。

校　識

〔一〕按熙寧五年十月無丙午。據續資治通鑑長編卷二三六及宋史卷一五神宗紀二，其事在熙寧五年十月戊戌。

附　載

㊀ 宋大詔令集卷二一九置熙河路熙河秦鳳德音：「門下：洮隴故地，久閉强鄰。祖宗之靈，佑啓于後。改衿内附，作我新民；申畫州封，授之旄節。選建膚使，略而撫之。嘉與一方，永綏厥服。用覃慶宥，寵慰群黎。其以鎮洮軍爲熙州，以鎮洮爲節度軍額，以熙、河、洮、岷州，通遠軍爲一

路，置馬步軍都總管、經略安撫使。所應制置事，令經略安撫使司詳具以聞。應熙河、秦鳳路，敕命到日以前，除常赦不原，情輕奏裁奏案外，其餘罪各降一等，杖以下釋之。云云。於戲！□□□□，懷遠以德，于古有訓，朕敢弗勤？尚賴忠良，輔成斯志。」

27 六年四月乙亥，〔一〕詔城河州，賜名寧河。詔又破木征，收復宕、疊、洮三州。經進東坡文集事略卷三二乞詔邊吏無進取及論鬼章事宜劄子注。

校識

〔一〕據續資治通鑑長編卷二四四，其事在熙寧六年四月己亥。

28 元祐二年八月既擒鬼章，未幾，夏人犯鎮戎四寨。涇原經略劉昌祚病，知鎮戎軍張知諫權總軍馬七萬餘人，怯不敢戰。城上兵望賊焚廬舍、掘墳墓，號哭請戰。知諫以劍加之，不得出。虜留五日，攻三川，不拔而去。經進東坡文集事略卷三五論邊將隱匿敗亡劄子注、同書卷三六論賞罰及修河事注。

29 自真宗天禧以來，河水屢決。熙寧中，決于曹村，既力塞之，元豐中，復決小吴。神宗知故道不可復還，因導之北流。水性已順，由界河入海，幾十年矣。至元祐間，提舉河事李偉乞閉北流，徙東行，且言若河尾直經北界，則中國全失險阻。太師文彦博、左僕射吕大防皆主其説，而知樞密院安燾力贊之。于是水官王孝先亦建回河之議，紛紛而起。詔令吏部侍郎范百禄等相視，皆不以爲然。乃乞正王孝先之罪。經進東坡文集事略卷三六論賞罰及修河事注。

30 青堂羌本吐蕃别族，唃厮羅乃其後。據宗哥邈川城。其妻李氏，生二子，曰瞎氊、磨氊。唃厮囉更娶喬氏，生子董氊。木征即瞎氊之子，青堂首領共立之，居洮、河間。唃厮囉死，乃立董氊，獨有河北之地。當嘉祐、熙寧間，屢嘗入寇，故有「擾邊」「方命」之説。經進東坡文集事略卷三八生擒鬼章奏告永裕陵祝文注。

唃厮囉本吐蕃遺種。初據宗哥城，祥符中入寇，知秦州曹瑋大破之。唃氏自此衰弱。其後，趙元昊大舉襲之，反爲所敗。朝廷屢加以節命。厮囉初娶李立遵妹，生二子，曰瞎氊、磨氊；再娶喬氏，生董氊。董氊尤桀黠，遂殺二兄，以併其衆。木征者，乃瞎氊之子，耻父爲董氊所併，乃力結部落，遷于武勝。治平間，斷囉既死，起復董氊爲保順軍節度等使。上即位，加太保。關中士人數言其利害。王韶始爲建昌軍司理，受知於江西提刑蔡挺。後數歲，挺知慶州。韶謁挺，得向寶議洮河一説，韶悦之，乃入京，爲平戎策以獻。又獻和戎六事，疏奏，召韶問狀，乃以爲秦鳳路機宜。後韶從數騎，親抵俞龍珂帳招誘之，龍珂遂率其屬十二萬口來附。賞韶爲右正言。建古渭寨，爲通遠軍，使韶知軍事，以圖武勝。會木征來寇，韶大破之，乃築武勝爲鎮洮軍。後以鎮洮爲熙州，以韶知州事。其明年春，景思立引兵討河州，韶引兵從之。木征遁走，斬獲不可勝計。乃以思立知河州，於是取復、疊、宕、岷、洮等處，遂班師。以韶爲左諫議大夫。當是時，木征雖屢敗，而董氊别將青宜結鬼章者，復數擾河州。明年春，景思立攻鬼章於踏白城，戰敗遂死。上深以用兵爲憂。後木征雖降，所謂董氊者則自此歲爲邊患。韶之勢不能取也。經進東坡文集事略卷四〇代張方平諫用兵書注。

31　吐蕃遺種，唃厮囉一族最盛，雖西夏亦畏之。朝廷封其長爲西平王，用爲藩翰。經進東坡文集事略卷三八賜河西軍節度使西蕃邈川首領阿里骨進奉回詔注。

32 唃厮囉諸子，惟董氊在湟、鄯最盛，後爲養子阿里骨所篡。朝廷遂以阿里骨爲河西節度，封寧塞郡公。經進東坡文集事略卷三八賜河西軍節度使西蕃邈川首領阿里骨進奉回詔注。

33 元祐三年十二年甲寅，太皇太后諭宰執曰：「本家恩澤，宜減四分之一。」公著等言：「向來止用皇太后恩數，豈宜再減？」后曰：「自宰執以下已減本家，亦須裁定。」要自上始，則均一矣。」公著曰：「此盛德之事！」已而乃下此詔。㊀經進東坡文集事略卷三八太皇太后賜門下手詔注。

附載

㊀經進東坡文集事略卷三八太皇太后賜門下手詔：「官冗之患，所從來尚矣。流弊之極，實萃于今。以闕計員，至相倍蓰。上有久閒失職之吏，則下有受害無告之民。故命大臣，考求其本，苟非裁損入流之數，無以澄清取士之源。吾今自以眇身，率先天下。永惟臨御之始，嘗敕有司，蔭補私親，舊無定限。自惟薄德，敢配前人？已詔家庭之恩，止從母后之比。今當又損，以示必行。夫以先帝顧託之深，天下責望之重，苟有利於社稷，吾無愛於髮膚。矧此恩私，實同毫末。忠義之士，當識此誠，各忘内顧之心，共成節約之制。今後每遇聖節、大禮、生辰，合得親屬恩澤，並四

分減一。皇太后、皇太妃準此。」

34 熙寧八年冬，交趾圍邕州，太守蘇緘且戰且守。被圍四十日，賊計已盡，欲引去。已而知外援不至，會有能土攻者教賊囊土傅城，須臾高數丈。九年正月庚申，賊衆登城。緘曰：「吾義不死賊手。」遂還州廨，闔門縱火，聚其族三十六人皆自殺。子元，緘之子也。經進東坡文集事略卷三九供備庫使蘇子元可權知新州制注。

35 手實之法，令民自輸財産，纖悉無遺，故雖雞豚亦不免。經進東坡文集事略卷三九呂惠卿責授建寧軍節度副使本州安置不得簽書公事制注。

御史交章論其崇立私黨，阿蔽所親，遂罷政事，知陳州。經進東坡文集事略卷三九呂惠卿責授建寧軍節度副使本州安置不得簽書公事制注。

惠卿自太原府移知蔡州，尋復落職知單州。州有碭山。碭，文石也。山出文石，故以名之。漢高帝隱於芒碭山澤間，上有雲氣，呂后與人俱求，常得之，即此山是也。經進東坡文集事略卷三九呂惠卿責授建寧軍節度副使本州安置不得簽書公事制注。

初，王安石將罷相，引呂惠卿執政。惠卿素與安石弟安國有隙，因鄭俠上書論事下獄，謂安國與俠交通，抵安國罪，遂除名。安石聞之怒，王吕由是交惡。其後，復起李逢、李士寧等獄，以傾安石。經進東坡文集事略卷三九吕惠卿責授建寧軍節度副使本州安置不得簽書公事制注。

惠卿既得勢，恐安石復入，遂欲逆閉其塗，凡可以害安石者，無所不用其智。至發安石私書，有「無使上知」之語。經進東坡文集事略卷三九吕惠卿責授建寧軍節度副使本州安置不得簽書公事制注。

中丞鄧綰言，惠卿嘗托知秀州華亭縣張若濟借富民朱庠等家四千餘緡，於部内置田。經進東坡文集事略卷三九吕惠卿責授建寧軍節度副使本州安置不得簽書公事制注。

36 初，陝西緣邊蕃弓箭手與漢兵各自爲軍，每戰多以蕃部爲前鋒，而漢兵守城，伺便乃出，不分戰守。至是，鄜延經略使吕惠卿乃變舊法，新蕃漢兵團結，各分守戰。議者多言不可。而涇原經略使蔡延慶亦别立團結之法。上遣知諫院徐禧以兩路所奏往計置焉。禧主鄜延而非涇原，上乃召延慶還，以徐禧爲涇原經略使。後禧與沈括等議退城山界，移銀州城于永樂堞上。凡十有二日而城立。西羌聞之，乃舉國趨新城。時城中無水，衆益困。賊游兵近米脂寨，沈括退保綏德城。永樂孤絶，賊攻益急，城遂陷。禧與李稷等皆死。經進東坡文集事略卷三九呂惠卿責授建寧軍節度副使本州安置不得簽書公事制注。

37 元祐初，中丞劉摯言惠卿貪功幸進，違登極赦文，輒遣將以數萬人西討，致天子失信於四夷。經進東坡文集事略卷三九呂惠卿責授建寧軍節度副使本州安置不得簽書公事制注。

38 趙元昊死，其子諒祚立。熙寧二年，种諤掩納嵬名山，取綏州。西方兵釁復始于此。名山本熟户，爲銀、夏、綏三州監軍。時大飢，諒祚數點兵，民疲弊苦之。牙頭吏史屈子乃説諸小帥，密謀歸附。种諤即奏言諒祚欲發横山族帳盡過興州，人有懷土之意，以故嵬名山率綏、銀州人數萬，共謀歸順，乞許向化。上召轉運使薛向詣闕詢之。諤與向同議奏曰：「名山兵力，誠能據横山而效順於我，因以刺史世封之，使自爲保障。」會諤所遣熟户韓輕持蠟書往與史屈子期者已歸報諤，即夜發兵馳赴綏州，直抵名山帳。名山大驚，不得已乃降。諤既以擅興被劾，而薛向亦責知絳州。經進東坡文集事略卷四〇代張方平諫用兵書注。

39 熙寧三年，諒祚死，其子秉常乃舉兵三十萬大寇環慶。於是參知政事韓絳宣撫陝西，奏復种諤爲皇城副使，用諤謀，將取横山，使諤將兵城囉兀，雪中築撫寧。夏人争撫寧，陷之，急攻囉兀。絳命諸將出師，深入慶州。兵再出，遂作亂。於是上深以用兵爲憂，詔罷兵而棄囉兀、撫寧，責絳以本官知鄧州，諤汝州團練使，潭州安置。經進東坡文集事略卷四〇代張方平諫用兵書注。

40 元豐初，蔡確既排吴充罷相，欲併逐王珪。珪畏確，引爲執政。確語珪以「上厭公之説。」珪曰：「奈何？」確曰：「上久欲收復靈武，公能任責，則相位可保。」珪喜，適江東運判何琬有違法事，上語珪，欲按之。珪語檢正俞充，充以告琬。琬上章自辯，上怒。珪以漏語，退朝甚憂。珪語充曰：「俱得罪矣。然有一策。」遂教充建取靈武之章。書奏，未幾而充暴卒，乃以高遵裕代之。四年冬，遂命遵裕出環慶，劉昌祚出涇原，李憲留熙河，种諤出鄜延，王中正出。五路會於興靈。經進東坡文集事略卷四〇代張方平諫用兵書注。

41 時劉昌祚兵獨先出塞，斬大首領十五、小首領二百十九，斬首二千四百。至靈州城下接戰，斬首二百七十二，獲牛羊萬，糧草五萬。經進東坡文集事略卷四〇代張方平諫用兵書注。

42 先是，王韶既入覲，王安石請率百官稱賀。上難之。既而復請，於是上御紫宸殿，安石率群臣上表賀。上解所繫玉帶賜安石。至是，高遵裕拒靈州百里。諜言劉昌祚已克靈州城，遵裕即上表賀，故其言及此。經進東坡文集事略卷四〇代張方平諫用兵書注。

此疏既奏，上爲之動。及永樂之敗，頗思其言。經進東坡文集事略卷四〇代張方平諫用兵書注。

43 慶曆八年，元昊死，諒祚立。熙寧元年，諒祚死，秉常立。至元豐四年，秉常爲母族所篡，諸□□□大酋數十，各擁兵洶亂。經進東坡文集事略卷四〇代滕甫論西夏書注。

44 時大將如种諤輩皆勸上乘其君長未定倉猝之間，亟以大兵直擣興、靈，覆其巢穴。故上累降御批於軍前。經進東坡文集事略卷四〇代滕甫論西夏書注。

45 元祐二年九月己未，夏人犯鎮戎軍，圍之五日，尋即遁去。經進東坡文集事略卷五五司馬温公神道碑注。

諸家著録

一、宋陳振孫直齋書録解題卷四編年類

丁未録二百卷。左修職郎昭武李丙撰。自治平丁未王安石初召用，迄于靖康童貫之誅，故以「丁未」名之。每事皆全載制詔章疏甚詳。靖康亦丁未也。

二、宋趙希弁郡齋讀書附志卷上編年類

丁未録二百卷，右修職郎、監臨安府都鹽倉李丙所編也。上帙起召王安石爲翰林學士，迄于神宗皇帝升遐；中帙起宣仁聖烈垂簾除吕公著侍讀，迄于宣仁聖烈祔廟；下帙起李清臣進策題，迄于誅童貫。安石之召，實治平丁未之所始，故以「丁未」名之。

三、宋王應麟玉海卷四七藝文編年

乾道丁未録。乾道七年，同修國史趙雄言右修職郎李丙嘗纂丁未録，起治平之末，迄靖康之初。其間議論更革，往往編年該載，乞給札繕寫。八年六月戊戌，一云「二日」。詔：「李丙所録一百册二百卷，淹貫該博，用功甚多，特轉右承事郎。」丙又撰丙申録。

四、元馬端臨文獻通考卷一九三經籍考二〇史編年

丁未録二百卷。陳氏曰：「左修職郎昭武李丙撰。自治平丁未王安石初召用，迄於靖康童貫之誅，故以『丁未』名之。每事皆全載制詔章疏甚詳。」

五、元脱脱等宋史卷二〇三藝文志二史類編年類

李丙丁未録二百卷。

六、明楊士奇文淵閣書目卷五宇字號第六厨書目

宋丁未録一部，二十九册。闕。

宋丁未録一部，三十册。闕。

七、明焦竑國史經籍志卷三史類編年

丁未録二百卷。李丙。

引用書目

一、輯録引書

國朝册府畫一元龜，宋佚名撰，原國立北平圖書館甲庫善本叢書影印明鈔本，國家圖書館出版社，二〇一三年。

宋宰輔編年録，宋徐自明撰，敬鄉樓叢書本。

宋宰輔編年録校補，宋徐自明撰，王瑞來校補，中華書局，一九八六年。

宋宰輔編年録，宋徐自明撰，明刻本，中國國家圖書館藏。

宋宰輔編年録，宋徐自明撰，景印文淵閣四庫全書本，臺灣商務印書館，一九八六年。

古今合璧事類備要，宋謝維新撰，中華再造善本影印宋刻本，北京圖書館出版社，二〇〇四年。

續資治通鑑長編，宋李燾撰，上海師範大學古籍整理研究所、華東師範大學古籍研究所點校，中華書局，二〇〇四年。

續資治通鑑長編，宋李燾撰，影印四庫全書底本，中華書局，二〇一六年。

皇宋通鑑長編紀事本末，宋楊仲良撰，江蘇古籍出版社影印宛委別藏本，一九八八年。

太平治迹統類，宋彭百川撰，景印文淵閣四庫全書本，臺灣商務印書館，一九八六年。

太平治迹統類，宋彭百川撰，江蘇古籍出版社影印適園叢書本，一九八一年。

經進東坡文集事略，宋郎曄撰，四部叢刊初編本，上海書店出版社，一九八九年。

新編翰苑新書，宋佚名撰，北京圖書古籍珍本叢刊影印明鈔本，書目文獻出版社，一九八八年。

婚禮新編，宋丁昇之輯，中國書店影印宋刻元修本，二〇二一年。

皇宋書録，宋董史撰，宋代傳記資料叢刊影印知不足齋叢書本，北京圖書館出版社，二〇〇六年。

道鄉先生鄒忠公文集，宋鄒浩撰，宋集珍本叢刊影印明刻本，綫裝書局，二〇〇四年。

莆陽比事，宋李俊甫撰，江蘇古籍出版社影印宛委別藏本，一九八八年。

三朝北盟會編，宋徐夢莘撰，中華再造善本續編影印明鈔本，國家圖書館出版社，二〇一三年。
三朝北盟會編，宋徐夢莘撰，上海古籍出版社影印清刻本，一九八七年。
周易本義啓蒙翼傳，元胡一桂撰，谷繼明點校，中華書局，二〇一九年。
思賢録，元謝應芳撰，四庫全書存目叢書影印清刻本，齊魯書社，一九九六年。
至順鎮江志，元俞希魯編纂，楊積慶等校點，江蘇古籍出版社，一九九九年。

二、考校引書

安陽集，宋韓琦撰，宋集珍本叢刊影印明刻本，綫裝書局，二〇〇四年。
陳瓘年譜，張其凡撰，宋代人物論稿，上海人民出版社，二〇〇九年。
道命録，宋李心傳撰，上海古籍出版社，二〇一六年。
東都事略，宋王稱撰，二十五別史，齊魯書社，二〇〇〇年。
東軒筆録，宋魏泰撰，李裕民點校，中華書局，一九八三年。
二程集，宋程顥、宋程頤撰，王孝魚點校，中華書局，一九八一年。

范忠宣公文集，宋范純仁撰，宋集珍本叢刊影印元刻明修本，綫裝書局，二〇〇四年。

國史經籍志，明焦竑撰，續修四庫全書影印明刻本，上海古籍出版社，二〇〇二年。

華陽集，宋王珪撰，景印文淵閣四庫全書本，臺灣商務印書館，一九八六年。

皇朝編年綱目備要，宋陳均撰，許沛藻等點校，中華書局，二〇〇六年。

皇朝名臣言行續録，宋李幼武撰，宋代傳記資料叢刊影印清刻本，北京圖書館出版社，二〇〇六年。

皇朝文鑑，宋呂祖謙編，呂祖謙全集，浙江古籍出版社，二〇〇八年。

皇宋十朝綱要，宋李𡌴撰，六經堪叢書本。

皇宋十朝綱要校正，宋李𡌴撰，燕永成校正，中華書局，二〇一三年。

濟北晁先生雞肋集，宋晁補之撰，四部叢刊初編本，上海書店出版社，一九八九年。

嘉祐集箋注，宋蘇洵撰，曾棗莊、金成禮箋注，上海古籍出版社，一九九三年。

盡言集，宋劉安世撰，畿輔叢書本。

靖康要録，宋佚名撰，十萬卷樓叢書本。

郡齋讀書志校證，宋晁公武撰，孫猛校證，上海古籍出版社，一九九〇年。

歷代名臣奏議，明黃淮、明楊士奇編，上海古籍出版社，二〇〇四年。

臨川先生文集，宋王安石撰，王安石全集，復旦大學出版社，二〇一六年。

廬陵歐陽文忠公年譜，宋胡柯編，吴洪澤校點，宋人年譜叢刊本，四川大學出版社，二〇〇三年。

欒城集，宋蘇轍撰，曾棗莊、馬德富校點，上海古籍出版社，一九八七年。

名臣碑傳琬琰集，宋杜大珪輯，宋代傳記資料叢刊影印宋刻本，北京圖書館出版社，二〇〇六年。

秦觀集編年校注，宋秦觀撰，周義敢等校注，人民文學出版社，二〇〇一年。

三朝名臣言行録，宋朱熹輯，朱子全書，上海古籍出版社、安徽教育出版社，二〇一〇年。

山谷年譜，宋黃㽦撰，曹清華校點，宋人年譜叢刊本，四川大學出版社，二〇〇三年。

尚書正義，中華書局影印清阮元校刻十三經注疏本，二〇〇九年。

邵氏聞見録，宋邵伯温撰，中華書局，一九八三年。

澠水燕談録，宋王闢之撰，吕友仁點校，中華書局，一九八一年。

宋朝事實，宋李攸撰，中華書局，一九五五年。

宋朝諸臣奏議，宋趙汝愚編，上海古籍出版社，一九九九年。
宋大詔令集，宋佚名撰，中華書局，一九六二年。
宋會要輯稿，清徐松輯，中華書局，一九五七年。
宋史，元脱脱等撰，中華書局，一九八五年。
宋史全文，元佚名撰，中華書局，二〇一六年。
宋忠肅陳了齋四明尊堯集，宋陳瓘撰，續修四庫全書影印清刻本，上海古籍出版社，二〇〇二年。
蘇軾年譜，孔凡禮撰，中華書局，一九九八年。
蘇軾文集，宋蘇軾撰，明茅維編，孔凡禮點校，中華書局，一九八六年。
蘇魏公文集，宋蘇頌撰，王同策等點校，中華書局，一九八八年。
蘇潁濱年表，宋孫汝聽撰，宋人所撰三蘇年譜彙刊，中華書局，二〇一五年。
太史范公文集，宋范祖禹撰，宋集珍本叢刊影印清鈔本，綫裝書局，二〇〇四年。
桯史，宋岳珂撰，吴企明點校，中華書局，一九八一年。
王安石變法，漆俠著，河北人民出版社，二〇〇一年。

温國文正司馬公文集，宋司馬光撰，四部叢刊初編本，上海書店出版社，一九八九年。
文獻通考，元馬端臨撰，中華書局，二〇一一年。
文彦博集校注，宋文彦博撰，申利校注，中華書局，二〇一六年。
文淵閣書目，明楊士奇撰，叢書集成初編本，中華書局，一九八五年。
新箋决科古今源流至論，宋林駉撰，四庫提要著録叢書影印元刻本，北京出版社，二〇一〇年。
續資治通鑑長編拾補，清黄以周等輯注，顧吉辰點校，中華書局，二〇〇四年。
玉海，宋王應麟撰，日本中文出版社影印元刻合璧本，一九七七年。
元祐黨人傳，清陸心源撰，二十五史外人物總傳要籍集成影印清刻本，齊魯書社，二〇〇〇年。
鄖溪集，宋鄭獬撰，湖北先正遺書本。
曾文昭公集，宋曾肇撰，宋集珍本叢刊影印清刻本，綫裝書局，二〇〇四年。
張方平年譜，王智勇撰，宋代文化研究第三輯，四川大學出版社，一九九三年。
張耒集，宋張耒撰，李逸安等點校，中華書局，一九九〇年。
直齋書録解題，宋陳振孫撰，上海古籍出版社，一九八七年。

忠肅集，宋劉摯撰，裴汝誠、陳曉平點校，中華書局，二〇〇二年。
朱子語類，宋黎靖德編，王星賢點校，中華書局，一九八六年。

事目一覽表*

序號	時間	事目
上帙		
1	治平四年九月戊戌	王安石爲翰林學士
2	治平四年九月辛丑	韓琦判相州
3	治平四年九月辛丑	吴奎知青州
4	治平四年九月辛丑	張方平參知政事
5	治平四年九月壬寅	司馬光爲翰林學士
6	治平四年十月癸酉	种諤取綏州

*丁未録記載時間有誤者，括注考證時間。事目難以確定者，所擬事目前加※。

序號	時間	事目
7	熙寧元年正月丙申	唐介參知政事
8	熙寧元年七月丁丑	詔賜王安國進士及第
9	熙寧二年二月己亥	富弼爲昭文相
10	熙寧二年二月庚子	王安石參知政事
11	熙寧二年二月甲子	※設制置三司條例司
12	熙寧二年五月癸未	鄭獬知杭州
13	熙寧二年六月丁巳	吕誨知鄧州
14	熙寧二年七月己巳	廢義倉
15	熙寧二年八月己酉	范純仁知河中府
16	熙寧二年八月庚戌	蘇轍罷條例司檢詳文字
17	熙寧二年九月丁卯	行青苗法
18	熙寧二年十月丙申	富弼判亳州

序號	時間	事目
19	熙寧二年十月丙申	陳升之爲集賢相
20	熙寧二年十一月	行農田水利法
21	熙寧二年十二月	張方平知河南府
22	熙寧三年二月壬申	司馬光辭樞密副使
23	熙寧三年三月	※陳繹、司馬光事
24	熙寧三年四月己卯	李定權監察御史裏行
25	熙寧三年四月壬午	李常通判滑州
26	熙寧三年四月癸未	程顥爲鎮寧軍簽判
27	熙寧三年七月辛卯	歐陽脩知蔡州
28	熙寧三年七月壬辰	吕公弼知太原府
29	熙寧三年八月己未	※侯叔獻、楊汲權都水監丞
30	熙寧三年八月戊寅	中書上議刑名五條

序號	時間	事目
31	熙寧三年九月己卯（十月己卯）	范鎮致仕
32	熙寧三年九月（十一月乙卯）	賜韓璹敕書獎諭
33	熙寧三年十二月乙丑	行保甲法
34	熙寧三年十二月丁卯	王安石爲史館相
35	熙寧四年二月丁巳	頒學校貢舉新制
36	熙寧四年四月甲戌	常秩管勾國子監
37	熙寧四年五月壬辰（十月壬子）	頒免役法
38	熙寧四年七月丁酉	劉摯監衡州鹽倉
39	熙寧四年七月庚戌（五年閏七月庚戌）	章惇經制南江
40	熙寧四年八月己卯	※王雱爲崇政殿説書
41	熙寧五年閏七月戊申	蔣之奇權發遣淮南轉運副使
42	熙寧七年三月乙丑	※司馬光事

序號	時間	事目
43	熙寧七年四月丙戌	王安石知江寧府
44	熙寧七年四月丙戌	吕惠卿參知政事
45	熙寧七年四月丙戌	王景彰追兩官勒停
46	熙寧七年八月壬午	曾布知饒州
47	熙寧七年九月丁巳	李曼勒停
48	熙寧八年正月庚子	王安國放歸田里
49	熙寧八年二月癸酉	王安石爲昭文相
50	熙寧八年二月庚寅(九年二月庚寅)	沈起、劉彝責降安置
51	熙寧八年五月丁亥	※蔡承禧事
52	熙寧八年六月丁未	※王安石得疾求退
53	熙寧八年六月辛亥	※吕惠卿加給事中
54	熙寧八年十月庚子	章惇知湖州

序號	時間	事目
55	熙寧八年十月辛亥	罷手實法
56	熙寧八年十二月己丑	王安禮知潤州
57	熙寧九年十二月丙午（十月丙午）	馮京知樞密院事
58	熙寧十年二月己亥	王韶知洪州
59	熙寧十年十二月壬午	詔明年改元元豐
60	元豐元年九月乙酉	吕公著同知樞密院事
61	元豐四年六月己卯	王韶卒
62	元豐七年正月辛酉	蘇軾移汝州
63	元豐七年五月辛酉	滕甫知湖州
64	元豐八年三月丁酉（戊戌）	神宗崩
中帙		
1	元豐八年四月丁丑	吕公著兼侍讀

序號	時間	事目
2	元豐八年五月戊戌	蘇軾知登州
3	元豐八年五月戊午	司馬光除門下侍郎
4	元豐八年六月丁丑	程顥卒
5	元豐八年七月甲辰	司馬光請復差役法
6	元豐八年	※議西夏事
7	元祐元年閏二月庚寅	蔡確知陳州
8	元祐元年閏二月庚寅	司馬光兼門下侍郎
9	元祐元年閏二月辛丑(辛亥)	章惇知汝州
10	元祐元年閏二月庚戌	蔡京知成德軍
11	元祐元年閏二月庚戌	鄭俠復舊官
12	元祐元年閏二月乙卯	安燾知樞密院、范純仁同知樞密院
13	元祐元年四月己丑	韓縝知潁昌府

序號	時間	事目
14	元祐元年四月壬寅	文彦博平章軍國重事
15	元祐元年五月丁巳	韓維爲門下侍郎
16	元祐元年九月丙辰	司馬光卒
17	元祐元年十一月戊寅	章惇提舉洞霄宮
18	元祐二年四月己亥	宣仁后停受册禮
19	元祐二年五月辛未	鮮于侁卒
20	元祐二年七月壬戌	韓維知鄧州
21	元祐二年七月丁丑	范鎮再致仕
22	元祐二年八月辛巳	程頤權同管勾西京國子監
23	元祐二年八月戊申	※擒鬼章
24	元祐三年四月辛巳	范純仁兼中書侍郎
25	元祐四年三月丁亥	蘇軾知杭州

序號	時間	事目
26	元祐四年五月丁亥	蔡確新州安置
27	元祐四年六月甲辰	范純仁知潁昌府
28	元祐六年二月辛卯	蘇轍爲尚書右丞
29	元祐六年八月辛卯	蘇軾知潁州
30	元祐六年十一月乙酉	劉摯知鄆州
31	元祐八年正月甲申	蔡確卒
32	元祐八年六月壬申	蘇軾知定州
33	元祐八年七月丙子	范純仁再相
34	元祐九年二月己未	宣仁后祔廟
下帙		
1	紹聖元年三月乙酉	李清臣進策題
2	紹聖元年四月壬戌	范純仁知潁昌府

序號	時間	事目
3	紹聖元年閏四月乙酉	※劉拯論蘇軾
4	紹聖元年閏四月	林希爲中書舍人
5	紹聖元年閏四月	朱服召試中書舍人
6	紹聖元年七月丁巳	范純仁降一官
7	紹聖元年七月戊午	追奪司馬光等所贈官
8	紹聖元年八月辛未	范純粹權知延安府
9	紹聖元年九月甲寅	責降唐義問等
10	紹聖元年十月	※林希兼侍讀
11	紹聖元年十二月甲午	范祖禹、趙彦若、黄庭堅散官安置
12	紹聖二年正月丙午	※責吕大防等
13	紹聖二年八月甲申	詔吕大防等永不叙復
14	紹聖二年九月癸卯	范純仁知隨州

序號	時間	事目
15	紹聖二年九月壬戌	常安民責監滁州酒税
16	紹聖三年正月庚子	韓忠彦知真定府
17	紹聖三年正月戊午	詔罷合祭
18	紹聖三年六月癸未	貶竄常立、趙沖
19	紹聖三年九月乙卯	廢皇后孟氏
20	紹聖四年二月己未	追貶司馬光、吕公著等
21	紹聖四年二月癸未	降斥吕大防等三十三人
22	紹聖四年二月（閏二月丁亥）	韓忠彦降職
23	紹聖四年四月辛丑	追貶司馬光、吕公著
24	紹聖四年四月丁未	追貶王珪
25	紹聖四年八月	※蔡碩事
26	紹聖四年九月癸酉（十一月癸酉）	貶責劉奉世

序號	時間	事目
27	紹聖四年十一月癸丑	※曾布事
28	紹聖四年十二月癸未	李清臣知成都府
29	元符元年五月辛亥	詔劉摯、梁燾等諸子並勒停
30	元符元年七月庚午	李清臣落職
31	元符二年十月甲子	責降吴安詩等、追貶王回等
32	元符二年十二月壬寅	高遵惠卒
33	元符三年二月辛酉	鄒浩添監袁州酒税
34	元符三年二月癸亥	范純仁等叙復
35	元符三年三月甲戌	龔夬、陳瓘、鄒浩爲臺諫官
36	元符三年三月甲申	文及甫落職
37	元符三年四月甲辰	韓忠彦兼中書侍郎
38	元符三年四月丁巳	※范純仁等復官

序號	時間	事目
39	元符三年四月戊午	安惇知潭州
40	元符三年四月辛酉	罷編類局
41	元符三年五月乙酉	蔡卞知江寧府
42	元符三年五月己丑	追復文彦博等官
43	元符三年六月乙巳	邢恕均州居住
44	元符三年七月辛未	范純仁爲中太一宫使
45	元符三年九月辛未	章惇知越州
46	元符三年九月己卯	安惇、文及甫等貶責
47	元符三年九月辛巳	陳瓘添監揚州糧料院
48	元符三年九月甲申	張商英知隨州
49	元符三年九月甲申	蔡卞提舉洞霄宫
50	元符三年十月丙午	蔡京知永興軍

序號	時間	事目
51	元符三年十月乙卯	林希知揚州
52	元符三年十一月壬申	蔡卞池州居住
53	建中靖國元年正月辛亥	范純仁卒
54	建中靖國元年二月丁未	章惇爲雷州司户
55	建中靖國元年三月甲申	※陳瓘作四明尊堯集
56	建中靖國元年三月(六月戊戌)	刪修神宗實録
57	建中靖國元年七月丁亥	蘇軾卒
58	建中靖國元年八月乙卯	陳瓘知泰州
59	建中靖國元年十月乙未	李清臣知大名府
60	崇寧元年正月己卯	李清臣卒
61	崇寧元年三月丙戌	任伯雨知虢州
62	崇寧元年五月庚申	韓忠彦知大名府

序號	時間	事目
63	崇寧元年五月	賈易知滁州
64	崇寧元年五月庚午	追奪司馬光等官
65	崇寧元年五月乙亥	蘇轍等不與在京差遣
66	崇寧元年五月己卯	陸佃知亳州
67	崇寧元年閏六月壬戌	曾布知潤州
68	崇寧元年閏六月丁卯	安燾提舉崇福宫
69	崇寧元年閏六月戊辰	曾肇知和州
70	崇寧元年閏六月辛未	鄒浩永州安置
71	崇寧元年閏六月壬午	王覿知海州
72	崇寧元年閏六月壬午	豐稷、張舜民責官安置
73	崇寧元年七月乙酉	葉祖洽提舉冲祐觀
74	崇寧元年七月丙戌	曾布太平州居住

序號	時間	事目
75	崇寧元年七月戊子	蔡京爲尚書右僕射
76	崇寧元年七月丁酉	曾布降官分司
77	崇寧元年七月庚戌	張耒黄州安置
78	崇寧元年八月乙丑	追鹿敏求等所授官
79	崇寧元年九月乙未	詔具元符三年上書臣僚姓名
80	崇寧元年九月丁酉	貶韓忠彦等二十一人
81	崇寧元年九月己亥	詔具黨籍姓名進入
82	崇寧元年九月丙午	徐勣落職
83	崇寧元年九月丁未	張琳等編配、居住
84	崇寧元年十月癸丑	李夷行勒停
85	崇寧元年十月甲寅	責降任伯雨等
86	崇寧元年十月乙亥	韓忠彦懷州居住

序號	時間	事目
87	崇寧元年十月丙子	廢黜周常等二十七人
88	崇寧元年十一月壬辰	黨人子孫不許擅至京
89	崇寧元年十一月癸巳	曾布衡州安置
90	崇寧元年十一月甲辰	詔停降上書人范柔中等
91	崇寧元年十二月癸丑	責降韓忠彦等
92	崇寧元年十二月己亥(二年十一月己亥)	吕仲甫知徐州
93	崇寧二年正月乙酉	鄒浩、任伯雨等居住、編管
94	崇寧二年正月壬寅	温益卒
95	崇寧二年正月己酉	范純粹鄂州安置
96	崇寧二年三月癸卯	追奪李階出身
97	崇寧二年四月戊寅	程頤除名
98	崇寧二年五月丙戌	責降曾布、曾紆

序號	時間	事目
99	崇寧二年五月甲午	停降梁安國等二十二人
100	崇寧二年七月戊寅	曾肇江州安置
101	崇寧二年七月甲辰	楊畏落職
102	崇寧二年八月丁未	責降龔夬等十一人
103	崇寧二年八月戊申	張商英知亳州
104	崇寧二年八月辛卯（七月辛卯）	責上書詆誣進士
105	崇寧二年八月辛卯（七月辛卯）	朱紱提舉洞霄宫
106	崇寧二年八月庚申（辛酉）	張商英入黨籍
107	崇寧二年九月甲申	籍記黨人子弟
108	崇寧二年九月辛丑	頒降黨人姓名並刻石
109	崇寧二年九月乙巳	文及甫等奪職
110	崇寧二年十月丁未	罷黨人領祠者

序號	時間	事目
111	崇寧二年十月辛未	郭知章提舉崇福宫
112	崇寧二年十二月己未	黨人子弟不許遷改
113	崇寧二年十二月庚申	黨人不許擅到京
114	崇寧二年十二月壬戌	與黨人子弟外路祠官
115	崇寧三年正月甲午	蔡攸賜進士出身
116	崇寧三年正月辛丑	詔榜朝堂
117	崇寧三年正月丙午(二月丙午)	責降王古等
118	崇寧三年正月己酉(二月己酉)	章惇、王珪入黨籍
119	崇寧三年正月乙卯(二月乙卯)	張問入黨籍
120	崇寧三年正月丙辰(二月丙辰)	李茂直入黨籍
121	崇寧三年四月甲辰	具停降黨人姓名
122	崇寧三年五月己卯	蔡京守司空

序號	時間	事目
123	崇寧三年六月丁巳	詔元符黨人通入元祐籍
124	崇寧三年七月己酉(四年二月己酉)	詔黨人親屬不許充三衙官
125	崇寧四年三月辛卯	※邪正不分等第
126	崇寧四年七月丁巳	上書羈管人放還
127	崇寧四年八月乙亥(九月己亥)	詔黨人各與量移
128	崇寧四年十二月癸巳	上書人放還
129	崇寧五年正月丁酉	張商英知鄂州
130	崇寧五年正月	詔毁黨碑
131	大觀元年八月乙卯	曾布卒
132	大觀元年十月乙丑	張商英歸州安置
133	大觀四年六月乙亥	張商英兼中書侍郎
134	大觀四年九月庚寅	晁補之卒

序號	時間	事目
135	大觀四年十一月戊寅	陳瓘與自便
136	政和元年九月辛巳	陳瓘勒停羈管
137	政和二年二月戊午(戊子)	蔡京復太師致仕
138	宣和三年十一月壬午	張商英卒
139	宣和六年二月辛丑	陳瓘卒
140	宣和七年十二月庚申	欽宗即位
141	靖康元年二月壬寅	追贈范仲淹、司馬光、張商英
142	靖康元年六月癸亥	蔡懋分司居住
143	靖康元年七月辛卯	誅童貫

中國史學基本典籍叢刊　書目

穆天子傳匯校集釋
國語集解
吴越春秋輯校彙考
越絶書校釋
西漢年紀
兩漢紀
漢官六種
東觀漢記校注
校補襄陽耆舊記（附南雍州記）
十六國春秋輯補
洛陽伽藍記校箋
建康實録
荆楚歲時記
大唐創業起居注箋證（附壺關録）
貞觀政要集校（修訂本）
唐六典
蠻書校注
十國春秋
皇朝編年綱目備要
皇宋十朝綱要校正
隆平集校證
宋史全文
宋太宗皇帝實録校注
金石録校證
丁未録輯考
靖康稗史箋證
中興遺史輯校
鄂國金佗稡編續編校注
皇宋中興兩朝聖政輯校
中興兩朝編年綱目
續宋中興編年資治通鑑
續編兩朝綱目備要